中华现代学术名著丛书

佛学研究十八篇

梁启超 著

商務印書館
创于1897 The Commercial Press

2014年·北京

图书在版编目(CIP)数据

佛学研究十八篇/梁启超著. —北京:商务印书馆,2014
(中华现代学术名著丛书)
ISBN 978-7-100-09945-5

Ⅰ.①佛… Ⅱ.①梁… Ⅲ.①佛学—文集 Ⅳ.①B948-53

中国版本图书馆CIP数据核字(2013)第091818号

根据上海古籍出版社2009年版排印

中华现代学术名著丛书
佛学研究十八篇
(校点本)
梁启超 著

商 务 印 书 馆 出 版
(北京王府井大街36号 邮政编码 100710)
商 务 印 书 馆 发 行
北京瑞古冠中印刷厂印刷
ISBN 978-7-100-09945-5

2014年7月第1版 开本 880×1240 1/32
2014年7月北京第1次印刷 印张 14⅝ 插页 1
定价:42.00元

梁启超

(1873—1929)

出版说明

百年前，张之洞尝劝学曰："世运之明晦，人才之盛衰，其表在政，其里在学。"是时，国势颓危，列强环伺，传统频遭质疑，西学新知亟亟而入。一时间，中西学并立，文史哲分家，经济、政治、社会等新学科勃兴，令国人乱花迷眼。然而，淆乱之中，自有元气淋漓之象。中华现代学术之转型正是完成于这一混沌时期，于切磋琢磨、交锋碰撞中不断前行，涌现了一大批学术名家与经典之作。而学术与思想之新变，亦带动了社会各领域的全面转型，为中华复兴奠定了坚实基础。

时至今日，中华现代学术已走过百余年，其间百家林立、论辩蜂起，沉浮消长瞬息万变，情势之复杂自不待言。温故而知新，述往事而思来者。"中华现代学术名著丛书"之编纂，其意正在于此，冀辨章学术，考镜源流，收纳各学科学派名家名作，以展现中华传统文化之新变，探求中华现代学术之根基。

"中华现代学术名著丛书"收录上自晚清下至20世纪80年代末中国大陆及港澳台地区、海外华人学者的原创学术名著（包括外文著作），以人文社会科学为主体兼及其他，涵盖文学、历史、哲学、政治、经济、法律和社会学等众多学科。

出版“中华现代学术名著丛书”，为本馆一大夙愿。自1897年始创起，本馆以“昌明教育，开启民智”为己任，有幸首刊了中华现代学术史上诸多开山之著、扛鼎之作；于中华现代学术之建立与变迁而言，既为参与者，也是见证者。作为对前人出版成绩与文化理念的承续，本馆倾力谋划，经学界通人擘画，并得国家出版基金支持，终以此丛书呈现于读者面前。唯望无论多少年，皆能傲立于书架，并希冀其能与“汉译世界学术名著丛书”共相辉映。如此宏愿，难免汲深绠短之忧，诚盼专家学者和广大读者共襄助之。

商务印书馆编辑部

2010年12月

凡　　例

一、“中华现代学术名著丛书”收录晚清以迄20世纪80年代末，为中华学人所著，成就斐然、泽被学林之学术著作。入选著作以名著为主，酌量选录名篇合集。

二、入选著作内容、编次一仍其旧，唯各书卷首冠以作者照片、手迹等。卷末附作者学术年表和题解文章，诚邀专家学者撰写而成，意在介绍作者学术成就，著作成书背景、学术价值及版本流变等情况。

三、入选著作率以原刊或作者修订、校阅本为底本，参校他本，正其讹误。前人引书，时有省略更改，倘不失原意，则不以原书文字改动引文；如确需校改，则出脚注说明版本依据，以“编者注”或“校者注”形式说明。

四、作者自有其文字风格，各时代均有其语言习惯，故不按现行用法、写法及表现手法改动原文；原书专名（人名、地名、术语）及译名与今不统一者，亦不作改动。如确系作者笔误、排印舛误、数据计算与外文拼写错误等，则予径改。

五、原书为直（横）排繁体者，除个别特殊情况，均改作横排简体。其中原书无标点或仅有简单断句者，一律改为新式标点，专名号从略。

六、除特殊情况外，原书篇后注移作脚注，双行夹注改为单行夹注。文献著录则从其原貌，稍加统一。

七、原书因年代久远而字迹模糊或纸页残缺者，据所缺字数用“□”表示；字数难以确定者，则用“（下缺）”表示。

目　　录

第一篇　中国佛法兴衰沿革说略

一

佛法初入中国，相传起于东汉明帝时。正史中记载较详者，为《魏书·释老志》。其文如下：

“汉武……开西域，遣张骞使大夏还，传其旁有身毒国，一名天竺，始闻有浮屠之教。哀帝元寿元年，博士弟子秦景宪受大月氏王使伊存口授浮屠经。中土闻之，未之信了也。后孝明帝夜梦金人，顶有白光，飞行殿庭，乃访群臣，傅毅始以佛对。帝遣郎中蔡愔、博士弟子秦景等使于天竺，写浮屠遗范。愔仍与沙门摄摩腾、竺法兰东还洛阳。中国有沙门及跪拜之法，自此始也。愔又得佛经四十二章及释迦立像。明帝令画工图佛像，置清凉台及显节陵上，经缄于兰台石室。愔之还也，以白马负经而至，汉因立白马寺于洛城雍关西。摩腾、法兰咸卒于此寺。”

此说所出，最古者为汉牟融《理惑论》。文在梁僧祐《弘明集》中，真伪未敢断（《隋书·经籍志》有《牟子》二卷。注云：汉太尉牟融撰，今佚。《弘明集》本篇篇目下注云：一名苍梧太守牟子博传。然读其内容，则融乃苍梧一处士，流寓交趾。不惟未尝为太尉，且未尝为太守也。书凡三十七节，专务拥护佛法。文体不甚类汉人，故未敢置信。若其不伪，则此为论佛法最古之书矣）。其后，文饰附会，乃有永平十四年，僧道角力，宗室妃嫔数千同时出家，种种诞说。又造为摩腾所译《四十二章经》，编入藏中，流通迄今，殆皆不可信（此等诞说最古者，出《汉显宗开佛化法本内传》，见唐道宣《广弘明集》。注云：未详作者。据所说，则道士褚善信、费叔才奉敕集白马寺前，与摩腾等斗法，道经尽毁云云）。大抵愔、景西使，腾、兰东来，白马驮经，雍西建寺，事皆非虚。然所谓提倡佛法者亦仅此。至于创译经典，广度沙门，则断非彼时所能有事也（《四十二章经》真伪，别详第五章）。然诵习佛法者，早已有人，盖不容疑。《后汉书》光武十王传云：

> "楚王英喜为浮屠斋戒。永平八年，奉黄缣白纨三十四诣国相赎愆罪。诏报曰：'王诵黄老之微言，尚浮屠之仁慈，洁斋三月，与神为誓，何嫌何疑，当有悔吝？其还赎以助伊蒲塞桑门之盛馔。'因以班示诸国。"

汉明遣使事，相传在永平十年（《释老志》、《弘明集》、《高僧传》，皆无年岁。其指为永平十年，自隋费长房之《历代三宝记》始）。然报楚王英诏，在永平八年。浮屠（佛陀）、伊蒲塞（优婆塞）、桑门（沙门）诸名词已形诸公牍，则其名称久为社会所已有可知。有名称必先有事实，然则佛法输入，盖在永平前矣。《释老志》称"汉世沙门，皆衣赤布"。则当时沙门，应已不少。然据晋石虎时著作郎王度所奏，谓“汉明感梦，初传其道，唯听西域人得立寺都邑以奉其神，其汉人皆不得出家。魏承汉制，亦循前轨”（《高僧传》卷九[①]《佛图澄传》引）。此述汉魏制度，最为明确。盖我国自古以来，绝对的听任“信教自由”。其待远人，皆顺其教，不易其俗。汉时之有佛寺，正如唐时之有景教寺，不过听流寓外人自崇其教，非含有奖励之意也。然桓帝延熹九年，襄楷上书，有“闻宫中立黄老浮屠之祠”一语（《后汉书》本传）。据此，则其信仰已输入宫廷矣。桓、灵间，安息国僧安世高、月支国僧支娄迦谶，先后至洛阳，译佛经数十部，佛教之兴，当以此为纪元。

三国时，刘蜀佛教无闻，曹魏稍翻有经典。而颍川朱士行，以甘露二年出家，实为汉地沙门之始（据费长房《历代三宝记》[②]卷三）。士行亦即中国西行求法之第一人也。吴孙权因感康僧会之灵异（参观《高僧传》会传）。在建业设建初寺，是为佛教输入江南之始。而支谦亦在吴译《维摩》、《泥洹》、《法句》诸经，故后此佛学特盛于江南，谦之功也（详第五章）。

至西晋时，洛下既有寺四十二所（见《释老志》）。而竺法护远游西域，赍经以归，大兴译事（详第五章）。河北佛教渐以光大。石勒僭号，而佛图澄常现神通力以裁抑其凶暴（参观《高僧传》澄传）。其于佛教之弘布，极有力焉。

计自西历纪元一世纪之初，至四世纪之初约三百年间，佛教渐渐输入中国，且分布于各地。然其在社会上势力极微薄，士大夫殆

① 原误作“《高僧传》卷千”，今改正。——本书注释除标明为“梁启超原注”者外，皆为校点者注。

② 原误作“《唐代三宝记》”，今改正。

不知有此事。王充著《论衡》，对于当时学术、信仰、风俗，皆痛下批评，然无一语及佛教，则其不为社会注目可知。沙门以外，治此学者，仅一牟融。然所著书犹真伪难断，具如前说。

此期之佛教，其借助于咒法神通之力者不少。摩腾角力，虽属诞词，然康会在吴，佛澄在赵，皆藉此为弘教之一手段，无庸为讳。质言之，则此期之佛法只有宗教的意味，绝无学术的意味。即以宗教论，亦只有小乘，绝无大乘。神通小术，本非佛法所尚，为喻俗计，偶一假途[①]。然二千年来之愚夫愚妇，大率缘此起信，其于佛法之兴替，功罪参半耳。

二

佛法确立，实自东晋。吾于叙述以前，先提出两问题。第一，佛法何故能行于中国，且至东晋而始盛耶？第二，中国何故独尊大乘，且能创立“中国的佛教”耶？此第二题，当于第六章别解答之，今先答第一题。

我国思想界，在战国本极光明。自秦始皇焚书，继以汉武帝之“表章六艺，罢黜百家”，于是其机始窒。两汉学术，号称极盛，揽其内容，不越二途。一则儒生之注释经传，二则方士之凿谈术数。及

① 梁启超原注:《高僧传·佛图澄传》:“石勒问澄:佛道有何灵验？澄知勒不达深理，正可以道术为征，即取应器盛水，烧香咒之，须臾生青莲花……”《续高僧传·菩提流支传》:“支咒水上涌，旁僧嘉叹大圣人。支曰:‘勿妄褒赏，斯乃术法，外国共行，此方不习，谓为圣耳。’”

其末流，二者又往往糅合。术数之支离诞妄，笃学者固所鄙弃，即碎义逃难之经学，又岂能久餍人心者？凡属文化发展之国民，“其学问欲”曾无止息，破碎之学既为社会所厌倦，则其反动必趋于高玄。我国民根本思想，本酷信宇宙间有一种必然之大法则，可以范围天地而不过，曲成万物而不遗，孔子之《易》，老子之五千言，无非欲发明此法则而已。魏晋间学者，亦欲向此方面以事追求，故所谓“易老”之学，入此时代而忽大昌，王弼、何晏辈，其最著也。正在缥缈彷徨，若无归宿之时，而此智德巍巍之佛法，忽于此时输入，则群趋之，若水归壑，固其所也。

季汉之乱，民瘵已甚，喘息未定，继以五胡，百年之中，九宇鼎沸，有史以来，人类惨遇未有过于彼时者也。一般小民，汲汲顾影，旦不保夕，呼天呼父母，一无足怙恃，闻有佛如来能救苦难，谁不愿托以自庇？其稔恶之帝王将相，处此翻云覆雨之局，亦未尝不自怵祸害。佛徒悚以果报，自易动听，故信从亦渐众。帝王既信，则对于同信者必加保护，在乱世而得保护，安得不趋之若鹜？此一般愚民奉之之原因也。其在“有识阶级”之士大夫，闻“万行无常，诸法无我”之教，还证以己身所处之环境，感受深刻，而愈觉亲切有味。其大根器者，则发悲悯心，誓弘法以图拯拔；其小根器者，则有托而逃焉，欲觅他界之慰安，以偿此世之苦痛。夫佛教本非厌世教也，然信仰佛教者，什九皆以厌世为动机，此实无庸为讳。故世愈乱而逃入之者愈众，此士大夫奉佛之原因也。

前所论者为思想之伏流，此所论者为时代之背景。在此等时代背景之上，而乘之以彼种之思想伏流，又值佛法输入经数百年，酝酿渐臻成熟，此所以一二大德起而振之，其兴也，沛乎莫之能御也。

中国佛教史，当以道安以前为一时期，道安以后为一时期。前此稍有事业可纪者，皆西僧耳（即竺法护亦本籍月支）。本国僧徒为弘教之中坚活动，实自安始。前此佛学为沙门专业，自安以后，乃公之于士大夫，成为时代思潮。习凿齿与谢安书云：“来此见释道安，故是远胜，非常道士。师徒数百，斋讲不倦。无变化技术，可以惑常人之耳目；无重威大势，可以整群小之参差，而师徒肃肃，自相尊敬，洋洋济济，乃是吾由来所未见。其人理怀简衷，多所博涉，内外群书，略皆遍睹，阴阳算数，亦皆能通，佛经妙义，故所游刃。”（《高僧传》安传）此叙安威德，盖能略道一二。安值丧乱，常率弟子四五百人，转徙四方，不挠不乱。安十五年间，每岁再讲《放光般若》，未尝废阙。安不通梵文，而遍注诸经，妙达深指，旧译讹谬，以意条举，后来新译，竟与合符。安创著经录，整理佛教文献。安制僧尼轨范，佛法宪章，后来寺舍咸所遵守。安劝苻坚迎罗什，间接为大乘开基。安集诸梵僧译《阿含》、《阿毗昙》，直接为小乘结束。安分遣弟子布教四方，所至风靡。若慧远之在东南，其尤著也。安与一时贤士大夫接纳，应机指导，咸使妙悟，大法始盛于居士中（以上杂据《高僧传》安传及其他诸传，不备引原文）。要而论之，安自治力极强，理解力极强，组织力极强，发动力极强，故当时受其人格的感化与愿力的加被，而佛教遂以骤盛。安，常山人。所尝游栖之地极多，而襄阳与长安最久，卒于东晋安帝之太元十年（三八五）。自安以后，名僧接踵，或事翻译，或开宗派，其应详述者极多，当于第五章以下分叙，本章惟随举其名耳。惟安公为大法枢键，故稍详述如右。

三

东晋后，佛法大昌，其受帝王及士大夫弘法之赐者不少。其在北朝，则苻坚敬礼道安，其秘书郎赵正尤崇三宝，集诸僧广译经论。姚兴时，鸠摩罗什入关，大承礼待，在逍遥园设立译场，集三千僧咨禀什旨，大乘经典于是略备。故言译事者，必推苻姚二秦。北凉沮渠蒙逊供养昙无谶及浮陀跋摩，译经甚多。其从弟安阳侯京声，亦有译述。西秦乞伏氏，亦尊事沙门，圣坚司译焉。北魏太武帝一度毁佛法，及文成帝兴复之，其后转盛。献文、孝文，并皆崇奉。宣武好之尤笃，常于宫中讲经。孝明时，胡太后秉政，迷信尤甚，几于遍国皆寺，尽人而僧矣。魏分东、西，移为周、齐，高齐大奖佛法，宇文周则毁之。隋既篡周，文帝首复佛教，而炀帝师事智颉，崇奉尤笃，在东西两京置翻经院，译事大昌焉。

其在南朝，东晋诸帝，虽未闻有特别信仰，而前后执政及诸名士，若王导、周颉、桓玄、王濛、谢尚、郗超、王坦、王恭、王谧、谢敷、戴逵、孙绰辈，咸相尊奉（见《弘明集》卷十一①引何尚之答宋文帝问）。及宋，则文帝虚心延访，下诏奖励，谯王义宣所至提倡，而何尚之、谢灵运等阐扬尤力。及齐，则竟陵王子良最嗜佛理，梁武帝、沈约辈皆尝在其幕府，相与鼓吹。及梁武帝在位四十年中，江左称为全盛。帝嗜奉至笃，常集群臣讲论，至自舍身于同泰寺，昭明太

① 原误作“《弘明集》卷五”，今改正。

子及元帝皆承其绪，迭相宏奖，佛教于是极盛。陈祚短促，无甚可纪。东晋南北朝及隋帝王执政提倡佛教之情形，大略如此。

唐宋以后，儒者始与佛徒哄，前此无之也。两晋南北朝之儒者，对于佛教，或兼采其名理以自怡悦，或漠然置之，若不知世间有此种学说者然。其在当时，深妒佛教而专与之为难者，则道士也。梁僧祐《弘明集》、唐道宣《广弘明集》中所载诸文，其与道家抗辩者殆居三之一。其中，如刘宋时道士顾欢[①]著《夷夏论》，谢镇之、朱昭之、慧通、僧愍等驳之。南(朝——校补)萧齐时，张融著《门论》，周颙驳之。道士复假融名著《三破论》，刘勰著《辩惑论》驳之。其最著者也，所谓道教者，并非老庄之"道家言"，乃张道陵余孽之邪说，其于教义本一无所有，及睹佛经，乃剽窃其一二，而肤浅矛盾，无一是处。乃反伪造《老子化胡经》等，谓佛道实出于彼，可谓诞妄已极。其壁垒本不足以自立，乃利用国民排外之心理，倡所谓夷夏论者，此较足以动人。谢、朱辈本非佛徒，亦起而驳之，于学术无国界之义，略有所发挥焉，盖非得已也。然在南朝则以言论相排挤而已，北朝则势力相劫制。北魏太武帝时，信任崔浩，而浩素敬事"五斗米道教"之寇谦之，荐之魏主，拜为天师，改年号曰"太平真君[②]"。太平真君七年(四四六[③])，忽诏诛长安沙门，焚破佛像，令四方一依长安行事。其诏书所标榜者，曰："荡除胡神，击破胡经。"其法，则"沙门少长悉坑之，王公已下敢隐匿沙门者诛一门"(《魏书·释老志》)。我国有史以来，皆主信仰自由。其以宗教兴大狱

① 原误作"顾宽"，今改正。
② 原误作"太一真君"，今改正。
③ 原误作"四四五"，今改正。

者，只此一役。元魏起自东胡，犷悍之性未驯也。后四年，浩亦族诛，备五刑焉。魏毁佛法凡七年，文成帝立，复之，后转益昌。后七十余年，孝明帝正光元年（五二〇），又再集佛道徒使讨论。道士姜斌以诬罔当伏诛，而佛徒菩提支为之乞杀。又五十余年，周武帝建德元年（五七二），下诏并废佛道两教，寻复道教。越十年（大象元年），并复之。然此役仅有遣散，并无诛戮云。计自佛法入中国后，受政府干涉禁止者，仅此两次①，时皆极短，故无损其流通，其间沙汰僧尼，历代多有，然于大教固保护不替也。

佛教发达，南北骈进，而其性质有大不同者。南方尚理解，北方重迷信。南方为社会思潮，北方为帝王势力。故其结果也，南方自由研究，北方专制盲从。南方深造，北方普及（此论不过比较的，并非谓绝对如此，勿误会）。此不徒在佛教为然也，即在道教已然。南朝所流行者为道家言，质言之，即老庄哲学也。其张道陵、寇谦之之妖诬邪教，南方并不盛行。其与释道异同之争，亦多以名理相角。若崔浩焚坑之举，南人所必不肯出也。南方帝王，倾心信奉者固多，实则因并时聪俊，咸趋此途，乃风气包围帝王，并非帝王主持风气，不似北方之以帝者之好恶为兴替也。尝观当时自由研究之风，有与他时代极差别者。宋文帝时，僧慧琳著《白黑论》、何承天著《达性论》，皆多曲解佛法之处，宗炳与颜延之驳之，四人彼此往复各四五书。而文帝亦乐观之，每得一札，辄与何尚之评骘之。梁武帝时，范缜著《神灭论》，帝不谓然也，自为短简难之，亦使臣下普答，答者六十二人，赞成缜说者亦四焉。在东晋时，“沙门应否敬礼

① 此说不确。唐武宗时也曾发生过毁佛运动。

王者”成一大问题。庾冰、桓玄先后以执政之威，持之甚力。慧远不为之屈，著论抗争，举朝和之，冰、玄卒从众议（以上皆杂采正史各本传、《高僧传》及两《弘明集》，原文不具引）。诸类此者，不可枚举。学术上一问题出，而朝野上下相率为公开讨论，兴会淋漓以赴之，似此者求诸史乘，殆不多觏也。若北方，则惟见寺塔、僧尼之日日加增而已，其士大夫讨论教理之文，绝无传者，即僧徒名著亦极希。后此各大宗派，不起于北而起于南，良有以也。然则南北两派，何派能代表我国民性耶？吾敢断言曰南也。五胡以后，我先民之优秀者，率皆南渡，北方则匈、羯、鲜、羌诸族杂糅，未能淳化于吾族，其所演之事实，非根于我国民性也。

北方之迷信的佛教，其发达之速实可惊。《释老志》尝列有简单之三度统计，今录如下：

年代	寺数	僧尼数
太和元年（四七七）①	六·四七八	七七·二五八②
延昌二年（五一八）	一三·七二七③	不详
武定八年（五五〇）④	三〇·〇〇〇	二·〇〇〇·〇〇〇

前后七十三年间⑤，而寺数由六千余⑥增至三万，僧尼数由七万

① 原误作“承明元年四七六”，今据《魏书·释老志》改正。
② 原误作“七七·三五〇”，今改正。
③ 原误作“一二·七二七”，今改正。
④ 原误作“兴和二年（五四〇）”，今改正。
⑤ 原误作“六十四年”，今改正。
⑥ 原误作“七千余”，今改正。

余增至二百万，以何故而致此耶？试检《释老志》中所记当时制度及事实，可以知其梗概。志云：

“永平元年诏曰：‘自今以后，众僧犯杀人已上罪者，仍依俗断，余犯悉付‘沙门统’（僧正）昭玄，以内律僧制治之。”

“和平初，昙曜奏：‘民有岁输谷六十斛入僧曹者，即为僧祇户，粟为僧祇粟，至于俭岁，赈给饥民。’又请：‘民犯重罪及官奴，以为佛图户，以①供诸寺洒扫。’并许之。于是僧祇户、粟及寺户遍于州镇矣②……永平四年，诏曰：僧祇之粟，本期济施。但主司冒利，规取嬴息，及其徵责，不计水旱，或偿利过本，或翻改卷契，侵蠹贫下，莫知纪极。……自今以后，不得传委‘维那’（僧职）、都尉③、可令刺史共加监括。”

“熙平二年，灵太后令曰：‘自今奴婢悉不听出家，……其僧尼辄度他人奴婢者，移五百里外为僧。僧尼多养亲识及他人奴婢子，年大私度为弟子，自今断之。’”

“神龟元年，任城王澄奏曰：‘自迁都以来，年逾二纪，寺夺民居，三分且一。……非但京邑如此，天下州镇僧寺亦然，侵夺细民，广占田宅。’”

“正光已后，天下多虞，王役尤甚。于是所在编民，相与入道，假慕沙门，实避调役，猥滥之极，自中国之有佛法，未之有也。”

---

① 原作“供诸寺洒扫”，首脱“以”字，今补。

② 原作“遍于州镇”，末脱“矣”字，今补。

③ 原脱“都尉”两字，今补。

据此，可见当时制度：（一）有各种僧职，权力极大，最高者为“沙门统”，其下有“州统”、“都维那”、“维那”等。（二）僧侣有治外法权，非犯杀人罪不到法庭。（三）挂名寺户可避徭役。（四）犯罪者及奴婢，凭藉教力，可免罪为良。（五）假立寺名，可以侵占田宅，猥滥横暴，至于此极。佛法精神，扫地尽矣。其帝室营造之侈靡，犹令人惊骇，就中若灵岩石窟、伊门石窟，若永宁寺，据《释老志》、《续高僧传·菩提流支传》、《洛阳伽蓝记》诸书所载，略可追想一二。使其至今犹在，或可大为我国建筑学上一名誉纪念，然当时民力之凋敝于此者，亦殊不让罗马教皇之营彼得寺也。至今过伊门、龙门间，睹石像攒若蜂窠，即在琉璃厂①求魏齐造像拓片，广搜之犹可得数千种，此实当时佛教兴隆之遗影留传今日者，而无数之罪恶苦痛即隐于其背后。此唐韩愈有“人其人，火其书，庐其居”之议。虽庸妄可笑，抑亦东流极敝反动使然也。南方佛教，此弊固亦所不免，然其兴也，不甚凭藉政治势力，以视北方，清明多矣。以上叙佛教黑暗方面略竟，今还叙其光明方面。

四

从中国佛学史大量观察，可中分为二期：一曰输入期，两晋南北朝是也。二曰建设期，隋唐是也。实则在输入期中，早已渐图建设，在建设期中亦仍不怠于输入，此不过举其概而已。输入事业之

---

① 厂，原误作“庙”。

主要者，曰西行求法，曰传译经论，具详第四、第五章两章。建设事业，则诸宗成立也，具详第六章以下。今欲使学者得一简明之概念，且略知各部分事业之联络，故以极简单之文句，先述如下（其有重要资料不能入以下诸章者，则于此处稍为详叙，望读者通前后参错观之）。

印度佛教，先有小乘，后有大乘，中国亦不逾斯轨。然小乘之行于中国，时期甚短，势力亦弱，非如印度西域之以小乘为正统、而大乘为闰位也。后汉、三国所译经典，虽小乘较多，然大乘亦已间译。至两晋以后，则以译大乘为主业。诸大乘经中，方等先昌。支谶之《般舟三昧》，佛调之《法镜》，支谦之《维摩》、《首楞》，法护之《宝积》、《大集》、《普曜》，皆其先河也。般若之兴，亦略同时。支谶之《道行》，法护之《光赞》，叔兰之《放光》，罗什之《摩诃》，皆其选也。此两部分，皆起于西历二世纪中，而发达于四世纪末。《法华》之来，则在四世纪，法护、罗什前后两译。《涅槃》，《华严》最晚出，昙谶、佛驮所译，皆在五世纪初元。至五世纪初元，而大乘要经略备，小乘之《四阿含》亦次第完成，译事告一段落焉。道安，此方弘法之祖也，遍注诸经，而犹精《般若》，可谓"空宗"最初之建设者。其弟子慧远，在庐山结莲社念佛，今之"净土宗"尊为初祖焉。罗什入关，气象万千，后此大乘之"三论宗"、小乘之"成实宗"，皆于此托始。其弟子僧肇、僧睿、道生等，皆为一时龙象。自此以前，为输入全盛、建设萌芽之时期。

在此时期中，有两种事实，颇足资研究兴趣者。其一，则小乘派殆无反抗力也。印度大乘初起，其与小乘之对抗极烈。即在今日之日本尚有持"大乘非佛论"者，独我国则大乘一至，靡然从风。其持小乘以非毁大乘者，今所考见，才得数人。一、慧导疑《大品般若》。二、昙乐非拨《法华》。三、僧渊诽谤《涅槃》。四、竺法度禁一切大乘经典，不听读诵（见梁僧祐《出三藏记集》卷五末两篇）。僧睿著《喻疑》篇，专为当时疑《涅槃》者而发。中有言曰："三十六国，小乘人也。此釁流于秦地。"可知当时西域诸僧在中国者，非无反抗大乘之人，特力不足以张其军耳。其二，则大乘教理多由独悟也，朱士行读《道行般若》，知其未尽，矢志往求（《高僧传》本传）。道安订正旧译诸经，其后罗什重译，适与冥合，初无乖舛（《魏书·释老志》）。凡此之类，具征深智。道生尝叹："经典东流，译人重阻，多守滞文，鲜见圆义。"于是校练空有，研思因果，乃立善不受报及顿悟义。笼罩旧说，剖析佛性，洞人幽微，说阿阐提人（译言多贪）皆得成佛。于时《大涅槃经》未至此土，孤明先发，独见迕众。旧学僧党，讥忿滋甚，摈而遣之。俄而《大涅槃》至，果言阐提有佛性，与生说若合符契（《出三藏记集》卷十五①）。吾读此等记载，发生两种感想。其一，可见我先民富于"研究心"，虽于其所极尊仰之经典，并非一意盲信。其二，可见我先民有创作之能，虽于所未闻之学说，而精思所运，能与符契，后此能蔚然建设"中国的佛教"，盖有由矣。以上为东晋之重要事业。

印度大乘性、相两宗，罗什传来者则性宗也，而相宗则未之闻。梁陈之交，真谛创翻《摄论》、《俱舍》，法泰、智恺最能传其业，于是开大乘之"摄论宗"与小乘之"俱舍宗"。"摄宗"即后此"法相宗"之前驱也。世亲依《华严·十地品》作《十地经论》，元魏时菩提流支、勒那摩提合译之。北齐惠光治之最明，于是创"十地宗"，即后

① 原误作"卷十七"，今改正。

此“华严宗”之前驱也。以上为南北朝之重要事业。

自罗什译《中》、《百》、《十二门》三论，后百余年间传习极盛，至隋吉藏（嘉祥大师）大成之，创“三论宗”。此宗入唐转衰，其一部分入“天台宗”，一部分入“禅宗”焉。自《法华》、《涅槃》输入后，研究极盛，六朝时有所谓“法华宗”、“涅槃宗”者。至隋智𫖮（智者大师）神悟独运，依《法华》创“四教五时”之义，立止观之法，学者以𫖮居天台，名之曰“天台宗”。其后唐湛然（荆溪）益大弘之，中国人前无所受而自创一宗者，自“天台”始也。此为隋代之重要事业。

唐玄奘三藏孤游天竺，十有七年，归而译书千三百卷，为我学界第一恩人。而其所最服膺者为戒贤显识之论，于是大阐之，立“法相宗”，亦称“唯识宗”。其弟子窥基最能传其学，基住持慈恩寺，故此宗或称“慈恩宗”焉。自“十地宗”成立以后，华严研究日盛，唐法藏（贤首国师）与实叉难陀重译《华严》，乃大阐扬之，立“华严宗”，亦可谓中国自创之宗也。此后宗密（圭峰）、澄观（清凉）盛弘其业。自慧远提倡念佛，至唐善导大成之，是为“净土宗”。自道安提倡戒律，至唐道宣[①]大成之，是为“律宗”。自唐善无畏、金刚智传授密咒真言，是为“密宗”。此诸宗皆盛于唐，而其传最广而其流最长者，则“禅宗”也。相传佛灭度后，以衣钵授大迦叶，心心相传，历二十八代而至达摩。达摩以梁时至中国，更不译经说教，惟物色传法之人，六传而至唐慧能（六祖大鉴禅师），乃大弘之，直指一心，不立语言文字，号为“禅宗”，亦称“心宗”。其徒南岳让、青原思传之，后为衍为“云门”、“法眼”、“临济”、“沩仰”、“曹洞”

① 原误作“唐道安”，今改正。

之五宗，数百年间，遍天下焉。此宗虽称来自印度，然自六祖以前，既一无传布，则虽谓中国自创之宗焉可耳。禅宗与“天台”、“华严”、“法相”皆极盛于唐，彼三者称“教下三家”，禅宗则称“教外别传”，此为唐代之重要事业。

以上诸宗，实为我国佛学之中坚，吾将于下卷各著专章以论之，此不过举其名而已。通计佛教盛于中国前后将及千年，法海波澜，不无起伏。最初输入小乘，墨守所谓“三法印”，即“万行无常”、“诸法无我”、“涅槃寂静”之教，以尘世为可厌，以涅槃为可乐。既而闻方等般若之说，谓涅槃真空。既并涅槃而空，则乐涅槃者丧其所据，此慧导、昙乐之徒所为大怖而盛诘也。般若昌明以后，空义既闻而习之矣。及《法华》、《涅槃》传来，又明佛性不空。浅根闻之，疑非佛说，故道生阐提成佛之论，旧学指为邪说，集众而摈之也。诸大经次第都来，群疑亦既涣释。而“相宗”之入，犹滋疑议。所以者何？诸宗所说皆当今世西欧哲学所谓“形而上学”之一部分，相宗所说，则当其所谓“认识论”之一部分也。前此既未之闻，而其所用“因明”又为外道所同用，其论心物之法，又与小乘之《俱舍》相翼辅，重以繁重艰深，不易明习，则厌而蔑焉。故法泰“屡演《摄论》，道俗无受”（《高僧传》①本传）。直至奘师归来，乃始大昌，而数十年后已莫能为继也。教下三家，鼎立盛行，诸经义解，发挥略尽，然诵习愈广，渐陷贫子说金之讥，故禅宗出而荡其障。惟密传心印，取信实难，呵佛骂祖，滋疑尤众，故六祖得法黄梅，十年乃布，而荆溪著《金刚錍》以非难之。自比于距杨、墨，新说推行之

① 当作《续高僧传》。

不易，自古然矣。及夫两斡开基，五花结实，禅宗掩袭天下而诸宗俱废，公案如麻，语录充栋，佛法于兹极盛，而佛法即于是就衰矣。

五

唐以后殆无佛学。唐以后何故无佛学耶？其内部之原因，则禅宗盛行，诸派俱绝。踞座棒喝之人，吾辈实无标准以测其深浅。其外部之原因，则儒者方剽窃佛理，自立门户，国中上驷咸趋此途，而僧界益乏才。若在宋代求佛教史上有价值之人，吾惟数一延寿（永明禅师），倡“禅净合一”之教，“净宗”复兴，实受赐焉。戒环（温陵）之理解，抑其次也。元代师礼蕃僧，颇兴密教，其于显说，则未有闻。有明末叶，莲池（袾宏）、交光（真鉴）、妙峰（福登）、憨山（德清）、蕅益（智旭）先后崛起，斯道称中兴焉。入清转衰，清诸帝虽皆佞佛，然实政治作用，于宗教无与，于学术益无与也。清僧亦无可特纪者，惟居士中差有人。晚有杨文会者，得力于《华严》，而教人以“净土”，流通经典，孜孜不倦，今代治佛学者，什九皆闻文会之风而兴也。

附录　佛教大事表

表例：一、表至唐末而止，以后无大事也。

二、年代用西历，省混杂，便省览，惟诸帝纪元仍附注于下。

三、年代不能确考者，下附疑号（？）。

二四七	（吴赤乌十）	立建初寺，江南有寺之始
二五三	（吴建兴二）	支谦卒，谦译经百种
二六〇	（魏景元元）	朱士行出家，汉地沙门之始
二六六	（晋秦始二）	法护始译经
二六九	（秦始五）	《方等泥洹经》初出（护译）
二七二	（秦始八）	《道行般若》再出（护译）
二八八	（晋太康九）	《法华》初出（护译）、《光赞般若》初出（护译）
二九一	（晋元康元）	《放光般若》再出（竺叔兰译）
三〇二	（晋太安元）	《维摩诘经》再出（护译），护卒（?）
三七七	（苻秦建元九）	道安入长安
三八四	（晋太元九）	惠远入庐山
三八七	（建元十九）	《阿毗昙》初出（道安监译）
三八九	（建元二十一）	道安卒
三九七	（晋隆安元）	《中阿含》、《增一阿含》出
三九九	（隆安三）	法显往印度
四〇〇	（姚秦弘始二）	鸠摩罗什至长安
四〇二	（晋元兴元）	智猛往印度
四〇三	（秦弘始五）	《摩诃般若》三出（什译）
	（晋元兴二）	《阿毗昙毗婆娑》初出（觉铠译）
四〇四	（弘始六）	《百论》出（什译）
四〇五	（弘始七）	《大智度论》出（什译）
四〇六	（弘始八）	《法华》定本出、《维摩诘》定本出（什译）
四〇八	（弘始十）	《小品般若》三出、《十二门论》出（什译）
四〇九	（弘始十一）	《中论》出（什译）
四一一	（弘始十三）	《成实论》出（什译）

四一二	（弘始十四）	罗什卒
	（凉玄始元）	昙无谶至凉
四一三	（弘始十五）	《长阿含》出（佛念译）
四一四	（凉玄始三）	《涅槃》定本出（谶译）
	（晋义熙十）	惠远结白莲社念佛
四一六	（义熙十二）	法显归国
四一七	（玄始五）	《大集》出（?）（谶译）
四一八	（义熙十四）	《大般泥洹》三出（?）（法显译）
四二〇	（宋永初元）	晋译《华严》出（佛驮译）
四三五	（宋元嘉十二）	《楞伽》定本出（求那译）
四四六	（魏太平真君七）①	魏焚佛经，坑沙门
四五二	（魏兴安元）	魏复佛法
五〇〇	（魏景明元）	菩提流支至洛阳
五〇四	（梁天监三）	武帝集道俗二万人发愿皈佛法
五一一	（魏永平四）	《十地论》出（流支译）
五一六	（魏熙平元）	遣宋云、惠生求经于印度
五一九	（梁天监十八）	慧皎著《高僧传》成
五二二	（魏正光三）	惠生等赍经百七十部归
五二七	（梁大通元）	达摩至建业
五五三	（梁承圣二）	《大乘起信论》出（真谛译）
五六三	（陈天熹四）	《摄大乘论》、《俱舍论》出（真谛译）
五七二	（周建德元）	周废佛道二教

① 原误作“太一真君七”，今改正。

五七五	（陈太建七）	智𫖮初入天台
五九四	（隋开皇十四）	敕法经等撰《众经目录》①
五九七	（开皇十七）	智𫖮卒
六二四	（唐武德七）	傅奕前七上书请废佛法，不报
六二八	（唐贞观二）	玄奘适印度
六四五	（贞观十九）	玄奘归国始译经，《显扬论》出
六四八	（贞观二十二）	《瑜伽师地论》出
六五〇	（永徽二）	《俱舍论》再出
六五九	（显庆四）	《大毗婆沙论》出、《成唯识论》出
六六三	（龙朔三）	《大般若经》出（以上俱玄奘译）
六六四	（麟德元）	玄奘卒
六七四	（上元元）	惠能受衣钵于弘忍
六七六	（仪凤元）	惠能在曹溪开演宗门
六八二	（永淳元）	窥基卒
六九四	（武周证圣元）	义净适印度
七〇〇	（武周久视元）	唐译《华严》出（难陀译②，法藏同译）
七〇一	（武周大圣元）	法藏始在长安讲新译《华严》
七〇五	（唐神龙元）	《佛顶首楞严》出（密帝③、房融同译）
七一二	（先天元）	惠能卒
七一四	（开元二）	无畏至京师
七三〇	（开元十八）	智昇撰《开元释教录》

① 原误作“《众经目馀》”，今改正。

② 原误作“虽陀译”，今改正。

③ 原误作“密谛”，今改正。

第二篇　佛教之初输入

外来之佛教，曷为而能输入中国且为中国所大欢迎耶？输入以后，曷为能自成中国的佛教耶？此答案非求根柢于历史焉不可也。

今吾所首欲讨论者，第一为佛教最初输入年代之问题，第二为最初输入地之问题。

"汉明帝时，始有佛法"（韩愈《论佛骨表》①语），此二语殆成为二千年来公认之史实。吾人心目中，总以为后汉一代，佛教已粲然可观，乃参稽考证，而殊觉其不然（说详下）。《后汉书·西域传》论云："至于佛道神化，兴自身毒。而二汉方志，莫有称焉……骞、超无闻者，岂其道闭往运，数开叔叶乎？"据此足证两汉时人，鲜有知佛。官书地志，一无所载。学者立言，绝未称引。王充者，后汉学者中学识最赅博而最富于批判精神之人也。其所著《论衡》对于当时社会流行之思想，无一不加以批判矫正，独于佛教，未尝一字论列。此即当时此教未行一有力之反证。故语佛教之初纪元，自当以汉末桓、灵以后为断。但前此史迹，于此间消息，固亦有可窥一二者。

其一，朱士行"经录"称："秦始皇时，西域沙门室利防等十八

---

① 原误作"《谏迎佛骨表》"，今改正。

人，赍佛经来咸阳，始皇投之于狱"（《历代三宝记》卷一引）[①]。此经录本不甚可信。此种断片且传疑的史实，似无征引之价值，但最当注意者，秦始皇实与阿育王同时（秦始皇：西纪前二四六—前二一〇[②]，阿育王：西纪前二六六—前二三〇[③]）。阿育派遣宣教师二百五十六人于各地。其派在亚洲者，北至俄属土耳其斯坦，南至缅甸，仅有确证，且当时中印海路交通似已开（法人拉克伯里考据此事颇详）。然则育王所遣高僧或有至中国者，其事非不可能（佛门掌故称，育王起八万四千塔[④]，其二在中国。此虽荒诞，然或是育王与中国有关系之一种暗示）。但藉曰有之，然既与当时被坑之儒同一命运，则可谓与我思想界没交涉也。

其二，鱼豢《魏略·西戎传》云："汉哀帝元寿元年，博士弟子秦景宪从大月氏王使伊存口受浮屠经"（《三国志》裴注引，《魏书·释老志》祖述其说）。此事在历史上虽为孤证，然其时大月氏王丘就却，正征服罽宾，而罽宾实当时佛教极盛之地，则月氏使臣对于佛教有信仰，而我青年学子之怀抱新思想者，从而问业，亦意中事。但既无著述，亦无传授，则影响固不及于思想界耳。

其三，《后汉书·楚王英传》云："英[⑤]晚节更喜黄老学，为浮屠斋戒祭祀。永平八年，诏令天下死罪皆入缣赎[⑥]。英……奉送缣

---

① 《历代三宝纪》原文如下："又始皇时，有诸沙门释利防等十八贤者，赍经来化，始皇弗从，遂禁利防等。"

② 原误作"西纪前二四三—前二一七"，今改正。

③ 据《中国大百科全书》《宗教卷》"阿育王"条，其在位年代约为公元前268—前232年。

④ 原误作"四万八千塔"，今改正。

⑤ 原此处脱"少时好游侠，交通宾客"二句。

⑥ 原误作"续"，今改正。

帛，以赎愆罪[1]。……诏报曰：‘楚王诵黄老之微言，尚浮屠之仁祠[2]，洁斋三月，与神为誓，何嫌何疑，当有悔吝？其还赎，以助“伊蒲塞”（即优婆塞）、“桑门”（即沙门）’之盛馔，因以班示诸国。”此为正史中最古最真之佛教掌故，中国人信仰佛教见于载籍者，自当以英为首。然以帝子之尊（英为光武子），而服其教，则在社会中先已有相当之根底可知。故教义输入，不得不溯源于西汉之季也。

其四，《后汉书·襄楷传》载桓帝延熹九年[3]楷上疏云：“闻宫中立黄老、浮屠之祠[4]。”此语见诸奏牍，必为事实无疑。帝王奉佛，盖自此始。此盖在永平百年后矣。

汉明之永平求法说，大略谓明帝感梦金人，遣使西域，赍还经像，创立寺宇。今藏中《四十二章经》，即当时所译。魏晋后之洛阳白马寺，即当时所建。甚者演为释道两教竞技剧谈，谓佛教缘此盛弘京邑。虽然，试稍用严正的史识一绳之，则兹事乃支离不可究诘。盖当时西域交通正中绝，使节往返，为事实上所不可能。即兹一端，则此段史迹，已根本不能成立。其所宗据之《四十二章经》，察其文体，案诸经录，皆可断为两晋间人作，绝非汉时所有。至于各书关于兹事所记载，其年月，其所遣之人，所历之地，所做之事，无一从同，而矛盾罅漏，随处发现。故以吾之武断，直谓汉明求法事，全属虚构。其源盖起于晋后释道阋争，道家捏造谰言，欲证成佛教之晚出；释家旋采彼说，展转附会，谋张吾军。两造皆乡曲不学之人，盲盲相引，其先后涂附之迹，历然可寻。治佛学史者，须先

① 原误作“赎愆”，今补。
② 原误作“慈”，今改正。
③ 原误作“七年”，今改正。
④ 原误作“词”，今改正。

将此段伪掌故根本祓除，庶以察觉思想进展之路，不致歧谬也。

附录一　汉明求法说辨伪

汉明求法说，最初见者为西晋王浮之《老子化胡经》。王浮盖一妖妄道士，造为老子出关西度流沙之说，指彼佛陀为老子弟子也。其书经六朝唐数次禁毁，稍有识者皆知其妄，独所造汉明求法说，反由佛教徒为之传播。洵一怪事也。其述此事概略云：

> "永平七年甲子，星昼现于西方，明帝梦神人，因傅毅之对，知为胡王太子成佛之瑞应，即遣张骞等经三十六国至舍卫，值佛已涅槃，乃写其经，以永平十八年归。"

此种记载之荒谬，一望而知。莫如张骞姓名，盖以二百年前之人物，插入此剧本中，其固陋太可怜矣。但尤有极强之反证，为世人所罕注意者，则西域交通之历史也。考《后汉书·西域传》云：

> "王莽篡位，贬易王侯。由是西域怨叛，与中国遂绝，并复役属匈奴。……永平中，北虏乃胁诸国共寇河西郡县，城门昼闭。十六年，明帝乃命将帅北征，……遂通西域，……西域自绝六十五载，乃复通焉。"

此记西域通绝年岁，谨严详明。永平七年，正西域受胁匈奴、构乱猖獗之时，下距十六年之复通且十岁，安能有遣使经三十六国入印度之时。其不学杜撰，正与攀引张骞同一愚谬耳。即此一反证，而汉明求法说，已根本推翻，无复成立之余地。

然则王浮曷为造此说耶？彼不外欲证成其佛陀为老子后学之说。因佛经中言佛出世、成道、涅槃，皆有六种震动等瑞应，因谓恒星昼现，为佛成道之象，强派佛陀为汉明帝时人耳。故又言汉使至而佛已涅槃也。然则彼又曷为必托诸明帝耶？则永平八年赐楚王英之诏书，为其作伪取资之动机，殆可断言。盖此诏书，必为当时佛教徒所最乐称道。因此不知不觉间，将汉明帝与佛教生出关系，伪造故实者，遂因而托之，殊不思彼诏书中，"浮屠"、"伊蒲塞"、"桑门"等新名词已累累满纸，岂待闻傅毅之对而始知世间有所谓佛耶！

其次，踵述此说者，为东晋初年石虎著作郎王度奏议，有"汉明感梦，初传其道"二语（见《高僧传》卷九①《佛图澄传》）。又次，则袁宏《后汉纪》（卷十）云：

"帝梦见金人长大，顶有日月光，……而问其道，遂于中国图其形象。"

其言皆极简单，不过姑沿俗说而已。又次，则《四十二章经序》②记此事渐铺张扩大矣。此序③见梁僧祐《出三藏记集》卷六④，

① 原误作"卷十"，今改正。
② 原误作"四十二章经记"，今改正。
③ 原误作"记"，今改正。后文凡"记"字指此"序"者，皆改为"序"，不复注。
④ 原误作"卷七"，今改正。

注云“未详作者”。然《四十二章经》，实吴晋人伪作（详下）。其序又当在经后，殆出东晋无疑。序云：

> “昔汉孝[1]明皇帝夜梦见神人，……明日问群臣：此为何神也？[2] 有通人傅毅[3]曰：臣闻天竺有得道者，号曰佛……殆将其神也。于是上悟，即遣使者张骞、羽林中[4]郎将秦景、博士弟子王遵等十二人，至大月氏国写取佛经《四十二章》，在十四石函中。”

此序当注意者，则于“使者张骞”外，添出秦景、王遵等十二人，又所写经有《四十二章》之目。奉使之地，乃易印度为月氏，殆作此序者较博雅，知张骞仅曾到月氏，未到印度，故毅然矫正前失耶。秦景之名，盖影射受经伊存之博士弟子秦景宪而漏却一字。又误记其官，而别造一博士弟子名王遵者，实则羽林中[5]郎将，汉家并无此官名也。

复次，踵此序而增饰之者，则《牟子理惑论》也。此论见《弘明集》卷一，旧题汉牟融撰，实则东晋刘宋间人伪作。（详下）其叙此事，前半全同《四十二章经序》，惟改秦景官名羽林郎中耳。然此官亦非汉所有也。下半则内容更加扩大。其文云：

---

① 原脱一“孝”字，今补。
② 原脱“此为何神也”一句，今补。
③ 毅下原衍一“对”字，删之。
④ 此处原脱一“中”字，今补。
⑤ 此处原脱一“中”字，今补。

"……于大月支写佛经四十二章，藏在兰台石室第十四间。时于洛阳城西雍门外，起立佛寺，于其壁画千乘万骑，绕塔三匝……"

前序称"写取经在十四石函中"似是指经在彼土藏以石函，至是则忽变为兰台石室第十四间矣。前诸书只言迎取经像，至是则言立寺洛阳，且指其地点矣。复次则梁僧祐《出三藏记集》（卷二①）《四十二章经》条下云：

"……使者张骞、羽林郎中将秦景……于月支国遇沙门竺摩腾，译写此经，还洛阳，藏在兰台石室第十四间中②。"

此文与前异者，前书只言"写取佛经"，至是则写本变为译本。又于使节之外，忽添出一同来之竺摩腾，求法之成绩，益增上矣。及梁慧皎作《高僧传》时，"汉明求法"之传说，又生变化，其《摄摩腾传》云：

"汉永平中……③遣郎中蔡愔、博士弟子秦景等，使往天竺，寻访佛法。愔等于彼遇见摩腾，乃④要还汉地。"

窃思彼时佛徒历史之学乃骤进，居然知张骞与明帝并不同时，

① 原误作"卷一"，今改正。
② 原脱"第十四间中"，今补。
③ 引文原略，今加删节号标记之。
④ 原脱一"乃"字，今补。

急急抽换，乃杜撰出蔡愔其人者以为代。愔为大使，不可无官也，即以副使之官官之；又觉羽林中郎将为武职，非求法使臣所宜也，则删削颠之为“郎中”；其尤淹博可佩者，居然更知历年派充副使之秦景，其职业实为博士弟子，亟为之正名定分，而将随员中冒充博士弟子之王遵革去。所惜者，秦博士向伊存受经时，上距永平已七十余岁，垂老而远行役，未免不情耳。然以较旧说，则已周密数倍，后此《魏书·释老志》、《历代三宝记》等，皆祖述之。遂成为佛门铁公案矣。《高僧传》又云：

“腾所住①处，今洛阳城西雍门外白马寺是也。”（《摄摩腾传》）

“蔡愔至中天竺，时竺法兰与摩腾共契游化，遂相随而来，会彼学徒留碍，兰乃间行……达洛阳，与腾同止……善汉言，译《十地断结》、……《四十二章》等经五部。”（《竺法兰传》）②

使臣归国之结果，初但言赍还经像耳。第二步变为立寺，第三步则寺有所在地点，第四步则并寺名而有之矣。初则言使臣独归，第二步添出一译经之摩腾，第三步又添出一法兰，第四步则法兰译经且多种矣。凡此皆作伪进化之迹，历历可寻者也。

《汉法本内传》者，见唐道宣所撰《广弘明集》卷一，注云：“未详作者”，勘其事状及文体，盖出于元魏高齐释道交哄最烈时，其述此事，益极荒诞，略言：

---

① 原误作“在”，今改正。

② 此段文字为节引。

“蔡愔偕摩腾、法兰归，道家积不能平，道士褚善信等六百九十人，以永平十四年正月一日，抗表请比对，其月十五日，明帝集诸道士于白马寺，使与腾、兰二人赛法。道经皆焚烬，腾等现各种神通。道士费叔才惭死，吕惠通等六百余人出家，宫嫔等二百三十人、士庶千余人出家。”①

呜呼！作此伪至此，叹观止矣。信如《法本内传》所说，则当时出家者已盈千累万，而三百年后王度奏事，乃谓汉魏之制，除西域人外不许出家，此等语安能形诸奏牍？信如《高僧传》所说，则摩腾、法兰已大兴译事，而下距安世高之来，垂百年间，无一新译，佛徒之辱其宗，不亦甚耶！

综以上所考证，吾敢②断言曰：汉明求法，乃一羌无故实之谈。其始起于妖道之架诬，其后成于愚秃之附会，而习非成是，二千年竟未有人敢质疑焉。吾所以不能已于辩者，以非将此迷雾廓清，则佛教发展之阶段，无由说明，而思想进化之公例破矣。其有舛失，愿来哲匡之。

附录二　《四十二章经》辨伪

藏中本经，标题云：“《佛说四十二章经》，后汉迦叶摩腾同竺法

① 此段文字为节引。

② 原误作“散”，今改正。

兰译。"《高僧传》云:"汉地现存诸经,唯此经为始。"①此语盖二千年来佛徒所公认。摩腾之姓,或作竺,或作摄,或作迦叶。此经或云摩腾译,或云法兰译,或云腾兰同译。两人籍贯,或云月支,或云天竺。此皆枝末异说,未有从根本上质疑于其伪者。如吾前文所考证,汉明求法,既羌无故实,腾、兰二人,皆子虚乌有,则此经托命之点,已根本动摇。然则此经果何时代何人所作乎?此问题向佛典目录学中求之,或可解答一二也。

隋费长房《历代三宝记》(省称《长房录》)本经条下云:

"旧录云:'本是外国经抄,元出大部,撮要引俗,似此孝经十八章。'……"

此言此经性质最明了,盖并非根据梵文原本比照翻译,实撮取群经精要,摹仿此土孝经老子,别撰成篇。质言之,则乃撰本而非译本也。然则谁实撰之耶?吾以教理及文体衡之,则其撰人应具有下列三条件:(一)在大乘经典输入以后而其人颇通大乘教理者。(二)深通老庄之学,怀抱调和释道思想者。(三)文学优美者。故其人不能于汉代译家中求之,只能向三国两晋著作家中求之。

现存经录最古者,为梁僧祐《出三藏记集》(省称《祐录》),《四十二章经》之著录,即始于彼。原注云:

"旧录云:'《孝明皇帝四十二章》。'安法师所撰录,阙此经。"

① 《高僧传》原文为:"汉地现存诸经,唯此为始也。"

安法师者，即道安。其所撰录，即所谓《安录》是也（今佚）。此经既不著于安录，则可断言为道安所未见。盖《安录》记载极博，虽疑伪之经，犹不阙遗。苟其见之，必当有所论列也。道安与苻坚同时，安既不见此经，则其出固当在东晋之中晚矣。但犹有一事当注意者，《祐录》、《长房录》中所引"旧录"，为何人所撰，撰者在道安前抑在其后？若能得其出处，则《四十二章》之时代可以大明。因此又当牵涉及"经录研究"。据长房以后诸书所引，有曹魏朱士行著《汉录》，其书若真，则年代在《安录》前。然以僧祐博极群书，何以于此《汉录》一无征引。《高僧传·道安传》云："自汉魏迄晋经来稍多，而传之人，名字弗说。后人追寻，莫测年代。安乃诠品新旧，撰为经录，众经有据，实由其功。"①

然则安以前并无著经录之人，士行《汉录》②之伪托盖不待辩，而此所谓"旧录"者，断非士行录，更不待辩。然则道安以后、僧祐以前之经录共有几种耶？据《大唐内典录》所记，有东晋竺道祖《众经录》四部③，有东晋支敏度《经论都录》一卷，《别录》一部④。有萧齐王宗《经录》二卷⑤。此所谓"旧录"者，总不能出此三种以外。又考《祐录》"《阿述达经》"、"《大六向拜经》"两条下引"旧录"，《长房录》所引文全同，而称为《支录》。则凡僧祐所谓"旧录"，殆

① 《高僧传》原文为："自汉魏迄晋，经来稍多，而传经之人名字弗说，后人追寻，莫测年代。安乃总集名目，表其时人，诠品新旧，撰为经录。众经有据，实由其功。"

② 原误作"安录"，今改正。

③ 原误作"四卷"，今改正。《众经录》四部即：《魏世经录目》一卷、《吴世经录目》一卷、《晋世杂录》一卷、《河西经录目》一卷。

④ 原误作"一卷"，今改正。

⑤ 原误作"一卷"，今改正。

即支敏度之《经论都录》。若吾所推定不谬，则《四十二章经》之著录实自《支录》始矣。支敏度履历，据《内典录》云："晋成帝时豫章沙门。"其人盖与道安同时，但安在北，而彼在南。然则此书或即其时南人所伪撰，故敏度见之而道安未见也。敏度又尝将《首楞严》、《维摩诘》两经诸家旧译，汇而抄之，其序见《祐录》中。然则敏度盖有抄经癖，所谓"撮要引俗"者，实其专长。或此经即出敏度手，亦未可知也。

尤有一点应注意者，《长房录》于支谦条下，亦列有《四十二章经》，注云：

> "第二出，与摩腾译者小异，文义允正，辞句可观，见《别录》。"

此《别录》即支敏度之《众经别录》（其他经录，无以"别"名者），然则度所编集，有两本矣。此经理趣文笔，皆与支谦诸书，系统相近，指为谦作，亦近情理。

要之，此书必为中国人作而非译自印度，作者必为南人而非北人。其年代，最早不过吴，最晚不过东晋，而其与汉明无关系，则可断言也。

今当研究佛教初输入地之问题。——向来史家，为汉明求法所束缚，总以佛教先盛于北，谓自康僧会入吴，乃为江南有佛教之始（《高僧传》卷一《康僧会传》）。其北方输入所取途，则西域陆路也。以汉代与月支、罽宾交通之迹考之，吾固不敢谓此方面之灌输，绝无影响。但举要言之，则佛教之来，非由陆而由海，其最初根据地，不在京洛而在江淮。汉武帝刻意欲从蜀滇通印度，卒归失败。然非久实已由海道通印度而不自知。盖汉代黄支，即《大唐西域记》中西印度境之建志补罗国，时以广东之徐闻、合浦为海行起点，以彼土之已程不为终点，贾船转相送致①。自尔以来，天竺大秦贡献，皆遵海道②。凡此皆足证明两汉时中印交通皆在海上，其与南方佛教之关系，盖可思也。

楚王英奉佛，固属个人信仰。然其受地方思想之熏染，盖有不可诬者。我国南北思想两系统，在先秦本极著明。北方孔墨之徒，虽陈义有异同，然其重现实、贵实行则一。南方自楚先君鬻熊，相传已有遗书，为后世道家所祖。老庄籍贯，以当时论，固南人也。其治学则尚谈玄，其论道则慕出世。战国末大文学家屈原，其思想之表现于《远游》诸篇者，亦与老庄极相近。盖江淮间学风与中原对峙，由来久矣。西汉初淮南王安，受封故楚，与其地学者苏飞、李尚辈讲论，成《淮南鸿烈》解传于今，集道家言之大成焉。然则在全国各地方各民族中，惟江淮人对于佛教最易感受，对于佛学最易了解，固其所也。中印交通枢纽，本在广东，但其时粤人太蒙昧，未能任此高尚教理之媒介。汉武平南粤后，大迁其人于江淮（《汉书·

① 梁启超原注：《汉书·地理志》云："自日南障塞徐闻、合浦（案皆今县名），船行可五月，有都元国。又船行可四月，有邑卢没国。又船行二十余日，有谌离国。步行可十余日，有夫甘都卢国。自夫甘都卢船行可二月余，有黄支国……自武帝以来，皆献见。有译长……蛮夷贾船，转送致之。……平帝时，王莽厚遗黄支王，令遣使送生犀牛。自黄支船行可八月到皮宗。船行可八月到日南象林界云。黄支之南有已程不国，汉之译使，自此还矣。"右所列国名，除黄支外，皆难确考其今地。大约皆在南洋群岛、锡兰及南印度境也。官书中记其行程，则交通已颇频繁，盖可想见。

② 梁启超原注：《后汉书·西域传》"天竺国"条下云："和帝时数遣使贡献，后西域反畔，乃绝。桓帝延熹二年、四年，频从日南徼外来献。"又"大秦国"条下云："桓帝延熹九年，大秦王安敦遣使自日南徼外献象牙犀角玳瑁。"安敦即罗马皇帝 Antony 也。此皆中国海通最古之史迹。

南粤传》)此后百数十年中,粤淮间交通当甚盛,故渡海移根之佛教,旋即播莳于楚乡,此事理之最顺者。而楚王英奉佛,即此种历史事实最有力之暗示也。

尤有一事当注意者,《后汉书·陶谦传》称:“丹阳(今镇江)人笮融,在徐州广陵(今扬州)间,大起浮屠寺,上累金盘,下为重楼……作黄金涂像……每浴佛辄多设饮饭,布席于路,其有就食及观者且万余。”融与曹操同时,其人为南人,其所治地为南土。其时佛塔之建造、佛像之雕涂、佛徒之供养,如此奢丽,此虽半由本人之迷信,然以历史家眼光观之,谓其不受社会环境几分之示唆焉,不可得也。

楚王英前后之佛教,度不过极粗浅之迷信谈耳。于后此教宗之建设,不能谓有多关系。其真为佛教理的输入者,不得不首推安世高。世高为译经之第一人。其书传于今者,真伪合计,尚三十余种。其为中国佛教开山之祖,固无待言。旧说皆谓世高译业在洛阳,然按诸《高僧传》本传,则世高在广州、在豫章、在荆州、在丹阳、在会稽,皆有遗迹,淮以北则无有①。且为高襄译者,实临淮人严佛调②。以吾之武断,竟欲谓高译诸经,皆南方也。倘以上所推测不

① 梁启超原注:安世高传记,几纯属神话的性质,颇难悉认为史料。即其年代,非无可征信。通常之说,谓为汉桓帝时入中国,然有谓晋时犹生存者。又有谓彼前身死于广州,再世为安息王太子重来中国者。《高僧传》博采众说,言世高曾两到广州,曾往庐山度鄡亭庙神,曾在荆州城东南隅立白马寺,曾在丹阳立瓦官寺,最后卒于会稽。其史迹多诡诞,不可尽信。然以情理度之,世高盖从海道来,在广东登岸,经江西北上,而在江淮间最久。江左人士受其感化甚深,故到处有其神话也。世高原籍安息(今波斯)。时中印海运业,皆在安息人手。世高遵海来,最近于事实。

② 梁启超原注:严佛调所襄译事,或云安世高,或云安玄。然吾颇疑并无安玄其人者,或即世高之异名耳。

甚谬，则我国佛教，实先从南方得有根据，乃展转传播于北方，与旧籍所传者，适得其反矣。

据上所述，则佛教实产育于老庄学派最发达之地，思想系统联络之迹，隐然可寻。故永平诏书，襄楷奏议，皆以黄老、浮屠并举。盖当时实认佛教为黄老之支与流裔也。其蔚为大国，则自魏晋以后耳。

然则北方佛教果以何时始发展耶？吾所揣测，则翻译界第二座明星支娄迦谶，实其滥觞。谶以汉灵帝时至洛阳，各书记载皆无异说。其襄译者孟福、张莲，皆洛阳人，更足为其译业在北之铁证（看《梁高僧传》本传）。即以翻译文体论，安高略采意译法，其文较华；支谶纯采直译法，其文极朴。读高书，则与老庄学每起联想，觉其易入；读谶书，苦不易索解，但觉其非我所固有。吾于初期两大译家，觇我民族两种气分焉。

欧人分印度佛教为南北宗：北宗指迦湿弥罗、犍①陀罗所传者；南宗指锡兰所传者。因习闻中国佛教出西域，遂指为北宗所衍。欧人此种分类，吾本不以为然。但即如彼说，吾国亦两宗兼承，海通传南，陆通传北。而南宗之来，且视北为早焉。以现存译本论，世高所译，皆《阿含》中单品及上座部所传禅定法，其与锡兰之巴利藏同一系统甚明。支谶所译，皆《华严》、《般若》、《宝积》中单品，大乘最昌时那烂陀派诵习也。故初期两译师，实足为两宗代表也。顾吾于两宗之说，素不心折，但藉此验时代先后，明彼我思想骈进

① 原本用字常不统一，同一地名，如“犍陀罗”，时而用“健”，时而又用“揵”，今根据典籍之常用，统一用“犍”，后文改字不再注。

之状况而已[①]。

两晋以降，南北皆大师辈出（此指中国之南北，非印度之南北）。但衡大势以相比较，北方佛教，多带宗教的色彩，南方佛教，多带哲学的色彩；北人信仰力坚，南人理解力强；北学尚专笃，南学尚调融，在在皆足以表风气之殊。而各宗派之能纷呈其特色以光饰我思想史，亦未始不由此也。

佛教在汉代，虽渐得一部分人之信仰，然正式出家，尤为功令所禁。苻坚时著作郎王度奏云："汉初传其道，唯听西域人得立寺都邑以奉其神，其汉人皆不得出家。魏承汉制，亦循前轨。"（《梁高僧传》卷九[②]《佛图澄传》引[③]）此与唐贞观间许景教徒阿罗斯立大秦寺事同一律。盖我国历代相传"怀柔远人""不易其俗"之政策也。至于本国人之信仰，则尚加以限制。《历代三宝记》卷三年表中于"魏甘露五年"条下注云："朱士行出家，汉地沙门之始。"[④]甘露五年下距晋之篡魏仅四年耳，则谓此禁至晋始开焉可也。要之，秦景宪为中国人诵佛经之始，楚王英中国人祀佛之始，严佛调为中

① 梁启超原注：汉明求法说虽不足信。但其所依附各事迹，自必属于初期传说。因此转可以证明佛教之自南而北。彼言明帝所梦为"金人"。然以近世学者所考证，北印度佛像无涂金者。"金人"说殆因笮融造金像而起，此南印度案达罗派之雕涂也。又言蔡愔赍来之佛像为"倚像"。倚像明属西印度系统。若北方犍陀罗所造，则皆立像也。又言"西雍门外之佛寺，千乘万骑，群像绕塔"。此明属西印度之图案也。以上区别，今世印度美术专家多能言之，吾因此益信汉魏间佛教，皆欧人所谓南宗也。

② 原误作"卷十"，今改正。

③ 《高僧传》引文为："往汉明感梦，初传其道，唯听西域人得立寺都邑以奉其神，其汉人皆不得出家。魏承汉制，亦循前轨。"

④ 《历代三宝记》卷三"魏甘露五年"条下注文为："颍川朱士行，最先出家，即汉地沙门之始也。"

国人襄译佛经之始，笮融为中国人建塔造像之始，朱士行为中国人出家之始。初期佛门掌故，信而有征者，不出此矣。

最后尤有一事当置辩者，即所谓《牟子理惑论》也。此书旧题汉牟融撰，若不谬者，则汉代佛教，可云已极光大。而本章所考证者，皆为多事，但吾终不信此书为汉人著述，故未敢以此遽易吾说也。

附录三　《牟子理惑论》辨伪

《理惑论》三十七章，全文见梁僧祐《弘明集》卷一，题汉牟融撰，附注云："一名苍梧太守牟子博传。"《隋书·经籍志》子部儒家类，有《牟子》二卷，注云："后汉太尉牟融撰"，殆即是书。融，字子优，不字子博，《后汉书》有传。其为太尉，在明帝永平十二年，史不称其有著书。本书称"孝明皇帝云云"，其绝非太尉融所撰，更不俟辩。即谓汉末有同姓名者，然书中自序，称"灵帝崩后……牟子将母避世交趾。年二十六，归苍梧娶妻，太守谒请署吏"，则苍梧平民，非太守也。故仅就原书标题论，已支离不可究诘。序中又言笮融事，而文义不相属。窃疑此书为东晋刘宋间人伪作。初托诸笮融，或以笮字形近转讹为牟，或因笮融不得其死，传此书者欲别依托一有令誉之人，偶见后汉名融者有一牟太尉，又事热心求法之明帝，与佛有缘，遂展转嫁名于彼。此所推测，虽不敢必当，要之，后汉初之牟融，决未尝著《理惑论》，而后汉末并无牟融其人者，则可断言也。

此书文体，一望而知为两晋六朝乡曲人不善属文者所作，汉贤决无此手笔。稍明文章流别者，自能辨之。其中更有数点最足证明伪迹者。

（一）原文云："仆尝游于阗之国，数与沙门道人①相见。"考《后汉书·西域传》："于阗自王敬矫命造乱被戕，桓帝不能讨，自此与中国绝。"灵献之交，中国人安得游于阗？此必在朱士行西行求法以后，于阗交通盛开，作伪者乃有此言耳。

（二）原文云："今沙门剃头"，"今沙门耽②好酒浆，或畜妻子"。汉魏皆禁汉人不得出家，灵献时安得有中国人为沙门者。据此文所述僧徒风纪已极败坏，必在石赵姚秦极力提倡举世风靡之后，始有此现象耳。

（三）原书凡三十七章，自云："吾览佛经之要，有三十七品，故法之焉。"③佛经皆译"章"为"品"。作伪者乃窃取斯义，考"三十七品"之名，始见于《维摩诘经》之佛国品，乃四念处、四正勤、四如意足、五根、五力、七觉支、八正道之总名，亦名三十七法，非篇章之谓也。作伪者耳食误用，殊为可笑，即可证其书出支谦罗什所译《维摩》盛行之后矣。

（四）原文云："世人学士，多讥毁佛法。"④后汉人著述，亡佚虽多，其传于今者亦不少，至如单篇零札，裒而录之，可逾千篇，除襄楷奏议外，吾未见有一语及佛法者。王充《论衡》，专以批判为业，亦未齿及。此实汉代士大夫不知有佛学之明证。既无闻见，安有

---

① 原误作"道士"，今改正。

② 原误作"既"，今改正。

③ 《弘明集》卷一原文为："吾览佛经之要，有三十七品，老氏道经亦三十七篇，故法之焉。"

④ 《弘明集》卷一原文为："世人学士，多讥毁之云。"

毁誉？此作伪者，道晋宋间情状耳。

此书断断辨夷狄之教非不可用，此盖在顾欢《夷夏论》出世前后，其他辨毁容，辨无后，皆东晋间三教辩争之主要问题。而作此书之人，颇以调和三教为职志，亦正属彼时一部分之时代精神。故断为晋后伪书，当无大过。但理既肤浅，文复靡弱，其价值又出《四十二章经》下矣。

惟有一事足资旁证者，著书之地，托诸交趾。原序云："时交趾[1]差安，北方异人，咸来在焉。"此或为汉末交趾佛教颇盛之一种暗示，盖当时中印交通实以日南为孔道也。

① 《大正藏》本《弘明集》卷一《理惑论》原序为"交州"。

第三篇　印度佛教概观

印度史迹与佛教之关系

无论如何高邃之宗教，要之皆人类社会之产物也。既为社会产物，故一方面能影响社会，一方面又恒受社会之影响，此事理之无可逃避者。佛教有二千余年之历史，有东西数十国之地盘。其播殖于五印以外者，顺应各时代、各地方之社会情状，为种种醇化蜕迁，固无待言。即以印度本境论，幅员既如彼其辽广，种族既如彼其复杂，文化既如彼其繁荣，则佛教在彼土千余年间之分合盛衰，必与其政治上、学艺上有相应相倚之关系明矣。徒以印人历史观念缺乏，至今竟无一完备之信史足为依据，而佛教徒亦向不以此为意，故无得而征焉。然而佛教自佛灭度后，循机体发育之公例，为不断的进化蜕分，其间或荣或悴，经无数波折，卒乃灭绝而迁化于他方。此既章章不可掩之事实，苟非略察其社会变迁之迹，则此种现象殆无由说明；而其所输入中国之教理，何故有种种异相，亦无由知其渊源所自。吾故先为此章，刺取印度政治上大事与佛教有密切关系者，论其概要，俾学者得一简明概念，为研究佛教宗派史之预备焉。

佛陀在世布教之迹，略同孔子。孔子辙环所及，在黄河下游齐、鲁、宋、卫约千里间，南极蔡、楚而止。佛陀亦然。其足迹所及，在恒河下游摩竭陀、憍萨罗①、迦尸、憍赏弥②数国，约千里间，南极胆波而止（约当今之孟加拉省），而因缘最深者，则摩竭陀之王舍城（竹林精舍所在）、憍萨罗之舍卫城（给孤独园所在）、迦尸之婆罗奈城（鹿苑所在），此诸地方，实当时印度人口最密之处，而文化之中心也（至今犹然）。就中王合城最为主要，舍卫次之，而此二地则外道之窟穴也③。佛教首立根据于此，可谓力为其难，而后此佛教与外道轧轹不绝，且彼此思想常迭相为影响，则亦以此。

佛灭度时，摩竭陀王为阿阇世。其人本弑父篡国之恶徒，且常党于耆那，与佛为难。然当佛灭前已悔罪皈依（据《阿阇世王经》），故有名之"第一结集"（详次章），即在王舍城举行。其后阿阇世战胜波斯匿，兼并憍萨罗，拓境西至摩偷罗，西南至阿槃提，东南至鸯伽（即今之印度首都加拿吉打所在地），奄有五河全域④（恒河所受五河）。王既信佛，故佛教亦随其政治势力而扩张，因扩张之结果，而地方的派别渐生。

---

① 通常译为"憍萨罗"。

② 通常译为"憍赏弥"。

③ 梁启超原注：当时最有力之耆那教——即尼犍子，其教祖与摩竭陀王室有血统关系，久为该王族所归依，事见《阿阇兰伽经》及《劫波经》。王舍城之竹林精舍，本尼乾子教徒所居，频毗婆罗王及迦兰陀长者，驱逐尼乾，施与释尊，事见昙无德律及《西域记》。

据以上史实，可知佛教未兴以前此地外道之盛，中间虽被佛教夺作根据，然非久旋复滋长。迦腻色迦王之"第四结集"，本议在王舍城举行，而胁尊者谓"彼多外道，异论纠纷"（见《西域记》），知其地已复为外道所蟠矣。

舍卫之给孤独园——即祇洹精舍，为长者须达所施。须达初请佛往，佛谓："舍卫城中，人多信邪，难染圣教。"后徇其请，使舍利弗先往经营，外道六师，群起攻难，其国王请舍利弗与彼角术胜之，乃得建立，事见《贤愚因缘经》。

④ 原误作"城"，今改正。

佛灭后百五十八年（西纪前三二七）[①]，有一事为印度文化史上所宜特笔大书者，则亚历山大大王之大军侵入是也。大王军力所及，虽仅在印度河流域，其时间虽仅十二年，然印度、希腊两文化系之接触，实自兹始。时大王领土，奄有波斯及中亚细亚，逮大军退出，挟印度文明之一部分以为归赆。佛教之入西域，此其远因。且自兹役后，犍陀罗、迦湿弥罗一带，已渐受希腊思想之濡染，而此两地实为后此佛教之中枢。故佛教在同一根本原理之下为多方面之发展，其受外来文化之戟刺，不可诬也。

西北部之客军方退，而中部之内争旋起，时则有所谓四恶王者，日寻干戈，破坏塔寺，杀戮比丘，一般人民固受涂炭，而佛教受创特甚[②]。至佛灭后二百十九年（西纪前二六六），阿育王即位，教乃中兴。

阿育王 Asopa 为佛教最有力之护法者，稍治佛学之人，类能知之[③]。其祖父旃陀罗麹多[④]，当亚历大军退出后，蹶起西北，逐希腊人所置将帅，旋龛定四恶王，统一中印度，建立所谓孔雀王朝者。再传至阿育，国势益张。南灭羯餧伽，西服犍陀罗，五印役属，余威且及域外，而奠都于摩竭陀之华氏城（亦称波厘吒子城，在王舍城西约二百里，佛在世时所常游处也）。既厌征伐，遂皈正法。时则有目犍连帝须 Moggaliputta Tissa 者，实为国师，为王立种种关于宗

① 根据下文，关于佛灭年代，梁启超显然是采《众圣点记》之说，即西元前四八五年。据此，原作“百五十二年”误，今改正。

② 梁启超原注：四恶王事，见《杂阿含经》卷二十五，南释迦王、北耶槃那王，西钵罗婆王，东兜沙罗王，其年代在希腊军侵入前抑在其后，尚难确考。

③ 梁启超原注：阿育王事迹，今藏中有西晋安法钦译之《阿育王传》，梁僧伽婆罗译之《阿育王经》，可供史料。其余带神话性质散见各书者甚多。相传王造八万四千塔，中国境内亦有之，事固绝不可信，亦可见其势力深入人心也。

④ 通常译为“旃陀罗笈多”。

教上之设施，既在华氏城举行“第三结集”，调和上座、大众两部之争[①]，更派遣宣教师于国内外，大举弘法，其布教区域及教师名，具见《善见律毗婆沙》中[②]。其今地名略可考订者如下：

罽宾及犍陀罗吒	迦湿[③]弥罗及阿富汗南部
摩醯娑慢陀罗	南印度奇士拿河一带
婆那婆私 阿婆兰多迦 摩诃勒吒	——……此三地难确指，大约皆印度边境
臾那世界（希腊人领土）	阿富汗及中亚细亚
雪山边国	尼波罗（廓尔喀）
金地国	缅甸（或马来半岛）
师子国	锡兰岛

近欧人治梵学者，发现阿育王石刻二十余种[④]，内中一小摩崖有

① 梁启超原注：“第三结集”事，仅见《善见律》，谓目连帝须为上座选一千比丘，仿大迦叶故事，集法藏律藏。然阿育王经、传及石刻，皆不言此事，是否传信，未敢断言。上座、大众之诤详次章。

② 梁启超原注：《善见律毗婆沙》卷二【校者案：原误作“卷三”】：“尔时于波利吒弗国集毗尼藏竟，目犍连子帝须作如是念：‘当来佛法何处久住？’即以神通力观看，当于边地中兴，于是帝须语诸长老：‘汝等各持佛法至边地竖立。’……即遣大德末阐提至罽宾、犍陀罗国，摩诃提婆至摩醯娑末陀罗国，勒弃多至婆那婆私国，昙无德至阿波兰多迦国，摩诃昙无德至摩诃勒吒，摩诃勒弃多至臾那世界，末示摩至雪山边国，须那迦郁多罗至金地国，摩哂陀郁帝夜参婆楼跋陀至师子国，各竖立佛法。”【校者案：此段引文与原文个别字句有出入，不复改】

③ 《饮冰室专集》本误作“温”，今改正。

④ 梁启超原注：阿育王石刻之研究，创自英人勃雷涉 James Priusep。因印度古钱有希腊，印度二体书，以希读梵，始能了解。始知所铭刻者，皆阿育振兴佛教之成绩。于一八三七年公布其研究之结果。尔来陆续发掘，所得不【校者案：疑此“不”字为衍文】刻文凡七种，其树立地散在二十余处，至今治印度史者以为瑰宝焉。

“派宣教师二百五十六人”一语，据此可知《善见律》所记，盖为未尽。又其摩崖最大者七处，皆刻诏书十四通，其第十三通中有云：

“王即位第九年，征服羯餧伽 Kalinga……皈依正法，流布佛教。……王以为最上之胜利，正法之胜利也。此胜利行于王之领域，又远及于六百由旬外之邻邦：若臾婆那 Yavana（即臾那）、王安捺歌 Antiyoko 之国、调拉马耶 Turamaya、安忒尼 Antikini、马加 Maka、亚历加达拉 Alikasudara 四王之国，南及初拉 Colu、槃耶 Tandya、赡波槃尼 Tamba-pani 锡兰诸国。又王之领域内，……诸地所至，皆受王使之宣说随顺正法。……”

此碑文中所举外国之诸王，正可为《善见律》之臾那世界作注脚。盖臾婆那者，当时印度人呼希腊人以此名。此诸王者，皆亚历山大诸将之胤也。以近今学者所考定，则安捺歌，即叙利亚王安德歌士 Antrocpos（西纪前二六一—前二四六，领有叙利亚及西亚细亚）。其调拉马耶，即埃及王德黎弥 Ptolemy 二世（前二八五—前二四七）。其安忒尼，即马基顿王安特峨拿士 Antigonas 二世（前二七八—前二三九）。其亚历加达拉，即欧比罗王亚历山大（前二七二—前二五八）。据他处摩崖所刻，尚有“王国所属臾那世界”一语，似此诸王当时皆对于阿育修职贡者，故得自由布教于其境内也。据此则阿育王与佛教关系之巨，可以想见。前此佛教所被，仅在五河——中印、东印之境①，至是

① 梁启超原注：据《善见律》，则罽宾佛教，似亦由阿育王传播。但他书所记，则佛灭百余年间，罽宾佛教似已确立，而所派之末阐提，似非阿育时人（说详第三篇《佛教与西域》章）。果尔，则前此佛教已扩于西北矣。两说未知孰是。

不惟普逮全印，更北抵雪山之尼波罗，东渐缅甸及马来半岛，南渡海入锡兰，西北出阿富汗至中亚细亚，极西逾波斯，散布地中海东岸，且延及非洲之埃及，至是而佛教始含世界性矣。

自兹以后，佛教应边地中兴之谶，分南北两路进展。北路经西域入中国，南路独盛于锡兰。而印度内地亦以教区日恢，地方色彩益分明，宗派部执，蜂起并作（详次章）。阿育殂落后百余年——约当西纪前二世纪，有婆罗门种之武将弗密多罗者，覆孔雀王朝，仇虐佛徒，自是中印度之佛教寖衰。

护法人王之最有力者，前推阿育，后则迦腻色迦，而介乎其间者，尚有一弥兰 Milinda。弥兰王，希腊人也。其先代已侵入北印度之舍竭，临信度河而居。王嗣位，约当西纪前百五十年，势力已渐进至恒河流域。闻龙军 Nagasena 论师之教，皈依佛法①。希腊人奉佛之确凿有证者，王其首也。盖至是而印、希两文化，已由交互而渐趋融合矣。中印佛教颓势，得此似亦稍振。

迦腻色迦王，盖佛灭后第七百年——西历第二世纪初期之人，

---

① 梁启超原注：弥兰王事迹，见《那先比丘经》（二卷，东晋译）。那先为那伽犀那之省，译义即龙军，实初倡大乘之一大论师也。此经即载那先与弥兰问答，发端叙弥兰履历云："生于海边，为国王太子。"篇中记："那先问王本生何国？王言：我本生大秦国，国名阿荔散。""阿荔散"即"亚历山大"之对音，其国盖以亚历山大王得名。舍竭即《西域记》之奢羯罗，梵文 Cakala、巴利文 Sagala，即磔迦国故城，东据毗播奢河，西临信度河，盖迦湿弥罗东南境一大国也。《那先比丘经》，今锡兰之巴利藏亦有之，名为 Milinda-panpa。近有英译本名为《弥兰王问经》The Question of King Milind。欧人研究印度古钱，得此王钱多枚，皆印、希文并用，刻有"护法王"字样，因其钱知为西纪前约百五十年人，又知其曾占领五河地方。

以月氏种而王印度者也[1]。月氏本我甘肃边陲一游牧族，当汉初时，转徙度葱岭，夺希腊人旧领地，百余年间，渐次南下，成一大王国，都犍陀罗，进据迦湿弥罗，遂为印度共主。其史迹略见于两汉书《西域传》(参看第三篇《佛教与西域》章)。而迦腻色迦，则全盛时代之王也。当西历纪元前后，佛教中心已由中印移于西北，而犍陀罗、迦湿弥罗实为之枢。此两地既与欧西接触频繁，文化性质，颇极复杂，且中印屡经丧乱，重以外道压迫，教宗耆宿，相率避地北来，故当时号称佛教正统派之萨婆多部，即以迦湿弥罗为根据。迦腻色迦王在此种环境之下为统治者，自然对于佛教当生信仰，其事业之最足记者，则迦湿弥罗之“第四结集”，今所传《大毗婆沙论》二百卷(玄奘译)，即成于是时也(详次章)。迦腻色迦与胁尊者、马鸣菩萨同时。时大乘已渐兴，王一面崇礼正统派之萨婆多部，一面又建迦腻色迦寺，供养大乘僧。自兹以后，龙树、提婆继起，佛教如日中天矣。此王远祖，既发祥中国，当其全盛时，葱岭内外诸国，咸役属之，故于佛教东渐之因缘，关系最巨焉(详第三篇)。

佛灭后第九百年之初——西纪三一九年，笈多王朝 Gupta 之毗讫罗摩秩多 Vikramaditga 王(唐言超日)统一全印，威力不让阿育。

---

① 梁启超原注：迦腻色迦王事迹，见于汉籍者，《大唐西域记》最详，《杂宝藏经》、《大庄严经》、《大毗婆沙论》、《僧加罗刹所集经》等，皆有记载。而十三世纪时一蒙古人多罗拉那陀 Taranatha 者，著《印度佛教史》(原本用西藏文，一八六九年译成德文)，述“第四结集”事，与《西域记》略同而加详焉。惟其年代则异论繁滋，如《西域记》卷三则谓当佛灭后第四百年，《阿毗昙八犍度序》，谓当六百余年，《僧伽罗刹经》谓当七百年。近来欧人研究印度古钱，发现月氏诸王遗币甚多，再以比附《汉书》、《后汉书·西域传》中月氏诸王之名氏，愈益纠纷，至今在欧洲考古学界成一大问题，异说不下二十余种。以吾所见，则《八犍度序》六百余年之说，最为近是，容当别著专篇论之。

此王崇信毗湿拏教，颇祖外道，致世亲之师如意论师含愤而死，事见《西域记》（卷二）及《婆薮槃豆传》（真谛译）。然其末代之王，似已有皈依佛教者①。

读玄奘之《西域记》、义净之《南海寄归传》，当能知隋唐时代之中印度，有所谓那烂陀 Nalanda 寺者，学徒极盛，实为佛教之中心②。寺在王舍城北三十余里，与佛教发祥地之竹林精舍相附近，知其时佛教中心，复归于摩竭陀矣。此寺据《西域记》，谓佛灭后不久即以设立。然法显游印，当西历五世纪初，其游记叙摩竭陀诸寺颇详，独不及那烂陀，则知此寺必兴于我国六朝间矣。要之，佛灭后千年至千二百年间，中印佛教复大盛，即据那烂陀历史可以证明之。

当第七世纪上半期——佛灭后千一百余年时，摩竭陀共主为戒

① 梁启超原注：近发现一石刻，有笈多百六十五年（西元四八四）字样，其题名为佛陀笈多。似此朝之后王，已皈依佛教（井上哲次郎《印度宗教史》四九六）。

② 梁启超原注：《大唐西域记》卷九云："那烂陀大伽蓝，僧徒数千，并俊才高学也。……请益谈玄，竭日不足，夙夜警诫，少长相成。……异域学人，欲驰声问，咸来稽疑。……欲入谈议，门者诘难，多屈而还，学深今古，乃得入焉。……明德哲人，联晖继轨，至如护法、护月，振芳尘于遗教；德慧、坚慧，流雅誉于当时。光友之清论，胜友之高谈，智月则夙鉴明敏，戒贤乃至德幽邃，若此上人，罪（最）所知识。……述作论释各十数部，并盛流通。"读此可知当时那烂陀之盛况，著名大师皆出此间也。【校者案：此原注《大唐西域记》引文与原文略有出入，原文录如下："本大伽蓝，……僧徒数千，并俊才高学也。……请益谈玄，竭日不足，夙夜警诫，少长相成。……异域学人，欲驰声问，咸来稽疑。……欲入谈议门者，诘难多屈而还，学深今古乃得入焉。……明德哲人，联晖继轨。至如护法、护月振芳尘于遗教，德慧、坚慧流雅誉于当时，光友之清论，胜友之高谈，智月则风鉴明敏，戒贤乃至德幽邃。若此上人，众所知识。……述作论释各十数部。并盛流通。"】又《南海寄归义法传》云："至如那烂陀寺，人众殷繁，僧徒数出五千，造次难为群集。寺有八院，房有三百。"【校者案：此段引文与原文亦有出入，原文并无"至如那烂陀寺，人众殷繁"二句，"僧徒数出五千"，实为"僧徒数出三千"。】……此义净所记，距玄奘时又后数十年，其盛犹如此，可知此寺实有三百余年全盛之历史也。

日王——即尸罗阿迭多，盖代笈多朝而兴者。玄奘在印学成，而戒日实为其檀越，尝广集四方学徒，使与奘辩难，奘立“真唯识量”，王悬诸国门，众莫能诘。其详具见《慈恩传》。迦腻色迦以后，护法之勤，当推此王矣。

中部正教复兴，而余部转更变衰。西北迦湿弥罗一带，前此大德辈出。至七世纪以后，渐为湿婆教、耆那教所占领，多剽窃佛教教理仪式，以似乱真①。东南诸地，亦外道猖獗，僧徒受其影响，佛教变为秘密迷信的性质。义净西游时（八世纪初唐武后时），佛教衰微，已见端矣。今据《大唐西域记》，制为下表，觇当时佛教外道势力比较焉。

第七世纪（佛灭后千二百年）印度诸国教势分布表

	国名	面积	佛法				外道		
			概况	寺数	僧数	宗派	天祠	人数	宗派
北印度境	滥波	千余里		十余	寡少	大乘	数十		
	那揭罗曷[1]	六百里	崇敬佛法				无		
	犍陀罗	千余里	少信正法				百数		杂
	乌仗那	五千里	崇重佛法	千四百	万八千	多大乘	十余		杂
	钵露罗	四千里		数百	数千				
	呾叉始罗	二千里	伽蓝虽多荒芜已甚		寡少	大乘			
	乌剌尸	二千里			寡少	大乘			
	迦湿弥罗	七千余里[2]	邪正兼信	百余	五千余[3]		[4]		
	磔迦	万余里	少信佛法	十			数百		
	至那仆底	二千余里[5]	信兼邪正	十		一切有部	八		

① 梁启超原注：《西域记》卷三摩诃补罗国条下云：“有白衣外道……傍建天祠，其徒苦行。……本师所说之法，多窃佛经之义，随类设法，拟则轨仪……律行颇同僧法，唯留小发，加以露形，或有所服，白色为异。……其天师像窃拟如来，衣服为差，相好无异。”

（续表）

	国名	面积	佛法				外道		
			概况	寺数	僧数	宗派	天祠	人数	宗派
北印度境	阇烂达罗	千余里[6]		五十余	二千余	大小乘兼	三	五百余	涂灰派
	屈露多[7]	三千余里[8]		二十余	千余	多大乘	十五		杂
	设多图卢	二千余里[9]	敦信佛法	十[10]					
	波理夜呾罗	三千余里[11]		八[12]	寡少	小乘	十余[13]	千余	
	秣菟罗	五千余里[14]		二十余	二千余	大小乘兼	五		
	婆罗吸摩补罗	四千余里[15]	邪正杂信	五	寡少		十余		
	钵伐多	五千余		十余	千余	大小乘兼	二十		
	弗栗恃	四千余里[16]	少信佛法	十余	减千人		数十		
中印度境	萨他泥湿伐罗	七千余里[17]		三	七百	小乘	百余	甚多	
	窣禄勤那[18]	六千余里[19]		五	千余		百[20]	多	贵艺学尚福慧
	秣底补罗	六千余里[21]		十余	八百余[22]	多小乘	五十余[23]		
	瞿毗霜那	二十余里[24]		二	百余		三十余[25]		求观在乐
	垩醯掣呾逻	三千余里[26]		十余	千余	小乘正量部	九	三百余[27]	事自在天
	毗罗删拏	二千余里[28]		二	三百	大乘[29]	五	多	
	劫比他[30]	二千余		四	千余	小乘正量部	十		事自在天
	羯若鞠阇	四千余里[31]	邪正相半	百余	万余	大小乘兼	二百余	数千	杂

（续表）

	国名	面积	佛法				外道		
			概况	寺数	僧数	宗派	天祠	人数	宗派
中印度境	阿踰陀	五千余里[32]		百余	三千余[33]	大小乘兼	十	寡少	
	阿耶穆佉	二千四五百里[34]		五	千余	正量部	十		
	钵逻那伽	五千余里[35]		二	少		数百	极多	
	憍赏弥	六千余里[36]	伽蓝倾顿荒芜[37]	十余	三百余[38]	小乘	五十[39]	多	
	索伽[40]	四千余里[41]		二十余	三千余[42]	正量部	五十余	多	
	室罗伐悉底[43]（即舍卫）	六千余里[44]	伽蓝数百圮坏殆尽		寡少	正量部	百[45]	甚多	
	迦毗罗卫	四千余里[46]		一	三千	正量部	二		杂
	婆罗痆斯	四千余里[47]		三十余	三千余[48]	正量部	百余	万余	事自在天
	战主	二千余里[49]		十余	减千人		二十		杂
	吠舍厘	五千余里[50]	伽蓝数百多圮坏	三五	稀少		数十		露形派
	尼波罗	四千余里[51]	少信	[52]	二千余人[53]		[54]		
	摩揭陀	五千余里[55]	尊敬佛法	五十余	万余	多大乘	数十	甚多	
	伊烂拏钵伐多	三千余里[56]		十余	四千余[57]	正量部及一切有部	二十余[58]		杂
	瞻波[59]	四千余里[60]	伽蓝多倾毁	数十[61]	二百	小乘	二十		杂
	奔那伐弹那[62]	四千余里[63]	俗好学	二十余[64]	三千余[65]	大小乘兼	百所		露形及尼乾
	憍萨罗	六千余里[66]	邪正兼信	百余	减万人[67]	大乘	七十余[68]		

（续表）

	国名	面积	佛法				外道		
			概况	寺数	僧数	宗派	天祠	人数	宗派
中印度境	摩醯湿伐罗补罗	三千余里[69]	不信佛法				数十		涂灰派
东印度境	迦摩缕波	万余里	不信佛法无一伽蓝有净信者窃念而已				数百	数万	
	三摩呾吒	三千余里[70]	邪正兼信	三十余	二千余[71]	上座部	百所		露形尼乾
	耽摩栗底	千四五百里[72]	邪正兼信	十余	千余		五十余		
	羯罗拏苏伐剌那	四千五百里	邪正兼信	十余	二千余[73]	正量部	五十余	多	
	乌荼	七千余里[74]	多信佛法	百余	万余	大乘	五十		
	恭御陀	千余里	不信佛法				百余	万余	
南印度境	羯餕伽	五千余里[75]	少信正法	十余	五百余[76]	上座部	百余		尼乾
	案达罗	三千余里[77]		二十余	三千余		三十余	亦多	
	驮那羯磔伽	六千余里[78]	伽蓝鳞次荒芜已甚	存者[79]二十余	千余	大乘	百余	甚多	
	珠利邪	二千四五百里	伽蓝颓毁粗有僧徒				数十		露形
	达罗毗荼	六千余里[80]		百余	万余	上座部	八十余		露形
	秣罗矩吒	五千余里[81]	伽蓝故甚实多存者甚少		甚少		数百	甚多	露形
	恭建那补罗	五千余里[82]		百余	万余	大小乘兼	数百[83]	甚多	
	摩诃剌侘[84]	六千余里[85]		百余	五千	大小乘兼	百数	甚多	

（续表）

	国名	面积	佛法				外道		
			概况	寺数	僧数	宗派	天祠	人数	宗派
南印度境	跋禄羯呫[86]婆	二千四五百里[87]		十余	三百余[88]	上座部	十余		
	摩腊婆	六千余里[89]		数百	二万余	正量部	数百	甚多	涂灰
	阿吒厘	六千余里[90]	不信佛法				千余		杂
	契吒	三千余里[91]			千余	大小乘兼	数十	众多	
	伐腊毗	六千余里[92]		百余	六千余	正量部	数百	甚多	
	邬阇衍	六千余里[93]	旧伽蓝数十	现存三五			数十		杂
	掷枳陀[94]				少		十余	千余	
西印度境	苏刺侘[95]	四千余里[96]		五十余	三千余	上座部	百余		
	瞿折罗[97]	五千余里[98]	少信佛法	一	百余	一切有部	数十	多	
	信度	七千余里[99]	深信佛法	数百	万余	正量部	三十余		
	茂罗三部卢	四千余里[100]	少信佛法	多圮	少			多	拜日
	阿点婆翅罗[101]	五千余里[102]	敬崇三宝	八十余	五千余	正量部	十		涂灰
	狼揭罗	东西南北各数千里[103]		百余	六千余[104]	大小乘兼	数百	极众	涂灰自在天
	臂多势罗	三千余里[105]	淳信	五十余	三千余[106]	正量部	二十余[107]		涂灰
	阿軬荼	二千四五百里[108]	淳信	二十余	二千余[109]	正量部	五		涂灰
	伐剌拏	四千余里[110]		数十多荒圮	三百余[111]	大乘	五		涂灰

表注：[1] 原误作“那罗曷罗”，今改正。
[2] 原误作“七千里”，今改正。
[3] 原误作“五千”，今补正。
[4] 原娱作“颇多”，检《大唐西域记》卷三“迦湿弥罗国”条并未述及天祠，今改正。
[5] 原误作“二千里”，今改正。
[6] 原误作“二千里”，今改正。
[7] 原误作“屈罗多”，今改正。
[8] 原误作“三千里”，今改正。
[9] 原误作“二千里”，今改正。
[10] 原误作“十数”，今改正。
[11] 原脱“三千余里”，今补。
[12] 原脱“八”，今补。
[13] 原误作“十数”，今改正。
[14] 原误作“五千里”，今改正。
[15] 原误作“四千里”，今改正。
[16] 原误作“四千里”，今改正。
[17] 原误作“七千里”，今改正。
[18] 原误作“宰禄勒那”，今改正。
[19] 原误作“六千里”，今改正。
[20] 原误作“百余”，今改正。
[21] 原误作“六千里”，今改正。
[22] 原误作“八百”，今改正。
[23] 原误作“五十”，今改正。
[24] 原误作“二千里”，今改正。
[25] 原误作“三千余”，今改正。
[26] 原误作“三千里”，今改正。
[27] 原误作“三百”，今改正。
[28] 原误作“二千里”，今改正。
[29] 原脱“大乘”，今补正。
[30] 原误作“劫所他”，今改正。
[31] 原误作“四千里”，今改正。

[32] 原误作“五千里”,今改正。
[33] 原误作“三千”,今改正。
[34] 原误作“二千里”,今改正。
[35] 原误作“五千里”,今改正。
[36] 原误作“六千里”,今改正。
[37] 原误作“伽蓝倾颓荒芜”,今改正。
[38] 原误作“三百”,今改正。
[39] 原误作“五十”,今改正。
[40] 原误作“鞞索迦”,今改正。
[41] 原误作“四千里”,今改正。
[42] 原误作“三千”,今改正。
[43] 原误作“宝罗伐悉底”,今改正。
[44] 原误作“六千里”,今改正。
[45] 原误作“百余”,今改正。
[46] 原误作“四千里”,今改正。
[47] 原误作“四千里”,今改正。
[48] 原误作“三千余”,今改正。
[49] 原误作“二千里”,今改正。
[50] 原误作“五千里”,今改正。
[51] 原误作“四千里”,今改正。
[52] 原误作“十余”,检《大唐西域记》,并无关于寺数的记载,今改正。
[53] 原误作“减千”,今改正。
[54] 原误作“数十”,《大唐西域记》卷七“尼波罗国”条下云:“外道异学,其数不详。”今改正。
[55] 原误作“五千里”,今改正。
[56] 原误作“三千里”,今改正。
[57] 原误作“四千”,今改正。
[58] 原误作“二十”,今改正。
[59] 原误作“憺波”,今改正。
[60] 原误作“四千里”,今改正。
[61] 原误作“四千里”,今改正。

［62］原误作“夺那代弹那”，今改正。
［63］原误作“四千里”，今改正。
［64］原误作“二千余”，今改正。
［65］原误作“三千”，今改正。
［66］原误作“六千里”，今改正。
［67］原误作“万人”，今改正。
［68］原误作“七十”，今改正。
［69］原误作“三千里”，今改正。
［70］原误作“三千里”，今改正。
［71］原误作“二千”，今改正。
［72］原误作“千余里”，今改正。
［73］原误作“二千”，今改正。
［74］原误作“七千里”，今改正。
［75］原误作“五千里”，今改正。
［76］原误作“五百”，今改正。
［77］原误作“三千里”，今改正。
［78］原误作“六千里”，今改正。
［79］原误作“现在”，今改正。
［80］原误作“六千里”，今改正。
［81］原误作“五千里”，今改正。
［82］原误作“五千里”，今改正。
［83］原误作“百数”，今改正。
［84］原误作“侘”，今改正。
［85］原误作“六千里”，今改正。
［86］原误作“呫”，今改正。
［87］原误作“二千里”，今改正。
［88］原误作“三百”，今改正。
［89］原误作“六千里”，今改正。
［90］原误作“六千里”，今改正。
［91］原误作“三千里”，今改正。
［92］原误作“六千里”，今改正。
［93］原误作“六千里”，今改正。

[94] 原误作“那”,今改正。
[95] 原误作“苏刺侘”,今改正。
[96] 原误作“四千里”,今改正。
[97] 原误作“瞻折罗”,今改正。
[98] 原误作“五千里”,今改正。
[99] 原误作“七千里”,今改正。
[100] 原误作“四千里”,今改正。
[101] 原误作“阿默婆翅罗”,今改正。
[102] 原误作“五千里”,今改正。
[103] 原误作“万余里”,今改正。
[104] 原误作“六千”,今改正。
[105] 原误作“三千里”,今改正。
[106] 原误作“三千”,今改正。
[107] 原误作“二十”,今改正。
[108] 原误作“二千里”,今改正。
[109] 原误作“二千”,今改正。
[110] 原误作“四千里”,今改正。
[111] 原误作“三百”,今改正。

读此表,可见当时佛教在各地,已不敌外道。其外道之尤盛者,则涂灰(即吠檀多派,计有自在天者)、露形(即尼乾子,亦即耆那,亦即无惭外道)两派殆与佛徒三分天下。而佛教昔盛今衰之迹,亦历历可见,如室罗伐悉底①(即舍卫)为祇洹精舍(即给孤独园)所在地;如婆罗痆斯(即波罗奈)为鹿苑所在地;如迦毗罗卫为佛生地;如憍赏弥为佛常游地;如迦湿弥罗、犍陀罗为佛灭后五六百年间佛教中心地;如吠舍厘为“第二结集”所在地,其时殆皆已沦于外道。历史上圣境犹存其故者,仅摩揭陀之王舍城而已。

① 原误作“宝罗伐悉底”,今改正。

西历八世纪中叶,印度佛教始日就衰颓。盖吠檀多派之商羯罗 Sankara 采佛教教理之一部分以中兴婆罗门旧教,既投俗尚,趋之者众,而佛教徒亦日陷于迷信,不复能自张其军矣。及西一千二百年(约佛灭后千七百年),回教徒蹂躏全印,烧荡伽蓝,屠戮僧侣,佛教在印度者,自是无孑遗,而像末余晖,乃在震旦也。

第四篇　佛陀时代及原始佛教教理纲要

（原题《印度之佛教》）

刘先生为诸君讲史，正讲到印度部分，因为我喜欢研究佛教，请我代讲《印度佛教》一章。可惜我所有关于佛教的参考书都没有带来，而且为别的功课所牵，没有时间来做较完密的讲义。现在所讲很粗略，而且或许有不少的错误，只好待将来改正罢。所讲分两大部，如下：

第一部　佛陀时代及原始佛教教理纲要

第二部　佛灭后宗派之衍变及其衰亡（此部缺）

十四，十，廿五属稿。启超。清华。

佛生灭年　释迦牟尼佛到底是什么时候的人呢？因为印度人看轻历史，而且时间观念，尤其模糊，所以五印典籍中对于佛生灭年竟没有明确的记载。后来各地传闹到五六十种之多，最早的和最晚的比较相去至五六百年。直到最近，欧洲人用希腊史料考证亚历山大大王与印度之笈多大王会盟年代，循此上推，又参以新发见之阿育王的石刻华表，又参以锡兰岛的年代记，才考出释迦是在西纪前四百八十三年入灭。几成为学界定说，但中国大籍[①]中原有一条孤证即所谓“众圣点记”者，足以近说相发明，可惜向来佛教徒不注意且不肯相信。梁僧祐《出三藏记集》卷十一“善见律毗婆沙记”条下记《善见律》卷末有一行跋语云：“仰惟世尊泥洹以来年载，至七月十五日受岁竟，于众前谨下一点，年年如此。感慕心悲，不觉流泪。”[②]隋费长房《历代三宝记》卷十一详载此事本末，大概如下：佛涅槃后，佛弟子优波离即时结集律藏，编成这部《善见律》，以其年七月十五日“夏安居”终了时，将这律用香花供养，随在律的末简点一点，年年如此。优波离临死，将这律传与弟子陀写俱[③]，再传到须俱。如是师师相传，都系以那日点一点。到六朝时，那原本传到僧伽跋陀罗手。僧伽跋陀罗带到中国，以齐永明七年在广州竹林寺译成汉文，即以其年七月十五日下最后一点，共约九百七十五点。循此上推，知佛入灭在周敬王三十五年，鲁哀公七年，即西历纪元前四百八十五年，比孔子早死七年。这段众圣点记故事，虽祐、房两书记得很确凿，但中国唐宋后佛教徒，总喜欢把佛的年代提前，来压倒道教的老子。所以《释迦谱》、《佛祖通载》一类书，对于此说都肆行攻驳。现在欧人所考，若合符契，于是此说价值乃骤增。我们根据彼我两方最宝贵的资料，可以断定释迦牟尼是距今未满二千五百年前我国春秋末年和孔子同时的一位圣人。

佛之种姓产地及其略历　印度把人类分为四阶级：一婆罗门，

① “大籍”，似应为“文籍”或“史籍”，然无版本根据。陈引驰整理本（辽宁出版社 1998 年 3 月第一版）径改为“文籍”，不知何据，且存疑。

② 此引文出《出三藏记集》卷十一“善见律毗婆沙记”条下第十五《出律前记》。

③ 原误作“陀写佚”，今改正。

二刹帝利，三吠舍，四首陀罗。我国译为四种姓。释迦属第二级之刹帝利种姓。他的产地是迦比罗城。西藏印度交界有座大雪山，那城即紧靠山麓。他便是城主净饭王的太子，俗名悉达多。他出世不到一个月便死了母亲，靠姨母抚育长成。十九岁便出家学道。相传未出家前，尝游四城，碰着生、老、病、死四种人，他发生无限感慨和非常烦懑。刻意对于人生问题求根本的解决。于是抛弃他的王位和一切世间娱乐，不管家人如何劝阻，毅然出家去。出家后到处求师访道，曾请教过当时有名的两位大师阿逻罗迦蓝和郁陀伽罗摩子。但讨论的结果，不能令他满足。于是跑到深林里苦行六年，每日仅食很少很少的东西维系着生命，到底无所得。最后他觉得路走得不对，卒抛弃这种无谓的苦行，很舒坦地观察宇宙实相，到底被他发明这千古不磨的佛法。他确然自信已具"一切智"、能度一切苦厄，不愿独善其身便了，更起而普度众生。于是巡行说法四十九年，从最初度憍陈如等五比丘起，到最后度百岁老妪须跋止，直接受业弟子数千，受感化在家修行者不计其数。他周游所及约及印度全境之三分之一，屡游及常住的为摩竭陀国之王舍城、吠舍离城、拘萨罗国之舍卫城等处。七八十岁时，在拘尸城外婆罗双树下作最后之说法，遂入涅槃。

佛出世时婆罗门旧教之形势　印度文化发源于"四吠陀 Veda"。"四吠陀"次第成立，其最大者盖起自佛前二千年，次则优波尼煞昙 Vpanisad 或译为《奥义书》，亦起于佛前五六百年（《奥义书》即第四吠陀。前三吠陀偏重宗教仪式，此多言哲理。近人张本华①曾极口赞叹，谓为人类最高智慧之产物。《奥义书》亦次第成立，最早之部分，盖起于佛前数百年，然佛时代及佛灭后似尚增补不少）。这都是婆罗门种姓所创造的文化，直至现代，所谓婆罗门教或印度教者，仍是在这一条线上，衍袭出来。即佛教也未尝不凭藉他做基础。虽然，当佛出生前后，实印度思想极混杂而革新机运将到之时。我们从佛典中断片的资料比较考证，可以看出当时有吠陀派与反吠陀运动之两大潮流。吠陀派中复可分为下列三条：

（一）婆罗门传统思想。他们有三句话："吠陀是天书"，"婆罗门种姓是人类中最尊贵的"，"祭礼是万能的"。这种思想，本是一千多年传袭下来，到佛生时当然还保持着它的惰力。但是这种顽固专制主义，终不能永束缚方新之人心。况且那时的婆罗门骄奢淫逸，恰如欧洲宗教革命前之罗马旧教徒，其不能维持社会之信仰明矣。

（二）民间迷信对象之蜕变。吠陀纯属多神教，祭典极繁重，到那时人民渐厌倦那严格的仪式，往往在诸神之中择一神为信仰中心。那时最时髦的神有三个：一、梵天；二、毗纽拏天；三、湿婆天。信仰对象，渐有由多神趋于一神之势。

（三）《奥义书》之哲学的研究。《奥义书》虽为四吠陀之一，但其中关于哲学理论方面的话极多。所谓"梵即我，我即梵"之最高理想，以视前三吠陀，实际上已脱胎换骨。与佛教先后并起之数论Samkhya、瑜伽 Yoga 两派哲学，虽仍宗吠陀，精神实已大生变化。

吠陀派本身形势即已如此，此外不满于吠陀教义的人，当然是

---

① "张本华"，疑为德国哲学家"叔本华"之误。

益趋极端了。还有一点应该注意。当佛生前一二百年间，印度始终以恒河上游俱虑地方为文化中心。俱虑文化，纯然为婆罗门所造成。到佛生时，东部南部新创立四个王国，就中摩竭陀、拘萨罗两国尤强（后二百年统一全印的阿育王即摩竭陀王）。这两国都是最奖励自由思想的国家，无论何派学者都加保护敬礼。所以"反吠陀派运动"都以这两国京城——舍卫及王舍城为大本营。自此印度文化中心也随政治中心而转移到东南了。自"反吠陀运动"发生以来，印度思想界极灿烂而亦极混杂。佛教即此参加此运动中之一派，而最能应时势以指导民众者也。

当时思想界之革新及其混乱　佛时代之印度思想界，恰如战国时代之中国思想界。写战国思想界最有趣味之著作，莫如《庄子·天下篇》、《荀子·非十二子篇》。在佛典中求此类性质之作品，则《长阿含》里头的《梵动经》和《沙门果经》便是。据《梵动经》所说，当时外道有六十二见（六十二种见解）。就这六十二家归纳起来，可分为八大类：第一类，常见论，主张世界及自我皆常存。第二类，半常半无常论，主张一切现象都一部分常存一部分变灭。第三类，有边无边论，专讨论世界有限无限之问题。第四类，诡辩论，即不死矫乱论，对于一切问题都不下决定的解答，专为不可捉摸之说，故亦号捕鳗论。以上四类皆就现世立论，故谓之"本劫本见"。分属此四类者凡十八家。第五类，无因论，主张一切现象皆偶然发生。无因果关系。第六类，死后有想无想论，专讨论死后意识是否存在及作何状态等种种问题。第七类，断见论，主张死后灭断。第八类，现法涅槃论，主张现在为最高理想境界。以上四类，皆就未来立论，故谓之"末劫末见"。分属此四类者凡四十四家。现此，则当时思想界之庞杂，略可概见。

诸家之中当时最有名的六大师，其学说梗概略见于《沙门果经》。

第一，富兰那迦叶。他是论理的怀疑论者。以为善恶没有一定标准，不过因社会习惯而得名。社会所谓善恶，未必便是真善恶，故为善为恶不应有业报。

第二，末伽梨拘舍罗。他主张极端的定命论。谓吾人之行为及运命皆为自然法则所支配，非人力所得如何。吾人欲求解脱，只有听其自然，到你的宿命注定你该解脱的时候，自然会解脱。提倡一种恬淡无为之教，和我们的老庄哲学颇相类。佛家叫他作"邪命外道"。

第三，阿夷多翅舍钦婆罗。他是极端的唯物论者。谓人生由"四大"——地、水、火、风的物质合成，物质外更无生命，死后一切断灭。故人生之目的，只求现在的享乐，一切严肃的伦理道德论皆当排斥。绝似我们的杨朱派哲学。佛家叫他作"顺世外道"。

第四，浮陀迦旃延。他是极端的"常见"。与"顺世外道"之极端的"断见"正相反对。他主张物心二元不灭论。他说人生由七种要素——地、水、火、风、苦、乐、生命——合成，生死不过七要素之集散离合现象，七要素的本身并不因此而有生灭。例如人被刀杀死，依他说，不过那刀把一时集合的地、水、火、风拆散，于生命存亡无关。他用这种理论来鼓励人不必怕死。

第五，散惹耶毗罗梨子。他是诡辩派。他是"不死矫乱论者"。他的持论如何我不甚了了，但知道佛的大弟子舍利弗、目健连两人，当未从佛以前，是散惹耶门下大将。因此可想见他的学说在哲学上总该有相当价值了。比方先秦诸子，当是惠施、公孙龙一流。

第六，尼乾子若提子。他是有名的"耆那"教开山之祖。在印度思想史上所占的地位，几与释迦牟尼同一重要。当时佛教徒和耆那教徒接触最频繁，佛经中记两家辩论的话最多。他的教理是标立生命、非生命的二元为基础，用种种严整的范畴来说明他。实践方面，他主张极端的苦行，很像中国的墨家哲学"以自苦为极"。

以上六大师，其名屡见佛典中，都是当时最有名的哲人。与释迦牟尼同为对于吠陀旧教之革命者，同在摩竭提、拘舍罗等新兴国召集徒侣宣传教义，同受那些国王们的敬礼。内中最盛行的为佛教与耆那教，恰如儒、墨两家在战国时称为"显学"。次则"邪命外道"，恰似老庄派的地位。更次则"顺世外道"，恰如杨朱。其余三家似不甚振。

既了解当时思想界形势之大概，从此可以讲到佛教之特色及其价值了。

以中庸实践为教的佛教 若以各派外道比先秦百家言，则释迦恰是那时印度的孔子。他在群言淆乱之中，折中长短，以中庸为教。就修养方法论，一面有顺世派之极端快乐主义，一面有耆那派之极端苦行主义。释迦两皆不取，以"不苦不乐"为精神修养之鹄。就灵魂问题论，一面有极端常住论者，一面有极端断灭论者。释迦两皆不取，提出"因缘和合①"之流动生命观。就因果问题论，一面有极端的宿命论，一面有极端的无因论，释迦两皆不取，以"自业自得"明道德的责任。诸如此类，对于一切问题皆然。故佛家常自称为中道教 Majjhao，和孔子所说"执其两端用其中于民"同一精神。

一般人多以佛教为谈玄家，在后此各派佛学诚有此倾向，原始

① 原误作"今"，今改正。

佛教却不然。释迦是一位最注重实践的人。当时哲学界最时髦的问题如“世界有始无始”,“有边无边”,“身体与生命是一是二”,“如未死或不死”……等等,有人拿这些问题问佛或佛弟子,大抵皆答以“无记”(无记是佛教术语,中性的意思,或不下断定的意思)。为什么无记呢?佛以为不必研究,研究徒耽搁实践工夫,于人生无益。《中阿含》卷六十有《箭喻经》一篇,说得最痛快。当时有位鬘童子拿这些问题问佛,佛答道:“譬如有人身中毒箭,命在呼吸,做医生的当然该火急把箭拔出敷上药来救他。倘使那医生说:‘且慢拔箭!我先要研究病人姓甚名谁,身材面色长短粗细黑白,刹帝利种抑吠舍种、首陀种。且慢拔箭!我要先研究这弓是桑做的抑或柘做的、槻做的、角做的,弓弦是牛筋还是鹿筋还是丝。且慢拔箭!我要先研究箭羽是什么毛,箭镞是什么金属。且慢拔箭!我要先研究造箭的人姓甚名谁,那箭来自何处。’如此,不等到你研究清楚,那病人早已死了。”这段譬喻,真算得千古妙文快文。因此可见,释迦说法并不是谈空说有闹着玩。他是一位最忠实的临床医生,专讲究对症下药。凡一切玄妙理论,“非梵行本,不趣智,不趣觉,不趣涅槃者,一向不说。”(《箭喻经》原文)就这一点论,和孔子说的“未能事人焉能事鬼,未知生焉知死”,正同一态度。

理论与实际之调和　然则释迦绝对的排斥理论吗?不不!当时正是《奥义书》研究极盛的时候,诸家学说,都以哲学的思辨为后盾。释迦若仅如基督之宣传直觉的福音,或仅如孔子之提示极简要的实践伦理,决不足以光大其学。况释迦之为教,与一般所谓宗教不同。一般宗教,大率建设于迷信的基础之上。佛教不然。要“解信”,“要悟信”(因解得信,因悟得信)。释迦唯一目的在替众生治病。但决不是靠神符圣水来治,决不是靠汤头歌诀来治。他是以实际的医学为基础，生理解剖，病理……等等。一切都经过科学的严密考察、分析、批评，然后确定治病方针。不惟如此。他要把这种学识传给病人，令他们会病前预防，病中对治，病后疗养，把自己本身力量培养发展用来铲除自己病根。就这一点论，释迦很有点像康德，一面提倡实践哲学，一面提倡批判哲学。所以也可以名佛教为“哲学的宗教”。

假使我们认为佛教是一派哲学，那么这派哲学所研究的对象是什么呢？佛未尝不说宇宙，但以为不能离人生而考察宇宙。换句话说，佛教的宇宙论，完全以人生问题为中心。所以佛的徽号亦名“世间解”Lohavidu。再详细点说，佛教并不是先假定一种由梵天或上帝所命令的，形而上的原理拿来作推论基本。他是承认宇宙间一切事实，从事实里面用分析综合功夫观察其本来之相。——即人生成立活动的真相。然后根据这真相，以求得人生目的之所归向。所以佛教哲学的出发点，非玄学的而科学的，非演绎的而归纳的。他所研究的问题，与其说是注重本体，毋宁说是注重现象；与其说是注重存在，毋宁说是注重生灭过程。他所以和婆罗门旧教及一切外道不同者在此。

佛经最喜欢用“如实”两个字，又说“如实知见”，“诸法实相”等等。“如实”者，即“恰如其实际”之谓。对于一切现象，用极忠实的客观考察法以求得其真相，不容以自己所愿望所憎嫌者而加减于其间。为什么呢？佛以为用“情执”来支配认识，便是致“迷”之根本。佛尝述自己之经历，说他未成道以前，在深林中修行，对于夜里的黑暗而生恐怖，他用当时外道通行“视夜如昼，视昼如夜”的方法来对付他，虽然能暂时将恐怖摆脱，但他以为这种诬蔑事实的方法断断不可用，必须在“昼即昼，夜即夜”的真实观念之下，而能摆脱黑暗的恐怖，才算是真无恐怖（见巴利文《中阿合经》卷四。汉译本漏却此条。今据木村泰贤《原始佛教思想论》所译引）。所以宗教上的兴奋剂或麻醉剂，虚构没对证的话令信徒因自欺而得安慰，佛所最不取也。佛教彻头彻尾在令人得“正解”，得“般若”（译言智慧）以超度自己。正解般若最重要的条件便是“如实”。凡非“如实知见”，则佛家谓之邪知、邪见。质而言之，佛教是建设在极严密、极忠实的认识论之上，用巧妙的分析法解剖宇宙及人生成立之要素及其活动方式，更进而评判其价值，因以求得最大之自由解放，而达人生最高之目的者也。

从认识论出发的因缘观　宇宙何以能成立？人生何以能存在？佛的答案极简单——只有一个字（词）——“因缘”。因缘这个字（词）怎么解呢？佛典中的解释，不下几百万言，今不必旁征博引。试用现代通行的话解之，大约“关系”这个词和原意相去不远。佛自己解释“因缘”最爱用的几句话是：“有此则有彼，此生则彼生；无此则无彼，此灭则彼灭。”（这几句话《四阿含》里头不下百数十见，今不必注出处）这几句话又怎么解呢？它是表示宇宙一切现象都没有绝对的存在，都是以相对的依存关系而存在。依存关系有两种：一同时的，二异时的。异时的依存关系，即所谓“此生则彼生，此灭则彼灭”。此为因而彼为果。同时的依存关系，即所谓“有此则有彼，无此则无彼”。此为主而彼为从。但是，从某一观点看，固可以说此因彼果、此主彼从；换一个观点看，则果又为他现象之因，因又为他现象之果。主从关系亦然。所以不惟没有绝对的存在，而且没有绝对的因果主从，一切都是相对的。由此言之，所谓宇宙者，从时间的来看，有无数之异时因果关系；从空间的来看，有无数之同时主从关系。像一张大网①,重重牵引,继续不断,互相依赖而存在。佛教所谓"因缘所生法",就是如此。

再详细点讲,佛所谓"同时依存关系"者,最主要之点是:"主观的能认识之识体",与客观的所认识之对象相交涉相对待而成世界。佛经里屡说的:"识缘名色,名色缘识。"这两句便是因缘论的根据。今引《杂阿含经》卷十二的一段如下:

> "佛说:譬如有两根束芦(束芦系印度一种植物,中国好像没有。)互相依倚才能直立。朋友们,缘名色而有识,缘识而有名色。此生则彼生,此灭则彼灭,正复如此。朋友们,两根束芦,拿去这根,那根便竖不起来;拿去那根,这根也竖不起来。名色灭则识灭,识灭则名色灭,正复如此。"②

我们想了解这段话,不能不先把"名色"两个字解释一下。佛说一切众生之存在,都是由"五蕴"的因缘和合。五蕴者,一色,二受,三想,四行,五识。色蕴谓之"色",受、想、行、识四蕴谓之"名"。色者指宇宙间一切物质及人身上眼、耳、鼻、舌、身诸器官,名者指心理活动的状态。简单说,色是指物质的和生理的现象,名是指心理的现象。这两项把人生活动之全部,都包含尽了,实为认识之总对象,佛家给他一个总名叫作"名色"。我们何以能认识这

① 原误作"纲",今改正。

② 两根束芦相倚,绝难竖立:此"两"字应为"三"。《杂阿含经》卷十二云:"譬如三芦立于空地,展转相依,而得竖立。若去其一,二亦不立。若去其二,一亦不立。展转相依,而得竖立。识缘名色亦复如是。展转相依,而得生长。"

些名色呢？那种本能就叫作“识”。主观的要素——识，与客观的要素——名色，相对待相接触，名之曰“因缘”。但最当注意者，主观客观两要素，并非有现成的两件东西如两个球呆呆相碰。依佛所说，主观即构成客观之一条件，客观亦即构成主观之一条件。离主观则客观不能存在，离客观则主观不能存在。故曰：“识缘名色，名色缘识。此生则彼生，此灭则彼灭。”宇宙万有，皆藉此种认识论的结合，而得有存在之相以供我们研究。佛所谓“因缘所生法”者如此。所以极端的唯物论家说万有不过物质集散现象，与极端的观念论家说万有不过人心幻影构成，由佛看来，都非“如实”之相。

所谓“异时依存关系”者，即佛成道前七日在菩提树下所发明之“十二因缘观”——所谓“无明缘行，行缘识，识缘名色，名色缘六入，六入缘触，触缘受，受缘爱，爱缘取，取缘有，有缘生，生缘老死”。人生一期，到老死而终结。老死总是人世最悲哀的事，故印度所有宗教和哲学，都以脱离老死为目的。——佛教是否亦以此为目的，另一问题。但佛以为若想脱离老死，不可不先知老死之来源，于是即以此为观察之出发点。“为什么有老死？有‘生’故有老死。为什么有生？有‘有’故有生。……乃至为什么有识？有‘行’故有识。为什么有行？有‘无明’故有行。”如是像剥蕉一般，层层剥进去，剥到尽头，以“无明”为最初的动因。从无明到老死这十二件，都是以因果连锁的关系，组织成人生之一期。其中最主要之枢纽，则尤在“识”与“名色”。今列举十二件之梵文及其略释，并示其相缘之关系如下：

(1) 无明(avidya)无意识的本能活动

↓

(2) 行(samskara)意志之活动

↓

(3) 识(vijnna)能认识之主观要素

↑ ↓

(4) 名色(nama-rupa)所认识之客观要素　　义已详前

↓

(5) 六入(sad-ayatana)感觉的认识机关——眼耳鼻舌身意

↓

(6) 触(sparsa)感觉

↓

(7) 受(vedana)爱憎的感情

↓

(8) 爱(trsna)欲望

↓

(9) 取(upadana)执着

↓

(10) 有(bhava)世界及各个体之物理的存在

↓

(11) 生(jati)各个体之生存

↓

(12) 老死(jara-marana)各个体之老死

佛在菩提树下作如是思维:(1)老死及与老死连带而起的忧悲苦恼,是人类所不能免的。这些都缘何而来?当然因为有这(2)生命。生命从哪里来呢?这问题便是"缘起观"(即因缘观)的出发点。人之所以生,条件很多。依佛说,最主要的条件是“有”。佛家对于有的解释,所谓“三界有”,指器世界及有情世界(器世界指地球乃至恒星系,有情世界指人类及其他生物),必须有此世界,然后生命有所寄托,故列为第三件。“有”从哪里来呢?佛说“有缘取”。取者执着之意。佛以为苟无执着,则三界不过物理的存在,和我们不生关系(例如戏场只管热闹,我不打算看戏,那戏场便不是我的世界)。执着从哪里来呢?佛以为由于有爱——即欲望。欲望即生命活动之发源也。欲望从哪里来呢?由于领受外界现象而发生爱憎的情感,故“爱缘受”。怎么能领受而生情感呢?由于与外界接触而有感觉,故“受缘触”。必有感觉机关才能感觉,故“触缘六入”。感觉机关以何为依存呢?由于五蕴和合,故“六入缘名色”。名色便是生命组织体之全部。“名”指受想行识四蕴,包含一切心理状态,前义已经说过。“识”本是四蕴之一,属于名之一部分,但佛从认识论的立场特提出“识”为能认识之主观要素,其关系略如一家族中有主人,主人本家族之一员,但以主人治家,主人与家便立于对待的地位。佛之别“识”于“名色”,意盖在此。如此“识缘名色,名色缘识”。如前表所示“名色⇆识”之关系,是为因缘论最主要的关键。再往上追求,我们的识——即认识活动,从何而来?由于有意志,佛谓之“行”。行又从哪里来呢?佛以为是由于无意识的本能活动,叫作“无明”。

以上十二因缘,为佛教一切原理所从出。若详细解释,则七千卷《大藏经》皆其注脚。我现在所说,不过粗举其意而已。要之,佛以为一个人的生命,并非由天所赋予,亦非无因而突然发生,都是由自己的意志力创造出来。现在的生命,乃由过去的“无明”与“行”所构成。当生命存在期间,“识”、“名色”、“六人”、“触”、

"受"、"爱"、"取"、"有"，刹那刹那，展转相缘，增长"无明"的业力，又造出未来的生命。于是乎继续有"生"，有"老死"。后此说一切有部详细解释，谓之"三世两重因果"。这些道理，要懂得"业"与"轮回"的意义之后，方能明了。今将三世两重因果说图示如下：

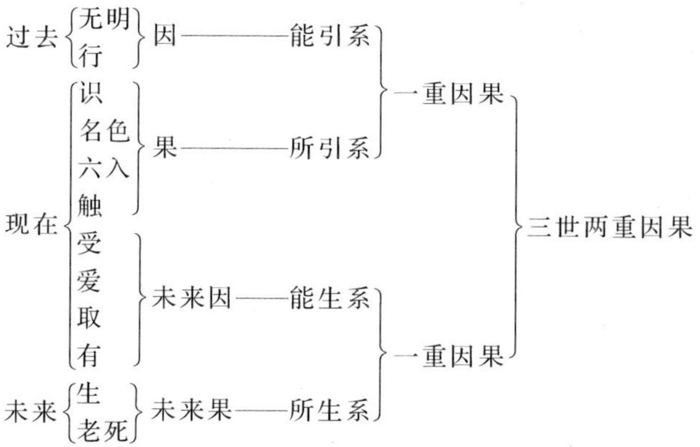

业与轮回　依一般人的常识，所谓生命者，以出生之日起，到死亡之日止，截头截尾，无来无去。从佛家的眼光看，人生若果是如此，那么，我们之出生乃偶然间突如其来，这便是"无因论"；死了之后，什么都没有，这便是"断灭论"。佛以为两种论都不合理，于是用他的智慧观察，发明"业力轮回"之一大原则。

"业"梵名 Karma 音译为"羯磨"。用现在的话来解释，大约是各人凭自己的意志力不断的活动；活动的反应的结果，造成自己的性格；这性格又成为将来活动的根底，支配自己的命运。从支配运命那一点说，名曰业果或业报。业是永远不灭的，除非"业尽"——

意志活动停止。活动若转一个方向，业便也转个方向而存在。业果业报绝非以一期的生命之死亡而终了，死亡不过这“色身”——物质所构成的身体循物理的法则由聚而散。生命并不是纯物质的，所以各人所造业，并不因物质的身体之死亡而消灭。死亡之后，业的力会自己驱引自己换一个别的方向别的形式，又形成一个新生命。这种转换状态名曰“轮回”。懂得轮回的道理，便可以证明“业力不灭”的原则。

业的形相究竟怎么样呢？诸君听见过那些收藏宜兴茶壶的人的话吗？茶壶越旧越好，旧茶壶而向来所泡都是好茶则更好。为什么呢？每多泡一次茶，那壶的内容便生一次变化。茶吃完了，茶叶倒去了，洗得干干净净，表面上看来什么也没有，然而茶的“精”渍在壶内。第二次再泡新茶，前次渍下的茶精便起一番作用，能令茶味更好。如此泡过二次三次乃至几百几千次，每次渍一点，每次渍一点，久而久之，便不放茶叶，拿开水冲进去，不到一会，居然有色有味，可以当茶喝。吃鸦片烟的人亦然，他们最讲究用旧枪、旧斗，非此不过瘾，因为旧枪、旧斗渍有无穷的烟精。这种茶精、烟精，用佛家话，便可以说是茶业、烟业。我这个比喻虽然不十分确切——拿无生命的茶、烟比有生命的人当然不能确切——但循此着想，对于业的形相也可仿佛一二了。我们所有一切身心活动，都是一刹那一刹那的飞奔过去，随起随灭，毫不停留。但是每活动一次，它的魂影便永远留在宇宙间不能磨灭，除非所得果报已经和它对冲抵销。这便是业力不灭的公例。一种活动，能惹起别种活动而且能令别种活动生影响起变化，这便是业业相引的公例。每一次活动所留下的魂影，便形成自己性格之一部分，支配自己将来的命运。这便是自业自得的公例。

业又有“自分别业”“同分共业”之两种。茶壶是死的、呆的、各归各的，这个壶渍下的茶精，不能通到那个壶。人类不然，活的、整个的、相通的，一个人的活动，势必影响到别人，而且跑得像电子一般快，立刻波荡到他所属的社会及人类全体。活动留下来的魂影，本人渍得最深，大部分遗传到他的今生他生或他的子孙，是之谓“自分别业”；还有一部分，像细雾一般，霏洒在他所属的社会乃至全宇宙，也是永不磨灭，是之谓“同分共业”。例如我们说“清华学风”，说“中国国民性”，这两句话怎么解呢？你想叫清华学校拿出他的学风给你看，那是拿不出看不见的，然而“清华学风”这样东西是确实有的。问他从哪里来呢？当然不是上帝赋予的，当然不是无因而生的，全是自清华成立以来，前后全部师生各个人一切身心活动所留下的魂影，霏洒在清华学校这个有机体上头，形成他一种特别性格。例如我今晚在堂上讲两点钟书，便也替清华造了一部分的业，诸君刚才在运动场打了半点钟的球，便也替清华造了一部分的业。所有种种活动，都能引起清华里头自己或别人同时或将来的别种活动，且能规定其活动方向之几分。这些活动魂影，一点一点积起来——像宜兴壶里茶精一般，便成了所谓清华学风者。中国国民性亦然。所谓同分共业，其意义大概如此。

以上所说，业的意义大概可以明了了。以下请说“轮回”的意义。

轮回，梵文 Samsara，直译之则流转之义。佛所说轮回，并非如现在和尚们或妇人女子们所揣想，各人有一个灵魂，死后“灵魂出壳”跑到别个地方去变人变猪变狗，像炮弹子从炮膛打出去打到别处。这种话是外道的“神我说”，与佛说最不能相容。关于这一点，在下文讲“无常无我”那一节再详说。现在先说佛的轮回说之大概。

依佛的意思，人生时时刻刻都在轮回中。不过有急性，有慢性。慢性的叫作"生灭"或叫作"变异"，急性的叫作"轮回"（轮回不过各种变异形式中之一种）。你看，我们肉体，天天变化，我身上的骨肉血，不到一个礼拜已经变成了街上的粪泥尘。何止生理上如此，心理上的活动，还不是时时刻刻变迁。现在站在讲堂上的梁启超和五十年前抱在他母亲怀里的梁启超到底是一个人还是两个人，也很可以发生疑问。这种循环生灭之相，我们便叫他作轮回也可以。不过变异得甚微而且甚慢，我们不觉得、不惊异。这种循环生灭，常人以为到死时便全部停息，依佛的观察则不然。只要业力存在，生灭依然相续。不过经一个时期，画一个段落，到那时忽然出现一种突变的状态。这种突变状态，给他一个特别名词叫作轮回。有位黎士德威夫人 Mrs. Rhys Davids 做一个图形容得甚好：

$A—A'—A''—A'''—A^n$…………anB—B′—B″—$B'''—B^n$…………bnC……………………

譬如 A 是假定的一个人本来的性格，他时时刻刻活动不休，活动的反应（即业）渐渐添上别的新成分，变为 A'，次第往前活动去。从前的业依然保留，随时又添上新的变为 A''、A'''，到最后把这一个时期的经验都积集起来变为 A^n，便是这一期生命所造业的总和。这个人的肉身，受物理原则的支配，到某时期当然会死去，但 A^n 的业依然不灭。得个机会，他便变而为 Bc。其实 B 是由 A^n 突变而成。表示他突变的关系，可以写为"anB"。以后"bnC""cnD""dnE"递续嬗变下去，都是如此。从表面看，ABCD 截然不同形，实则B的原动力由A来,A′A″A‴的种种业,都包含在B之中。A为B因,B为A果。所谓三世两重之因果便是如此。这样看来,轮回恰像蚕变蛹。蛹变蛾。表面上分明三件东西,骨子里原是一虫所变。说蚕即蛾也不对,说蚕非蛾也不对;说蛾即蚕也可以,说蛾非蚕也可以。

还有一个譬喻。一棵树经一期的活动,发芽、长叶、开花、结籽,籽中所藏的核,便将这树所有特性全部收集在里头。表面上看,核里一无所有,叶也没有,花也没有,但它蕴藏着那能引起开花发叶的"业力",所以碰着机缘(例如种植)便会创造出一棵新树。新树与旧树,也类似一种轮回了。假定这核系桃核,栽出来的新树当然也是桃,不会变作李。但是,倘使换一块地土去栽,另用一种新肥料培养他,将来所结桃果,便会别是个味儿。假使把苹果树给它接上,那桃又必带有苹果味。将来把这个新核再栽出新树,又必结出带苹果味的桃子。这个譬喻,可以说明佛家所谓"种子现行相熏相引相生"的道理。桃核即"种子",即十二因缘第一支之"无明"。核是前身桃树的结晶,把旧桃的特性(即业)全部收集在里头,故亦称业种。无核则新桃不会发生,所以说"一切众生皆由业转"。核的本身蕴藏有开枝发叶的原动力,便是第二支的"行"。假使那核煮过或泡过,种子焦了烂了,失却原动力,便不会生长。原动力是种子能发生的条件,所以说"无明缘行"。无明是种子,行是种子固有之属性,所以两项可以统名为种子。这两项都是从过去世遗传下来,新桃树未出现以前,核的本身自有这种作用,这便是能生的因。那核栽在地下,本身的原动力将它所含特性发动起来和外界环境相感应,于是发芽长叶开花结籽乃至叶落根枯到这树的一期生活修了,都谓之"现行"。识、名色、六入、触、受、爱、取、有都是现行的变化。种子靠现行的熏习力才能逐渐开发，否则核只是核，不会发芽，芽只是芽，不会长叶、开花等等。现行也靠种子的熏习力才会跟着自己特性那条线上开发上去。桃核开发出的是桃不是杏，杏核开发出的是杏不是梨。这便是种子现行相熏相引。一期生活的现行中，内力受外界刺激起种种反应，原种子也跟着变化。渐渐形成这一期的新特性。例如桃树接上苹果，便成了含有苹果成分的特种桃。此外因气候、土质、肥料、人工等等之特殊，所资以形成其特性者不知凡几。这种特性总合起来——即"业"之总和，全部分又蕴藏在新结的核里头，为下一次别棵桃树的新种子。十二支的最末两支——"生"、"老死"，即他所生的未来之果。这便是前节说的"三世两重因果法则"。拿现在的话讲，种子可以勉强说是遗传，现行可以勉强说是环境（但佛家所谓种子现行比生物学家所谓遗传环境含义更广）。禀受过去的遗传，适应于现在环境为不断的活动。活动的反应，形成新个性，又遗传下去。业与轮回的根本理法大概如此（注意：拿树来比人，总是不对，因为树是没有意识的。所以"识缘名色，名色缘识"的道理，拿树譬喻不出来。人类活动以"识"为中枢。识之活动范围极广大，事项极复杂。种子受熏习而起的变化，亦与之相应。当然不是一棵树一期生活之变迁所能比了）。

我们若相信佛说，那么，我们的生命，全由自己过去的业力创造出来，也不是无因而生，也不是由天所命。在这生命存在的几十年间，又不歇地被这业力所引，顺应着环境，去增长旧业，加添新业。一切业都能支配未来的生命。近之则一秒一分钟后一日后一年后几十年后的未来，远之则他生永劫的未来，循自业自得的公例，丝毫不能假借。尤有当注意者两点。（一）佛说的业果报应是不准抵消的，并非如袁了凡功过格所说做了一百件过再做一百件功便可以冲抵。例如今日做过一件杀人的恶业，将来一定受偿命的恶报，没有法子能躲免。明天重新做一件救人的善业，等前头的恶报受完了，善报自然会轮到头。譬如打电报，北京局里打出一个 a 字，上海局里立刻现出一个 a 字，再打 b 字，那边自然又现出 b 字，却不能说后来有个 b 便把从前的 a 取消。又如电影片，照过一个丑女，到映演时丑女定要现出来，并不因为后来再照一个美人，便能把丑形盖过。(二)佛说的业果报应不是算总账的，并非如基督教所说到世界末日耶稣复生时，所有死去的人都从坟墓里爬出来受审判，或登天堂或下地狱。因为佛的生命观是流动的不是固定的，所以除却把账簿一笔勾销时，时时刻刻都是结的流水账。因能生果，果复生因。横看则因果重重，竖看则因果相续。绝不会有停顿着等结总账的时候。关于这一点，在下文"无常无我"那一节再予说明。

以上所说，业与轮回之意义大概可以明白了。依我所见，从哲学方面看，此说最为近于科学的，最为合理的。因为我们可以借许多生物学上、心理学上的法则来烘托证明。从宗教或教育方面看，此说对于行为责任扣得最紧而鼓舞人向上心又最有力，不能不说是最上法门。

无常与无我　佛教三法印："(一)诸行无常，(二)诸法无我，(三)涅槃寂静。"什么是无常？佛说："凡世间一切变异法、破坏法皆无常。"世界所有一切现象都是变异的破坏的，显而易见，地球乃至恒星系，天天在流转变迁中，再经若干千万年终须有一天毁灭。人生更不消说了："君不见黄河之水天上来，奔流到海不复回。君不见高堂明镜悲白发，朝如青丝暮如雪。"何止生理上如此，从心理上看，后念甫生，前念已灭，所谓“刹那刹那，念念之间不得停住”。所以后来唯识家下一个妙喻说：“恒转如瀑流。”拿现在事物作譬，最确切的莫如电影。人之一生，只是活动和活动的关系衔接而成。活动是没有前后绝对同样的，也没有一刻休息，也没有一件停留。甲活动立刻引起乙活动，乙活动正现时，甲活动已跑得无影无踪了。白布上活动一旦停息，这一幕电影便算完。生理心理上活动一旦停息，这一期生命便算结束。活动即生命，除却活动别无生命：“逝者如斯夫，不舍昼夜。”人生的“如实相”，确是如此。

与无常论连带而起的便是无我论。寻常人认七尺之躯为我，印度诸外道多说有“神我”。佛则以为一切有情之生命皆由五蕴合成。五蕴复分为二：一、物质方面：即色蕴，亦名为“色”；二、精神方面，即受、想、行、识四蕴，统名为“名”。生命不过物质、精神两要素在一期间内因缘和合，俗人因唤之为“我”。今试问我在哪里？若从物质要素中求我，到底眼是我呀，还是耳是我、鼻是我、舌是我、身是我？若说都是我，岂不成了无数的我？若说分开不是我，合起来才成个我，既已不是我，合起来怎么合成个我？况且构成眼、耳、鼻、舌、身的物质排泄变迁，刻刻不同，若说这些是我，则今日之我还是昨日之我吗？若从精神要素中求我，到底受是我呀，还是想是我、行是我、识是我？抑或[①]合起来才成我，答案之不可通，正与前同。况且心理活动刻刻变迁，也和物质一样。此类之说，所谓“即蕴我”说（求我于五蕴中），其幼稚不合理，无待多驳。还有“离蕴我”说（求我于五蕴外）。例如道教所说有个元神可以从口里或额

① 原误作“析或”，今改正。

门里跑出跑进，又或尸解后成了神仙来往洞天福地，又如基督教说的灵魂永生，当时印度外道所谓神我，亦即属此类。此类神我论，在事实上既绝对没有见证，用科学方法去认识推论又绝对不可能。佛认为是自欺欺人之谈，不得不严行驳斥（欲知佛家对于有我论之详细辩驳，可读《成唯识论述[1]记》卷一、卷二）。想明白佛教无我论的真谛，最好还是拿电影作譬。电影里一个人的动作，用无数照片凑成，拆开一张一张的片，只有极微的差异，完全是呆板一块纸；因为电力转得快，前片后片衔接不停的动，那动相映到看客的眼帘，便俨然成了整个人整个马的动作。"恒转如瀑流"的人生活动，背后俨然像有个人格存在，就是这种道理。换句话说，一般人所指为人格、为自我者，不过我们错觉所构成，并没有本体。佛家名之为补特伽罗 Pudgala 译言"假我"，不是真我。要而言之，佛以为在这种变幻无常的世间法中，绝对不能发见出有真我。既已无我，当然更没有我的所有物。所以佛教极重要一句格言曰："无我无所。"

无常、无我，佛用他的如实知见观察人生实相，灼然见为如此。然则这样的人生，他的价值怎么样呢？佛毅然下一个断语说是"一切苦"。在无常的人生底下，一切都不得安定。男女两性打得滚热，忽然给你一个生离死别；功名富贵震耀一时，转眼变成一堆黄土。好像小孩子吹胰子泡，吹得大大的五色透明可爱，结果总是一个破灭完事。你说苦恼不苦恼？在无我的人生底下，一切自己做不得主，全随着业力驱引。虽说是用自己意志开拓自己命运，然自己意志，先已自为过去业力所支配，业业相引。现前的行动又替将

① 原误作"迷"，今改正。

来作茧自缚，尘尘劫劫，在磨盘里旋转不能自拔。你说苦恼不苦恼？所以佛对于人生事实的判断，说“诸行无常，诸法无我”，对于人生价值的判断说“一切苦”。

解脱与涅槃　这样说来，佛教岂不是纯粹的厌世主义吗？不！不！不！佛若厌世，何必创这个教？且天下也从没有以厌世为教而可以成一个教团，得大多数人之信仰且努力传播者。佛教当然不是消极的诅咒人生，他是对于一般人的生活不满足，自己别有一个最高理想的生活，积极的闯上前去。最高理想生活是什么？曰涅槃。怎么才能得到涅槃？曰解脱。

解脱，梵名木叉 Moksa，译言离缚得自在。用现在话解释，则解放而得自由。详细点说，即脱离囚奴束缚的生活，恢复自由自主的地位。再详细点说，这些束缚，并非别人加之于我，原来都是自己找来的，解脱不外自己解放自己。因为束缚非自外来，故解脱有可能性。亦正惟因束缚是自己找的，故解脱大不易，非十分努力从事修养不可。

佛教修养方法，因众生根器各各不同，随缘对治。所谓“八万四千法门”，如三学——戒、定、慧；四圣谛——苦、集、灭、道；八正道——正见、正思维、正语、正业、正命、正精进、正念、正定等等，今不必具述。要其指归，不外求得两种解脱。一曰慧解脱，即从智识方面得解放；二曰心解脱，即从情意方面得解放。我们为讲解便利起见，可以分智、情、意三项为简单的说明。

（一）智慧的修养。佛教是理智的宗教，在科学上有它的立场。但却不能认它是主知主义派哲学。它并非如希腊哲学家因对于宇宙之惊奇而鼓动起研究热心。“为思辨而思辨”的议论，佛所常呵斥也。佛所谓智慧者，谓对于一切“世相”能为正当之价值判断,根据这种判断更进求向上的理想。《心经》说:“行深般若波罗蜜多时,照见五蕴皆空,度一切苦厄……乃至……无挂碍……[①],无有恐怖。”般若译言智慧。一面观察世相,深通因缘和合、无常无我之理,不受世俗杂念之所缠绕;一面确认理想界有高纯妙乐之一境,向上寻求。佛家所用各种“观”全是从这方面着力。

(二)意志的修养。意志修养有消极、积极两方面。消极方面,主要在破除我执,制御意志,换句话说,要立下决心,自己不肯做自己奴隶。佛以为众生无明业种,皆由对于我的执着而生,因为误认五蕴和合之幻体为我。既认有我,便有“我所”,事事以这个假我为本位。一切活动,都成了假我的奴隶。下等的替肉体假我当奴隶,例如为奉养舌头而刻意求美食,为奉养眼珠而刻意求美色之类。高等的替精神假我当奴隶,例如受一种先入为主的思想或见解所束缚而不能自拔之类。佛以为此等皆是由我执发生的顽迷意志,我们向来一切活动,都为他所左右。我们至少要自己当得起自己的家,如何能令这种盲目意志专横?非以全力克服他不可。后来禅家最爱说“大死一番”这句话,就是要把假我观念完全征服,绝其根株的意思。

但佛家所谓制御意志者,并非制止身心活动使形如槁木、心如死灰之谓。孟子说:“人有不为也,然后可以有为。”一方面为意志之裁抑,他方面正所以求意志之昂进。阿难说:“以欲制欲。”(《杂

① 《心经》此段的原文为:“……乃至无老死,亦无老死尽;无苦集灭道,无智亦无得,以无所得故。菩提萨埵,依般若波罗蜜多故,心无挂碍,无挂碍故,无有恐怖。”

阿含》三十五)[①]佛常说“法欲”,又说“欲三昧”。凡夫被目前小欲束缚住,失却自由。佛则有一绝对无限的大欲在前,悬以为目标,教人努力往前驀进。所以“勇猛”、“精进”、“不退转”一类话,佛常不离口。可见佛对于意志,不仅消极的制御而已,其所注重者,实在积极的磨练激励之一途。

(三)感情的修养。感情方面,佛专教人以同情心之扩大,所谓“万法以慈悲为本”。慈谓与人同喜,悲谓与人同忧。佛以破除假我故,实现物我同体的境界。对于一切众生,恰如慈母对于爱子,热恋者对于其恋人,所有苦乐,悉同身受。佛以为这种纯洁的爱他心必须尽量发挥,才算得佛的真信徒。以上所说,算是佛教修养的大纲领。因讲演时间太短,只能极简略地说说罢了。为什么要修养呢?为想实现我们的最高理想境界。这个境界,佛家名曰涅槃。

涅槃到底是什么样境界呢?佛每说到涅槃,总说是在现法中自证自知自实现。我们既未自证自现,当然一个字也说不上来。依训诂家所解释,大概是绝对清凉无热恼,绝对安定无破坏,绝对平等无差别,绝对自由无系缚的一种境界。实相毕竟如何,我便不敢插嘴了。但我们所能知道者,安住涅槃,不必定要抛离尘俗。佛在菩提树下已经得着涅槃,然而还说四十九年的法,不厌不倦,这便是涅槃与世法不相妨的绝大凭据。

---

① 寻检《杂阿含》(《大正藏》本),未见阿难有此言。不知梁氏所依何本,未敢遽断其妄。

附录　说无我

佛说法五十年，其法语以我国文字书写解释今存大藏中者垂八千卷，一言以蔽之，曰“无我”。

佛何故说无我耶？无我之义何以可尊耶？“我”之毒害，在“我爱”、“我慢”，而其所由成立则在“我见”。何谓我爱？《成唯识论》（卷四）云：“我爱者，谓我贪，于所执我，深生耽着。”我爱与兼爱不相容，对于我而有所偏爱，则必对于非我之“他”而有所不爱，如是则一切世界不成安立。我身、我妻子、我家族、我财产、我乡土、我团体、我阶级、我国家，如是种种，认为是即我或我所有，从而私之；其他身、他家族，乃至他阶级、他国家，以非我故，对之而生贪悭、嫉妒、怨毒、欺诈、贼害、斗争，以是之故，一切世界，不成安立。何谓我慢？《成唯识论》云：“我慢者，谓倨傲，恃所执我，令心高举。”万事以我为中心，以主我的精神行之，谓环乎我者皆宜受我支配，供我刍狗；其浅狭者，如个人的我慢、阶级的我慢、族姓的我慢、国家的我慢，且不必道；其尤普遍而深广者，则人类的我慢，谓我为天帝之胤，为万物之灵，天地为我而运行，日月为我而明照，含生万类为我而孳育。以五官所经验，谓足穷事物之情状；以意境所幻构，谓足明宇宙之体用，故见自封，习非成是。湮覆真理，增长迷情，我爱我慢，其毒天下如此。至其为个人苦恼之根源，更不必论矣。而其所由起，则徒以有我之见存，故谓之“我见”。不破此我见，则我爱与我慢，决末由荡涤，此佛所以以无我为教义之中坚也。

所谓“无我”者，非本有我而强指为无也。若尔者，则是为戏论，为妄语。佛所断不肯出。《大智度论》三十六云：“佛说诸法性常自空，非以‘空三昧’令法空。”佛之无我说，其所自证境界何若，非吾所敢妄谈。至其所施设以教吾人者，则实脱离纯主观的独断论，专用科学的分析法，说明“我”之决不存在。质言之，则谓吾人所认为我者，不过心理过程上一种幻影，求其实体，了不可得。更质言之，则此“无我”之断案，实建设于极隐实、极致密的认识论之上。其义云何？即有名之“五蕴皆空说”是已。今当先释五蕴之名，次乃述其与“我见”之关系。

蕴 Khandha，旧译阴，亦译聚，亦译众。《大乘广五蕴论》云：

> 问：蕴为何义？答：积聚是蕴义，谓世间相续，品类趣处差别色等总略摄故。如世尊说，比丘①所有色，若过去，若未来，若现在，若内若外，若粗若细，若胜若劣，若近若远，如是总摄为一“色蕴”。
>
> （今译）问：什么叫作蕴？答：蕴是积聚的意思，将时间的相续不断之种种差别现象，分出类来，每类作为一聚，这便是蕴。例如世尊告某比丘说，所有一切物质（色），现在的、过去的、未来的，内的、外的，粗的、细的，胜的、劣的，远的、近的、总括起来，成为一个“色蕴”。

蕴训积聚，故凡有积聚义者皆得名蕴（例如篇名亦谓之蕴，《发智

① 原脱此“比丘”二字，今补。

论》、《大毗婆沙》皆分八蕴，即八篇也。旧译取梵音名八犍度)。此所谓蕴者，专就意识活动过程上之类聚而言，凡分为五。

一色蕴 Rupa 物质物态＝感觉之客观化	所认识之对象
二受蕴 Vedana 感觉……………………	所认识之对象
三想蕴 Sanna 知觉，联想，印象…………	所认识之对象
四行蕴 Sankhara 执意，思维……………	所认识之对象
五识蕴 Ninnana 了别，集起……………	能认识之主体

以上所释，尚有未明未惬之处，更分释如下：

(一) 色蕴　《增一阿含经》(廿八)云："此四大身，是四大所造色，是故名为色阴。……所谓色者，寒亦是色，热亦是色，饥亦是色，渴亦是色。"《大乘广五蕴论》云："云何色蕴？谓四大种及大种所造色——无表色等。"色蕴所摄如下图：

色——
- (甲) 四大种——地界坚性，水界湿①性，火界暖性，风界动性。
- (乙) 四大所造色——
  - (一) 五根＝眼根，耳根，鼻根，舌根，身根。
  - (二) 五境＝色境，声境，香境，味境及触境之一部分
  - (三) 无表色。

① 原误作"泾"，今改正。

说明：四大种指物质，四大所造色指物质之运动，此二者不容混为一谈。最近倡相对论之哀定登 A. S. Eddington 已极言其分别之必要。“所造色”分三类。第一类五根，即《杂阿含》所谓四大身。第二类五境，即五根所接之对境。第三类无表色，分为极略、极迥、定所生、遍计所起等。极略、极迥，皆极微之意。“极略”谓将木石等有形之物质，分析至极微。“极迥”谓将声光等无形之物质，分析至极微，甚与现代物理学的分析相似矣。“定所生”谓用定力变成之幻境，如诸大乘经所说“华严楼阁”等。“遍计所起”谓由幻觉变现，如空华第二月等。合以上诸种，总名色蕴。

以吾人常识所计，此所谓色者，全属物理的现象（除无表色中一小部分）。何故以厕诸心理现象之五蕴耶？须知认识之成立，必由主客两观相对待，无主观则客观不能独存，外而山河大地，内而五官百骸，苟非吾人认识之，曷由知其存在？既已入吾识域而知其存在，则知其决不能离吾识而独立，故佛家之谓此为识所变。论云：“谓识生时①，内因缘力变似眼等色等相现，即以此相为所依缘。”（《成唯识论》卷一）又如经所说寒热、饥渴等，骤现似纯属生理的事实，其实对于此种外界之刺激，心理的对应先起，而生理的冲射乃随其后，特此种极微细的心之状态，素朴思想家未察及耳，故吾总括此造种“色”，名之曰感觉的客观化。此义在《毗婆沙》、《俱舍》、《瑜伽》、《唯识》诸书，剖之极详，得近世欧美心理学者一部分的证明，更易了解。

（二）受蕴　经云（《增一阿含》廿八，下同）：“受者名觉。觉

① “谓”字上，原尚有“云何色由识变？”一句，衍文，删去。

为何物？觉苦，觉乐，觉不苦不乐[①]。”《广五蕴论》云：“受，谓识之领纳。”与色蕴相应之寒热、饥渴等，不过受刺激之一刹那间，为纯任自然之对应，不含有差别去取作用；再进一步，则在并时所应之无数对境中，领受其某部分，例如冬令，围炉则觉受“热色”而起乐感，冒雪则觉受“寒色”而起苦感，是之谓受，当心理学书所谓感觉。

（三）想蕴　经云：“云何名想阴，所谓三世共会。……想亦是知，知青、黄、白、黑，知苦知乐。”《阿毗昙杂心论》云：“想者，谓于境界能取像貌。”[②]此所谓想者，不应解作广义的“思想”，盖仅能摄取事物之像貌，如照相机而已。然摄取一像貌，必须其像貌能示别于他像貌，则非有联想的作用不为功。经言三世共会者，三谓过去、现在、未来，共会者，即联想之义。何以能知青、黄、白、黑？前此本有如何是青的概念，现在受某种“表色”则知其与旧所记忆之青的概念相应，而示区别于其他之黄、白、黑，此即所谓知觉。而其所得，则印象也。

（四）行蕴　经云：“所谓行者，能有所成，……或成恶行，或成善行[③]。”行蕴所含最广，心理现象之大部分皆属焉。今依《大乘五蕴论》及《百法明门》，以百法中之九十四有为法，分配五蕴，列为左（下）表，读之可以知行蕴内容之复杂焉。

① 原误作“觉不苦，觉不乐”，今改正。
② 《广五蕴论》原文如下：“想者，于境界取像貌。”
③ 原误作“或成善行，或成恶行”，今改正。

- 法
  - 有为法＝
    - 色蕴——色法十一种（五根五境及无表）
    - 受蕴——心所法中之“受”法
    - 想蕴——心所法中之“想”法
    - 行蕴——
      - （甲）除受想外余心所法
        - （一）遍行法五种之中三（触作意思）
        - （二）别境法五种
        - （三）善地法十一种
        - （四）烦恼法六种
        - （五）随烦恼法二十种
        - （六）不定法四种
      - （乙）不相应行法二十四种
    - 识蕴——心法八种（眼耳鼻舌身意识，末那识，阿赖耶识）
  - 无为法…………六种

说明：法字按诸今语，可译为概念。百法之名，非佛时所有。佛常言一切法，而未举其数。小乘家如《俱舍论》等，举七十五法。大乘家如《瑜伽师地论》等，举六百六十法。此所依《百法明门》，乃天亲撮瑜伽为略数。此皆将心理现象绵密分析，近世欧美斯学专家，尚不逮其精审。百法中除六种无为法超绝五蕴外，余九十四种有为法，大分为四类：一心法，二心所法，三色法，四不相应法。此中复分为二系，心法自为一系，即能认识之主体，余三类合为一系，即所认识之对象。彼三类中，色法即物理的对象。心所法者，谓“心之所有”，即心理之对象也。不相应法者，谓与色与心俱不相应，如生命、语言文字等皆属之。

此诸法中，心所法与不相应法最为复杂，共占七十五种。以配五蕴，则除此中两种分属受蕴、想蕴外，余七十三种俱属行蕴，此可见行蕴之内容矣。

观上表则知行蕴所摄，殆亘心理之现象之全部。欲概括说明，颇极不易，但其中最要者，为遍行法中之触、作意、思三种（遍行法有五：一作意，二触，三受，四想，五思。此据《百法明门》次第。受、想各分属其本蕴，余三属行蕴，如上表。）依《广五蕴论》所释“触谓眼、色、识等三和合分别”，[1]谓眼根、色境、眼识凑会在一处，乃成为“触”也（此色字非色蕴之色，此触字非色、声、香、味、触之触，勿混）。“作意……[2]谓令心、心所法现前警动。”即今语所谓特别注意。“思，谓令心造作意业，犹如磁石引铁令动。”是知“行蕴”者，对于想蕴所得之印象加重主观的分量，经选择注意，而心境凝集一点，完为一个性的观念也。故曰“能有所成”。

（五）识蕴　识蕴，小乘谓有眼、耳、鼻、舌、身、意六识，大乘加以第七末那识、第八阿赖耶识，是为八识。《广五蕴论》云：“云何识蕴？谓于所缘了别为性，亦名心，亦名意，此能采集诸行种子。又此行相不可分别，前后一类相续转。”[3]《顺正理论》（卷三）云：“识谓了别者，是惟[4]总取境界相义，各各总取彼彼境相，各各了别谓彼眼识，虽有色等多境现前，然惟取色，不取声等，……于其自境，惟总取相。”法相宗书数百卷，不外说明一“识”字，繁征细剖，恐读者转增迷惘，且俟下文随时诠释。今但以极简单语略示其概念：识也者，能认识之自体，而对于所认识之对象，了别其总相，能整理统一个个之观念使不相扰乱，又能使个个观念继续集起不断者也。其实色、受、想、行，皆识所变现，一识蕴即足以包五蕴，所以立五名者，不过施设之以资观察之便利，谓意识活动之过程，有此五者而已（所谓七十五法、百法乃至六百六十法，皆不外一种方便的施设，

---

① 《广五蕴论》原文如下：“云何触？谓三和合，分别为性。三和，谓眼、色、识，如是等。此诸和合，心心法生，故名为触。”

② 此处原略去“谓令心发悟为性”一句，今以省略号识之。

③ 《广五蕴论》原文如下：“云何识蕴？谓于所缘，了别为性。亦名心，能采集故；亦名意，意所摄故。若最胜心，即阿赖耶识，此能采集诸行种子故。又此行相不可分别，前后一类相续转故。”

④ 原误作“为”，今改正。

但求不违真理，名数不妨异同）。试为浅譬如印刷然，色蕴为字模；受、想、行则排字之次第，经过逐段递进，识蕴则纸上之印刷成品，机器一动，全文齐现。此譬虽未悉真，亦庶近之。

佛典屡用色、名二字，色即指色蕴，名指受、想、行、识四蕴。因其为方便施设之一种名号也。此则前一蕴为一类，后四蕴为一类；若就能所区别论，则前四蕴为一类，后一蕴为一类。

第五篇　佛教与西域

中印交通，以西域为媒介，故必先明此三地相互之关系，然后佛教输入之本末可得言也。以吾所见，西域印度关系，以大月氏人侵入印度（西第二世纪）为最要关键；中国西域关系，以东晋时代五胡乱华，五凉独立（西第四纪末）为最要关键。

读《印度史迹与佛教之关系》，当已知迦腻色迦王与印度佛教之关系。此王为谁？则大月氏人，而《后汉书》所谓阎膏珍也。月氏亦称月支，本氐羌族，秦汉间为我西陲一小部落。《汉书·西域传》谓："大月氏本居敦煌祁连间"者是也（今甘肃甘州府高台县一带）。西汉初，月氏为匈奴所破，西北徙，越伊犁浩罕，度葱岭，而都于今之布哈尔（俄属土耳其斯坦，南与我新疆接壤）。其后转盛，益南下，占领帕米尔高原及阿富汗，而都于今北印度之克什米尔。未几，遂奄有中印度，为全印之共主，即所谓迦腻色迦王是也。事在我西汉哀、平间，恰当西纪初元。此实亚洲民族交通之一大事，而在我国佛教史上有极大关系也①。

---

① 梁启超原注：近欧人研究迦腻色迦事迹者颇多，其资料之大部分，皆采自中国史籍，而辅以近年来发掘之遗物。其年代颇滋争辩，或谓在纪元前，或谓在初世纪，或谓在二世纪。今列举各史言月氏征服印度事迹及各传记言迦腻色迦王事迹，汇考如下：

（《汉书·西域传》）"大月氏本居敦煌祁连间，至冒顿攻破月氏，而老上单于杀月

月氏之“氏”读如“支”,即“氏”字也。氐族与吾族关系本深,商

氏,以其头为饮器,月氏乃远去。过大宛西,击大夏而臣之,都妫水北为王庭。……有五翎侯:一休密翎侯,二双靡翎侯,三贵霜翎侯,四肸顿翎侯……”

(又)“昔匈奴破大月氏,大月氏西君大夏,而塞王南君罽宾。”

(《后汉书·西域传》“大月氏”条下)“初,月氏为匈奴所灭,迁于大夏,分其国为……五部翎侯。后百余岁,贵霜翎侯丘就却攻灭四翎侯,自立为王,国号贵霜(王)。侵安息。取高附地,又灭濮达、罽宾,悉有其国。丘就却年八十余死,子阎膏珍代为王。复灭天竺。”【校者案:此段引文略有错误,已据原文改正】

(又“天竺”条下)“天竺……有别城数百,……别国数十……,其时皆属月氏。月氏杀其王而置将,令统其人。……和帝时,数遣使贡献。”【校者案:此段引文略有错误,已据原文改正】

(《魏书·释老志》):汉“哀帝元寿元年,博士弟子秦景宪受大月氏王使伊存口授浮屠经。”

(法显《佛国记》)“昔月氏王大兴兵众,来伐此(佛楼沙)国,欲取佛钵。既伏此国已,月氏王等笃信佛法。”【校者案:此段引文略有错误,已据原文改正】

(又)“从犍陀卫南行四日,至佛楼沙国。……塔庙壮严(乃罽宾腻伽王所作)……佛钵在此国。”【校者案:此段引文中“罽宾腻伽”,《佛国记》中作“罽腻伽”,是对是错,孰难遽断。】

(玄奘《大唐西域记》卷三)“犍陀罗国迦腻色迦王,以如来涅槃之后,第四百年,应期抚运。王风远被,殊俗内附。……”

吾综合此诸书,假定一断案,谓迦腻色迦即罽宾腻伽,亦即阎膏珍。其时代约正当西历纪元前后,五十年至八十年之间,当东汉光武、明、章时。老上单于杀月氏王,当西汉吕后时,约西历纪元前百七八十年。月氏所迁之大夏,即令俄属布哈尔及美属阿富汗诸地。而西史称其时希腊之柏忒里亚诸王,由彼地侵入北印度恒河流域,此即前书所谓“月氏北君大夏,而塞王南君罽宾”也。西史又称纪元前五六十年顷月氏人攻入北印度,而柏忒里亚王国亡。即后书所谓“后百余岁,而丘就却灭濮达、罽宾”也。其子阎膏珍灭印度,计期应在纪元前三四十年间,与迦腻王时代略相当。迦腻王为佛灭后四百年之人,《西域记》既明著之,据第一章所考佛灭年代,应在纪元前四百二三十年,而近日欧人所发掘之马尼基拉塔,为迦腻王所造者,内有纪元前三十三年之罗马货币,则其造塔时最少亦当在此年后可知。又欧人所发掘之迦腻王货币有两种,前者有波斯火教之标识,后者有佛教之标识。是此王先信火教后乃信佛教。据此知《佛国记》所称“攻灭缚喝,乃信佛法”之月氏王,即是此人。而《后汉书》所称灭天竺之月氏王,亦即此人也。《佛国记》不言此王为何名,然此王攻缚喝之动机,实缘欲取佛钵。而佛钵即在弗楼沙国罽宾腻迦王所造塔中,故知此王必腻迦也。何以称为罽宾腻迦?谓罽宾王名腻迦也。其人为谁?即腻迦色迦,亦即阎膏珍也。“阎膏珍”三字之音译,疑即从“罽宾腻伽”四字转来。此王既本为月氏王,后为印度王,何故称为罽宾王耶?因其父先王罽

周时已沾我文化,《诗》所谓“氐羌莫敢不来王”是也。月氏西徙后,张骞曾间关奉使,谋共拒匈奴。虽不得要领,而开西域之动机,实始于此。汉西域都护所辖三十六国,皆在葱岭东,今新疆境内,夙与印度文化渺不相接,故班书所纪,靡得而称焉。乃魏晋以后,于阗、龟兹诸地,学者辈出,大有资益于中国。其故安在?盖迦腻色迦王(阎膏珍)时代之月氏,实合今之土耳其斯坦、阿富汗、帕米尔、印度为一大帝国,而我新疆之喀什噶尔一带,且为其保护国①。跨葱岭东西为一大政治区域,使葱岭不复能为彼我文化之障壁者,实月氏也。而迦腻色迦又为阿育王以后第一热心护法之人,尝在罽宾(克什米尔)举行佛藏第二次结集,自是罽宾为佛教中心②。罽宾与于阗接壤,仅隔一

宾,彼乃更王印度,故亦兼袭罽宾王之名。《西域记》称之为“犍陀罗迦腻色迦王”,亦因其兼王犍陀罗也。而我国人则始终呼之为月氏王。《释老志》所记大月氏王使伊存口授佛经,此王即阎膏珍迦腻色迦也。何以明之?月氏人当未攻灭缚喝以前,并不信佛教,使臣援佛经,知必非丘就却时人。而据欧人所考,迦腻王在位盖三四十年,其崩逝约在纪元后三十年左右,故知此王必迦腻无疑也。然则此王入主印度在纪元前耶?纪元后耶?答曰:在纪元前。汉哀帝元寿元年,当纪元前两年,其使臣已奉佛法,则其入印度必在此前年可知也。此考证若不谬,则更为研究佛灭年代者增一证据。迦腻王结集大藏在佛灭后第四百年,其年总应在汉哀元寿前后,故佛以纪元前四世纪前后入灭,无可疑也。【校者案:《佛国记》并无“攻灭缚喝,乃信佛法”之言,而是说“昔月氏王大兴兵众,来伐此国,欲取佛钵。既伏此国已,月氏王等笃信佛法,欲持钵去。”据此,则月氏王信佛法在攻灭此国之前或之后,则不能确定也。而且所伐之国为“弗楼沙”而非“缚喝”。】

① 梁启超原注:《后汉书·西域传》:“安帝元初中,疏勒王安国以舅臣磐有罪,徙于月氏。……安国死,……月氏乃遣兵送还疏勒,……立为王。……疏勒以强。”疏勒今喀什噶尔,新疆最西境,故与葱岭外之月氏相接。【校者案:这段引文略有错误,今已改正。】

② 梁启超原注:迦湿弥罗,辨机《西域记注》云:“旧曰罽宾,讹也。”今坊本地图,译作克什米尔,正唐音之旧。迦湿弥罗,本迦王入主印度时最初之旧都,自此次结集后,以其城施诸僧徒,印度佛教之中心,遂移至迦湿弥罗。其于佛教之输入中国,实有密切关系。

山，文化流入，势自甚顺。其时匈奴已衰，不复能侵苦西域，中亦数度弃置西域，不复经略。故玉门以西葱岭以东诸国，颇能为自动的发展，而于阗（今县）、鄯善（今县），龟兹（今库车）、疏勒（今喀什噶尔）为之魁。其公共文化之枢，则佛教也。而中亚细亚诸国，若安息、若康居，亦往往臣服月氏。宗教势力随政治势力而北暨，故环帕米尔高原四周数万里，成一佛教之天下。

月氏虽远窜岭外，然与我国情好夙敦。前汉时“五翎侯共禀汉使”（见前书月氏传），后汉“和帝时数贡献，至西域反乃绝。桓帝时频从日南徼外来献。”①（见后汉书·天竺传）后汉一代，中国月氏之交通，即中国印度之交通也。考中国佛教最古之史迹三，而皆与月氏有关系。其一，汉武帝时，张骞使大夏还，传其旁有身毒国，始闻有“浮屠”之教（《魏书·释老志》）。当时……大夏，即月氏所臣服也。其二，哀帝元寿元年，博士弟子秦景宪受大月氏王使伊存口授浮屠经（同上）。是最初传译佛经者，实月氏使臣也。其三，明帝梦金人，因傅毅之对，乃于永平七年遣蔡愔、秦景、王遵等适天竺求佛经像，愔等至月氏，与迦叶摩腾、竺法兰偕，赍经像以归（隋费长房《历代三宝纪》）。是当时所谓通印度者，即通月氏也②。

① 《后汉书·天竺传》原文如下：“和帝时数遣使贡献，后西域反畔，乃绝。至桓帝延熹二年、四年，频从日南徼外来献。”

② 梁启超原注：蔡愔、秦景等之行，《魏书·释老志》、《隋书·经籍志》及《高僧传》等书，皆谓其到天竺，独费长房谓其仅到月氏，当有所据。考愔等之行，以永平七年出九年归，在途不过两年。以后此法显、玄奘游记校之，此短期间内，万不能往返印度。计愔等所至，或犍陀罗（阿富汗）或罽宾（克什米尔），皆月氏故都也。时月、印已为一国，故抵月氏亦得云抵印度耳。秦景宪从伊存口受佛经事，除《魏书·释老志》外，他书皆不载，然当不谬。其时正阎膏珍（迦王）征服印度前后也。又秦景宪与秦景，史皆称为博士弟子，是否一人，不可考。其年代似不相及，元寿元年与永平七年相去六十六年矣。

佛教既遍被西域，乃由西域间接输入中国。吾辈骤读佛门记载，辄觉魏晋之间，印度名僧入吾国者至夥，其实不然，什九皆西域僧耳。僧名初皆冠以国，以支为姓者皆月支（月氏）人，以安为姓者皆安息人。以康为姓者皆康居人，以竺为姓者则天竺人，不冠国名者多类皆葱岭以东诸西域国人。试细校《高僧传》之籍贯而可见也①。今造表如下：

初期佛教异域译经名僧表第一

表例：一、年代断自隋以前。

二、人限于译经者，地限于国外。

三、根据书籍：（一）梁慧皎《高僧传》，（二）隋费长房《历代三宝记》，（三）唐靖迈《古今译经图记》，（四）唐道宣《续高僧传》。

（人名）	（产地）	（年代）
迦叶摩腾	中天竺	汉明帝永平间
竺法兰	同	同
众护	不详	不详
安世高	安息	汉桓帝、灵帝间
支娄迦谶	月支	汉灵帝光和、中平间
竺佛朔	天竺	汉灵帝嘉平间
安玄	安息	汉灵帝光和间
支曜	月支	汉灵帝中平间
康孟详	康居	汉献帝兴平、建安间
竺大力	天竺	汉献帝建安间
昙果	西域	同上

① 梁启超原注：中国僧侣以释为姓，始释道安。安谓从佛教者即为佛子，即为释种，直废俗姓而从释姓。安以前，本国佛徒，诚有用俗姓者，例如严佛调（东汉人）。然外来僧侣，皆以国名为姓。检前表康、支、安、竺诸人便知。其弟子则从师姓。如支娄迦谶弟子有支亮，其后有支遁，皆中国人也。道安师事竺佛图澄，本名竺道安，后乃易竺为释。此虽末节，然借以考初期佛教输入之渊源，亦颇有趣。

昙柯迦罗	中天竺	魏文帝黄初间
康僧铠	康居	魏废帝嘉平间
昙谛	安息	魏正元间
帛延	不详	同上
安法延	安息	不详
支谦	月支	吴黄武、建兴间
康僧会	康居	吴赤乌间
支疆梁接①	月支	吴不详
维祇难	天竺	吴黄武间
安法钦	安息	晋武帝太康间
无罗叉	于阗	晋惠帝元康间
竺法护	月支	晋武惠间
帛尸梨蜜	西域	晋怀帝永嘉间
昙摩难提	兜佉勒(月支)	苻秦建元间
僧伽提婆	罽宾	同上
昙摩耶舍	同上	同上
鸠摩罗什	天竺(龟兹)	苻秦姚秦间
弗若多罗	罽宾	姚秦间
昙摩流支	西域	同上
卑摩罗叉	罽宾	同上
佛陀耶舍	同上	同上
佛驮跋陀罗	中天竺	同上
昙无谶	中天竺	凉沮渠蒙逊时
佛驮什	罽宾	刘宋景平、元嘉间
浮陀跋摩睹货罗(月支)	西域	宋元嘉间
求那跋摩	罽宾	同上
僧伽跋摩	天竺	同上
昙摩蜜多	罽宾	同上
畺良耶舍	西域	同上

① 原误作“支彊梁”，今改正。

求那跋陀罗	中天竺	同上
求那毗地	中天竺	萧齐永明间
僧伽婆罗	扶南	萧梁天监间
真谛	西天竺	梁天监、大同间
菩提流支	北天竺	元魏宣武、永宁间
那连提黎耶舍	北天竺	隋开皇间
阇那崛多	犍陀罗	北齐至隋
达摩笈多	天竺	隋开皇间

上所列者，隋以前异域古德略具矣。惟佛图澄、达摩以非译经人不录。澄，西域人；摩，中天竺人也。读此表可知我国佛教输入，实分三期：第一，西域期，则东汉三国也。第二，罽宾期，则两晋刘宋也。第三，天竺期，则萧梁、魏、隋也。第一期中，月支四人，安息五人，康居三人，其他当属岭东之西域。内天竺亦有六人。摩腾、法兰，由我国专使特聘而来，实为例外。余则无甚可表见，且来历亦不甚明，或印人流寓西域者耳。其成绩最著之安世高、支娄迦谶、康孟详、支谦，皆非印人也。第二期以罽宾为中心，凡得八人，咸有良绩，小乘于是确立焉。内西域亦六人，竺法护最著，其人生长敦煌，实中国人矣。天竺亦六人，鸠摩罗什最著，其人生长龟兹，则实西域人也。罽宾后虽为北印度之一部，然当迦腻色迦王以前，实一独立国，其文化亦不与印度同，故我国人别之于天竺焉。第三期，则天竺人为中心矣。我国人渐不满于西域之间接输入，思直接求之于印度，于是有法显、昙无竭等西行求法之举。而印土大师，闻风踵至者亦日多，此则佛学所由大成也。

既知西域与印度之关系，当更言西域与中国之关系。前汉西域诸国，为中国与匈奴间迭胁迫，罕能自振。东汉以后，文化渐可观矣。而我国三度闭绝西通之路，故佛教虽大盛于彼，而输入不锐。观《后汉书·西域传》称，阎膏珍入主印度后尚屡聘中国，西域闭乃绝，他可推也。及五胡之乱，苻秦、姚秦皆以西陲氐羌之族，入据汉晋旧都，甘凉与中原之关系，日益密矣。苻坚雄略黩武，以欲迎致鸠摩罗什故，兴师七万，灭车师、乌耆、龟兹三国。其后吕氏、段氏、杨氏、秃发氏、沮渠氏，既各据土称尊，不能不用武于外，则远至于阗、莎车、疏勒、温宿，往往蹂躏焉，而亦常寇中原。于是西域与内地，因兵事之镠镐，转促成文化之交通。诸凉之主，往往迎礼胡僧。胡僧或因避乱，或因观光，东游者日众。而凉人亦多谙胡语信佛法。试检《高僧传》自竺佛念、竺法护以下至宝云、智严、道普、法盛等，凡初期之名僧，什九皆凉州、敦煌、高昌籍，可知两晋之世，陇西与关外（即今甘边与新疆），殆已别为一个混成的文化区域，而为中印灌注之枢。就此点论，则西羌民族，固大有造于我，其去匈奴与东胡远矣！

第六篇　又佛教与西域

此篇与前篇题同文异，似为修改前篇之作。兹并录存读者比较观之可耳。——原本按

佛教萌芽，实先遵海以入南部，其迹甚明。然自三国迄东晋中叶，海通故实，忽更寂寥，是否当时海运情况有所变动，吾尚未搜得相当之史料，惟有两现象当注意者：其一，时正值印度之笈多王朝，中印、南印佛教颇受摧残，彼土佛教重心，已移于北境以外。其二，我国南北分裂，江左与中原隔绝，而交广之在南朝，亦羁縻耳，海上文化，益乏灌注全国之缘会。此两种事实，最少当为南部佛教活动暂时停顿之一部分原因也。同时我国西陲状况，亦起一大变化——前此介居汉族、匈奴两大间俯仰随人之西域民族，至是渐独立发展，其间优秀之一族，且进而为印度之主权者，旋饱吸所征服地之文明，且分输于其友族。质言之，则两汉《西域传》所记之国，什九已为"印度化"。以佛教史的眼光观之，则彼固我之先进国，而中印两文明之结婚，彼乃为最有力之蹇修也。此间消息，吾当于本篇述之。

论述之前，须先定"西域"之范围。吾国史家所称西域，不惟包含印度，乃至地中海四岸诸国，咸括于此名称之下。今吾所论者惟在葱岭东西诸国，且专举其与佛教有关系者而已。

- 西域
  - 葱岭以西
    - （一）月氏（今俄属土耳其斯坦、阿富汗及北印度）
    - （二）安息（今波斯之一部及阿富汗之一部）
    - （三）康居（今土耳其斯坦北部、西伯利亚南部）
    - （四）犍陀罗（今阿富汗之干达马克）
    - （五）罽宾（即迦湿弥罗，今北印度境）西域
  - 葱岭以东（新疆省境内）
    - （一）于阗（今县）
    - （二）斫句迦（今莎车县东南）
    - （三）龟兹（今库车县）
    - （四）疏勒（今喀什噶尔）
    - （五）高昌（今吐鲁番）

读者想能记月氏王使伊存授经于我博士弟子之一事耶？不特此也，吾国人知世界上有所谓印度国，实由张骞奉使，闻诸月氏（见《史记·匈奴传》、《大宛传》，《汉书·西域传》）。月氏在我佛教史上占何等位置，可推见矣。吾侪对于媒介中印文化之月氏，欲认识其价值不得不稍涉枝节，于全世界民族接触之大势，略置数言。

距今约二千一百年前，极东极西两民族始相见于疆场，其舞台则北自阿姆河，南迄印度河，其所演剧约历三百年。其两造之选手，极西则希腊人，极东则月氏人也。其结果常归东党之胜利，而文化则交相熏染增益。二千年来，全世界实受其赐，此实最含有“世界性”之史剧，其资料则求诸我旧史中尚得其轮廓也。月氏本我甘肃山谷间一小部落，我国古代认为氐族之一种（？）①。西汉初，

① 梁启超原注：月氏之“氏”读如“支”，故亦称月支，其实本“氐”字也。月氏乃译义而非译音，我族盖认为氐族之一。其冠以月名者，示别于氐，犹言阴戎、骊戎耳。月氏种属，近代欧西学者考证极详，今不具引。

为匈奴所逼，循天山北路(?)西徙，越葱岭北麓，而居于我族五、六千年前所尝居之大夏。其时大夏方为希腊人远东殖民之根据地，亚历山大王部将所建国也。既逐此地之希腊人，希腊人转徙南下，移根据于迦湿弥罗。月氏人复摄其后，夺取迦湿弥罗，进而为印度共主，自尔希人东渐之锋尽挫矣。此为西汉景武间至东汉桓灵间之事实(?)。张骞奉使月氏，正其初占领大夏之时，伊存授经，盖其初征服迦湿弥罗时，而佛教史上最有关系之迦腻色迦王，则月氏全盛时代之英主也①。

吾愿读者更联想阿育王派遣宣教一事，彼所派遣地，不有所谓“臾那世界”者耶？此“世界”非他，即《汉书》中塞种诸国，而柏忒里亚(大夏)与居其一，盖不待问也。月氏本游牧族，文化至低下，一旦入此地，沐此高等宗教之感化，忽信受之，变为其民族信仰之

① 梁启超原注：《汉书·西域传》：“月氏西君大夏，而塞王南君罽宾。”此二语最能提絜当时民族接触迁徙之纲领。《汉书》屡言塞种——如云：“塞种分散，往往为数国，休循捐毒之属，皆故塞种也。”又云：“乌孙民有塞种，有月氏种。”注家不能指其为何族(颜师古谓即释迦种，大谬)。今考塞王初居大夏。大夏者，今土耳其斯坦之布哈尔州。《汉书》称“月氏臣服大夏，都妫水北为王庭”。妫水亦称乌浒水，即今之阿母河 Amu Darya 也。此地本东方文明发源地，我中华民族曾居之(黄帝时神话，多与大夏妫水有关)。春秋战国间，为波斯领土，自亚历山大东征，遂为希腊殖民地，跨阿母河两岸，建设柏忒里亚国 Baitria。班书之塞王，即柏忒里亚王也。当时希腊东陆殖民，不止一处，故曰“往往分散为数国”，且列举其名也。柏忒里亚亡于月氏，南徙罽宾(迦湿弥罗)。其时代与事实，西史所载正合，故知塞种为希腊人无疑也。

“月氏初灭大夏，都妫水北，渐移水南，初分其国为五翎侯，后百余岁而贵霜翎侯邱就郤最强，尽灭四翊，自立为王国，号贵霜王，侵安息(波斯)，灭濮达(犍陀罗)、罽宾(迦湿弥罗)，其子阎膏珍复灭天竺，置将一人监领之。月氏自此极富盛，诸国称之皆曰贵霜王”。此后《汉书》所记之大略也。近欧人从阿鲁米尼亚及阿拉伯古文书中，考见 Kusan 王事迹颇多，即《汉书》之“贵霜”也。以年代考之，汉哀帝元寿元年遣伊存使中国者，当为邱就郤，而迦腻色迦王，则阎膏珍子或其孙也。欧人研究古钱所得智识，知邱就郤信仰佛教，阎膏珍则信婆罗门教，或波斯教云。

中心，此自然之数也。况其后更入印度而与之俱化耶？彼本为我边陲一小部落，曾长育于我文明之环境中，而西徙之后，更新有所获，故中印文化媒介之适任者，无出其右也。

月氏人虽常抚有全印，其所贡献于文化事业者，遗迹皆在犍陀罗与迦湿弥罗。此二地者，实佛教东渐历程中主要之城垒也。故今于其形势历史，宜略论列。

迦湿弥罗即罽宾（《西域记》本条下注云：旧云罽宾，讹也），国于喜马拉耶山之西麓，跨至那布奢林两河之上游（两河皆印度河支流），面积约千九百平方英里，四山环之，今英属北印度之一部也。吾侪一语此地，即联想及佛教正统派之"说一切有部"，盖《大毗婆沙》之结集，实在此也。此地佛教开创之祖为末田底迦 Madhgantika（亦译摩田地、摩田提、末阐提等名），或言阿难弟子，或言阿育王所派遣，后说近是①。上座、大众两部分裂后，中印地盘，落大众手，上座耆宿，徙集此邦②。地形本适于保守，而复以保守党蟠之，故原始佛教之面目，留保于兹地者特多。虽然其地久为塞种所统治，无形中受希腊思想之影响，故科学的研究之色彩特著焉。其地学术，前此由月氏人间接输入一部于中国，其直接交涉，则自东晋始也。

① 梁启超原注：末田底迦为阿难弟子之说，见《阿育王传》卷三、《阿育王经》卷六、《西域记》卷三、《付法藏因缘传》卷上等书。其入迦湿弥罗年代，或云佛灭后五十年，或云百年。惟《善见律毗婆沙》卷三，记阿育王时派往迦湿弥罗、犍陀罗宣教者，即末阐提（末田底迦之异译）也。二说相去约百余年。后说与石柱刻文合，较近真。要之，此两地佛教，必为此人所开辟，则无可疑也。

② 梁启超原注：佛灭后二百年顷，大众部僧大天倡异论，与上座部分裂，无忧王（即阿育）袒大众，上座诸大德现神通腾空渡殑伽（恒）河，飞往西北，事见《大毗婆沙论》卷九十九。此固"有部"之神话，不能认为史实，然正可为正统派求新根据地于迦湿弥罗之一种暗示也。

犍陀罗疆域，盖包有今阿富汗之南部及北印度境之印度河上游，其名不见两《汉书》，盖地为月氏首都，隶于月氏也。此国为印希文明交聚点，当迦腻色迦全盛时，大输入西方艺术，故迄今言佛教美术者，犹宗犍陀罗。其雕刻、建筑、绘画，皆能融集希腊、罗马、印度三种精神，自成新体，影响于我隋唐美术者至大。就教理方面论，如世友、法救、胁尊者诸小乘论师，无著、世亲诸大乘论师，皆犍陀罗产也。盖自佛灭后五百年至九百年中，此地实为佛教之中心，凡从月氏输入中国之经典，皆自此出发也。

安息、康居佛教之渊源，不甚可考。但阿育王派往“臾那世界”之教师，远及于埃及、马基顿。此二国宜在所不遗，且彼皆与月氏接境，受其影响亦宜。以汉末魏晋间两国高僧入中国者如彼其多，则佛教久盛于彼可知矣。就中康居人因国难移居中国者颇众①，亦大教发展之一助缘也。

此岭西诸国佛教状况及其与中国关系之大凡也。其在岭东，则于阗、龟兹最为重要。于阗自汉末绝贡，转更强盛，其国与迦湿弥罗隔一雪山耳，且久受月氏卵翼，故在今日中华民国境土内求佛教发祥地，舍于阗莫属也。尤有一特色最当记者，则汉译诸大乘经典，殆无一不与于阗有因缘，若朱士行之得《放光般若》，支法领之得《华严》，昙无谶之得《大般涅槃》，其最著也（参看《佛典之翻

---

① 梁启超原注：“隋高僧释智嶷，姓康，本康居王之胤，先代因国难归于魏（曹魏），封于襄阳，历十余世。”事见《法华经传记》卷五。“齐（萧齐）高僧释慧明，姓康，本康居人，祖父时避地东吴”。事见《梁高僧传》卷十一。可见三国时康居必有大乱（考西史似是被巴里的亚人侵入），故大去其国者颇多也。“康僧会之父，亦以吴时移居交阯。”事见《梁高僧传》卷一。其迁居动机，或亦同一也。

译》)。此类经典,其"在于阗成立"之痕迹且不少①,据此种种资料,似大乘中一派——实相派之学说,实在于阗地方始成熟产出。因此再检其他史料,觉于阗民族,似属华印两人种混合而成,而此类新佛教,即接木移根所生之果。此说虽未十分证信,然密察思想潮流,即已得一种暗示②,此实言东方文化者应赓续研索之问题也。

于阗附近有一小国曰斫句迦者,实为大乘经典总集之宝库③,与北凉之沮渠同种,凉土佛教之弘,此地亦与有力焉。④

流沙以南之大佛教国为于阗,其北则龟兹也。欲知龟兹与中

① 梁启超原注:《华严经·菩萨住处品》,多列于阗地名,学者或指此为《华严》在于阗成立之证据,虽未可尽信,然今六十卷本《华严》,则支法领得之于阗,八十卷本《华严》,则于阗遣实叉难陀赍来,且亲为翻译,在我国华严传授渊源,舍于阗外别无可考见,此极须注意之一事实也。

② 梁启超原注:《魏书·西域传》"于阗"条下云:"自高昌以西,诸国人等深目高鼻,唯此一国,貌不甚胡,颇类华夏。"此足为于阗与中国种族相近之一确证。玄奘《西域记》(卷十二)载于阗建国历史颇详,大致情形,则一东方民族征服原住之西方民族。中云:"东土帝子蒙谴,流徙居此东界,群下劝进,又自称王。……日合战,西主不利。……东主乘胜,抚集亡国,迁都中地。"……洛克海尔氏译西藏文佛传(一八八四年出版),所记大同小异,略言:"有中国人名瞿萨旦那者与印度人——阿育王宰相名耶舍者,合力建设此国云云。"瞿萨旦那,即《西域记》所举于阗国之原名也。此两书虽皆多神话,不可尽信,然以地理上关系,中印两民族,各自移植此地,固当然之事。经冲突调和之后,混成新种,因而建国,亦历史之常轨。于阗即为此两优秀民族合成,固宜能对于人类思想界有新贡献也。

③ 梁启超原注:斫句迦即《汉书·西域传》之子合,亦译遮拘迦、遮拘槃、朱居、朱驹波等名。《历代三宝记》卷十二引阇那崛多所述亲历谈云:"于阗东南二千余里,有遮拘迦国,彼王纯信敬重大乘。……王宫自有《摩诃般若》、《华严》、《大集》三部大经,……王躬受持,亲执键钥。……国东南二十余里,有山甚险,其内安置《大集》、《华严》、《方等》、《宝积》、《楞伽》、《舍利弗陀罗尼》、《华聚陀罗尼》、《都萨罗藏》、《摩诃般若》、《八部般若》、《大云经》等,凡十二部,皆十万偈,国法相传、防护守视。"据此则大乘经典写本藏袠之丰富,当时盖无出其右。

④ 梁启超原注:《西域记》"斫句迦"条下注云:"旧曰沮渠"。沮渠与朱居音正同,皆异译耳。北凉之沮渠蒙逊,提倡佛教最力,其叔父沮渠京声,译业甚富,此皆斫句迦人所贡献于我国也。

国佛教之关系，则于初期东来诸僧命名之原则，宜先置一言。中国沙门之以“释”为姓，自道安始耳①。前此则本国人皆从俗姓，如严佛调、朱士行等，外国人皆以国名为姓。如安世高为安息人，支娄迦谶为月支人，唐僧会为康居人，竺佛朔为天竺人。其汉人亦或从其师姓，如支亮之师为支谶，因从姓支之类是也。尚有一例外，曰从其本国俗姓，如龟兹王姓白，其王族来者皆以白（或帛）姓行是也。观魏晋间白姓高僧之多，知龟兹之有造于我者不浅矣②。至如译界之王鸠摩罗什，其与龟兹关系之深，读本传当能知之。

此外疏勒、高昌等，皆隋唐间西域之大佛教国，因与初期输入事业无甚关系，不复详述。要之。佛教东渐历程，中置亭堠，发轫天竺，以迦湿弥罗为第二驿，由是而犍陀罗，而于阗，而龟兹等，驿驿递进。每经一驿，恒加增其辎重，而月支、安息诸国人，尤其最忠敏之驿使也。今第列东来诸国师国籍，俾有考焉。

---

① 梁启超原注：《梁高僧传》卷五《道安传》云：“初魏晋沙门，依师为姓，故姓各不同。安以为大师之本，莫尊释迦，乃以释命氏，后获《增一阿含》，果称‘四河入海，无复河名。四姓为沙门，皆称释种。’既悬与经符，遂与永式。”此佛门一重要掌故也。

② 梁启超原注：《高僧传》卷一帛延、帛尸梨蜜多罗两传，皆仅称西域人，不著其国籍，而尸梨蜜传称其为“国王之子”。《出三藏记集》卷八有《首楞严后记》一篇，记此经译者为龟兹王世子帛延，因此知二人皆龟兹人也。《魏书·西域传》“龟兹”条下云：“其王姓白。”遍检正史，证据益真，《后汉书》所记和帝永元三年班超所立之龟兹王名白霸。安帝延光三年班勇征西域时，龟兹王名白英，《晋书》记苻坚将吕光灭龟兹，杀其王白纯，《魏书》载继白纯而立者为白震。《北史》及《隋书》记隋大业中龟兹王遣贡，其王名白苏尼咥。《唐书》记开元七年龟兹王卒，其名白莫苾。开元九年遣使入贡，其王名白孝节。龟兹王统，白姓相传，信而有征，则此王子国籍，自为龟兹无疑。帛延、帛法祖，他书多作“白”，《传》中改白为帛者，殆恐与中原白姓混，故用同音非姓之字，以示别其为外国人耶。

东来古德国籍表

（后汉之摄摩腾、竺法兰，吾认其为乌有。梁之达摩，吾认为来历不明，或非重要人，故皆不列入）

安世高	安息	
支娄迦谶	月支	
竺佛朔	天竺	
安玄	安息	此人疑与世高同一人。①
支曜	月支	
康巨	康居	
康孟详	康居	
以上后汉		
昙柯迦罗	中天竺	
康僧铠	康居	《僧传》云："外国沙门"今推定为康居。
昙无谛	安息	
康僧会	康居	
支谦	月支	
支彊梁接②	月支	
维祇难	天竺	
竺律炎	天竺	
安法贤	安息	
以上三国		
法护	月支	《僧传》云："其先月支人，世居敦煌。"
支法度	月支	
帛延	龟兹	《僧传》云"不知何许人。"《首楞严后记》云："龟兹王世子。"
帛尸梨蜜	龟兹	《僧传》云："西域人。"今推定为龟兹。
帛法炬	龟兹	各书不叙其氏籍，据《出三藏记集》卷九知为姓帛，当是龟兹人。

① 此说不确。

② 原误作"支畺梁"，今改正。

竺叔兰		《僧传·朱士行传》云:"本天竺人,父世避难,居于河南。"
安法钦	安息	
以上西晋		
佛图澄	龟兹	《僧传》云:"西域人,本姓帛氏。"今推定为龟兹。
僧伽跋澄	罽宾	
昙摩难提	月支	《僧传》云:"兜佉勒人。"兜佉勒即月支异名。
僧伽提婆	罽宾	
僧伽罗叉	罽宾	
昙摩耶舍	罽宾	
鸠摩罗什		据《僧传》,父天竺人,母龟兹人。
弗若多罗	罽宾	
昙摩流支		《僧传》云:"西域人。"国籍无考。
卑摩罗叉	罽宾	
佛陀耶舍	罽宾	
佛驮跋陀罗(觉贤)	天竺	
昙无谶	中天竺	《魏书·释老志》云:"罽宾人。"
支道根	月支	
支施仑	月支	
昙谛	康居	见《广弘明集》
以上东晋		
佛驮什	罽宾	
浮陀跋摩	月支	《僧传》但云:"西域人。"《求法高僧传》称为睹货罗人。睹货罗即兜佉勒,亦即月支。
求那跋摩	罽宾	
僧伽跋摩	天竺	
昙摩蜜多	罽宾	
畺良耶舍		《僧传》但云:"西域人。"国籍无考。
求那跋陀罗	中天竺	

求那毗地	中天竺	
僧伽婆罗	扶南	
曼陀罗	扶南	
菩提流支	北天竺	
真谛(拘那罗陀)	南天竺	
师贤	罽宾	《僧传》无传,见《大宋僧史略》①卷中。
月婆首那	月支	《僧传》云:"中天竺优禅尼人。"静泰《众经目录》云:"月支王子。"
以上南北朝		
那连提黎耶舍	北天竺乌场	此国在罽宾之北。
啰那崛多	犍陀罗	
达摩笈多	南天竺罗啰	此国待考。
以上隋		
波罗颇迦罗	中天竺	
那提	中天竺	
金刚智	南天竺摩赖耶	
善无畏	中天竺	
般剌若	北天竺迦毕试	此国在今富汗,旧为月支属地。
若那跋陀罗	南海诃陵	此国今地难确指,或是锡兰。
佛陀多罗	罽宾	
佛陀波利	罽宾	
实叉难陀	于阗	
地婆诃罗	中天竺	
提云般若	于阗	
智俨	于阗	
宝思惟	罽宾	
菩提流志	南天竺	
莲华精进	龟兹	

① 原误作"《大宋僧史录》",今改正。

尸罗达摩　　　　　于阗

以上唐

上表所列，东来诸僧在佛学史上占一位置者略具矣。粗为归纳，则后汉、三国以安息、月支、康居人为多；两晋以龟兹、罽宾人为多；南北朝则西域[①]诸国与印度人中分势力；隋唐则印人居优势，而海南诸国亦有来者。按地以校其派别，亦我思想界一反影矣！

① 原误作“西藏”，今改正。

第七篇　中国印度之交通

（亦题为《千五百年前之中国留学生》）

我国文化，夙以保守的单调的闻于天下，非民性实然，环境限之也。西方埃及、希腊、小亚细亚为文化三大发源地，有地中海以为之介，遂得于数千年前交相师资，摩荡而日进。我东方则中国、印度为文化两大发源地，而天乃为之阈，使不能相闻问。印度西通虽远，然波斯、希腊尚可递相衔接，未为孤也。我国东南皆海，对岸为亘古未辟之美洲；西北则障之以连山，湮之以大漠；处吾北者，犬羊族耳，无一物足以裨我，惟蹂躏我是务。独一印度，我比邻最可亲之昆弟也。我其南迈耶？昆仑、须弥（喜马拉耶）两重障壁，峻极于天。我其西度耶？流沙千里，层冰满山。呜呼！我乃数千年间，不获与世界所谓高等文化诸民族得一度之晤对。伤哉！酷哉！天之啬我以交通，乃至此极。吾家区区文物，乃不过吾祖宗闭户自精辛勤积累而仅得之。《记》不云乎："独学而无友，则孤陋而寡闻。"彼西方之民，何修而多友，我乃并一而无之也。

环境能熏造性质，我民族受此种交通之酷遇，自然养成几分保守的单调的气习，固毋庸讳言。然使一民族对于外来文化而无容纳之可能性，则其族非久遂成为"僵石化"，而决不足以顺应生存于大地。畴昔西方之人，颇以此缺点代吾致疑惧。虽然，吾得有反证以明其决不然也。当秦汉以前与我接触之他族，其文化皆下我数等，我对之诚不免贡高自慢，然吾族绝未尝自满以阻其向上，绝未尝自是而不肯虚受人。魏晋以降，佛教输入，贤智之士，憬然于六艺九流以外，尚有学问，而他人之所浚发，乃似过我。于是乎积年之“潜在本能”，忽尔触发，留学印度，遂成为一种“时代的运动”（Periodical Movement）。此种运动，前后垂五百年，其最热烈之时期，亦亘两世纪。运动主要人物，盖百数，其为失败之牺牲者过半。而运动之总结果，乃使我国文化，从物质上精神上皆起一种革命。非直我国史上一大事，实人类文明史上一大事也。

尤当注意者，本篇所记述，确为留学运动，而非迷信运动。下列诸贤之远适印度，其所以能热诚贯注百折不回者，宗教感情之冲发，诚不失为原因之一部分，然以比诸基督教徒之礼耶路撒冷，天方教徒之礼麦加，与夫蒙藏喇嘛之礼西天，其动机纯为异种。盖佛教本贵解悟而贱迷信，其宗教乃建设于哲学的基础之上，吾国古德之有崇高深刻之信仰者，常汲汲焉以求得“正知见”为务。而初期输入之佛典，皆从西域间接，或篇章不具，或传译失真，其重要浩博之名著，或仅闻其名，未睹其本。且东来僧侣，多二三等人物，非亲炙彼土大师，末由抉疑开滞。以此种种原因，故法显、玄奘之流，冒万险，历百艰，非直接亲求之于印度而不能即安也。质而言之，则西行求法之动机，一以求精神上之安慰，一以求“学问欲”之满足。惟其如此，故所产之结果，能大有造于思想界。而不然者，则三家村妇朝普陀，非不虔敬，而于文化何与焉？明乎此义，则知吾所谓“留学运动”，非诞辞矣。求法高僧，其姓氏为吾人所耳熟者不过数辈；东西著述家所称引，亦仅能举二三十人。吾积数月之功，刻意搜讨，所得乃逾百。以其为先民一大业，故备列其名表敬仰，次乃论次其事也。

西行求法古德表

名姓及籍贯	年　代	事　略
朱士行（颍川人）	魏高贵乡公甘露五年（二六〇）	士行为汉土沙门之始，亦为西行求法之第一人。其西游动机，因读《道行经》觉文意隐质，诸未尽善。乃誓志捐身，远求大本。遂在于阗得梵书正本九十章，遣弟子弗如檀送归。后由竺叔兰、无罗叉译出。即今本《放光般若经》是也。士行遂终于于阗。见《梁高僧传》卷四本传。
竺法护（其先月支人，世居敦煌）	晋武帝中（二六五—二九〇[1]）	时寺庙图像，虽崇京邑，而方等深经，蕴在葱外。护乃慨然发愤，志弘大道。遂至西域，游历诸国，通三十六种语言。获《贤劫》、《法华》、《光赞》等梵经百五十六部，赍还中夏。沿途传译，终身不倦。见《梁高僧传》卷一本传。
慧常 进行 慧辩（籍无考）	晋成帝咸和中（三二六[2]—三三四）	此三人，僧传皆无传，惟道安著《合放光光赞略解序》云："会慧常、进行、慧辩等将如天竺，路经凉州。"知三人有结侣西游事矣。又失名人著《首楞严后记》称：咸和三年，凉州刺史张天锡译《首楞严经》时，沙门慧常、进行在坐。可考见其西游年代也。两文俱见《出三藏记集》卷七[3]。
于法兰（高阳人）	东晋穆帝中（？）（三四五—三六一）	尝怆然叹曰："大法虽兴，经道多阙。若一闻圆教，夕死可也。"乃远适西域，欲求异闻。至交州遇疾，终于象林。事见《梁高僧传》卷四本传。其人卒于支遁前，略推定为东晋穆帝时人。
支法领（籍无考）	东晋孝武中（？）（三七三[4]—三九六）	领为慧远弟子，奉远命往寻众经。逾越沙雪，旷岁方返。见《梁高僧传》卷六《远传》。领在于阗得《华严》前分三万六千偈，见同书卷二《佛驮跋陀罗传》。又僧肇《答刘遗民书》

（续表）

名姓及籍贯	年　代	事　略
		云："领公远举，乃是千载之津梁。于西域还，得方等新经二百余部。"（《梁高僧传》卷六[5]《僧肇传》引）综此诸传，知领此行成绩甚优也。
法净（籍无考）	同上	与法领同受慧远命出游。见《远传》。
法显（平阳武阳人）	东晋安帝隆安三年往，义熙十二年归，前后凡十七年[6]（三九九—四一六）。	法显与玄奘为西行求法界前后两大人物，稍通佛门掌故者，皆能知之。《梁高僧传》本传云："常慨经律舛阙，誓志寻求。"此为显出游之动机。其在长安偕行者，有慧景、道整、慧应、慧达、慧嵬五人，在张掖后遇僧绍、智严、宝云、慧简、僧景五人，相约同游。而或在中途折回，或分道行，或道死，或留印不归，故归国时孑然仅一人耳。此为显同行之伴侣。其行程据《佛国记》所述，由敦煌渡沙河十七日至鄯善（今县），又十五日至乌彝（今焉耆县）。由乌彝西南行，一月五日至于阗（今县），西行二十五日至子合（今叶尔羌南）。更南行四日至于麾（今奇灵卡），更二十五日至竭叉（今塔什库尔干）。计在今新疆省境内共行百二十二日。从竭叉度葱岭，行一月，顺岭西南行十五日至乌苌（今阿富汗国加非利斯坦省之班底）。南下至宿诃多（今地待考）。东下五日至犍陀卫（即犍陀罗，今干达马克）。南行四日至佛楼沙（今白沙威尔）。南度小雪山（今阿富汗都城南之白瓦里山），更南下十日至跋那（今哈尔奈）。计在今阿富汗国境共行三十三日。由跋那东行三日渡新显河（即印度河）至毗荼（今克尔普尔），则入印度境矣。

（续表）

名姓及籍贯	年　代	事　略
		自敦煌至毗荼共费百五十九日，途中屡有勾留，故六年乃达中印度。留中印度三年。将返国，附海舶适师子国（今锡兰岛），在彼复留二年。由师子将附舶返广州，遇风漂泊九十日至一国名耶婆提（今地待考），停五月。在彼易舟归，八十余日至长广郡牢山（今青岛）登陆。归途计费三百三十余日。此为显旅行之历程。显留印数年，学梵语梵书，在中天竺得《摩诃僧祇律》、《萨婆多律》[7]、《杂阿毗昙心论[8]》、《方等泥洹经》，在师子国得《弥沙塞律》、《长阿含》、《杂阿含》及杂藏，皆汉土所无，躬自书写赍归。律藏及《阿含》之输入，多赖其赐。此为显留学之成绩。归国后与佛驮跋陀罗同译诸经论百余万言。又纪旅行中所见闻为《佛国记》（亦作《法显传》），至今治印度学者皆宗之，英、法、德文皆有译本。此为显对于人类文化永久之贡献。
道整 （洛阳清水人?）	同上	据《法显传》，显发长安时五人同行，整居其一。同行十人中安抵印境者惟整与显耳。然整遂留印不复归。附考：《梁高僧传》卷一《昙摩难提传》称："赵正晚年出家更名道整。"[9]案赵正即赵文业，仕苻秦，与道安同监译事，最有功佛法。与法显同游之道整，当即其人。惟《僧传》言其终于襄阳，《佛国记》言其终于印度，未知孰是。
智严 （西凉州人）	同上（?）	初与法显同行至偽彝，因返高昌求行资，遂分道。后独行至罽宾，留彼地十年。从佛驮先咨受禅法。敦请佛驮跋陀罗（即觉贤）东归，参其译事，始终相随。晚年泛海重到天竺，卒于罽宾。事迹具详《梁高僧传》卷三本传。

（续表）

名姓及籍贯	年　代	事　略
智羽 智远 （籍无考）	同上（？）	智严弟子，严第二次游印时随往。严卒，归报。复返印。事见《严传》。
宝云 （凉州人）	同上（？）	在张掖遇法显与偕行，同至佛楼沙而别。据《佛国记》谓其先归，据《梁高僧传》卷三本传，则云尝历于阗、天竺诸国，遍学梵书，音字诂训，悉皆备解，归后在江左主持译事。与智严同为觉贤高弟也。《传》称其游履外国，别有记传。今佚。
僧景 （籍无考）	同上（？）	与法显偕游至佛楼沙，先归。 附考：《隋书・经籍志》有释昙景《外国传》五卷，疑即僧景所撰。今佚。
慧达 （籍无考）	同上	与法显、道整、宝云等偕游，至佛楼沙先归。 附考：《僧传》所记，有慧应，无慧达，是否一人，待考。
僧绍 （籍无考）	同上	与法显偕游，至于阗，显等西度葱岭，经阿富汗入印，绍独别去，随胡人入罽宾。
慧景 （籍无考）	同上	与法显、道整偕游，至小雪山，景冻死。
慧简 慧嵬 （籍无考）	同上	与法显等偕游，至乌彝，偕智严返高昌求行资。其后是否仍与严偕，今无考。
沮渠京声 （凉州人）	东晋安帝义熙中（？）（四〇五—四一八）	北凉主沮渠蒙逊之从弟[10]，封安阳侯。尝度流沙至于阗，从天竺法师佛驮斯那学禅法。译书甚多。事迹附见《梁高僧传》卷二《昙无谶传》。
康法朗 （中山人，同侣四人）	东晋 （年份无考）	与同学四人发趾张掖，西过流沙，余四人遂不复西行。朗更游诸国，研寻经论，后还中山。见《梁高僧传》卷四本传。

（续表）

名姓及籍贯	年　代	事　略
慧睿 （冀州人）	东晋 （年份无考）	从蜀之西界，至南天竺。音译诂训，无不必晓。后还憩庐山，俄入关从学罗什。见《梁高僧传》卷七本传及《释迦方志》卷下。
智猛 （雍州新丰人，同侣十五人）	姚秦弘始六年往，刘宋元嘉十四年归。凡在外三十三年[11]（四〇四—四三七[12]）。	猛之出游，在法显后四年，盖不相谋也。猛每闻外国道人说天竺有释迦遗迹及方等众经，于是始结同志十有五人出游。历流沙至于阗，西南行二千里，始登葱岭，而九人退还，寻一人复道死。猛仅与四人共度雪山，历罽宾遍游印。当时西游诸贤留印最久者莫如猛。及其归也，仅与一人偕耳。猛得梵本甚多，《僧祇律》及《大般涅槃》其最著也。猛著《游行外国传》，隋、唐《经籍志》并著录。今佚。其事迹仅见《梁高僧传》卷三本传。
道嵩 （籍无考）	同上	与智猛同行，至波沦国，道亡。
昙纂 （籍无考）	同上	与智猛同出同归。
昙学 成德 （河西人，同侣八人）	东晋末 （年份无考）	《贤愚经记》（见《出三藏记集》卷九[13]）云："河西沙门昙学、成德等八僧，结志游方，远寻经典。于于阗大寺习梵音，精思通译。"[14]此八僧曾否到印度，今无考。
昙无竭 （幽州黄龙人，同侣二十五人）	刘宋永初元年（四二〇）往，归期无考。	昙无竭，此云法勇。闻法显等躬践佛土，慨然有忘身之誓，乃召集同志二十五人远适西方。度雪山时，经三日方过，料检同侣，失十二人。余十三人，经罽宾人中天竺，八人复死于路，仅余五人同行。后于南天竺随舶泛海达广州。据《梁高僧传》卷三本传，无竭亦著有游记，但隋、唐志并不著录，想其佚已久。

（续表）

名姓及籍贯	年　代	事　略
僧猛 昙朗	同上	昙无竭同行二十五人中之二人也，事迹无考。
道普 （高昌人）	宋元嘉中（四二四—四五三）	普事迹附见《梁高僧传》卷二《昙无谶传》中，据称：“经游西域。遍历诸国。……善能梵书，备诸国语。游履异域，别有大传。”其传《隋志》不著录，想已久佚。其出游年代不可考。惟《谶传》又云：“谶所出诸经，至元嘉中方传建业。道场慧观法师志欲重寻《涅槃后分》，乃启宋太祖资给，遣沙门道普将书吏十人西行寻经。至长广郡（今青州），舶破伤足，因疾而卒。”[15]此则普第二次西行而以身殉法也。
道泰 （籍无考）	东晋刘宋间（年份难确指）	《开元释教录》卷四下云：“泰……[16]以汉土方等粗备，幽宗粗畅，其所未练，惟三藏九部，故杖策冒险，爰至葱西。综览梵文，并获《婆沙》梵本十万余偈，及诸经论，东归。”释道埏《阿毗昙毗婆沙论序》（见原书卷首）云：“有沙门道泰，……至葱西，……并获胡本[17]十万余谒。……以乙丑[18]岁……传译。”法显诸僧西游目的在求大乘经典，道泰则注重小乘。《婆沙》大论输入，泰之赐也。此论以乙丑年传译，其年为宋文帝元嘉二年。泰之出游，当远在此年以前矣。
法盛 （高昌人）	东晋刘宋间（？）	《梁高僧传》卷二《昙无谶传》云：“时高昌复[19]有沙门法盛，亦经往外国，立传凡有四卷。”隋、唐书《经籍志》并著录法盛《历国传》三卷。今佚。

（续表）

名姓及籍贯	年　代	事　略
竺法维 僧表 （凉州人？）	东晋刘宋间（？）	二人之名附见《昙无谶传》云："并经往佛国。"殆皆北凉时人。梁宝唱《名僧传》卷廿六有《僧表传》。
慧览 （籍无考）	宋大明[20]中（四五七—四六四）	览曾游迦湿弥罗，从达磨沓受禅要。还至于阗，授诸僧戒。见《梁高僧传》卷十一[21]本传。
道药 （籍无考）	元魏太武末年（四三三—四三九[22]）	药从疏勒道入印度，经悬度到僧迦施国。还著《传》一卷，见唐道宣《释迦方志》卷下。所著《传》《隋书·经籍志》著录，今佚。杨衒之《洛阳伽蓝记》引之。
法献 （西海延水人）	宋元徽三年（四七五）	献闻智猛西游，乃誓欲忘身，往观圣迹。以元徽三年，发踵金陵，西游巴蜀，路出河南，道经芮芮。既到于阗，欲度葱岭，值栈道路绝而返。见《梁高僧传》卷十三[23]本传。
惠生 （籍无考）	元魏熙平元年至正光三年（五一六—五二二[24]）	《魏书·释老志》云："熙平元年诏遣沙门惠生使西域，采诸经律。正光三年冬[25]还京师。所得经论一百七十部行于世。"《慧生行传》一卷，《隋书·经籍志》著录。今佚。《洛阳伽蓝记》引之。
宋云 （敦煌人）	同上	《洛阳伽蓝记》卷五云："宋云与惠生向西取经，凡得一百七十部。正光二年二月还。"[26]其年月与《释老志》小有出入。要之，二人同出同归无疑也。云著有《家记》，《隋志》著录。今佚。《伽蓝记》引之。《唐志》别有云著《魏国以西十一国事》一卷，是否即《家记》异名，今无考。

（续表）

名姓及籍贯	年　　代	事　　略
王伏 子统 法力	同上	《魏书·哌哒传》云："熙平中，明帝遣王伏、子统、宋云、沙门法力等往西域求访佛经。沙门慧生偕行。"[27] 据此知兹游同行者尚有此三人也。
云启		籍贯年代事迹皆无考，其名仅见《佛祖历代通载》卷一、与卷九[28]。
宝暹 道邃 僧昙 智周 僧威 法宝 智昭 僧律 （籍皆无考）	北齐武平六年至隋开皇元年[29]（五七五[30]—五八一）	《唐高僧传》卷二《阇那崛多传》云："有齐僧宝暹、道邃、僧昙等十人，以武平六年，相结同行，采经西域。往返七载，将事东归。凡获梵本二百六十部，回至突厥，俄而齐亡。……大隋受禅，佛法即兴，暹等赍经先来应运。[31]"大抵隋代所译经论原本，多出暹等所赍归也。同行十人中，智周等五人之名，见《开元释教录》卷七，余二人无考。
玄奘 （洛州缑氏人）	唐贞观二年出，十九年归。前后凡十七年（六二八—六四五）。	玄奘为中国佛教第一功臣，其事迹具见慧立著之《慈恩三藏法师传》及《唐高僧传》卷四本传。其游历之迹，见奘所自著《大唐西域记》。诸书现存，为世界学界鸿宝。今以极简略之文记其梗概如下： （一）游学动机。因研究《婆沙》，《杂心》、《俱舍》、《摄大乘》诸论，觉未能尽其理解。屡从本国大师质疑，皆不满足。故发奋西游，求名师，读原本。《慈恩传》云："师既遍谒众师，备餐其说，详考其义，各擅宗途，验诸圣典，亦隐显有异，莫知适从。乃誓游西方，以问所惑。"此奘出游之主要动机也。时年二十九。 （二）旅途之艰窘。时方严越境之禁，奘诣阙陈表，请特许游学。有司不为通，乃随饥民度

（续表）

名姓及籍贯	年 代	事 略
		陇，复偷越五烽（关卡）。备极艰险，乃至高昌（今吐鲁番）。高昌王麴文泰，夙闻其名，强留供养。奘以死自誓，乃得脱。犹淹彼国经一夏。时西域诸国，咸服属突厥，非得突厥护照，不能通行。乃持文泰介绍书，诣突厥叶护可汗牙所，得其许可乃行。故奘所遵者非汉以来西域通路，乃北出特穆尔圆泊，掠西伯利亚之南端，经俄属土耳其斯坦，乃循阿富汗入迦湿弥罗。此路为法显、法勇以来所未经行也。途中艰窘状况，具见本传。 （三）留学成绩。奘出游十七年，历五十六国，备通各种语言文字。其间留中印度摩竭提国之那烂陀寺凡五年，实奘毕生学力最得力处也。时印度大乘教方极盛，法相宗尤昌。大师戒贤，即那烂陀之首座，奘亲受业，尽传其学。历治《瑜伽》、《顺理》、《显扬》、《对法》诸论，而于《瑜伽》尤所覃精。其余如小乘一切有部、经量部，及大乘法性宗学说，莫不参稽深造。旁及外道宗趣，咸所取资。毕业后五印诸王，争先供养。其共主戒日王，敬礼尤至。为奘特开辩学大会，奘立"真唯识量"，悬诸国门，经月无人能难诘者。后更遍游诸国，采风问俗，至贞观十九年乃归。 （四）归国之贡献。奘所赍归之经典，凡五百二十夹，六百五十七部，各地方各宗派之书咸有。以贞观十九年正月抵长安。其年三月，即开始翻译，直至龙朔三年十月，凡十九年间（六四五—六六三），译事未尝一日辍。所译共七十三部，一千三百三十卷。其绝笔之时，距圆寂仅一月耳。

（续表）

名姓及籍贯	年　代	事　略
玄照（泰州仙掌人）	唐贞观间（六二七—六四九）又麟德元年（六六四）	照与玄奘盖先后出游，但照之往，取道吐蕃（西藏），蒙文成公主护送，归途经泥波罗（即尼泊尔，亦称廓尔喀）。此藏印通路，为前人所未经者。照在印凡十一年，诏书征归。高宗麟德元年，复奉敕往，遂在中印病殁。
师鞭（齐州人）	贞观间（？）	与玄照偕行，至西印度。年三十五，卒于彼地。
道希（齐州历城人）	贞观间（？）	留学那烂陀寺，携有汉译新旧经论四百余卷，施入该寺。又在大觉寺树立唐碑一座。卒于印度。
慧业（新罗人）	贞观间	留学那烂陀寺，卒于彼。义净尝见其手写梵本诸经论。
玄恪（新罗人）	贞观间	尝与玄照同留学大觉寺，后卒于印度。
道方（并州人）	无考	由泥波罗入印，留学大觉寺。
道生（并州人）	贞观末	由吐蕃路入印，留学那烂陀。卒业后多赍经像归国，至泥波罗病死。
常慜（并州人）	无考	由海道往，经诃陵国，舟覆溺死。其弟子一人偕亡。
师子惠（京师人）	贞观间	与师鞭偕行，留学信者寺。归途经泥波罗，病死。
玄会（京师人）	无考	由西域入迦湿弥罗，留学大觉寺。归途经泥波罗，病死。年仅三十。义净云："尼波罗有毒药，所以到彼多亡也。"
僧隆（籍无考）	贞观间	从北道至北印度。返国经犍陀罗，道亡。
明远（益州清城人）	无考	由交阯泛海往，经诃陵至师子国（锡兰），欲潜取佛牙，为国人所觉，颇见凌辱。自是师子人

（续表）

名姓及籍贯	年　　代	事　　略
		守护佛牙益严重云。启超案，吾游锡兰，尚观所谓佛牙者。
义朗（益州成都人）	无考	由海道往，精研瑜伽，住锡兰颇久。
智岸（成都人）		与义朗偕行，至郎迦国，病死。
义玄（成都人）		义朗之弟，与朗偕行。
会宁（成都人）	麟德中	由海道往，至诃陵国。得《大涅槃经》后分，补译送归。旋客死海外。年仅三十四五。
运期（交州人）	同上	会宁弟子。宁译经遣其赍还，寻复独游。
解脱天（交州人）	无考	由海道往，留学大觉寺。
窥冲（交州人）	无考	明远弟子。后随去照同留中印度。卒于王舍城。年三十许。
智行（爱州人）	无考	由海道至西印度，贸学信者寺。卒于彼地，年五十余。
慧琰（交州人）	无考	智行弟子，随师到僧诃罗国。
信胄（籍无考）	无考	由西域北道至西印度，留学信者寺。卒于彼地，年三十五。
大乘灯（爱州人）	无考	幼随父母，曾游印度。随唐使臣郯绪归国。受业玄奘。矢志出游。乃由海道经师子国入南印度，旋至东印耽摩立底国。留十二年。随诣中印，留学那烂陀，卒于此寺。义净犹睹其遗物。

（续表）

名姓及籍贯	年　代	事　略
彼岸 智岸 （并高昌人）	无考	二人少长京师，后随使臣王玄策，泛海游印，遇疾俱卒。所携汉译本《瑜伽》及余经论，保存于室利佛逝国。
昙闰 （洛阳人）		由海道往，至渤盆国，遇疾死。
义辉 （洛阳人）	无考	因读《摄论》、《俱舍》，怀疑未晰，乃往中印度留学。毕业归国，至郎迦戍国病死。年三十余。
慧轮 （新罗人）	贞观间	随玄照西行充侍者，留学信者寺十年。义净游印时尚存，年向四十。
道琳 （荆州江陵人）		因欲研究戒律，发心留学。由海道往印，在东印耽摩立底[32]国留三年。次至中印，留那烂陀数年。南印、西印各住经年。义净出游时尚留印。
昙光 （荆州江陵人）		由海道往，至东印度诃利鸡罗国，后不知所终。
慧命 （荆州江陵人）		由海道往，至占波。屡进艰苦，废然而返。
善行 （晋州人）		义净弟子。随净至室罗筏[33]，婴疾而归。
僧哲 （沣州人）		由海道往，留学三摩呾吒国。义净在印，曾与相见。其弟子玄游，高丽国人，随哲往师子国。
灵运 （沣州人）		与僧哲同游，留学那烂陀寺。
智弘 （洛阳人）		当时印度使臣王玄策之侄，与无行同泛海西游。留学大觉寺二年，复诣那烂陀，卒乃在信者寺习小乘教。译律藏书甚多。留印共八年，经迦湿弥罗返国。

（续表）

名姓及籍贯	年　　代	事　　略
无行 （荆州江陵人）		与智弘同泛海西游，留学那烂陀寺，习《瑜伽》、《中观》、《俱舍》[34]。复往羯罗荼寺研究因明。义净在印常与往还。著有游记，名曰《中天附书》，今佚。《一切经音义》引之。
法振 （荆州人）		由海道往，至羯荼国病死。年三十五六。
乘悟 （同州人） 乘如 （梁州人）		与法振同行，乘悟至瞻波，病死。乘如踪迹不详。
大津 （沣州人）	唐永淳二年至天授三年（六八三—六九二）	初法侣多人，泛海西游，濒行，其侣退缩，津乃独往。留印十年，复附舶归国。义净之《南海寄归传》即托津带返也。 右自玄照至大津，凡四十人，皆见义净《大唐西域求法高僧传》。其《常慜传》附见弟子一人，《玄恪传》末，附见新罗僧二人，《玄会传》末附见与北道使人同行者一人，文成公主乳母之息二人，《义辉传》末，附见唐僧至乌苌国者三人，《慧轮传》中，附见由蜀川牱牱道西游之唐僧二十许人，《昙光传》中附见诃利鸡罗国唐僧一人，皆失名姓。除《慧轮传》之二十许人，相传为五百年前曾来者外，余五十人，皆唐太宗至武后时人，与玄奘、义净先后游印者也。
义净 （范阳人）	唐高宗咸亨二年至武后证圣元年（六七一—六九五[35]）	净年十五，便蓄志欲游西域，年三十七乃获成行。初发足至番禺，得同志数十人。及将登舶，余皆退罢。净奋厉孤行，备历艰险。所至之境，皆洞言音。凡遇酋长，俱加礼重。经二十五年，历三十余国，留学那烂陀十年。归时

（续表）

名姓及籍贯	年　　代	事　　略
		赍得梵本经律论近四百部，合五十万颂。归后从事翻译，所出五十六部二百三十卷。玄奘以后一人而已。著有《大唐西域求法高僧传》、《南海寄归内法传》，皆佛门掌故珍要之书。《求法传》卷下《玄逵传》末自述游迹颇详。
贞固（荥川人）	唐武后永昌元年（六八九）	义净在印度，附书广州制旨寺，求纸墨供写经之用，并求助译之人；固时年四十，奋焉迈往，净有诗赠之。
孟怀业（广州人）	同上	贞固弟子，随师游学。复为义净侍者，助译事。
道宏（汴州人）	同上	随贞固出游，年仅二十三。既至印度，留学那烂陀，助义净译写。
法朗（襄阳人）	同上	随贞固出游。年仅二十四。后在诃陵国遇疾卒。以上四人，附见《求法高僧传》。
慧日（东莱人）	唐中宗嗣圣十九年至玄宗开元七年（七〇二—七一九）	日闻义净之风，誓志西游。泛舶历南洋诸国，三年乃至印度。前后历七十余国。归而专弘净土之教。见《宋高僧传》卷二十九[36]本传。
慧超（籍无考）	唐开元十五岁归（七二七）	超名不见诸传记，（唐《僧传》有两慧超，皆非此人。）惟慧琳《一切经音义》卷一百，有慧超《往五天竺传》音义，知其人为西行求法且有著书者。但其书隋、唐《志》皆不著录。佚盖久矣。近年敦煌石室写经出世，忽发现其书末残卷数叶，知其以开元十五年归，归途经于阗、疏勒、焉耆达安西。实学界一快事也。

（续表）

名姓及籍贯	年　代	事　略
不空（本北印度人，随叔父留寓中国）	唐玄宗开元二十九年至天宝八载（七四一—七四九）	不空为我国密宗开祖，奉其师金刚智遗命，率弟子二十七人西游，求得密藏经论五百余部赍归。见《宋高僧传》卷一本传。
含光 慧spark	同上	不空弟子，随空行。光别有传。见《宋高僧传》卷二十七。
悟空（京兆云阳人）	唐玄宗天宝十载至德宗贞元五年（七五一—七八九）	空本名车奉朝。随中使张韬光由安西路奉使罽宾，旋在罽宾出家。历游印度诸国，留彼四十年。归时年已六十余。

表注：［1］原误作“二八九”，今改正。

［2］原误作“三二七”，今改正。

［3］原误作“卷八”，今改正。

［4］原误作“三七五”，今改正。

［5］原误作“卷七”，今改正。

［6］原误作“十五年”，今改正。

［7］全名为《萨婆多部律摄》，又称《根本萨婆多部律摄》、《有部律摄》。凡十四卷。印度胜友撰，唐代义净译。

［8］原误作“杂阿毗昙心经”，今改正。

［9］《高僧传》卷一《昙摩难提传》原文为：“乃愿欲出家，……及坚死后方遂其志，更名道整。”

［10］原误作“叔”，今改正。

［11］原误作“三十七年”，今改正。

［12］原误作“四〇三—四二七”，今改正。

［13］原误作“卷十”，今改正。

［14］《出三藏记集》卷九原文为：“河西沙门释昙学、威德等，凡有八僧，结志游方，远寻经典。于于阗大寺，……竞习胡音，折以汉

义，精思通译，各书所闻。”

[15] 原误作“宋元嘉中故重寻《涅槃后分》，遣普将书吏十人西行寻经。至长广郡（今青州）舶破伤足，因疾而卒。”今改正。

[16] 此处原略“才敏自天，冲气疏朗，博闻奇趣，远参异言。往”数字，以省略号识之。

[17] 原误作“获其梵本”，今改正。

[18] 此处原衍一“之”字，今改正。

[19] “复”字原脱，今补正。

[20] 原误作“太”字，今改正。

[21] 原误作“十二”，今改正。

[22] 元魏太武帝在位二十八年（424—452），故“太武末年”至少应在440年以后才较为合理。另有一种可能，即“太武”为“太延”之误。因（433—439）与“太延”之（435—440）较为接近。

[23] 原误作“十四”，今改正。

[24] 原误作“五二三”，今改正。

[25] “冬”字原脱，今补正。

[26] 《洛阳伽蓝记》卷五原文为：“云与惠生……向西取经，凡得一百七十部。……正光二年二月始还天阙。”

[27] 《魏书·嚈哒传》原文为：“熙平中，肃宗遣王伏、子统、宋云、沙门法力等使西域，求访佛经。时有沙门慧生者，亦与俱行。”

[28] 原误作“《佛祖历代通载》卷十”，今改正。

[29] 原误作“十三年”，今改正。年号“武平”者，为时仅六载（570—575），而说“十三年”者，乃以“武平六年”加上“往返七载”所得之和，乃想当然耳。

[30] 原误作“五七四”，今改正。

[31] 原误作“大隋受禅，暹等赍经应运”，今改正。

[32] 原误作“耽摩主底”，今改正。“耽摩立底”，一般译作“耽摩栗底”。

[33] 原误作“宝罗筏”，今改正。

[34] 原误作“供舍”，今改正。

[35] 原误作“六九四”，今改正。

[36] 原误作“卷二十七”，今改正。

上表所列,共得百零五人,其佚名者尚八十二人(康法朗同行者佚三人。智猛同行者佚十三人。昙学等同行者佚六人。昙无竭同行者佚二十三人。宝暹等同行者佚二人。《求法高僧传》中佚名者十人。不空同行者佚二十五人)。呜呼!盛矣。据《求法高僧传》所述,则距义净五百余年前,尚有由蜀川牂牁道入印之唐僧二十许人①。其年代确否虽未敢定,然有专寺供其栖息,事当非诬。再考印度境内华人专寺,其见于载籍者有四:

(一)东印度殑伽河下游之支那寺②。

(二)迦湿弥罗之汉寺③。

(三)王舍城中之汉寺④。

(四)华氏城东南百里之支那西寺⑤。

---

①② 梁启超原注:《求法高僧传》卷上云:"那烂陀寺东四十驿许,循殑伽河而下,至蜜栗伽悉伽钵娜寺。去此寺不远,有一故寺,但有砖基,厥号支那寺。相传是室利笈多大王为支那国僧所造。于时有唐僧二十许人,从蜀川牂牁道而出,王施此地,以充停息。给大村封二十四所……准量支那寺,至今可五百余年矣。现今地属东印度。其王每言:若有大唐天子处数僧来者,我为重兴此寺。"案义净前五百余年,则当在法显以前。此年代恐不确。惟净既亲览此寺故基,阅其口碑,则其必有是事,因无可疑耳。

③ 梁启超原注:《法苑珠林》卷三十八引王玄策《西域志》云:"罽宾国……都城内有寺名汉寺。昔日汉使向波,因立浮图,以石构成,高百尺。道俗虔恭,异于殊常。"

④⑤ 梁启超原注:宋范成大《吴船录》卷一引继业《印度行程》云:"王舍城中有兰若隶汉寺……又北十五里有那烂陀寺……又东北十里至伽湿弥罗汉寺。寺南距汉寺八里许。自汉寺东行十二里……又东七十里……又西北五十里有支那西寺,古汉寺也。西北百里至花氏城,育王故都也。"案此文颇不明了。惟王舍城中那烂陀寺南十五里有一汉寺,华氏城东南百里有一支那西寺,盖无疑。所谓伽湿弥罗汉寺者,不知是否即王玄策所记。但若尔,则地里殊远隔不惬矣。或此地之寺由迦湿弥罗分出,故袭其名耶?若尔,则中印应有三汉寺,并东印及罽宾者为五矣。又案,此诸寺玄奘、义净皆不记,其建设当在奘、净西游后耶?然王玄策年代,固较奘稍晚而较净稍早也。姑存疑以俟续考。

此诸寺者,殆可称为千余年前之中国留学生会馆。夫必学生多然后会馆立,然则当时西行求法之人姓氏失考者,殆更不止此数耳。

求法运动,起于三国末年,讫于唐之中叶,前后殆五百年。区年代以校人数,其统计略如下:

西第三世纪(后半)	二人
第四世纪	五人
第五世纪	六十一人
第六世纪	十四人
第七世纪	五十六人
第八世纪(前半)	二十一人

上三、四两纪之西游者,皆仅至西域而止,实今新疆省境内耳(内法护一人似曾出葱岭以西。又僧建所到月支,当为今阿富汗境内地),未能指为纯粹的留学印度。其留学运动最盛者,为第五、第七两世纪。而介在其间之第六世纪,较为衰颓。此种现象之原因可从三方面推求之。其一,印度方面,五世纪为无著、世亲出现时代,七世纪为陈那、护法、清辩、戒贤出现时代,佛教昌明,达于极点。其本身之力,自能吸引外国人之观光愿学。六世纪介在其间,成为闰位。其二,西域方面,五世纪苻、姚二秦,与凉州以西诸国,交涉极密,元魏益收西域之半以为郡县,故华、印间来往利便。六世纪则突厥骤强,交通路梗,请求法者欲往末由。观玄奘之行,必迂道以求保护于叶护,可窥此中消息。七世纪则唐既定天下,威棱远播,如履户庭也。其三,中国方面,四世纪以前,佛教殆为无条理

无意识的输入,殊不能满学者之欲望,故五世纪约百年间,相率为直接自动的输入运动。至六世纪时,所输入者已甚丰富,当图消化之以自建设,故其时为国内诸宗创立时代,而国外活动力反稍减焉。及七世纪则建设进行之结果,又感资料不足,于是向百尺竿头再进,为第二期之国外运动。此实三百年间留学事业消长之主要原因也。

第八世纪之后半纪,印度婆罗门教中兴,佛教渐陵夷衰微矣。而中国内部亦藩镇瘈噬,海宇鼎沸,国人无复余裕以力于学。故义净、悟空以后,求法之业,无复闻焉。其可称佛徒留学史之掉尾运动者,则有宋太祖乾德二年至开宝九年(九六四—九七六)敕遣沙门三百人入印度求舍利及梵本之一事①。其发程时,上距义净之人寂既二百五十二年矣。此在求法史中,最为大举,然衔朝命以出,成为官办的群众运动,故其成绩乃一无足纪也。

前所列百〇五人中,惟宋云、慧生等五人,为北魏熙平中奉敕派往,其余皆自动也(内刘宋时之道普,唐时之玄照,皆先已为自动的西游,归后乃敕派再游者)。此可见学问之为物,纯由社会的个人自由开拓,政府所能助力者,盖甚微耳。

西游诸贤中有籍贯可考者六十五人,以隶今地,则各省所得统计略如下:

---

① 梁启超原注:此事仅见于范成大之《吴船录》,成大盖录僧继业之游记,继业即三百人中之一人也。《吴船录》卷一云:“继业姓王氏,耀州人。……乾德二年,诏沙门三百人入天竺求舍利及贝叶多书,业预遣中。至开宝九年始归。峨眉牛心寺所藏《涅槃经》一函四十二卷,业于每卷后分记西域行程。虽不甚详,然地里大略可考。世所罕见,录于此。……”成大所录全文约九百字。当时极劳费之一举,赖此仅传矣。业所记虽简略,然亦有足补显、奘、净诸记所不及者,亦佛门掌故一珍籍也。

甘肃	十人	河南	八人	山西	七人	两广	七人
四川	六人	湖北	五人	直隶	四人	陕西	四人
山东	四人	新疆	四人	辽东	四人	湖南	三人

最奇异之现象，则江淮浙人，竟无一也。此一带为教义最初输入发育之地，其人富于理解力，诸大宗派，多在此成立焉，独于当时之留学运动乃瞠乎其后者，其毋乃坚忍冒险之精神不逮北产耶？虽然，当前期（五世纪）运动最盛时，南北朝分立，西域交通，为北人所专享；后期（七世纪）运动时，政治中心点亦在西北，则江表人士，因乏地理上之便利，不克参加于此运动，亦非甚足怪也。

再将各人之行踪及生死列统计表如下：

（一）已到印度，学成后安返中国者四十二人。

法护、法领、法显、智严、智羽、智远、宝云、僧景、慧达、沮渠京声、康法朗、慧睿、智猛、昙纂、法勇、道普、道泰、法盛、慧览、道药、惠生、宋云、宝暹及其同行者七人、玄奘、玄照、运期、智弘、大津、义净、慧日、慧超、不空、含光、悟空、继业。

（二）已到西域，而曾否到印度无可考者十六人。

朱士行、慧常、进行、慧辩、僧建、慧简、慧嵬、慧应、昙学及其同行者七人。

（三）未到印度，而中途折回者，人数难确指。

法献（因葱岭栈道绝折回）、康法朗同行之四人（过流沙后折回）、智猛同行之九人（临度葱岭时折回）、义净同行之数十人（临登海舶时折回）、大津同行多人（临登海舶时折回）。

（四）已到印度，随即折回者二人。

慧命（以不堪艰苦折回）、善行（以病折回）。

（五）未到印度，而死于道路者三十一人。

于法兰（死于象林）、慧景（死于小雪山）、道嵩（死于波沦）、法勇同行者十二人（死于雪山）、又八人（死于罽宾天竺道中）、智猛同行者一人（死于葱岭西）、智岸（成都人死于郎迦）、智岸（高昌人死于海舶）、彼岸（同上）、昙闰（死于渤盆）、常慜及其弟子一人（死于诃陵）、法朗（死于诃陵）。

（六）留学中病死者六人。

师鞭（年三十五）、会宁（年三十四五）、窥冲（年三十许）、信胄（年三十五）、法振、乘悟（卒年无考）。

（七）学成归国而死于道路者五人。

道生、师子惠、玄会（俱经尼波罗被毒死）、僧隆（行至犍陀罗病死）、义辉（行至郎迦戍病死）。

（八）归国后为第二次出游者六人。

（甲）再出游而死于道路者一人：道普（在青岛舶破而死）。

（乙）再出游而欲归不得者一人：玄照。

（丙）再出游遂留外不归者一人：智严。

（丁）再出游而曾否再归无可考者三人：智羽、智远、运期。

（九）留而不归者七人（？）。

朱士行（留于阗）、道整、道希、慧业、玄恪、智行、大乘灯（并留印度）。

（十）归留生死无考者多人，其数难确指。

法净、僧绍、僧猛、昙朗、王伏、子统、法力、云启、道方、明远、义朗、义玄、解脱天、慧炎、慧轮、道琳、昙光、僧哲、玄游、灵运、无行、乘如、贞固、孟怀业、道宏、慧碧、又与宝暹同行者二人、与不空同行者二十七人、《求法传》中佚名者十人、义净所称五百年前之唐僧二十许人，合计踪迹不明者八十余人。

上统计表所当注意者：其学成平安归国之人确凿可考者，约占全体四分之一；死于道路者亦四分之一；中途折回者似甚多；而留外不归之人确凿可考者数乃颇少也。

又其留学期间之久暂可考见者，列表如下（以久暂为次）：

悟空	四十年	
智猛	三十七年	
义净	二十五年	
惠生、宋云等	十九年	
慧日	十九年	
玄奘	十七年	
大乘灯	十二年以上	
玄照	第一次十一年	第二次不归
智严	第一次十年	第二次不归
慧轮	十年以上	
大津	十年	
不空	九年	
智弘	八年	
宝暹等	七年	

又此种留学运动，以一人孤征者为最多。若玄奘之独往独来，最足为此精神之代表矣。然属于团体运动者亦不少，如法显等十人团，可为最初之探险队，成绩亦最优（智严、宝云皆团员之一）。

次则智猛等十五人团，法勇等二十五人团，昙学等八人团，宝暹等十人团，不空等二十八人团，皆极济济矣。然法显、智猛，皆结队往而一人独归，抑亦等于孤征矣。至于继业等之三百人，则以官费派遣，在此项史料中，殊不甚足为轻重也。

留学运动之总成绩，盖不可以数算。前之法护、后之玄奘，其在译界功烈之伟大，尽人共知，不复喋述。至如《般若》之肇立，则自朱士行之得《放光》也；《华严》之传播，则自支法领求得其原本，而智严、宝云挟译师觉贤以归也；《涅槃》之完成，则赖智猛；《阿含》之具足及诸派戒律之确立，则赖法显；《婆沙》之宣传，则赖道泰；净土之盛弘，则赖慧日；戒经之大备，则赖义净；密宗之创布，则自不空。此皆其最荦荦可记者也。

留学运动之副产物甚丰，其尤显著者则地理学也。今列举诸人之游记，考其存佚如下：

（一）法显《历游天竺记传》一卷，今存。

《隋书·经籍志》著录，有《佛国记》一卷，《法显传》二卷，《法显行传》一卷。盖一书异名，史官不察，复录耳。书现存藏中，通称《法显传》或《佛国记》。《津逮秘书》、《秘册汇函》皆收录。近人丁谦有注颇详。

法人（Abel R'emusat）以一八三六年译成法文，在巴黎刊行，题为：Foe Koue Ki ou relations des royaumes bouddhiques.　英人（Samue Beal）续译成英文，在伦敦刊行，题为：Travels of Fah Hian and Sungyun.　Buddhist Pilgrims from China to India. 德文亦有译本。

（二）宝云《游履外国传》。《梁高僧传》本传著录。今佚。隋、唐志皆未著录。

（三）昙景《外国传》五卷。今佚。《隋书·经籍志》著录。

（四）智猛《游行外国传》一卷。今佚。

《隋书·经籍志》著录,《唐书·艺文志》著录。僧佑《出三藏集记》引其一段。

（五）法勇(即昙无竭)《历国传记》。今佚。隋、唐志皆未著录。

（六）道普《游履异域传》。见《梁高僧传·昙无谶传》。今佚。隋、唐志皆未著录。

（七）法盛《历国传》二卷。《隋书·经籍志》著录,《唐书·艺文志》著录。今佚。

（八）道药《道药传》一卷。《隋书·经籍志》著录。今佚。《洛阳伽蓝记》节引。

（九）惠生《慧生行传》一卷。《隋书·经籍志》著录。今佚。《洛阳伽蓝记》节引。

（十）宋云《家记》一卷。《隋书·经籍志》著录。今佚。《洛阳伽蓝记》节引。

《魏国以西十一国事》一卷。《唐书·艺文志》著录。今佚。是否《家记》异名,今无考。

（十一）玄奘《大唐西域记》十二卷。今存。

《唐书·艺文志》著录。现存藏中。近人丁谦著有考证。

法人(Stanislas Julien)有法文译本,一八五七年刊行,题为:Mémoires sur les Contrées Occidentales. 英人(Samuel Beal)有英文译本,题为:Si-yu ki: Buddhist Records of the Western World.

（附）慧立《大慈恩寺三藏法师传》十卷。彦悰笺。今存。

慧立为玄奘弟子,记其师西游事迹。法人(Julien)以一八五三年译成法文,题为:Histoire de la Vie de Hiouen Thsang et Ses Voyages dans l'Inde entre les an. nées 629 et de 642 de notre ere.

（十二）义净《南海寄归内法传》四卷。今存。

《唐书·艺文志》著录。日本高楠顺次郎有英文译本，一八九六年在牛津大学刊行，题为：Record of the Buddhist Religion.

（附）义净《大唐西行求法高僧传》二卷。今存。

此书为求法高僧五十余人之小传，其名具见前表。书中关于印度地理掌故尚多。法人（Ed, Chavannes）以一八九四年译成法文，题为：Memoir sur les religieux éminents qui allerent cher cher la loi dans les-Pays d'occident。

（十三）无行《中天附书》。今佚。

《唐志》未著录。《求法高僧传》言有此书。慧琳《一切经音义》卷一百著录，题为《荆川沙门无行从中天附书于唐国诸大德》。

（十四）惠超《往五天竺国传》三卷。久佚，今复出。

《唐志》未著录。《一切经音义》卷一百著录。近十年来从敦煌石室得写本残卷，收入罗氏《云窗丛刻》。

（十五）继业《西域行程》。今佚。范成大《吴船录》节引。

以上十五种，皆前表中诸留学生之遗著也。其原书首尾具存者，惟法显、玄奘、义净三家。然全世界研究东方文化之人，已视若鸿宝。倘诸家书而悉存者，当更能赍吾侪以无穷之理趣也。其他留学界以外之人关于地理之著述尚多，实则皆受当时学界间接之影响也。举其可考者如下：

（一）道安《西域志》（《隋书·经籍志》著录，今佚。郦道元[①]

① 原误作"郦道安"，今改正。

《水经注》征引多条。道安未尝出国门一步，此书盖闻诸曾游西域者。据《水经注》所引，其关于葱岭以西之记载，颇不少。疑道安朋辈中或有先法显而游印度者矣）。

（二）程士章《西域道里记》三卷（《隋书·经籍志》著录，《玉海》卷十六著录。今佚）。

（三）彦琮《大隋西国传》十卷（隋、唐志皆未著录。《唐高僧传》卷二《达摩笈多传》列举其目如下：一本传、二方物、三时候、四居处、五国政、六学教、七礼仪、八饮食、九服章、十宝货。此书盖彦琮述其所闻于笈多者，实一种有组织之著述也）。

（四）彦琮《西域玄志》一卷（隋、唐志未著录，《法苑珠林》卷百[①]著录。今佚）。

（五）《大隋翻经婆罗门法师外国传》五卷（《隋书·经籍志》著录。今佚）。

（六）裴矩《隋西域图》三卷（《隋书·经籍志》著录。《玉海》卷十六著录。今佚）。

（七）王玄策《中天竺行记》十卷（《唐书·艺文志》著录，《玉海》卷十六、《法苑珠林》卷百著录。今佚。其佚散见《珠林》各卷所引。玄策为贞观末年遣聘印度之使臣，在罽宾尝为政治活动，与当时留学界关系亦多）。

（八）韦弘机《西域记》（《唐志》未著录，《玉海》卷十六著录。今佚）。

（九）《唐西域图志》四十卷（显庆三年许敬宗等奉敕撰。《唐

① 原误作“卷百十九”，今改正。

书·艺文志》著录。今佚)。

(十)《西域志》六十卷(唐麟德三年百官奉敕撰。《唐书·艺文志》著录。《法苑珠林》卷百①等录。今佚)。

此外,西方之绘画、雕塑、建筑、音乐,经此辈留学生之手输入中国者,尚不知凡几,皆教宗之副产物也。其详当于别篇叙之,今且从省。要之此四五百年之留学运动,实使我中国文明物质上精神上皆生莫大之变化,可断言也。

最后更当研究中印间交通状况。今依前表,其路线可考者如下。

第一,海路。

(甲)由广州放洋。义净、不空等出归皆遵此路。唐代诸僧,什九皆同。昙无竭归时遵此路。

(乙)由安南放洋。明远出时遵此路。觉贤来时遵此路。

(丙)由青岛放洋。法显归时遵此路。道普第二次出时遵此路。

凡泛海者皆经诃陵(即爪哇)、师子(即锡兰)等国达印度也。

第二,西域渴槃陀路。

(甲)经疏勒。宋云、惠生等出归皆遵此路。昙无竭出时遵此路。

(乙)经子合。法显出时遵此路。

(丙)经莎车。玄奘归时遵此路。

渴槃陀者,今塔什库尔干,即《汉书》之依耐,《佛国记》之竭叉

① 原误作"卷百十九",今改正。

也。地为葱岭正脊，旅行者或由疏勒，或由子合，或由莎车，皆于此度岭。岭西则经帕米尔高原、阿富汗以入迦湿弥罗。此晋、唐间最通行之路也。

第三，西域于阗罽宾路。僧绍、宝云遵此路。

此路不经葱岭正脊，从拉达克度岭直抄迦湿弥罗，实一捷径也。与法显同行之僧绍，在于阗与显分路，即遵此行。又《宝云传》称其"从于阗西南行二千里登葱岭入罽宾"。当亦即此路。

第四，西域天山北路。玄奘出时遵此路。

此路由拜城出特穆尔图泊，径撒马罕以入阿富汗。除玄奘外未有行者。

第五，吐蕃尼波罗路。玄照出归遵此路。道生、师子惠、玄会等归时皆遵此路，道死。

此路由青海入西藏经尼波罗（即廓尔喀）入印度，惟初唐一度通行，寻复榛塞。

第六，滇缅路。《求法高僧传》所记古代唐僧二十许人遵此路。

《求法传》言五百年前有僧二十许人，从蜀川牂牁道而出，注云："蜀川至此寺①五百余驿。"计当时由云南经缅甸入印也。《慧睿传》称："睿由蜀西界至南天竺。"②所遵当即此路。果尔，则此为东晋时一孔道矣。

---

① 此处原脱一"寺"字，今补。

② 《高僧传》卷第七《慧睿传》原文为："睿……行蜀之西界，为人所抄掠，常使牧羊。有商客信敬者，见而异之，疑是沙门，请问经义，无不综达，商人即以金赎之。既还袭染衣，笃学弥至，游历诸国，乃至南天竺界。"

第六之滇缅路，即张骞所欲开通而卒归失败者也。自南诏独立，此路当然梗塞。故数百年间，无遵由者。第五之吐蕃路，初唐时，因文成公主之保护，曾一度开通。然西藏至今犹以秘密国闻于天下，古代之锢蔽更可想。故永徽、显庆以后，吾国人经尼波罗者，辄被毒死，此路遂复闭矣。第四之天山北路，则玄奘时因突厥威虐，不能不迂道以就，故他无闻焉。第三之于阗、罽宾路，本较便易，而行人罕遵者，其故难明也。是故虽有六路，然惟第一海路之由广州放洋者，与第二西域路之由莎车、子合度渴槃陀者最为通行。前者为七世纪时交通之主线，后者为五世纪时交通之主线。

由此而当时留学运动之消长，与学生南北籍贯之偏畸，其消息皆可略窥也。海路之通，虽远溯汉代，然其时必无定期航行之船，盖可推定①。广州夙称瘴乡，中原人本视为畏途。到彼候船，动逾年岁、而能成行与否犹不可期，此宜非人情所欲。故竺僧之来者如昙摩耶舍、求那跋陀罗辈，留学毕业归国者如法显、法勇辈，虽遵此路，而首途时罕遵者，殆以其无定也。反之而西域正路，自苻秦以来，葱左诸邦，半皆服属；元魂盛时，威及葱右。白玉门至吐火罗（即汉时月氏辖境）在政治上几为中国之附庸区域，所以行旅鲜阻而西迈者相接也。及北齐、北周分裂，突厥病隋，兹路稍榛莽矣。唐太宗盛时，西域、吐蕃，两路并通，游者恣其所择。然非久缘政治势力之变动，影响已及于旅途。玄照于高宗麟德中奉使再游，竟为

① 梁启超原注：觉贤悬记五舶将至，坐此几构大狱。事见《梁高僧传》卷二本传。即此可见晋时海舶甚稀少也。

西藏人、阿剌伯人所阨,欲归无路[1]。故《求法传》中人物,遵陆者什无一二,盖有所不得已矣。而当时海通事业,日益发荣,广州已专设市舶司,为国家重要行政之一,且又南北一家,往来无阂,故海途乃代陆而兴也。

无论从何路行,艰苦皆不可名状。其在西域诸路,第一难关,厥为流沙。法显《佛国记》云:"沙河中多热风,遇则无全。上无飞鸟,下无走兽。遍望极目,莫知所拟,惟以死人枯骨为标帜。"[2]慧立《慈恩传》云:"莫贺延碛,长八百余里……四顾茫然,人马俱绝。夜则妖魑举火,烂若繁星,昼则惊风拥[3]沙,散如时雨……心无所惧,但苦水尽,渴不能前。是时[4]四夜五日,无一滴沾喉,口腹干燥,几将殒绝。"此其艰悴,可见一斑。第二难关,则度岭也。《法显传》云:"葱岭冬夏积雪。有恶龙吐毒,风雨砂砾。山路艰危,壁立千仞。凿石通路,傍施梯道。凡度七百余所。又蹑悬垣过河数十余处。"[5]自余各书描写艰状者尚多,不具引。故智猛结侣十五,至葱岭而九人退还(见本传)。慧立之赞玄奘亦曰:"磋乎!若非为众生

① 梁启超原注:《求法高僧传·玄照传》记照二次西游欲归路绝,云:"泥波罗道,吐蕃拥塞不通;迦毕试途,多氏捉而难度。"注云:"言多氏者,即大食国也。"案大食即阿剌伯;迦毕试者,即今阿富汗都城喀布尔也。吐蕃拥塞,当指其时泥波罗设毒事。《传》又言照尝遇匈奴寇,仅存余命。可见彼时中国陆路交通之梗矣。

② 《佛国记》此段原文为:"沙河中多有恶鬼热风,遇则皆死,无一全者。上无飞鸟,下无走兽。遍望极目,欲求度处,则莫知所拟,唯以死人枯骨为标帜耳。"

③ 原误作"卷"字,今改正。

④ "渴不能前是时"数字原脱,今补。

⑤ 《法显传》原文为:"葱岭山冬夏有雪。又有毒龙,若失其意则吐毒风,雨雪飞沙砾石。遇此难者,万无一全。……其道艰岨,崖岸崄绝。其山唯石,壁立千仞,临之目眩,欲进则投足无所下。有水名新头河。昔人有凿石通路,施傍梯者凡度七百。度梯已,蹑悬絙过河。河两岸相去减八十步。"

求无上正法,宁有禀父母遗体而游此者哉!"(见《慈恩传》)第三难关,则帕米尔东界之小雪山也。《佛国记》云:"南度小雪山,山冬夏积雪。由山北阴中过,大寒暴起,人皆噤战。慧景口吐白沫,语法显云:'我不复活,便可前去,勿俱死。'遂终。法显悲号,力前得过岭。"《昙无谶传》云:"小雪山障气千重,层冰万里。下有大江,流急若箭。于东西两山之胁,系索为桥,十人一过。到彼岸已,举烟为帜,后人见烟,知前已度,方得更进。若久不见烟,则知暴风吹索,人堕江中。……复过一雪山,悬崖壁立,无安足处。石壁有故杙孔,处处相对,人各执四杙,先拔下杙,右手攀上杙,展转相攀,经三日方过。及到平地,料检同侣,失十二人。"此等记载,我辈今日从纸上读之,犹心凉胆裂,况躬历其境者哉!海路艰阻,差减于陆。然以当时舟船之小,驾驶之拙,则其险难,亦正颉颃。故法显东归,漂流数岛,易船三度,历时三年,海行亦逾二百日。中间船客遇风,谓载沙门不利,议投诸海(见《佛国记》)。求那跋陀罗绝淡水五日(见《梁高僧传》本传)。不空遭黑风兼旬(见《唐高僧传》本传)。道普舶破伤足,负痛而亡(见《梁高僧传·昙无谶传》)。常慜遇难不争,随波而没(见《求法高僧传》本传)。涉川之非坦途,可以想见。故义净之行,约侣数十,甫登舟而俱退也(见《唐高僧传》本传)。此犹就途中言之也。既到彼国,风土不习,居停无所,其为困苦,抑又可思。义净总论之曰:"独步铁门之外,亘万岭而投身;孤标铜柱之前,跨千江而遣命。或亡餐几日,辍饮数晨。可谓思虑销精神,忧劳排正色。致使去者数盈半百,存者仅有几人。设令得到西国者,以大唐无寺,飘寄栖然,为客遑遑,停托无所。……"(《求法高僧传》原序)固写实之妙文,抑茹痛之苦语也。

上述地理上及人事上种种障碍,实为隔梗中印文明之高闽深堑,而我先民能以自力冲破之。无他故焉,一方面在学问上力求真是之欲望,烈热炽然;一方面在宗教上悲悯众生牺牲自己之信条,奉仰坚决。故无论历何险艰,不屈不挠,常人视为莫大之恐怖罣碍者,彼辈皆夷然不以介其胸。此所以能独往独来,而所创造者乃无量也。呜呼!后之学子闻其风者,可以兴矣。

第八篇　佛教教理在中国之发展

本章为原定计划所无，嗣因第六①章以下分论诸宗，于其彼此相互关系及宗派外之预备的发展，叙述不便，改增设一章以补其阙。所用资料，不免与他章间有重复。又本章务提纲挈领措出一隐括的概念，其详细情形，或非参考他章不能了解。又诸宗重要人物，他章既有专叙，故所论从略。其他次要人物，或反加详，骤视若繁简失当，此皆为行文方便起见，望读者谅察（按：分论诸宗稿未成）。

佛教传自印度，其根本精神为"印度的"，自无待言。虽然，凡一教理或一学说，从一民族移植于他民族，其实质势不能不有所蜕化，南北橘枳，理固然也。佛教入中国后，为进化，为退化，此属别问题，惟有一义宜珍重声明者，则佛教输入非久，已寖成中国的佛教，若天台、华严、禅宗等，纯为中国的而非印度所有；若三论、法相、律、密诸宗，虽传自印度，然亦各糁以中国的特色。此种消化的建设的运动，前后经数百年而始成熟，其进行次第，可略言也。

① 原无"六"字。据《中国佛法兴衰沿革说略》中"诸宗之成立也，具详第六章以下"之语补。

如本篇第一章所言，楚王英、襄楷时代，盖以佛教与道教同视，或径认为道教之附属品，彼时盖绝无教理之可言也。自世高、迦谶、支谦、法护辈踵兴译业，佛教始渐从学理上得有根据。然初时并不知有所谓派别，并大小乘之观念亦无有。翘大乘以示别于小乘，似自朱士行适于阗后也[①]。然我国自始即二乘错杂输入，兼听并信，后此虽大乘盛行，然学者殊不以傍习小乘为病，故大小之争，在印度为绝大问题，在我国则几无有。其揭小乘之帜与大乘对抗者，惟刘宋时有竺法度其人[②]，此外则慧导疑《大品般若》，昙乐非拨《法华》，僧渊诽谤《涅槃》[③]，皆可谓在我佛教史中含有怀疑精神之一种例外，然其学说今不可考见，其势力更绝不足轻重也。

中国北地佛教之开展，不能不归功于佛图澄。澄，龟兹人，（以其姓帛知之）以西晋怀帝永嘉四年至洛阳，东晋穆帝永和四年寂，凡在中国三十九年（三一〇—三四八），始终皆活动于石赵势力之下。据本传（《梁高僧传》卷九）[④]所记事迹，半带神秘性，用是能感动石勒父子，起其信仰，《传》谓“澄知勒不达深理，正可以道术为

---

① 梁启超原注：《梁高僧传》卷四《朱士行传》云：“士行至于阗得《大品般若》梵本，遣弟子弗如檀赍还洛阳。未发之顷，于阗诸小乘众白王云：‘汉地沙门，欲以婆罗门书，惑乱正典，王若不禁，将乱大法。’士行乃求烧经为证……投经火中，火即为灭。……”中国人知有大小乘之争似自此始。【校者案：《饮冰室专集》本此注文中之引文，与原文略有出入，其义无损，故无改。】

② 梁启超原注：梁僧祐《出三藏记集》卷五，有小乘迷学竺法度造《异仪记》一篇，略言：“刘宋元嘉中，有外国商人在南康生儿，后为昙摩耶舍弟子，名竺法度，执学小乘，云无十方佛，唯礼释迦而已。大乘经典，不听诵读。”中国人专效忠小乘以反抗时代思潮者，惟此一人而已。【校者案：《饮冰室专集》本此注文中之引文，与原文略有出入，其义无损，故未改。】

③ 梁启超原注：慧导、昙乐、僧渊皆东晋刘宋间人，其疑经之事，并见竺法度《异仪记》，及姚秦僧睿之《喻疑篇》。（《出三藏集记》卷五引）

④ 原误作“卷十”，今改正。

征”，此殆其不得已之苦衷耶。澄生平未译一经，未著一论，然不能疑为空疏无学，《传》称其“诵经数百万言，善解文义，虽未读此土儒史，而与诸学士论辨疑滞，皆暗若符契，无能屈者”。又云：“澄妙解深经，傍通世论……听其讲说，皆妙达精理，研测幽微。”窃意澄对于中国人心理研究最为深刻，故能为我佛教界作空前之开拓，其门徒极盛[①]，而最能光大其业者，则道安也。

使我佛教而失一道安，能否蔚为大国，吾盖不敢言。安，本姓卫，常山扶柳人（今直隶正定），盖生于西晋惠帝时，以东晋孝武帝太元十四年（三八九）示寂，年可九十余[②]。早岁绩学燕赵间，中年久居襄沔，晚乃入关中，其传记为一极复杂而极一贯之历史，其伟

① 梁启超原注：本传云：“受业追随者，常有数百，前后门徒几且一万。”澄门下之盛可以概见，今依梁《高僧传》制澄门传授表如下。

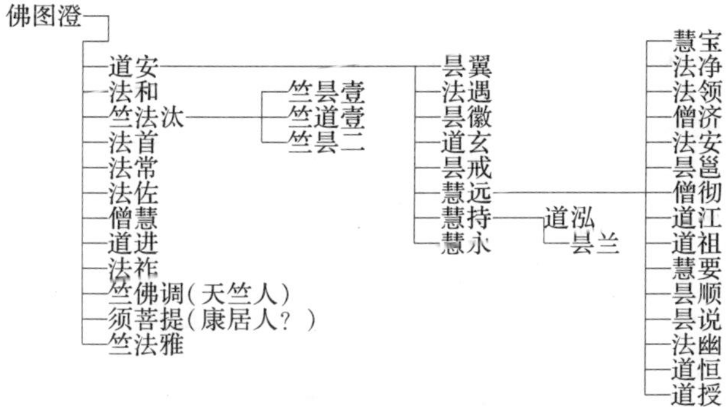

② 梁启超原注：本传记安卒年，而未著其所得寿数，无从推其生年。惟传称其年十二出家，三年执勤无怨，数岁后，为师所敬异，遣之游学，至邺，遇佛图澄。安之谒澄，最初亦当十七八岁，故能与澄对语，得其嗟赏。澄入中国，在晋怀帝永嘉四年，下距道安卒时之太元十四年，凡七十九年。若安年十七八，而澄初至即往谒者，即安当生于惠帝元康三、四年间，寿盖九十六七矣。《传》中又述“安年四十五还冀部”，后乃继述石虎死（永和五）、冉闵乱（永和六）、慕容儁叛（永和八）等事，又言“安在樊沔十五载”，惜未列举年号对照，不能据以作道安法师年谱也。

大人格之面影随处发现。佛教之有安，殆如历朝创业期，得一名相然后开国规模具也。破除俗姓，以释为氏，发挥四海兄弟之真精神者，安也①。制定僧尼轨范，垂为定式，通行全国者，安也②。旧译诸经，散漫莫纪，安裒集抉择，创编经录，自是佛教界始有目录之学，功侔于刘中垒③。前此讲经，惟循文转读，安精意通会，弘阐微言，注经十余种，自是佛教界始有疏钞之学，业盛于郑康成④。安不通梵文，而对于旧译本，能匡正其误点，与原文暗相悬契，彼盖翻译文

① 梁启超原注：见《佛教与西域》章注。

② 梁启超原注：本传云："安既德为物宗，所制僧尼轨范，佛法宪章，条为三例：一曰行香定座上经上讲之法。二曰常日六时行道饮食唱时法。三曰布萨差使悔过等法。天下寺舍，则而从之。"安可谓佛教教会最初之立法家也。

③ 梁启超原注：本传云："自汉魏迄晋，经来稍多，而传经之人，名字弗说，后人追寻，莫测年代，安乃总集名目，表其时人，诠品新旧，撰为《经录》。众经有据，实由其功。"案，安所著经录，今已佚，惟僧祐《出三藏记集》全依据之，此如刘歆《七略》，赖班书《艺文志》以传矣。

④ 梁启超原注：安所注经，其目于《出三藏记集》者如下：

《光赞析中解》一卷　　《光赞抄解》一卷

《般若折疑准》一卷　　《般若折疑略》二卷

《般若起尽解》一卷　　《道行集异注》一卷

《了本生死注》一卷　　《密迹金刚持心梵天二经甄解》一卷

《贤劫八万四千度无极解》一卷　　《人本欲生经注撮解》一卷

《安般守意解》一卷　　藏中现在者仅此书。

《阴持入注》二卷　　《大道地经十法句义》廿八卷

《义指注》一卷　　《九十八结解》一卷

《三十二相解》一卷

本传云："安穷览经典，钩深致远，其所注《般若》、《道行》、《密迹》、《安般》诸经。……凡二十二卷。"上所列者凡十六部十八卷，似尚未尽。又诸书有无后人伪托，尚待考证。要之，注经之业，自安始也。又《出三藏记集》载安所撰诸经序凡十二篇，皆极有价值之文。

学之一大批评家也[①]。安未尝自有所翻译，然大规模之译业实由彼创设，原始佛教及哲理的佛教之输入，安其先登也[②]。佛图澄之法统，由安普传[③]；罗什之东来，由安动议[④]；若南方佛教中心之慧远，为安门龙象，又众所共知矣（详下文）。习凿齿与谢安[⑤]书曰："来此见释道安，故是远胜，非常道士，师徒数百，斋讲不倦。无变化技术，可以感常人之耳目；无重威大势，可以整群小之参差。而师徒肃肃自相尊敬，洋洋济济，乃是吾由来所未见。其人理怀简衷，多所博涉，内外群书，略皆遍睹，阴阳算教，亦皆能通，佛经妙义，故所游刃……"（本传引）此实绝好一篇道安传赞也。安遭值乱世，常率其徒千百，展转迁地就食，其一生事业，与众共之，而半成于流离颠

① 梁启超原注：本传云："初经出已久，而旧译时谬。……安寻比文句，……析疑甄解……"《魏书·释老志》云："（道安）以前所出经，多有舛驳，乃正其乖谬。……道安卒后二十余载，而罗什至长安，……道安所正经义，与罗什译出，符会如一，初无乖舛。"【校者案：此段引文与原文略有出入，今据原文改正。】此亦学界一佳话也。安对于翻译文，力主直译，翻译文体之成一问题自安始。余有《古代翻译文学之研究》一篇，专论此事（见《改造》第三年第十一号）。

② 梁启超原注：前此经典，以二人对译为常。道安在苻秦时，与赵文业提携，于是所谓"译场组织"者渐可见。例如《增一阿含经》之传译，由文业发起，昙摩难提诵出，竺佛念译传，昙嵩笔受，安与法和考正其文，僧䂮、僧茂助校漏失，此实大规模的译业之滥觞也，其由安主持译出之重要经典如下：《中阿含经》、《增一阿含经》、十四卷本《鞞婆沙论》、《阿毗昙心论》，《三法度论》、《尊婆须密所集论》、《僧伽罗刹所集佛行经》。右诸书共二百余卷，《四阿含》得其二，"说一切有部"之重要论本，始输入焉。中国之有计划的翻译事业，此其发端也。

③ 梁启超原注：本传云："安至邺入中寺遇佛图澄，澄见而嗟叹，与语终日。众见形貌不称，咸共轻怪。澄曰：'此人远识，非尔俦也。'因事澄为师。澄讲，安每覆述。"故知安之学实受自澄也。

④ 梁启超原注：本传云："安先闻罗什在西国，思共讲析，每劝（苻）坚取之。"后此坚遣吕光伐龟兹迎罗什，实采安议矣。

⑤ 《饮冰室专集》本此处衍一"石"字，今删去。

沛中①，非绝大之人格感化力，何以至此！安于宗教上情操至强固，中国人之弥勒信仰，似自彼创始②。然不以此减其学术上批评研究的态度，两者骈进，故能为佛教树健全基础也。

在第二期佛教史中，与道安占同等位置者，则鸠摩罗什也。读者当已知印度大乘教之建设，首推龙树，罗什则龙树之四传弟子也③。龙树性空之教理，在中国最占势力，什实主导之，其功绩及于我思想界者至伟大，当于翻译事业篇别有所论列。今但略次其传。什父天竺产，母则龟兹王妹，彼实两异民族间之混血儿也。其夙慧乃轶恒理，七岁，日诵谒三万二千言，已洞解毗昙（小乘论也）。九岁，随母适印度，师大德盘头达多，受中、长二含四百万言。十二，返西域，疏勒王礼为国师，于是声满葱左。龟兹王躬往温宿，迎之还国。年二十始受戒于王宫，盖昔之国师，仅一沙弥耳。什本宗小乘，旁究四吠陀、五明诸论，靡不精尽。在疏勒时遇莎车王子须耶利苏摩，始

① 梁启超原注：本传云："安避难，潜于护泽。"又云："冉闵之乱，安谓其众曰：'今天灾旱蝗，寇贼纵横，聚则不立，散则不可。'遂复率众入王屋、女林山。"又云："倾之，复渡河，依陆浑，山栖木食修学。"又云："南投襄阳，行至新野，谓徒众曰：'今遭凶年，不依国主，则法难立。'……乃令法汰诣扬州，……法和入蜀，……安与弟子慧远等四百余人渡河。"安中年遭难流离情形略如是。晚为苻坚所礼敬，稍安适矣。然实目睹苻氏之亡。诸重要经典，多在围城中宣译，其所作《增一阿含经序》云："此年有阿城之役，伐鼓近郊，而正专在斯业之中。"（《出三藏记集》卷九引）《僧伽罗刹经序》云："正值慕容作难。"（同上卷十引）可见其不以世难废法事也。【校者案：注中引文及其出处略有误，今改正。】

② 梁启超原注：本传云："安……于弥勒前立誓愿生兜率。"此种信仰为净土宗之前驱，当于净土篇详叙论之。

③ 梁启超原注：日本凝然（距今六百四十年前人）《八宗纲要》述三论宗传授渊源，谓"龙树授提婆，提婆授罗睺罗，罗睺罗授莎车王子，王子授罗什三藏"。此王子即须耶利苏摩也。其根据所出尚待考，但以年代约算，则龙树四传至罗什，因属可信，至教义之一脉相承，则甚显著矣。

改习大乘，其本师盘头达多，就诘之，为所折，翻北面执弟子礼。其文辞辩说之优美，尤一时无对。道安闻其名，劝苻坚迎之，龟兹留不遣，坚遣将吕光灭龟兹，挟以归。至姑藏而苻氏亡，光自主，称凉王。什见羁于凉十有八年。姚秦弘始三年（晋隆安五[1]，西四〇一），凉降于秦，什乃至长安，姚兴待以国师之礼，当道安卒后十一年而法显西行之次年也。兴为辟逍遥园，四事供养，请译经典，都什所译三百余卷，诸部经律论咸有[2]，然其主要者乃在般若性空之教，盖印土大乘，本自此派发轫也。什卒于弘始十四[3]年（晋义熙八，西四一二），则昙无谶至凉之年也[4]。年寿无考，但似非享高寿者[5]。什虽邃于学，然持戒不严，吕光尝以龟兹王女逼妻之。姚兴复强馈伎[6]女十人。《传》称其“每至讲说，常先自说譬：如臭泥中生莲花，但采莲花，勿取臭泥也”。就此点论，与道安之严肃自律殊科矣。什在中国，历年虽暂，然其影响之弘大，乃不可思议，门下号称三千，有四圣、十哲之

---

① 原误作“四”，今改正。

② 梁启超原注：什所译书，《出三藏记集》著录三十二部三百余卷（《高僧传》同）。《历代三宝记》著录九十七部四百二十五卷。《开元录》著录七十四部三百八十四卷。

③ 原误作“十一”，今改正。

④ 昙无谶至凉之年有两说，一说是北凉玄始元年（412），一说是北凉玄始十年（421）。梁氏采前说。

⑤ 梁启超原注：传称什年二十受戒后，其母知龟兹将亡，辞往天竺。什留龟兹二年而盘头达多至。次叙苻坚建元十三年，遣使往龟兹迎什。次叙十八年吕光灭龟兹。什受戒距建元十三凡几年，无从确考，但《传》又云：“吕光见什年齿尚少，乃戏妻以王女。”以是推之，时什年恐未逾三十也。合之在凉十八年，在长安十二年，寿约六十欤。

⑥ 原作“妓”。

目，北之僧肇、道融，南之道生、慧观，其最著也①。佛教从学理上得一健实基础，而为有系统的发展，自什始也。

道安、罗什，实当时佛教之中心人物。而安公以其高尚之人

---

① 梁启超原注：本传云：“沙门僧䂮……等八百余人咨受什旨。”又据诸经序文所记述，则译《大品》时，集五百余人。译《法华》时集二千余人。译《思益》时亦集二千余人。译《维摩》时集千二百余人。而《唐僧传》卷三《波颇传》亦称“什门三千”，虽或稍涉铺张，然其门下之盛，盖可推见。今依《梁僧传》可考见者，制什门传授表，而以其印度学统所自出先焉。

龙树—提婆—罗睺罗—须耶利苏摩—鸠摩罗什

- 僧䂮 最老辈，曾参道安译事。
- 道融 什卒后，自长安还彭城说法，弟子常千人。
- 昙影 助什译《成实论》，著《法华义疏》。
- 僧睿 什所翻经，睿并参正，智度、中、十二门诸论，睿皆有序，今传。
- 道恒、道标 二人殆皆有政治才，姚兴尝逼令还俗，欲授以政，什、䂮力请仅免。
- 僧肇 著《般若无知论》、《不真空论》，《物不迁论》、《涅槃无名论》，所谓肇公四论者是也。蔚然称什门正统，卒时年仅三十一。
- 道生 本居庐山，与慧远同学，什至，乃入关受业，倡顿悟成佛说，开禅宗端绪，所著有《二谛论》、《佛性当有论》、《法身无色论》，《佛无净土论》等。
- 慧睿 本居庐山，与道生同入关从什游。
- 慧严 严本居庐山，与道生同入关从什游，《南本涅槃》，严所再治也。
- 慧观 观本居庐山与道生同入关从什游，著《辩宗论》、《论顿悟渐悟义》。
- 僧弼 参什译事。
- 龙光
- 昙幹
- 僧苞
- 昙鉴
- 慧安 初入庐山，后从什游。
- 昙无成 著《实相论》、《明渐论》。
- 僧导 导著《成实义疏》、《三论义疏》及《空有二谛论》等。
- 僧因
- 道温 本慧远弟子，后从什游。
- 僧楷
- 僧业、慧询 二人并从什学律。
- 昙济 四传而至吉藏，为三论宗之初祖。

格，宏远之规划，提挈众流；什公以其邃密之学识，锐敏之辩才创建宗派，可谓相得益彰也矣。两公弘法之根据地，皆在长安，而其徒侣布于全国。其在吴者则法汰也，道生、慧观、僧导也；其在皖者，则道融也；其在鄂者，则昙翼、昙鉴也；其在赣者，则慧远、慧睿也。沿长江全域，皆两公宗风所被矣。

于兹有一重要之地点宜特叙者，曰凉域。读吾书者，当已熟知佛教与西域之关系。夫西凉则西域交通之孔道也。西凉佛教界有两要人，其一法护，其二昙无谶。两人功绩，皆在翻译，而护为西行求法之先登者，纯大乘的教理之输入，且先于罗什，但系统未立耳。其在西陲之感化力亦至伟，有敦煌菩萨之号。谶之大业，在译《涅槃》，与罗什之《般若》，譬犹双峰对峙，二水中分也，其异同之点，下方论之。

今宜论江南矣。吾不尝言佛教之初输入在江淮间耶？自楚王英、安世高以来，此教在南方，已获有颇深厚之根底，然以其地非政治中心点所在，发展未充其量也。及孙吴、东晋以迄宋齐梁陈，政治上分立之局数百年，且中原故家遗族，相率南渡，与其地固有之风土民习相结合，粲然成一新文化，与北地对峙，凡百皆然，而佛教亦其例也。江南佛教教理的开展，以优婆塞支谦为首功。谦旧名越，字恭明，本月支人，其大父以汉灵帝世率种人数百归化，故为中国人焉。谦十三岁学梵书，通六国语，孙权时避地归吴，译《维摩诘》、《首楞严》、《法句》、《本起》等二十七经，其文最流便晓畅，然喜杂采老庄理解以入佛典，在译界中实自为风气①。吾固尝言之

① 梁启超原注：僧睿著《思益梵天所问经序》云："恭明前译，颇丽其辞，仍迷其旨，是使宏标乖于谬文，至味淡于华艳。"道安著《摩诃钵罗若波罗蜜钞经序》云："叉

矣，江淮间人好谈玄，自西汉时已见端，及晋南渡，而斯风大畅，盖以中原才慧之民，入江左清淑之地，发挥固有之地方思想，而蜕化之以外来之名理，“中国的佛教”，实自兹发育，而支谦则最足为其初期之代表也。

有一现象宜特别注意者，则东晋宋齐梁约二百余年间，北地多高僧，而南地多名居士也。此其间，江左僧侣，欲求能媲美北方之道安、法显、智严、宝云、法勇辈者，虽一无有，慧远、慧睿辈，皆北产也。而居士中之有功大教者乃辈出。夫支谦则固一居士矣，其尤著者，若与慧远手创莲社之彭城刘程之，若注《安般经》之会稽谢敷，若著《喻道论》之会稽孙绰，若以三礼大家而归心净土之南昌雷次宗，若著《神不灭论》之南阳宗炳，若对宋文帝问而护法有功之庐江何尚之，及其子何点、何胤，若著《持达性论》之琅琊[①]颜延之，若再治南本《涅槃》之阳夏谢灵运，若难张融《门论》之汝南周颙，若创造雕刻艺术之会稽戴逵，若作《灭惑论》之东莞刘勰，著作《心王铭》为禅宗开祖之义乌傅翕，若注《法华经》之南阳刘虬，若驳顾欢《夷夏论》之摄山明休烈，皆于佛教所造至深而所裨至大，然而皆在家白衣也。除弘教外，其文学及他种事业，皆足以传于后。若是者，求诸北地，亦虽一无有也。(?)最奇特者，佐梁元帝翦除凶逆之荆山居士陆法和，拥军数万，开府数州，然自幼至老，严守戒律，其部曲皆呼为弟子也。其余为王导、庾亮、周颉、谢鲲、桓彝、王濛、谢安、郗超、王羲之、王坦之、王恭、王谧、范汪、殷觊、王珣、王珉、许询、习凿齿、陶潜辈，或执政有声，或高文擅誉，然皆与佛教有甚深

罗、支越，斫凿之巧者也。巧则巧矣，惧窍成而混沌终矣。”(《出三藏记集》卷八引)观此可知支谦流之译风。【校者案：注中引文及出处皆略有误，今改正。】

① 原作“□□”，今据《出三藏记集》卷第十四《求那跋陀罗传》补。

之因缘。至如齐竟陵王萧子良，梁昭明太子萧统，皆以帝王胤胄，覃精教理，斐然有所述作。若梁武帝之舍身临讲，又众所共知矣[①]。要之，此二百余年间南朝之佛教，殆已成"社会化"——为上流士大夫思潮之中心，其势力乃在缁徒上，而其发展方向，全属名理的，其宗教色彩乃甚淡，故仪式的出家，反不甚以为重也。其所为相率趋于此途者，则亦政治上、社会上种种环境有以促之。刘遗民（即程之）答慧远云："晋室无磐石之固，物情有累卵之危，吾何为哉？"（《居士传》本传）此语可代表当时士大夫之心理，盖贤智之士，本已浸淫于老庄之虚无思想，而所遭值之时势，又常迫之使有托而逃，其闻此极高尚幽邃之出世的教义，不自知其移我情，有固然也。然因此与印度之原始佛教，已生根本之差违。消极的精神，遂为我佛教界之主要原素矣。

南朝僧侣第一人，端推慧远。远，固北人（雁门楼烦人，俗姓贾），为道安大弟子。生于晋成帝[②]咸和八年，卒于晋安帝义熙十二年（西纪三三三—四一六）。其卒年即法显归自印度之年也。彼其一生，略与东晋相终始。安分遣弟子弘法四方，远遂渡江而南，与其徒四十余人偕，初止江陵，欲诣罗浮。过庐山，乐其幽静，栖焉。历史上有名之东林寺，其遗迹也。远宅庐三十余年，未尝出山一步。而东林为佛界中心，殆与长安之逍遥园中分天下，宰辅若王谧、刘裕，方镇若桓伊、陶侃、殷仲堪，篡[③]贼若桓玄，海盗若卢循，咸

① 梁启超原注：所举诸居士之事迹及著述，参看清彭际清《居士传》、梁僧祐《弘明集》、唐道宣《广弘明集》，及《晋书》、《宋书》、《南齐书》、《梁书》南史各本传。

② 原误作"元帝"，今改正。

③ 原误作"纂"，今改正。

入山或赍书致敬，远悉以平等相视。晋安帝过山下，或讽远迎谒，远称疾不行，帝手书问讯焉。罗什在秦，译《大智度论》成，秦主姚兴，亲致远书，乞作序以为重（序今存见《出三藏记集》卷十一）。其为南北物望所宗，类如此。远未尝一为权贵屈，然并非厌事绝俗，遇法门重要问题发生，常以积极的精神赴之。初庾冰欲强沙门致敬王者，朝臣多反对，乃寝。桓玄辅政，重提前议，远贻书责玄，更著《沙门不敬王者论》五篇，发挥释尊平等精神，促僧侣人格上之自觉，玄敬惮，卒从其议①。罗什甫入关，远即致书通好，尽遣其高第弟子往就学。什译《十诵律》，因暗诵人死，中辍，远物色他人，介绍之续其业。什门排摈觉贤，远为和解。凡此之类，足见其对外活动不厌不倦。远遣弟子法领、法净留学印度，大获梵本，其遐举益在法显之先也。远在庐山置般若台译经，实私立译场之创始者。远集同志百二十三人结白莲社，修念佛三昧，为此方净土宗之初祖。综其一生事业，不让乃师道安，而南部开宗之功，抑艰瘁矣。

吾前文曾有“什门排摈觉贤”一语，觉贤非他，即创译《华严》之人也。兹事于吾国大乘思潮之分派，有绝大消息，今宜稍详述之。读者当已熟知佛灭后印度之佛教，常为空有两宗对峙之形势矣。又知大乘之空有两宗，以龙树、世亲为代表矣（看第一篇第三章）。又知鸠摩罗什为龙树空宗之嫡传矣，而觉贤盖即介绍世亲有宗入中国之第一人也。觉贤梵名为佛驮跋陀罗，迦维罗卫人，与释尊同

① 梁启超原注：远此文见《弘明集》，藏中亦有单本。

族属，学于罽宾，似尝隶萨婆多部[①]。师佛大先，精于禅法[②]。智严西行求法，归时礼请东来。以姚秦时至长安，正罗什万流仰镜之时也。贤初见什，即不餍其望[③]，“秦太子泓欲闻贤说法，乃要命群僧集论东宫，什与贤数番往复。什问曰：‘法云何空？’答曰：‘众微成色，色无自性，故唯色常空。’又问：‘既以极微破色空，复云何破一微？’答曰：‘群师或破析[④]一微，我意谓不尔。’又问：‘微是常耶？’答曰：‘以一微故众微空，以众微故一微空。’时宝云译出此语，不解其意，道俗咸谓贤之所计，微尘是常。余日，长安学僧复请更释，贤曰：‘夫法不自生，缘会故生。缘一微故有众微，微无自性，则为空矣。宁可言不破一微，常而不空乎？’……”（《梁高僧传》卷二本传）观此问答，便知什、贤两人学说，其出发点确有不同，什盖偏于消极的、玄想的，贤则偏于积极的、科学的也。以什公之大慧虚怀，自不至于无净中起净想，然其门下主奴之见，固所不免。什受姚兴所馈伎[⑤]女，“自尔以来，不住僧坊，别立廨舍，供给丰盈（什本传语）”。贤笃修净业，戒律谨严，同为外国大师，未免相形见绌。又

---

① 梁启超原注：《出三藏记集》中之萨婆多部目录，列有“长安城内齐公寺萨婆多部佛驮跋陀”，即觉贤也。据此，似贤实为“有部”中人物，彼久居罽宾，渊源亦宜接近。然案其问答语及其所传禅法，则固不能纯指为“有部”系统也。要之，“有部”教义与龙树派之空宗的大乘极相远，而与世亲派之有宗的大乘反接近，此不可不知者。

② 梁启超原注：佛大先者，萨婆多部目录所称第五十二祖。《达磨多罗禅经》所称第四十九祖也。其人为“有部”大师，而于禅宗极有关系者。觉贤有功于佛教界，实在其传禅法，译经抑余事耳，当于禅宗章别论之。

③ 此处原有“注三”二字，而无注文。

④ 原误作“折”，今改正。

⑤ 原误作“妓”，今改正。

当时诸僧“往来宫阙，盛修[①]人事，惟贤守静，不与众同……四方乐靖[②]者，并闻风而至”（贤本传语）。似此众浊独清，理宜见嫉，什门老宿僧碧、道恒辈，乃借薄物细故，横相排摈，几兴大狱（其排贤口实不值征引，读者欲知，可看本传）。本传云：“大被谤黩，将有不测之祸，于是徒众，或藏名潜去，或逾墙夜走，半日之中，众散殆尽。”当时事情之重大，可以想见。贤遭摈，恬不为意，率弟子智严、宝云等四十余人，飘然南下。慧远特遣弟子昙邕入关，为之和解。然贤竟不复北归，与远相依于庐山。其后乃于建康道场寺创译远弟子法领所得《华严》，今六十卷本是也。法显所得《僧祇律》，亦由贤传译。自余译述，尚十数种，华严宗风之阐播，实造端于是。然则贤之见摈南渡，抑大有造于我佛界矣。

要之，罗什以前，我佛教界殆绝无所谓派别观念，自罗什至而大小乘界线分明矣。自觉贤至而大乘中又分派焉。同时促助分化之力者，尚有昙无谶之译《涅槃》。盖《华严》之“事理无碍”，《涅槃》之“有常有我”，非直小乘家指为离经叛道，即大乘空宗派亦几掩耳却走矣。故什门高弟道生精析《涅槃》，倡“阐提成佛”之论，旋即为侪辈所摈，愤而南下[③]。吾侪将此事与觉贤事比而观之，足

① 原误作“备”，今改正。

② 原误作“静”，今改正。

③ 梁启超原注：《梁高僧传》卷七《竺道生传》：生著“《佛性当有论》……等，笼罩旧说，妙有渊旨，而守文之徒，多生嫌嫉，与夺之声，纷然竞起。又六卷《泥洹》（即《涅槃》）先至京都，生剖析经理，洞入幽微，乃说一阐提人皆得成佛。于是大本未传，孤明先发，独见忤众。于是旧学以为邪说，讥愤滋甚，遂显大众，摈而遣之……（生）投迹庐山……众咸共敬服，后《涅槃》大本至南京，果称阐提悉有佛性，与前所说合若符契。”读此可见长安旧侣之若何专制，与夫创立新说之若何忤俗，又可见远公之在庐山，实为当时佛教徒保留一自由之天地也。【校者案：注中引文与原文略有出入，今据改。】

想见当什门上座，大有学阀专制气象，即同门有持异议者，亦不能相容。虽然，自兹以往，佛教界遂非复空宗嫡派之所能垄断，有力之新派，句出萌达矣。

第九篇　翻译文学与佛典

一、佛教输入以前之古代翻译文学

翻译有二：一、以今翻古，二、以内翻外。以今翻古者，在言文一致时代，最感其必要。盖语言易世而必变，既变，则古书非翻不能读也，求诸先籍，则有《史记》之译《尚书》。今举数条为例：

《尚书·尧典》	《史记·五帝本纪》
钦若昊天。	敬顺昊天。
允厘百工，庶绩咸熙。	信饬百官，众功皆兴。
帝曰："畴咨！若时登庸？"放齐曰："胤子朱启明。"帝曰"吁！嚚讼。可乎？"帝曰："咨！四岳！朕在位七十载，汝能庸命巽朕位？"岳曰："否德，忝帝位。"曰："明明扬侧陋。"师锡帝曰："有鳏在下，曰虞舜。"帝曰："俞！予闻，如何？"岳曰："瞽子，父顽，母嚚，象傲。克谐以孝，	尧曰："谁可顺其此事者？"放齐曰："嗣子丹朱开明。"尧曰："吁！顽！凶！不用！"尧曰："嗟！四岳！朕在位七十载，汝能用命践朕位？"岳应曰："鄙德，忝帝位。"尧曰："悉举贵戚及疏远隐匿者。"众皆言于尧曰："有矜在民间，曰虞舜。"尧曰："然！朕闻之，其何如？"岳曰：

烝烝乂，不格奸。”帝曰：“我其试哉！”女于时，观厥刑于二女，厘降二女于沩汭，嫔于虞。	“盲者子，父顽，母嚚，弟傲。能和以孝，烝烝治，不至奸。”尧曰：“吾其试哉！”于是尧妻之二女，观其德于二女，舜饬下二女于沩汭，如妇礼。

此种引经法，以后儒眼光论之，则为擅改经文；而司马迁不以为嫌者，盖以今语读古书，义应如此，其实不过翻译作用之一种，使古代思想融为“今化”而已。然自汉以后，言文分离，属文者皆摹仿古言，译古之业遂绝。以内译外者，即狭义之翻译也。语最古之译本书，吾欲以《山海经》当之，此经殆我族在中亚细亚时相传之神话至战国秦汉间始写以华言。故不独名物多此土所无，即语法亦时或诡异；然此不过吾个人理想，未得确实佐证，不能断言。此外古书中之纯粹翻译文学，以吾所记忆，则得二事。

（一）《说苑·善说篇》所载鄂君译《越人歌》

（越语原文）	（楚语译文）
滥兮抃草滥予昌枑泽予昌州州𩜱焉乎秦胥胥缦予乎昭澶秦逾渗惿随河湖	今夕何夕兮！搴舟中流。 今日何日兮！得与王子同舟。 蒙羞被好兮！不訾诟耻。 心几顽而不绝兮！知得王子。 山有木兮木有枝。 心说君兮君不知。

《后汉书·西南夷传》所载白狼王唐菆等《慕化诗》三章

（原文）	（译文）	（原文）	（译文）
提官隗构	大汉是治。	魏冒逾糟	与天意合。
罔译刘脾	吏译平端。	旁莫支流	不从我来。
征衣随旅	闻风向化。	知唐桑艾	所见奇异。
邪毗继绪	多赐缯布。	推潭仆远	甘美酒食。
拓拒苏便	昌乐肉飞。	局后仍离	屈伸悉备。
偻让龙洞	蛮夷贫薄。	莫支度由	无所报嗣。
阳雒僧鳞	愿主长寿。	莫稚角存	子孙昌炽。
			上第一章
偻让皮尼	蛮夷所处。	且交陵悟	日入之部。
绳动随旅	慕义向化。	路且仛雒	归日出主。
圣德渡诺	圣德深思。	魏菌度洗	与人富厚。
综邪流藩	多多霜雪。	傞邪寻螺	夏多和雨。
藐浔泸漓	寒温时适。	菌补邪推	部人多有。
辟危归险	涉危历险。	莫受万柳	不远万里。
术叠附德	去俗归德。	仍路孳摸	心归慈母。
			上第二章
荒服之仪	荒服之外	犁藉怜怜	土地垅埆。
阻苏邪犁	食肉衣皮。	莫砀粗沐	不见盐谷。
罔译传微	吏译传风。	是汉夜拒	大汉安乐。
踪优路仁	携负归仁。	雷折险龙	触冒险狭。
伦狼藏幢	高山岐峻。	扶路侧禄	缘崖磻石。
息落服湿	木薄发家。	理沥髭雒	百宿到洛。
捕茝菌毗	父子同赐。	怀槁匹漏	怀抱匹帛。

传言呼敕　　传告种人。　　陵阳臣仆　　长愿臣仆。

上第三章

上三篇实我文学界之凤毛麟角，鄂君歌译本之优美，殊不在《风》《骚》下。原文具传，尤为难得，倘此类史料能得多数，则于古代言语学、人类学皆有大裨，又不仅文学之光而已。然我国古代与异族之接触虽多，其文化皆出我下。凡交际皆以我族语言文字为主，故“象鞮”之业，无足称焉，其对于外来文化，为热情的欢迎，为虚心的领受，而认翻译为一种崇高事业者，则自佛教输入以后也。

二、佛典翻译界之代表人物

汉哀帝元寿元年（西记前二年）博士弟子秦景宪从大月氏王使伊存口受浮屠经（见《三国志》裴注引鱼豢《魏略·西戎传》），中国人知有佛典自此始，顾未有译本也。现在藏中佛经，号称最初译出者，为《四十二章经》；然此经纯为晋人伪作，滋不足信（拙著《中国佛教史》别有考证）。故论译业者，当以后汉桓、灵时代托始。东晋南北朝隋唐称极盛，宋元虽稍有赓续，但微末不足道矣。据元代法宝勘同总录所述历代译人及所译经卷之数，如下：

（朝代）	（译人）	（部数）	（卷数）
后汉永平十至唐开元十八（西六七—七三〇）	一七六	九六八	四五〇七
唐开元十八至贞元五（西七三〇—七八九）	八	一二七	二四二

唐贞元五至宋景祐四（西七八九——〇三七）	六	二二〇	五三二
宋景祐四至元至元二十二（西一〇三七——二八五）	四	二〇	一一五

上表乃总括前后大小译业略举其概，其实译业之中坚时代，仅自晚汉迄盛唐约六百年间，其译界代表的人物如下：

（1）安世高　安息人，后汉桓帝初，至洛阳，译《安般守意经》等三十九部（《长房录》著录百七十六部，大半伪托）。

（2）支娄迦谶　月支人，后汉灵帝光和、中平间，译出《般若道行经》、《般舟三昧经》等十四部（《长房录》著录二十一部）。

上两人实译业开山之祖，但所译皆小品，每部罕有过三卷者。同时复有竺佛朔（天竺人）、安玄（安息人）、支曜（月支人）、康孟祥、康巨（俱康居人）并有所译述。而本国人任笔受者，则孟福、张莲（俱洛阳人）、严佛调（临淮人）最著。

（3）支谦　月支人，支谶再传弟子，汉献帝末，避乱入吴，江南译业自谦始。所译有《维摩诘》、《大般泥洹》等四十九经。

（4）竺法护　其先月支人，世居敦煌。西晋武帝时，发愿求经，度葱岭，历诸国，通外国语言文字三十六种，大赍梵经还，沿路传译。所译有《光赞般若》、《新道行》、《渐备一切智》、《正法华》等二百十部（中有伪托），《梁高僧传》云："经法所以广流中华，护之力也。"其追随笔受者，有聂承远、聂道真、陈士伦、孙伯虎、虞世雅等；而聂氏父子通梵文。护卒后，道真续译不少。

（5）释道安　俗姓卫，常山人。安为中国佛教界第一建设者，虽未尝自有所译述，然苻秦时代之译业，实由彼主持。苻坚之迎鸠摩罗什，由安建议；《四阿含》、《阿毗昙》之创译，由安组织；翻译文体，由安厘正；故安实译界之大恩人也。其在安系统之下与译业有直接关系者，其人如下：

赵文业　名正，济阴人。仕苻坚为校书郎，苻秦一代译业皆文业与道安共主持之。晚年出家，名道整，偕法显西游，没于印度。

僧伽跋澄　罽宾人，受道安等之请，译《阿毗昙毗婆沙》。

昙摩难提　兜佉勒人，受道安等之请，译《增一阿含》、《中阿含》、《毗昙心》、《三法度》等凡百六卷。

僧伽提婆　罽宾人，受道安等之请，助译二《阿含》及《毗婆沙》等。后南渡，入庐山，受慧远之请，校正前译，今本《中阿含》则提婆与僧伽罗叉所再治也。

竺佛念　凉州人，道安等所组织之译业，跋澄、难提、提婆等所口诵中者，皆佛念为之笔受；鸠摩罗什之译业，念亦参预。《高僧传》云："自世高、支谦以后，莫逾于念，自苻、姚二代为译人之宗。"诸经出念手笔者，殆逾六百卷矣！同时有法和、惠嵩、慧持者，亦参斯业。

(6) 鸠摩罗什　其父天竺人，其母龟兹王之妹。什生于龟兹，九岁随母历游印度，遍礼名师，年十二已为沙勒国师。道安闻其名，劝苻坚迎之，坚遣吕光灭龟兹，挟什归。未至而坚已亡，光挟什滞凉州。至姚秦弘始三年，姚兴讨光，灭后凉，迎什至长安，备极敬礼。什以弘始三年至十一年凡八年间，译书逾三百卷，经部之《放光般若》、《妙法莲华》、《大集》、《维摩诘》，论部之《中》、《百》、《十二门》、《大智度》，皆成于其手，龙树派之大乘教义，盛弘于中国，什之力也。其门下数千人，最著者僧肇、僧睿、道生、道融，时号四圣，皆参译事。

佛陀耶舍　罽宾人，罗什之师。什译《十住经》（即《华严·十定品》之别译）特迎耶舍来华，共相征决，辞理方定。

弗若多罗、昙摩流支、卑摩罗叉　多罗、罗叉，皆罽宾人。流支，西域人。多罗以弘始六年诵出《十诵律》，罗什司译，未成而多罗逝。翌年，流支至关中，乃与什共续成之。后罗叉来游，在寿春补译最后一诵，律藏之弘，赖三人也。

（7）觉贤　梵名佛陀跋陀罗，迦维罗卫人，释尊同族之苗裔也。释智严游印度，礼请东来，以姚秦中至长安，罗什极敬礼之。既而为什门诸人所排摈，飘然南下，宋武帝礼供，止金陵之道场寺。初支法领得《华严》梵本于于阗，又无译者，义熙十四年请觉贤与法业、慧义、慧严等共译之。华严开宗，滥觞于此。贤所译经论十五部百十有七卷，其在译界之价值，与罗什埒。

（8）法显　俗姓龚，平阳武阳人。以晋隆安三年（西纪三九九）游印度求经典，义熙十二年归。凡在印十五年①，所历三十余国，著有《佛国记》，今存藏中，治印度学者，视为最古之宝典（欧人有译本及注释）。在印土得《摩诃僧祇律》、《杂阿含》、《方等泥洹》诸梵本，《僧祇律》由觉贤译出，《杂阿含》由求那跋陀罗译出，显自译《方等泥洹》。自显之归，西行求法之风大开，其著者有法勇（即昙无竭）、智严、宝云、慧景、道整、慧应、慧嵬、僧绍（此七人皆与法显同行者）、智猛、道普、道泰、惠生、智周等，中印交通，斯为极盛。

（9）昙无谶　中天竺人，北凉沮渠蒙逊时，至姑臧。以玄始中译《大般涅槃经》，《涅槃》输入始此。次译《大集》、《大云》、《悲华》、《地持》、《金光明》等经，复六十余万言。

（10）真谛　梵名拘那罗陀，西天竺优禅尼国人，以梁武帝大同

① 隆安三年（399）至义熙十二年（416），应为十七年，此作“十五年”，不知如何算得。

十二年由海路到中国，陈文帝天嘉、光大[1]间译出《摄大乘论》、《唯识论》、《俱舍论》等六十四部二百七十八卷（《大乘起信论》旧题真谛译，近来学界发生疑问，拙著《中国佛教史》别有考证）。无著、世亲派之大乘教义传入中国，自谛始也。

与真谛相先后者，有菩提流支、勒那摩提、昙摩流支、佛陀扇多、般若流支，皆在北朝盛弘经论，而般若流支亦宗唯识，与谛相应。

（11）释彦琮　俗姓李，赵郡人，湛深梵文。隋开皇间，总持译事，时梵僧阇那崛多、达摩笈多等所译经典，多由琮鉴定。琮著《众经目录》、《西域传》等，义例谨严，对于翻译文体，著论甚详。

（12）玄奘三藏　俗姓陈，洛州人。唐太宗贞观二年，冒禁出游印度，十九年归，凡在外十七年。从彼土大师戒贤受学，邃达法相，归而献身从事翻译。十九年间（西纪六四五—六六三）所译经论七十三部一千三百三十卷，其最浩瀚者，如《大般若经》之六百卷，《大毗婆沙》之二百卷，《瑜伽师地论》之一百卷，《顺正理论》之八十卷，《俱舍论》之三十卷。自余名著，具见录中，以一人而述作之富若此，中外古今，恐未有如奘比也。事迹具详《慈恩传》中，今不备述。

（13）实叉难陀　于阗人。以唐武后证圣间，重译《华严经》，今八十卷本是也；又重译《大乘起信论》等。

菩提流志　南印度人。与难陀同译《华严》，又补成《大宝积经》足本。

（14）义净三藏　俗姓张，范阳人。以唐咸亨二年出游印度，历三十七年乃归，归后专事翻译，所译五十六部二百三十卷。律部之书，至净乃备；密宗教义，自净始传。

---

① 原误作“太”，今改正。

（15）不空　北天竺人，幼入中国，师事金刚智，专精密藏。以唐开元、天宝间游印度，归而专译密宗书一百二十余卷。

晚唐以后，印土佛教渐就衰落，邦人士西游绝迹，译事无复足齿数。宋代虽有法天、法护、施护、天息灾等数人，稍有译本，皆补苴而已。自汉迄唐，六百余年间，大师辈出，上所述者，仅举其尤异，然斯业进化之迹，历历可见也。要而论之，可分三期：

第一，外国人主译期。

第二，中外人共译期。

第三，本国人主译期。

宋赞宁《高僧传》三集论之云："初则梵客华僧，听言揣意，方圆共凿，金石难和。碗配世间，摆名三昧，咫尺千里，觌面难通。……"此为第一期之情状。安世高、支娄迦谶等实其代表。此期中之翻译，全为私人事业，译师来自西域，汉语既不甚了解，笔受之人，语学与教理，两皆未娴，讹谬浅薄，在所不免。又云："次则彼晓汉谈，我知梵说，十得八九，时有差违。……"此为第二期之情状。鸠摩罗什、觉贤、真谛等实其代表。口宣者已能习汉言，笔述者且深通佛理，故邃典妙文，次第布现；然业有待于合作，义每隔于一尘。又云："后则猛、显亲往，奘、空两通，器请师子之膏，鹅得水中之乳，……印印皆同，声声不别。"此为第三期之情状。玄奘，义净等实其代表。我邦硕学，久留彼都，学既邃精，辩复无碍，操觚振铎，无复间然。斯译学进化之极轨矣！

三、翻译所据原本及译场组织

今日所谓翻译者，其必先有一外国语之原本，执而读之，易以华言。吾侪习于此等观念，以为佛典之翻译，自始即应尔尔，其实不然。初期所译，率无原本，但凭译人背诵而已，此非译师因陋就简，盖原本实未著诸竹帛也。《分别功德论》卷第二①云：

“外国法师徒相传以口授相付，不听载文。”

道安《疑经录》云(《出三藏记集》卷五引)：

“外国僧法，学②皆跪而口受，同师所受，若十、二十转，以授后学。”

《付法藏因缘传》载一故事，殊可发噱。兹录如下：

“阿难游行至一竹林，闻有比丘诵法句偈：

‘若人生百岁，不见水老鹤，不如生一日，而得睹见之。’

阿难语比丘：‘此非佛语。’……汝今当听我演：

‘若人生百岁，不解生灭法，不如生一日，而得了解之。’

尔时比丘即向其师说阿难语，师告之曰：‘阿难老朽，言多错谬，不可信矣，汝今但当如前而诵。’……”

兹事虽琐末，然正可证印度佛书，旧无写本，故虽以耆德宿学之阿难，不能举反证以矫一青年比丘之失也。其所以无写本之故，不能

① 原误作“卷上”，今改正。

② 原脱“学”字，今补。

断言,大抵(一)因古竹帛不便,传写綦难,故如我国汉代传经,皆凭口说。(二)含有教宗神秘的观念,认书写为渎经,如罗马旧教之禁写新旧约也。佛书何时始有写本,此为学界未决之问题,但据法显《佛国记》云:

"法显本求戒律,而北天竺诸国,皆师师口传,无本可写。"

法显西游,在东晋隆安三年后(西历五世纪初),尚云"无本可写",则印土写本极为晚出,可以推见,以故我国初期译业,皆无原本。前引《魏略》载"秦景宪从月氏使臣口受浮屠经"。盖舍口受外无他本也。梁慧皎《高僧传》称安世高"讽持禅经"。称支娄迦谶"讽诵群经"。则二人所译诸经皆由暗诵可知。更有数书,传译程序,记载特详,今举为例:

(一)《阿毗昙毗婆沙》(此书后经玄奘再译为二百卷)。由僧伽跋澄口诵经本,昙摩难提笔受为梵文,佛图罗刹宣译,秦沙门敏智笔受为晋本(见《高僧传》卷一①)。

(二)《舍利弗阿毗昙》。昙摩耶舍暗诵原本,以秦弘始九年命书梵文,停至十六年,经师渐娴秦语,令自宣译(见《出三藏记集》卷十②引释道标序)。

(三)《十诵律》。罽宾人弗若多罗以秦弘始六年诵出,鸠摩罗什为晋文,三分获二,多罗弃世,——西域人昙摩流支以弘始七年达关

① 原误作"卷二",今改正。

② 原误作"卷十一",今改正。

中，乃续诵出，与什共毕其业（见《高僧传》卷六①）。

若《毗婆沙》者，经两次口授，两次笔受，而始成立。若《十诵律》者，暗诵之人去世，译业遂中辍，幸有替人，仅得续成。则初期译事之艰窘，可概见矣！

在此种状态之下，必先有暗诵之人，然后有可译之本，所诵者完全不完全，正确不正确，皆无从得旁证反证。学者之以求真为职志者，不能以此而满意，有固然矣！于是西行求法热骤兴。

我国人之西行求法，非如基督教徒之礼耶路撒冷，回教徒之礼麦加，纯出于迷信的参拜也。其动机出于学问，——盖不满于西域间接的佛学，不满于一家口说的佛学。譬犹导河必于昆仑，观水必穷溟澥，非自进以探索兹学之发源地而不止也。余尝搜讨群籍，得晋唐间留学印度八十余人（详见《中国印度之交通》［亦题为《千五百年前之中国留学生》］）。今摘举数人，考其游学之动机如左：

法护　是时晋武之世，寺庙图像，虽崇京邑，而方等深经，蕴在葱外，护乃慨然发愤，……游历诸国。……遂大赍梵经，还归中夏。（《梁高僧传》卷一本传）

法显　常慨经律舛阙，誓志寻求，以晋隆安三年，……西渡流沙。（卷三本传）

昙无竭　尝闻法显等躬践佛国，乃慨然有忘身之誓。……除以宋永初元年……远适西方，进至罽宾国，……学梵书梵语。……（卷三本传）

道泰　先有沙门道泰，志用强悍，少游葱右，遍历诸国，得毗婆沙梵本十余万偈。……（卷三《浮陀跋摩传》）

① 原误作“卷三”，今改正。

智严　志欲博事名师，广求经诰，遂周流西国……功逾十载。（卷三本传）

宝云　忘身徇道志欲，……广寻经要。遂以晋隆安之初，……与法显、智严先后相随，……在外域遍学梵书（卷三本传）。

智猛　每闻外国道人说天竺……有方等众经，……遂以姚秦弘始六年……出自阳关……历迦惟罗卫及华氏等国，得《大泥洹》、《僧祇律》及余经梵本。（卷三本传）

朱士行　尝于洛阳讲《道行经》，觉文意隐质，诸未尽善……誓志捐身，远求大本，遂以魏甘露五年，西渡流沙。（卷四本传）

玄奘　既遍谒众师，备餐其说，详考其义，各擅宗途，验之圣典，亦隐显有异，莫知适从，乃誓游西方，以闻所惑。（《慈恩法师传》卷一）

以上不过举最著之数人为例，自余西游大德前后百数十辈，其目的大抵同一。质言之，则对于教理之渴慕追求——对于经典求完求真之念，热烈腾涌，故虽以当时极艰窘之西域交通，而数百年中，前仆后继，游学接踵，此实经过初期译业后当然之要求。而此种肫挚极严正之学者的态度，固足永为后学模范矣！

佛典传写发达之历史，非本篇所能详述。以吾考证所臆测，则印度境外之写本，先于境内，大乘经典之写本，先于小乘，此西纪第四世纪以前之情状也。自尔以后，梵本日增，输入亦日盛，其杂见于唐道宣《续高僧传》者甚多。略举如下：

梁初，有扶南沙门曼陀罗，大赍梵本，远来贡献。（卷一《僧伽婆罗传》）

菩提流支房内，经论梵本，可有万夹。（按：此未免铺张，卷

一本传）

真谛赍经论以梁大同十二年达南海。……所出经论传记二百七十八卷，……余未译梵本书，并多罗树叶，凡有二百四十夹。若依陈纸翻之，则列二万余卷，今所译讫，仅数夹耳。（卷一本传）

北齐天保中，邺京三藏殿内梵本千有余夹，敕送天平寺翻译。（卷二《那连提耶舍传》）

齐僧宝暹等十人，以武平六年采经西域，……凡获梵本二百六十部。（卷二《阇那崛多传》）

隋开皇中新平林邑，所获佛经，合五百六十四夹，一千三百五十余部。并昆仑书，多梨树叶，敕送翻经馆，付彦琮披览，并使编叙目录。（卷二《彦琮传》）

那提三藏，搜集大小乘经律论五百余夹，合一千五百余部，以唐永徽六年达京师。（卷四[1]《玄奘传》）

《慈恩法师传》，记玄奘所得经典，分类列目如下：

大乘经	二二四部	大乘论	一九二部
上座部书	一五部	三弥底部书	一五部
弥沙塞部书	二二部	迦叶臂耶部书	一七部
法密部书	四二部	说一切有部书	六七部
因明论	三六部	声论	一三部

凡五二〇夹，六五七部

① 原误作“卷五”，今改正。

有原本的翻译，比诸无原本的翻译：第一、有审择之余地。第二、有覆勘之余地。其进步之显著，固无待言；即译事之组织，亦与时俱进。其始不过一二胡僧随意约一信士私相对译，其后渐为大规模的译场组织。此种译场，由私人或私团体组织者，有若东晋时庐山之般若台（慧远所组织，觉贤曾为主译），有若陈代富春之陆元哲宅，有若陈隋间广州之制旨寺；其以国家之力设立者，有若姚秦时长安之逍遥园，北凉时姑臧之闲豫宫，东晋时建业之道场寺，刘宋时建业之祇洹寺，荆州之辛寺，萧梁时建业之寿光殿、华林园、正观寺、占云馆、扶南馆，元魏时洛阳之永宁寺及汝南王宅，北齐时邺之天平寺，隋时长安之大兴善寺、洛阳之上林园，唐时长安之弘福寺、慈恩寺、玉华宫、荐福寺等，其最着也。

在此种译场之下，每为极复杂的分功组织，其职员略如下：

一译主　如罗什、觉贤、真谛、菩提流支、阇那崛多、玄奘、义净等。

二笔受　如聂承远、法和、道含等。

三度语　如显识论之沙门战陀。

四证梵　如毗奈耶之居士伊舍罗。

五润文　如玄奘译场之薛元超、李义府等，义净译场之李峤、韦嗣立等。

六证义　如《婆沙论》之慧嵩、道朗等。

七总勘　如梁代之宝唱、僧祐，隋代之彦琮等。

每译一书，其程序之繁复如此，可谓极谨严之态度也已。

四、翻译文体之讨论

翻译文体之问题，则直译、意译之得失，实为焦点。其在启蒙时代，语义两未娴洽，依文转写而已。若此者，吾名之为未熟的直译。稍进，则顺俗晓畅，以期弘通，而于原文是否吻合，不甚厝意。若此者，吾名之为未熟的意译。然初期译本尚希，饥不择食，凡有出品，咸受欢迎，文体得失，未成为学界问题也。及兹业寖盛，新本日出，玉石混淆，于是求真之念骤炽，而尊尚直译之论起。然而矫枉太过，诘鞠为病，复生反动，则译意论转昌。卒乃两者调和，而中外醇化之新文体出焉！此殆凡治译事者所例经之阶级，而佛典文学之发达，亦其显证也。

译业起于汉末，其时译品，大率皆未熟的直译也。各书所评诸家译品略如下：

安世高　世高出经，贵本不饰，天竺古文，文通尚质，仓卒寻之，时有不达。（《出三藏记集》卷六①引道安《大十二门经序》）

天竺音训诡塞，与汉殊异，先后传译，多致谬滥，唯高所出，为群译之首。安公（道安）以为若及面禀，不异见圣。（《梁高僧传》卷一《安清传》）

支娄迦谶　安公校定古今精寻文体，云某某等经，似谶所

① 原误作“卷十”，今改正。

出，凡此诸经，皆审得本旨，了不加饰。（同上《支谶传》）

竺佛朔　汉灵时译《道行经》，译人时滞，虽有失旨，然弃文存质，深得经意。（同上）

支曜、康巨　汉灵献间译经，并言直理旨，不加润饰。（同上）

据此诸评，则初期译家，率偏于直译，略可推见，然其中亦自有派别。世高、支谶两大家译本，今存藏中者不少（内有伪托），试细辨核，则高书实比谶书为易读。谶似纯粹直译，高则已略带意译色彩。故《梁传》又云："高所出经，辩而不华，质而不野，读者亹亹忘倦。"道安《人本欲生经序》云："斯经似安世高译，义妙理婉，每览其文，欲罢不能。"[①]（《出三藏记集》卷六[②]）窃尝考之，世高译业在南，其笔受者为临淮人严佛调；支谶译业在北，其笔受者为洛阳人孟福、张莲等。好文好质，隐表南北气分之殊，虽谓直译、意译两派，自汉代已对峙焉可耳。

支谶、法护，当三国西晋间，译业宏富，所译亦最调畅易读，殆属于未熟的意译之一派。《梁传》称"谦辞旨文雅，颇得圣义"。[③]又引道安言，谓"护公所出，纲领必正，虽不辩妙婉显，而宏达欣畅"。[④] 支敏度称"谦以季世尚文，时好简略，故其出经，颇从文丽，然约而义显，可谓深入"。（《出三藏记集》卷七[⑤]引《合首楞严经

① 此引文不全，与原文略有出入，原文作："斯经似安世高译为晋言也。言古文悉，义妙理婉。睹其幽堂之美，阙庭之富或寡矣。安每览其文，欲疲不能。"

② 原误作"卷七"，今改正。

③ 《高僧传》卷一《康僧会传》称谦所译经"曲得圣义，辞旨文雅"。《饮冰室专集》本所引正好与之前后颠倒。

④ 此引文有删略，全文如下："护公所出，若审得此公手目，纲领必正。凡所译经，虽不辩妙婉显，而宏达欣畅。"

⑤ 原误作"卷八"，今改正。

记》）两公文体，可见一斑，然而文胜之弊，已与相缘，故僧睿论谦译《思益经》，谓："恭明（谦之字）前译，颇丽其辞，仍迷其旨。是使宏标乖于谬文，至味淡于华艳。"（罗什译《思益梵天所问经》僧睿序）僧肇论旧译《维摩诘经》，谓："支（谦）竺（法护）所出，理滞于文。"（罗什译《维摩诘经》僧肇序）支敏度亦谓："支恭明、法证、叔兰，先后所译三本，（维摩）或辞句出入，先后不同；或有无离合，多少各异；或方言训诂，字乖趣同；或其文梵越，其理亦乖；或文义混杂，在疑似之间。"①（《出三藏记集》卷八②引支敏度《合维摩诘经序》）音译之敝，渐为识者所恫矣。

翻译文体之讨论，自道安始，安不通梵文，而对于旧译诸经，能正其谬误。所注《般若》、《道行》、《密迹》、《安般》，寻比文句，析疑甄解，后此罗什见之，谓所正者皆与原文合（《历代三宝记》卷四）。彼盖极富于理解力，而最忠实于学问，当第二期译事初起，极力为纯粹直译之主张，其言曰：

> "前人出经，支谶、世高，审得梵本难系者也。叉罗、支越，斫③凿之巧者也，巧则巧矣，惧窍成而混沌终矣！若夫以《诗》为烦重，以《尚书》为质朴，而删令④合今，则马、郑所深恨者也。"

---

① 此引文与原文有出入，原文如下："于时有优婆塞支恭明。逮及于晋，有法护、叔兰。此三贤者，并博综稽古，研机极玄，殊方异音，兼通开解。先后译传，别为三经，同本、人殊、出异。或辞句出入，先后不同；或有无离合，多少各异；或方言训古，字乖趣同；或其文胡越，其趣亦乖；或文义混杂在疑似之间。"

② 原误作"卷九"，今改正。

③ 原误作"断"，今改正。

④ 原误作"润"，今改正。

(《摩诃钵罗若波罗蜜经抄序[1]》,《出三藏记集》卷八[2]引)

"昔来出经者,多嫌胡[3]言方质,而[4]改适今俗。此政[5]所不取,何者?传胡[6]为秦,以不闲方言,求知辞趣耳,何嫌文质?……经之巧质,有自来矣。唯传事不尽,乃译人之咎耳!"(十四卷本《鞞婆沙序》)

"又乏[7]译人,考校者鲜[8],先人所传,相承谓是。……或殊失旨,或粗举意,……意常恨之。……将来学者,审欲求先圣雅言者,宜详揽焉!诸出为秦言,便约不烦者,皆葡萄酒之被水者也。"(《比丘大戒序》,《出三藏记集》卷十一[9]引)

"葡萄酒被水"、"窍成而混沌终"之两喻,可谓痛切,盖译家之大患,莫过于羼杂主观的理想,潜易原著之精神。陈寿谓:"浮屠所载,与中国老子经而相出入。"(见宋赞宁《高僧传》三集卷三,谓《三国志》述临儿国其文如此,今本无此语,亦并无临儿传)盖彼时译家,大率渐染老庄,采其说以文饰佛言,例如《四十二章经》(此经吾疑出支谦手,说详《中国佛教史》),非惟文体类老子,教理亦多沿袭。此类经典,掺杂我国固有之虚无思想,致佛教变质,正所谓被

① 原误作"摩诃钵罗若波罗蜜抄经序",今改正。
② 原误作"卷九",今改正。
③ 原误作"梵",今改正。
④ "而"字原脱,今补。
⑤ "政"字原脱,今补。
⑥ 原误作"梵",今改正。
⑦ 原脱"又乏"二字,今补。
⑧ 原误作"少",今改正。
⑨ 原误作"卷十二",今改正。

水之葡萄酒也。以忠实之道安，睹此固宜愍疾，故大声疾呼，独尊直译。其所监译之《鞞婆沙》，"案本而传，不令有损言游字，时改倒句，余尽实录"。（原序）"时竺佛念笔受诸经，常疑此土好华，每存莹饰，安公深疾，穷校考定，务存典骨。许其五失梵本，出此以外，毫不可差。"[①]（《出三藏记集》卷十[②]引《僧伽罗刹集经后记》，作者失名）其严正强硬态度，视近一二年来时贤之鼓吹直译者，盖有过之无不及矣。

安公论译梵为秦，有"五失本三不易"。五失本者：（一）谓句法倒装。（二）谓好用文言。（三）谓删去反覆咏叹之语。（四）谓去一段落中解释之语。（五）谓删去后段覆牒前段之语。三不易者：（一）谓既须求真，又须喻俗。（二）谓佛智悬隔，契合实难。（三）谓去古久远，无从询证（见《大品般若经序》，以原文繁重不具引，仅撮其大意如上）。后世谈译学者，咸征引焉！要之，翻译文学程式，成为学界一问题，自安分始也。

鸠摩罗什者，译界第一流宗匠也。彼为印度人，深通梵语，兼娴汉言，其所主张，与道安稍异。彼尝与僧睿论西方辞体，谓：

> "天竺国俗，甚重文制。……改梵为秦，失其藻蔚，虽得大意，殊隔文体。有似嚼饭与人，非徒失味，乃令呕哕也。"（《梁高僧传》卷二本传）

① 此段引文与原文略有出入，原文如下："使佛念为译人。念乃学通内外，才辩多奇。常疑西域言繁质，谓此土好华，每存莹饰，文句灭其繁长。安公、赵郎之所深疾。穷校考定，务存典骨。既方俗不同，许其五失胡本，出此以外，毫不可差。"

② 原误作"卷九"，今改正。

推什公本意，“殆持翻译不可能”之论，但既不获已而乞灵译事，则比较的偏重意译。其译《法华》，则“曲从方言，趣不乖本”。（慧观《法华宗要序》）其译《智度》，则“胡①文委曲，……②师以秦人好简，故③裁而略之”。（僧睿《大智释论序》）其译《中论》，则“乖阙繁重者，法师④皆载而裨之”。（僧睿《中论序》）其译《百论》，则“陶练覆疏，务存论旨，使质而不野，简而必诣”。（僧肇《百论序》）据此可见凡什公所译，对于原本，或增或削，务在达旨，与道安所谓“尽从实录，不令有损言游字”者，殊科矣！吾以为安之与什，易地皆然，安惟不通梵文，故竞竞于失实；什既华梵两晓，则游刃有余地也。什译虽多剪裁，还极矜慎，其重译《维摩》，“道俗虔虔，一言三复，陶冶精求，务存圣意。其⑤文约而诣，其⑥旨婉而彰”。（僧肇《维摩诘经序》）其译《大品般若》：“手执胡⑦本，⑧口宣秦言，两释⑨异音，交辩文旨。……与诸宿……旧五百余人，详其义旨，审其文中，然后书之。……胡音失者，正之以天竺；秦言谬者，定之以字义；不可变者，即而书之；故异名斌然，梵音殆半，斯实匠者之公谨，笔受之重慎也。”（僧睿《大品经序》）由此观之，则什公意译诸品，其惨淡经营之苦，可想见耳。

---

① 原误作“梵”，今改正。
② 此处原略“皆如《初品》。法”等字，以省略号识之。
③ “故”字原脱，今补。
④ “法师”二字原脱，今补。
⑤ “其”字原脱，今补。
⑥ 同上。
⑦ 原误作“梵”，今改正。
⑧ 原误作“……”，今改正。
⑨ 原误作“译”，今改正。

赞宁云："童寿（即罗什）译《法华》，可谓折中，有天然西域之语趣。"（《宋高僧传》卷三）"天然语趣"四字，洵乃精评。自罗什诸经论出，然后我国之翻译文学，完全成立；盖有外来"语趣"输入，则文学内容为之扩大，而其素质乃起一大变化。绝对主张直译之道安，其所监译之《增一阿含》、《鞞婆沙》、《三法度》诸书，虽备极矜慎，而千年来鲜人过问；而什译之《大品》、《法华》、《维摩》以及四论（《中》、《百》、《十二门》、《大智度》），不特为我思想界辟一新天地，即文学界之影响亦至钜焉，文之不可以已如是也。

道安大弟子慧远，与罗什并时，尽读其新译，故其持论，渐趋折中。其言曰："譬大羹不和，虽味非珍；神珠内映，虽宝非用。'信言不美'，固[①]有自来矣！（此言直译之缺点）若遂令正典隐于荣华，玄朴亏于小成，则百家诡辩，九流争川，方将函沦长夜……[②]不亦悲乎！（此言意译之缺点）……则知圣人[③]依方设训，文质殊体。若[④]以文应质，则疑者众；以质应文，则悦者寡。"（《大智论抄序》）此全属调和论调，亦两派对抗后时代之要求也。

此后关于此问题之讨论，莫详于隋代之彦琮，《唐僧传》（卷二本传）称其"著《辩正论》，以垂翻译之式"。其要略曰："若令梵师独断，其微言罕革，笔人参制，则余辞必混。意者宁贵朴而近理，不用巧而背源。"此旨要趋重直译也。又言："译才须有'八备'：（一）诚心爱法，志愿益人，不惮久时。（二）将践觉场，先牢戒足，不染讥

① "固"字原脱，今补。
② 此处原略"背日月而昏逝"一句，以省略号识之。
③ "圣人"二字原脱，今补。
④ "若"字原脱，今补。

恶。(三)筌晓三藏,义贯两乘,不苦暗滞。(四)旁涉坟典,工缀典词,不过鲁拙。(五)襟抱平恕,器量虚融,不好专执。(六)耽于道术,澹于名利,不欲高炫。(七)要识梵言,方闲正学,不坠彼学。(八)薄阅苍雅,粗谙篆隶,不昧此文。"[①]其(一)(五)(六)之三事,特注重翻译家人格之修养,可谓深探本原,余则常谈耳。然琮之结论乃在废译,意欲人人学梵不假传言,故云:"直餐梵响,何待译言?本尚亏圆,译岂纯实?"更极言学梵文之必要,云:"研若有功,解便无滞,匹于此域。固不为难,难尚须求,况其易也!……向使……才去俗衣,寻教梵字。……则……[②]人人共解,省翻译之劳。……"据此则彦琮实主张"翻译无益论"之人也。以吾观之,梵文普及,确为佛教界一重要问题,当时世鲜注意,实所不解;但学梵译汉,交相为用,谓译可废,殊非自利利他之通轨也。

道宣之传玄奘也,曰:"自前代以来,所译经教,初从梵语倒写本文,次乃回之顺同此俗,然后笔人观理文句,中间增损,多坠全言。今所翻传,都由奘旨,意思独断,出语成章,词人随写,即可披玩。"(《唐高僧传》卷四[③]本传)盖前代译师,无论若何通洽,终是东渡以还,始学华语,辞义扞格,云何能免?口度笔受,终分两橛。例如罗什,号称"转能汉言,音译流便"。(《梁高僧传》卷二本传)然据笔受《大智度论》之僧睿则谓:"法师于秦语大格,……苟言不相喻,则情无由比,……进欲停笔争是,则校竞终日,卒无所成;退欲

① 此段乃撮述《续高僧传》卷二《彦琮传》大意。

② 此处原略"应五天正语,充布阎浮;三转妙音,并流震旦。"之句,以省略号识之。

③ 原误作"卷五",今改正。

简而便之，则负伤手穿凿之讥。”（《出三藏记集》卷十[①]引《大智释论序》）则扞格情形，可以想见。幸而肇、睿诸贤，既精教理，复擅文辞，故相得益彰，庶无大过耳。又如真谛晚年，始得与法泰对翻《摄大乘》、《俱合》两论，谛叹曰：“吾早值子，……[②]无恨矣！”（《唐高僧传》卷一《法泰传》）是知前代任何名匠，总须与笔受者蛩驱相依，故原本所含义谛，最少亦须假途于两人以上之心理，始得现于译本。夫待译乃通，已为间接，此则间接之中又间接焉，其间所失，宜几何者！故必如玄奘、义净，能以一身兼笔舌之两役者，始足以语于译事矣！若玄奘者，则意译直译，圆满调和，斯道之极轨也！

五、译学进步之影

欲察译学之进步，莫如将同本异译之书为比较的研究。吾今选出一书为标准，即《大般若经》之第四分，前代通称《小品般若》者是也。此书前后所译凡九本，五存四佚。今将现存五本以（甲）（乙）（丙）（丁）（戊）符号表其名如下：

（甲）《道行般若经》　后汉支娄迦谶译

（乙）《大明度无极经》　吴支谦译

---

① 原误作“卷十一”，今改正。

② 此处原省略“缀缉经论，结是前翻，不应缺少。今译两论，词理圆备。吾”等语，以省略号识之。

(丙)《摩诃般若钞经》 符[1]秦昙摩蜱译

(丁)《小品般若经》 姚秦鸠摩罗什译

(戊)《大般若经·第四分》 唐玄奘译

上五本出现之时期，自汉至唐，相去八百余年，其译人皆各时代之代表人物。(甲)本之支娄迦谶，与安世高齐名，称译界开创二杰。(乙)本之支谦，则“意译派”第一宗匠也。(丙)本之昙摩蜱口译，竺佛念笔述，然实成于道安指导之下。(丁)本之鸠摩罗什，(戊)本之玄奘，则前后两译圣，稍治斯学者，所能共知矣！吾昔曾将此经第一品，分五格钞录，比对其异同，不惟可以察文体之嬗易，即思想之变迁，亦历历可寻，实一种极有趣之研究也。惜不得梵文原本，与通梵者商榷其得失耳。今摘录数段供参考。

书中发端，记佛命须菩提为诸菩萨演说般若波罗蜜，时舍利弗窃念，“须菩提是否能以自力演说，抑承佛威神力”？须菩提知其意而语之。其语五本异译如下：

(甲本)	(乙本)	(丙本)	(丁本)	(戊本)
敢佛弟子所说法所成法，皆持佛威神，何以故？佛所说	敢佛弟子所作，皆乘如来大士之作，所以者何？从佛说	敢佛弟子所说法所成法，皆承佛威神，何以故？佛所说	佛诸弟子，敢有所说，皆是佛力，所以者何？佛所说法，	世尊弟子敢有宣说显了开示，皆承如来威神之力，何以故？

① 原误作“符”，今改正，

法，法中所学，皆有证，皆随法展转相教，展转相成，法中终不共诤，何以故？时而说法莫不喜乐者，自恣善男子善女人而学。	法，故有法学，贤者子贤者女，得法意以为证，其为证者所说所诲所言。一切如法无诤，所以者何？如来说法，为斯乐者族姓子传相教，无所诤。	法，法中所学。皆有证以知，便能有所成。展转能相成教，所以者何？怛萨阿竭所说无有异，若有仁善欲学是法，于中终不诤。	于中学者，能证诸法相。证已有所言说，皆与法相不相违背，以法相力故。	舍利子，佛先为他宣说显了开示法要，彼依佛教，精勤修学，乃至证得诸法实性，后转为他有所宣说显了开示。若与法性能不相违，皆是如来威神加被，亦是法性等流。

其间小节可注意者，如（甲）（乙）（丙）本，皆将“敢”字放在句首，当是纯袭印度语法，（丁）（戊）本便不尔。如“善男子善女人”，（乙）本作“贤者子贤者女”，乍视觉极刺眼。如“如来”，（丙）本译音作“怛萨阿竭”，此字在后来译本中，已成僵语，然此皆无关宏旨，可勿深辩。以全段文意论，吾辈读（甲）（丙）本几全不解，读（乙）本似略解，读（丁）（戊）本则全解。盖（甲）（丙）皆属初期之直译派，而其主译者皆外人，不娴汉语。（乙）本属初期之意译派，（丁）本属后期之意译派，其主译者虽皆外人，而略娴汉语。（戊）本则中国人主译，后期之“意、直调和”派也。其尤当注意者，五本中皆有

“证”字，吾辈读后两本，知其为“证悟”之“证”，然读前三本，则几疑为“证据”之“证”，两义相去，何啻霄壤！又（丁）本言“诸法相”，（戊）本言“诸法实性”，自是此段中主要之语，然（甲）（丙）两本皆不见此字，知是对译者传译不出，因而没却，此初期直译之弊也。（乙）本作“法意”，虽未阙漏，然笼统含混矣，此初期意译之弊也。（丁）（戊）两本，皆能译矣，然用字精确之程度则又有别。“法相”就现象言，“法性”就本体言，两者虽非一非异，然般若属龙树派思想，应云“法性”；若言“法相”则与无著派思想混矣！（戊）本所译，自优于（丁）本也。又（丁）（戊）两本，意义皆了，然（丁）本字数，远简于（戊）本。（丁）本意译之模范，（戊）本直译之模范也。

（甲本）	（乙本）	（丙本）	（丁本）	（戊本）
菩萨当念作是学，入中心不当念是菩萨。 何以故？有心无心。 舍利弗谓须菩提：云何有心无心？须菩提言：如是！亦不有有心，亦不无无心。	又，菩萨大士行明度无极，当受学此。如学此者，不当念我是道意。所以者何？是意非意，净意光明。贤子鹙鹭子曰：云何有是意而意非意？善业曰：	须菩提白佛：菩萨摩诃萨行般若波罗蜜，当作是学，学其心不当念我是菩萨。何以故？心无心，心者净。舍利弗谓须菩提云：何有心，心无心？须	复次，世尊！菩萨行般若波罗蜜时，应如是学，不念是菩萨心。 所以者何？是心非心，心相本净故。 舍利弗言：何法为非心心？	复次，世尊！菩萨摩诃萨修行般若波罗蜜多时，应如是学，谓不执着大菩提心。 所以者何？心非心性，本性净故。 舍利子问善现言：何等名为心非心

	谓其无为无杂念也。	菩提言：从对虽有心、心无心。如是！心亦不知者，亦无造者，以是亦不有有心，亦不有无心。	须菩提言：不坏不分别。	性？ 善现答言：若无变坏，亦无分别，是则名为心非心性。

此段问答，大可见译笔工拙及译意显晦之差。须菩提语（戊）本“谓不执着大菩提心”一句，（甲）（丙）（丁）三本大同小异，皆云“不念是菩萨”此直译而不达意也。（乙）本改为“不当念我是道意”，意译的色彩颇重，然益难解矣。（戊）本云，“心非心性，本性净故”。又云：“若无变坏，亦无分别，是则名为心非心性。”其意盖谓吾人常识所谓心者，皆指有变坏有分别者也。般若之心，无变坏，无分别，是心而非心也。此“心而非心之性”，其本性清净，如此剖读，语意甚莹。（丁）本所译，亦庶几矣，但以心性为心相耳。前三本则缺点甚多，（甲）本殆笔述者完全不解，以影响语搪塞。（乙）本骤读似甚晓畅，实则纯以老庄学说诬佛说，此意译家之大病也。（丙）本纯粹直译，其“从对虽有心”一语，他本皆不译，窃疑此语甚要，盖指吾人常识有对待之心也；但其以“无造者”翻“无变坏”，以“无知者”翻“无分别”，则拙晦极矣！

（甲本）	（乙本）	（丙本）	（丁本）	（戊本）
菩萨行般若波罗蜜，色不当于中住。痛痒、思想、生死、识不当于中住。 何以故？住色中为行色，住痛痒、思想、生死、识中为行识。设住其中者，为不随般若波罗蜜教。 何以故？行识故，是为不行般若波罗蜜。不行者，菩萨不得“萨芸若”。	菩萨修行明度无极，不以色住。于痛、想、行，不以识住。 所以者何？若止于色，为造色行。止痛、想、行为造识，非为应受。明度无极，不以造行为应受。受此，其不具足明度无极，终不得“一切知”。	菩萨行般若波罗蜜，色中不当住。痛痒、思想、生死、识不当于中住。 想色住，为行生死识。想痛、思想、生、死、识、住为行生死识。设住其中，不随般若波罗蜜教。不为应“萨芸若”。	菩萨行般若波罗蜜时，不应色中住，不应受、想、行、识中住。 何以故？若住色中，为作色行。若住受、想、行、识中为作识行。若行作法，则不能受般若波罗蜜。 不能习般若波罗蜜，不具足般若波罗蜜，则不能成就“萨婆若”。	菩萨摩诃萨行般若波罗蜜多时，不应住色，亦不应住受、想、行、识。 所以者何？若住于色，便作色行，非行般若波罗蜜多。若住受、想、行、识，便作受想行识行，非行般若波罗蜜多。 所以者何？非作行者，能摄般若波罗蜜多。不摄般若波罗蜜多，则于般若波罗蜜多，不能修习，……不能圆满。……则不能得“一切智智”，不能摄所摄有情。

读此段，最令吾辈注目者，则术语厘定之不易也。即如佛典中最重要之五蕴，所谓色受想行识者，实几经变迁，乃定为今名。

（甲）（丙）本	（乙）本	（丁）（戊）本
五蕴—色	色	色
—痛痒	痛	受
—思想	想	想
—生死	行	行
—识	识	识

旧于此五名，或译以一字，或译以两字，既已参差不类；且痛痒生死等名，亦不包举，且易滋误混；支谦全易以一字译，大体甚善矣！然省"痛痒"称"痛"，愈益难解。罗什以后，受想行识斯为定名，区区三字，积数百年之进化，其惨淡经营可想也。又如（甲）本译音之"般若波罗蜜"，而偏重意译之（乙）本，则以"明"译"般若"，以"度无极"译"波罗蜜"，因名"明"度无极；而（丙）（丁）（戊）三本皆译音不译意。又如（甲）本译音之"萨芸若"，（丙）（乙）本从之；（乙）本译义作"一切智"，（戊）本从之；而加一字为"一切智智"，此皆关于术语之应比较研究者。至于意义畅达之程度，则试以（戊）本作标准，持以对核前四本，其递次进步之迹甚明。

（甲本）	（乙本）	（丙本）	（丁本）	（戊本）
菩萨行般若波罗蜜一切字法不受，是故三昧无有边无有正。	是名曰："菩萨大士诸法无受之定"，场旷趣大而无有量。	是菩萨为行般若波罗蜜，复不受三昧字，广大所入。	是名"菩萨诸法无受三昧"，广大无量无定。	是名"菩萨于一切法无摄受定"，广大无对无量决定。

就此一句论,(乙)本之意译,可谓极适极妙,虽(丁)(戊)本亦不能出其右;而(甲)(丙)两本之直译,真使人堕五里雾中也。

然直译而失者,极其量不过晦涩诘屈,人不能读,枉费译者精力而已,犹不至于误人。意译而失者,则以译者之思想,横指为著者之思想,而又以文从字顺故,易引读者入于迷途,是对于著者、读者两皆不忠,可谓译界之蟊贼也已。试更就前经列举数段为例:

戊本(玄奘译)

(一)诸色离色自性受想行识,离受想行识自性……能相亦离所相,所相亦离能相。……

(二)分明执着故,于"如实道"不知不见,不信谛法,不觉实际。

乙本(支谦译)

(一)其于色也,休色自然。于痛想行识自然。……于智休止,智之自然者休矣!想休止,相之自然者休矣!

(二)以专著故,而不知此无所用聪明之法。

上第(一)段依奘译,论心理作用,本极复杂,依谦译,则"自然"两字尽之矣。第(二)段依奘译,谓以平等智观察诸法实相,依谦译,则灰身灭智而已。此与前文所举奘译之"无变坏无分别",谦译作"无为无杂念"正同一例。此皆袭用老庄语,欲人易入,而不知已大失原意,正道安所谓"葡萄酒之被水"者也。赞宁云:"房融润文于《楞严》①……②宜当此诮。"(《宋高僧传》卷三)须知前代佛典,

① 原误作"棱严",今改正。

② 原本此处略"僧肇征引而造论"一句,今以省略号识之。

其愈易读者愈蹈此病，彼人人爱读之《楞严》①，识者已讥之矣！宁又云："粿书勿如无书，与其典也宁俗。"（同上）此二语真译界永世之药石，鼓舌操觚者所宜日三复也。

六、翻译文学之影响于一般文学

凡一民族之文化，其容纳性愈富者，其增展力愈强，此定理也。我民族对于外来文化之容纳性，惟佛学输入时代最能发挥，故不惟思想界生莫大之变化，即文学界亦然，其显绩可得而言也。

第一，国语实质之扩大

初期译家，除固有名词对音转译外，其抽象语多袭旧名，吾命之曰"支谦流"之用字法。盖对于所谓术语者，未甚经意，此在启蒙草创时，固应然也，及所研治日益深入，则觉旧语与新义，断不能适相吻合，而袭用之必不免于笼统失真，于是共努力从事于新语之创造。如前所述道安、彦琮之论译例。乃至明则撰翻经仪式，玄奘立"五种不翻"，赞宁举"新意六例"，其所讨论，则关于正名者什而八九。或缀华语而别赋新义，如"真如"、"无明"、"法界"、"众生"、"因缘"、"果报"等；或存梵音而变为熟语。如"涅槃"、"般若"、"瑜伽"、"禅那"、"刹那"、"由旬"等；其见于《一切经音义》、《翻译名义集》者既各以千计。近日本人所编《佛教大辞典》，所收乃至三

① 原误作"棱严"，今改正。

万五千余语，此诸语者非他，实汉晋迄唐八百年间诸师所创造，加入吾国语系统中而变为新成分者也。夫语也者，所以表观念也，增加三万五千语，即增加三万五千个观念也。由此观之，则自译业勃兴后，我国语实质之扩大，其程度为何如者！

译家正名之结果，更能令观念增其正确之程度。尝变苻秦译之《阿毗昙八犍度论》，其第一篇第三章题为人跋渠，第二篇第三章亦题人跋渠；及唐玄奘重译此书名为《发智论》，其第一篇之人跋渠，则改题为补特迦罗纳息，第二篇之人跋渠，则改题为有情纳息（“跋渠”、“纳息”即他经所译“品”字之义）。考第一篇原文为补特迦罗，第二篇原文为萨埵。据《玄应音义》卷二十二释“补特伽罗”云：“梵本补，此云数。特伽，此云取。罗，此云趣。数取趣，谓数数往来诸趣也。”此殆近于所谓灵魂者，而其物并非“人类”所专有。《唯识述记》卷一释“有情”：“梵云[①]萨埵……[②]有情识故……[③]能有[④]爱生故。”此殆指凡含生之类而言，故旧本亦译为“众生”，然则此两字皆不能以旧语之“人”字函之明矣。而初期译家，口笔分功，不能相喻，闻梵师所说，义与“人”近，则两皆以“人”译之，读者为旧来“人”字观念所囚，则与本意绝不能了解。且彼中两语，我译以同一之词，则两观念之区分，无由辨析，逮新译出，斯弊乃祛。盖我国自汉以后，学者唯古是崇，不敢有所创作，虽值一新观念发生，亦必印嵌以古字；而此新观念遂淹没于囫囵变质之中，一切学术，俱

① 原误作“言”，今改正。

② 此处原略“此言有情。”一句，今以省略号识之。

③ 此处原略去数句，今以省略号识之。

④ “有”字原脱，今补。

带灰色。职此之由，佛学既昌，新语杂陈，学者对于梵义，不肯囫囵放过，搜寻语源，力求真是，其势不得不出于大胆的创造。创造之途既开，则益为分析的进化，此国语内容所以日趋于扩大也。

第二，语法及文体之变化

吾辈读佛典，无论何人，初展卷必生一异感，觉其文体与他书迥然殊异，其最显著者：（一）普通文章中所用，“之乎者也矣焉哉”等字，佛典殆一概不用（除支谦流之译本）。（二）既不用骈文家之绮词俪句，亦不采古文家之绳墨格调。（三）倒装句法极多。（四）提挈句法极多。（五）一句中或一段落中含解释语。（六）多覆牒前文语。（七）有联缀十余字乃至数十字而成之名词。——一名词中，含形容格的名词无数。（八）同格的语句，铺排叙列，动至数十。（九）一篇之中，散文诗歌交错。（十）其诗歌之译本为无韵的。凡此皆文章构造形式上，画然辟一新国土。质言之，则外来语调之色彩甚浓厚，若与吾辈本来之“文学眼”不相习，而寻玩稍进，自感一种调和之美。此种文体之确立，则罗什与其门下诸彦实尸其功。若专从文学方面校量，则后此译家，亦竟未有能过什门者也。尤有一事当注意者，则组织的解剖的文体之出现也。稍治佛典者，当知科判之学，为唐宋后佛学家所极重视，其著名之诸大经论，恒经数家或十数家之科判，分章分节分段，备极精密（道安言诸经皆分三部分：一序分、二正宗分、三流通分。此为言科判者之始，以后日趋细密）。推原斯学何以发达？良由诸经论本身，本为科学组织的著述，我国学者，亦以科学的方法研究之，故条理愈剖而愈精。此种著述法，其影响于学界之他方面者亦不少。夫隋唐义疏之学，在经学界中有特别价值,此人所共知矣。而此种学问,实与佛典疏钞之学同时发生。吾固不敢径指此为翻译文学之产物,然最少必有彼此相互之影响,则可断言也。而此为著述进化一显著之阶段,则又可断言也。

自禅宗语录兴,宋儒效焉,实为中国文学界一大革命,然此殆可谓为翻译文学之直接产物也。盖释尊只有说法,并无著书,其说法又皆用"苏漫多",弟子后学汲其流,即皆以喻俗之辩才为尚。入我国后,翻译经典,虽力谢雕饰,然犹未敢径废雅言。禅宗之教,既以大刀阔斧,抉破尘藩;即其现于文字者,亦以极大胆的态度,掉臂游行;故纯粹的"语体文"完全成立,然其动机实导自翻译,试读罗什译《维摩诘》等编,最足参此间消息也。

第三,文学的情趣之发展

吾为说于此,曰:"我国近代之纯文学,——若小说、若歌曲,皆与佛典之翻译文学有密切关系。"闻者必以为诞,虽然,吾盖确信之。吾征诸印度文学进展之迹而有以明其然也。夫我国佛教,自罗什以后,几为大乘派所独占,此尽人所能知矣!须知大乘在印度本为晚出,其所以能盛行者,固由教义顺应时势以开拓,而借助于文学之力者亦甚多。大乘首创,共推马鸣。读什译《马鸣菩萨传》,则知彼实一大文学家、大音乐家,其弘法事业恒借此为利器。试细检藏中马鸣著述,其《佛本行赞》,实一首三万余言之长歌,今译本虽不用韵,然吾辈读之,犹觉其与孔雀东南飞等古乐府相仿佛。其《大乘庄严论》,则真是"儒林外史式"之一部小说,其原料皆采自《四阿含》,而经彼点缀之后,能令读者肉飞神动(拙著《佛典解题》,于此二书别有考证批评)。马鸣以后成立之大乘经典,尽汲其流,皆以其壮阔之文澜,演极微妙之教理,若《华严》、《涅槃》、《般若》等,其尤著也(此一段吾知必为时流谈佛者所大骇怪,但吾并不主张"大乘非佛说",不过承认大乘经典晚出耳。其详见拙著《中国佛教史》)。此等富于文学性的经典,复经译家宗匠以极优美之国语为之迻写,社会上人人嗜读,即不信解教理者亦靡不心醉于其词缋。故想象力不期而增进,诠写法不期而革新,其影响乃直接表现于一般文艺。我国自《搜神记》以下一派之小说,不能谓与《大庄严经论》一类之书无因缘,而近代一二巨制《水浒传》、《红楼梦》之流,其结体运笔,受《华严》、《涅槃》之影响者实甚多。即宋元明以降,杂剧、传奇、弹词等长篇歌曲,亦间接汲《佛本行赞》等书之流焉!吾知闻吾说者必大呵斥,谓子所举各书,其中并不含佛教教理,其著者或且于佛典并未寓目,如子所言,毋乃附会太甚。此等呵辞,吾固承认也。虽然,吾所笃信佛说"共业所成"之一大原理,谓凡人类能有所造作者,于其自业力之外,尤必有共业力为之因缘。所谓共业力者,则某时代某部分之人共同所造业,积聚遗传于后,而他时代人之承袭此公共遗产者,各凭其天才所独到,而有所创造。其所创造者,表面上或与前业无关系,即其本人亦或不自知,然以史家慧眼烛之,其渊源历历可溯也。吾以为近代文学与大乘经典,实有如是之微妙关系,深达文心者当不河汉吾言。

吾对此问题,所欲论者犹未能尽,为篇幅及时日所限,姑止于此。读斯篇者,当已能略察翻译事业与一国文化关系之重大。今第二度之翻译时期至矣,从事于此者,宜思如何乃无愧古人也!

第十篇　佛典之翻译

本篇是民国九年春夏间所作《中国佛教史》之第五章。近两年来继续研究之结果,对于原作大不满意,正思得数月余力全部改作。本篇为当时用力最勤者,不忍抛弃,姑采以入此。其中见解与现时所见悬殊者仍甚多,材料亦多缺漏,组织亦未完善,存之以备与他日新著相较云尔。其间有与前三篇相出入者,即亦不复删削。

十一年双十节　著者识

一

佛教为外来之学,其托命在翻译,自然之数也。自晚汉迄中唐,凡七百年间,赓续盛弘斯业。宋元以降,则补苴而已。据唐代《开元释教录》所述,其译人及经典之数如下表:

朝代	译人	部数	卷数
后汉	一二	一九二	三九五

曹魏	五	一二	一八
孙吴	五	一八九	四一七
西晋	一二	三三三	五九〇
东亚	一六	一六八	四六八
苻秦	六	一五	一九七
姚秦	五	九四	六二四
乞伏秦	一	五六	一一〇
前凉	一	四	六
北凉	九	八二	三一一
刘宋	二二	四六五	七一七
萧齐	七	一二	三三
萧梁	八	四六	二〇一
元魏	一二	八三	二七四
高齐	二	八	五二
宇文周	四	一四	二九
陈	三	四〇	一三三
隋	九	六四	三〇一
唐(迄开元)	三七	三〇一	二一七〇
合计	一七六	二一①七八	七〇四六

然此乃并存佚、真伪、重出者合计总数,依彼录所勘定当时现存真本,实仅九百六十八部,四千五百零七卷(据吾所勘尚应汰数十部)。据元代《法宝勘同总录》所述,其前出及续出之数如下表:

① 原误作“二”,今改正。

朝代	译人	部数	卷数
后汉永平十至唐开元十八（西六七—七三〇）	一七八	九六八	四五〇七
唐开元十八至贞元五（西七三〇—七八九）	八	一二七	二四二
唐贞元五至宋景祐四（西七八九—一〇三七）	六	二二〇	三三二
宋景祐四至元至元二十二（西一〇三七—一二八五）	四	二〇	一一五

以大小乘经律论分类，则其表如下（据《勘同录》）：

藏别	部数	卷数
大乘经	八九七	二九八〇
大乘律	二八	五六
大乘论	一一八	六二八
小乘经	二九一	七一〇
小乘律	六九	五〇四
小乘论	三八	七〇八

此后明、清、高丽、日本诸藏，虽互有增减，其所出入者，多此土撰述。大抵印度经、律、论、集传等，译成国文者，汰伪除复，现存者实五千卷内外。此真我国民一大事业也。此事业什之九，皆在西纪六十七年至七百八十九年，其余则附庸而已矣。吾尝通览比较，则此七百年间翻译事业进化之迹，历历可寻。以译本论，初时多凭胡僧暗诵传译，后则必求梵文原本；同是原本也，初时仅译小品，后乃广译大经；同是大经

也，初时章节割裂，各自单行，后乃通译全文，首尾完具。以译人论，初时不过西域流寓诸僧，与不甚著名之信士；后则皆本国西行来法之鸿哲，与印土东渡之大师。以译法论，前此多一人传语，一人笔受；后则主译之人，必梵汉两通，而口译、笔受、证义、勘文，一字一句，皆经四五人之手乃著为定本。以译事规模论，初则私人一二，相约对译；后乃由国家大建译场，广罗才俊。以宗派论，初则小乘，后则大乘。以书籍种类论，初惟翻经，后乃广涉律、论、传记，乃至外道哲学，咸所取资。此固学术进化之轨应然，抑我先民向上之精神，亦可见矣。

附录　佛教典籍谱录考

近代目录之学大盛，四部群籍，存佚真伪，考证略明。佛教之书，占我国学术界最重要部分，而千年来儒者，摈之弗讲。除《隋·经籍志》《唐·艺文志》鲁莽灭裂，著录数种外，其余谱录，一不之及。惟阮孝绪《七录》特开佛法录一门，分为戒律、禅定、智慧、疑似，论记五部，著录五千四百卷，可谓卓识。惜其书今不存。吾著《佛教史》对于传译各书，不能不常有所辩证。今为征引说明之便，先著此篇，附录以供参考。他日有根据下列各书，厘定同异，整理内典者，亦学术界一功臣已。

据《开元释教录》卷十叙列古今诸家目录篇，其所举"经录"之书凡四十种，但多已亡佚。且其中有系统的著述，不过什之一二。今摘要论列如下：

《经录》　卷数无考，东晋释道安撰，今佚。省称《安录》。

《高僧传》云："自汉魏迄晋，经来稍多。而传经之人，名字弗说。后人追寻，莫测年代。安乃总表名目，表其时人，铨品新旧，撰为经录。”是佛典谱录，安实作始。今其书久佚，但僧祐之《出三藏集记》自卷二至卷五，皆补续安录，其有增订，类皆注出。吾辈可从《祐录》中推出《安录》原本，犹《汉书·艺文志》可当刘歆《七略》读也。据《祐录》推出《安录》篇数如下：一撰出经律论录，二条解异出经录，三古异经录，四失译经录，五凉土异经录，六关中异经录，七疑经录，八注经及杂经志录。

《众经录》四卷　东晋道流、道祖同撰，今佚。见《开元录》。

《众经目录》二卷　萧齐释王宗撰，今佚。见《祐录》。

元魏《众经目录》十卷　永熙间敕舍人李廓撰，今佚。见《长房录①》。

前六卷以大小乘经律论分类，第七卷未见本，末三卷辨伪经。

梁代《众经目录》四卷　天监十七年敕沙门宝唱撰，今佚。见《长房录②》。

高齐《众经目录》八卷　武平间沙门法上撰，今佚。见《内典录》。

《出三藏记集》十五卷　梁僧祐撰，今存。省称《祐录》。

此为现存最古较可信据之经录。前五卷踵《安录》之旧加以厘定。先分年代，以译家先后为次，列举各家所译书目。次

① 原误作“张房录”，今改正。

② 同上。

列各经重译及异名者，次叙律藏，次叙佚本，次辨伪经。第六卷至第十二卷，录各经典序文。第十三至第十五卷，译家传记。祐为惠远再传弟子，即著《释迦谱》、《弘明集》之人。治佛学掌故者，要当挹源此公。但其书考证失实处，亦仍不免。

隋《众经目录》七卷　开皇十四年敕法经等撰，今存。

分大小乘经律论各一录，共六录。每录皆分一译、异译、失译、别生、疑惑、伪妄六门。末附西域及此方集传著述一录。后世编集体佛藏例，此其开端。

《历代三宝记》十五卷　隋开皇十七年费长房撰，今存。省称《房录》。

长房为当时翻经学士，嫌官本经录不备，别撰斯编。第十二卷以前，以年代分。十三、十四卷记重译失译。十五卷列总目。现存古录，此最繁博，亦最踳驳。道宣云："房所撰者，瓦玉相谬，得在繁富，未可凭准。"①（见《内典录》）智升云："（房录）事实杂谬，其阙本疑伪，皆编入藏，窃为不可。"（见《开元录》）据房录总目，已有经籍二一四六部，六二三五卷。今存经典，总计不过五千余卷，唐译几居三分之一。岂有隋时反逾六千者，即此一端，已证其妄。宣、升等纠其误谬数十条，具见原书，不备引。

隋《众经目录》五卷　仁寿二年敕撰，今存。

---

① 梁氏所引，不免断章取义，《大唐内典录》原文为："至于入藏，瓦玉相谬。得在繁富，失在核通，非无凭准，未可偏削。"

踵旧作，列总目，无甚价值。

《大唐内典录》十卷　麟德元年释道宣撰，今存。省称《内典录》。

宣为唐代第一律师，其自序谓："上集群目，取讯僧传。……参祐、房等录，……[1]望[2]革前弊。"智升称其："类例明审，有作者之风。"[3]信矣！其目如下：众经传译所从录第一，翻本单重人代存亡录第二，众经分乘入藏第三，众经举要转读录第四，众经有目阙本录第五，道俗述作注解录第六，诸经支流陈化录第七，所出疑伪经论录第八，众经目录始终序第九，众经应感兴敬录第十。

《古今译经图记》四卷　唐沙门靖迈撰，今存。

迈为玄奘弟子。奘在慈恩寺翻经堂壁，画《古今译经图》，迈乃为之记。不过《房录》节本无甚价值。

《武周刊定众经目录》十五卷　天册万岁元年敕明佺等撰，今存。

总数三六一六部，八六四〇卷。多踵《房录》讹谬。

《开元释教录》二十卷　开元十八年释智升撰，今存。省称《开元录》。

---

① 此处原略数句，今以省略号识之。

② 原误作"务"，今改正。

③ 此引文原作"类例明审，实有可观，作者之风见于兹矣。"

前十卷为总括群经录，由汉至唐，以朝代译家编次，体例略同《祐录》、《房录》。后十卷为别分乘藏录，复分为七：一有译有本录，二有译无本录，三支派别行录，四删略繁重录，五补阙拾遗录，六疑惑再详录，七伪妄乱真录。其分别乘藏中，于大乘诸经，复判《般若》、《宝积》、《大集》、《华严》、《涅槃》五大部。其不属五部者，则名曰"大乘单译经"。此种分类，为后世编藏所祖。其于诸籍阙本别生，充为明晰。编次别择，颇极谨严。所举存佚总目二二七八部，七〇四六卷；存者一一三〇部，五〇六六卷。实经录之总汇，佛教史上最有价值之记载也。

《贞元释教录》三十卷　唐贞元五年圆照撰，今存。省称《贞元录》。

此书为续《开元录》之作，亦有补所未备者。

《祥符录》二十二①卷　今佚②。见《法宝勘同总录》。

《景祐录》二十一③卷　今佚④。同上。

① 卷数原缺，今据《至元法宝勘同总录》补。

② 近代在山西赵城广胜寺之《金藏》中发现本录残本，影印刊行于《宋藏遗珍》下集。又，支那内学院曾抄录《金藏》本，并将阙脱部分以《天圣释教总录》、《至元法宝勘同总录》、《高丽藏目录》等补足，以《大中祥符法宝录略出》之名于1934年刊行。此时梁启超已作古。

③ 卷数原缺，今据《至元法宝勘同总录》补。

④ 1933年，于山西省赵城县广胜寺所藏之《金藏》中发现其残本，后收录于《宋藏遗珍》下集第十二函出版。其后，南京支那内学院抄出《宋藏遗珍》本之要文，另由本书之总录、《大中祥符法宝录》、《天圣释教总录》、《至元法宝勘同总录》等补入原缺部分，题为《景祐法宝录略出》，于1934年刊行。此时梁启超已作古。

《至元法宝勘同总录》十卷　元至元二十二年庆吉祥等奉敕撰，今存。

此书总括元以前所有诸经典，叙述简要。尤有一特色，在将汉译本与西藏文本对勘。其序云："以西蕃大教目录对勘东土经藏部帙之有无，卷轴之多寡，……损者完之，无者书之。"此实前此未有之业，惜所勘者尚非波利文或梵文原本耳。

《大藏圣教法宝标目》十卷　元居士王古撰，今存。

此书为解题提要体，在佛典经录中，实为创作。分部全依《开元录》。每经撷其大意，小经或仅数行，大经则分品详说。其重译之本，则并列总撷之。卷首有克已序，谓"一览之余，全藏义海了然"。殆不诬也。惟各种译人不标列，是其小失。

《释教汇目义门》四十一卷　明释寂晓撰，存佚待考。见《阅藏知津》。

寂晓，字蕴空，其书未见。惟智旭《阅藏知津》总目中列有应收入藏之书四十五种，此其最末一种也。据《知津》凡例，知其书，"但分五时，不分三藏。"又"从古判法，分菩萨、声闻两藏，就两藏中各具经、律、论三。"又"于重单译中，先取单本总列于前，重本别列于后。以先译为主，不分译之巧拙。"此智旭议其失当处也。要之此价值，当不在焦竑《经籍志》之下矣。

《阅藏知津》四十四卷　明翻沙门智旭撰，今存。旭即世所称蕅益

大师也，稍治佛学者，当无不知其为人。此书见日本《卍①续藏经》，称四十卷。

近金陵刻经处重印本，则四十四卷。而卷首有夏之鼎序，谓四十八卷，未知有阙佚否。全书分数如下：

- 藏
  - 一经藏
    - 大乘经
      - 华严部
      - 方等部
        - 显说
        - 密咒
      - 般若部
      - 法华部
      - 涅槃部
    - 小乘经
  - 二律藏
    - 大乘律
    - 小乘律
  - 三论藏
    - 大乘论
    - 小乘论
  - 四杂藏
    - 西土撰述
    - 此方撰述……
      - 忏仪
      - 净土
      - 禅宗
      - 贤首宗
      - 慈恩宗
      - 密宗
      - 律宗
      - 纂集
      - 传记
      - 护教
      - 目录

此书盖继王古、寂晓而作，其自序云："王古居士创作《法宝标

① 原误作"又"，今改正。

目》，明有[1]蕴空沙门嗣作《汇目义门》，并可称良工苦心[2]。然《标目》仅顺宋藏次第，略指端倪，固未尽美。义门创依五时教味[3]，粗陈梗概，亦未尽善。”又自述著此书，“历年二十祺[4]，始获成稿。……但藉此稍辨方位，俾未阅者知先后所宜，已阅者达[5]权实所摄。”其书纯为提要体，但仅列诸经品题及品中事理大概，不加论断。盖恐人“依他作解，障自悟门。”又诸经或已通行或卷帙不多者，所录皆略。惟卷帙多而人罕阅者，则详录之。凡此义例，皆极精审。惟各经论传述源流一概未及，是其短处。后有作者，因其成规，加以考证，且于通行诸经一律加详，则亦斯界不朽之业也。

二

佛典翻译，可略分为三期。自东汉至西晋，则第一期也。僧徒记述译事，每推本于摄摩腾、竺法兰，谓今所传《四十二章经》实中国最古之佛典。据其所说，则腾等于汉明帝永平十年，随汉使至洛阳，腾在白马寺中译此经，译成，藏诸兰台石室，而兰亦译有《佛本行经》等五部。果尔，则西历纪元六十七年，佛经已输入中国。虽然，吾殊不敢置信。《四十二章经》纯是魏晋以后文体，稍治中国文学史者，一望即能辨别，其体裁摹仿《老子》，其内容思想，亦与两晋

① “明有”二字原脱，今补。
② 原误作“心苦”，今改正。
③ “教味”二字原脱，今补。
④ “祺”字原脱，今补。
⑤ 原误作“知”，今改正。

谈玄之流相接近，殆为晋人伪托无疑。《安录》不载此书，则作伪者或在安后，或安知其伪而摈之也。兰之《本行经》等，亦不见《安录》，盖同为伪本①。是故汉明遣使，是否有其事，腾、兰二公，是否有其人，不妨付诸阙疑，而此经则决不当信。以吾所推断，则我国译经事业，实始于汉桓、灵间（西第二世纪中叶），略与马融、郑玄时代相当，上距永平，八十年矣。

最初译经大师，则安清（安世高）与支谶（支娄迦谶）也。清，安息人。谶，月支人。并以后汉桓、灵间至洛阳。据《传》（慧皎《高僧传》也，下同），清本安息太子，出家遍历诸国，汉桓帝初到中夏，非久即通华言。以建和二年至建宁中，二十余年，译《安般守意经》等三十九部。《传》称其辩而不华，质而不野。道安谓："先后传译，多有谬滥，惟清所出，为群译首。"谶，以灵帝光和、中平间。译出《般若道行》、《般舟三昧》、《首楞严》等三经，则孟谛、张莲为之笔

① 梁启超原注：《祐录》亦首列《四十二章经》，惟注云："旧录云《孝明皇帝四十二章》，安法师所录辟此经。"所谓"旧录"者，不知何指。然书为《安录》所无，则甚明矣。此实《四十二章》晚出之铁证。梁慧皎《高僧传》第一传即为摩腾，但云："大法初传，未有归信，蕴其深解，无所宣述。"是明言腾无著作矣。然其末又附数语云："有记云：'腾译《四十二章经》一卷，初缄在兰台石室第十四间。'……"则因当时之说，姑为存疑耳。《房录》于《四十二章》之后，次以法兰所译五种，《祐录》则无有。盖祐公亦不信为真，故仍安公之旧，不复补也。

《四十二章经》有序，述其缘起，谓："明帝遣使张骞、羽林中郎将秦景、博士弟子王遵等十二人，至大月支国写取佛经四十二章。……"即此数语，已罅漏百出。硬将百余年前之张博望拉来领衔，一也；漏却蔡愔，二也；郎中为蔡愔官衔，既误作中郎将，又送与秦景，三也；博士弟子为秦景官衔，送与王遵，四也。现行本将此序删去，殆因其太可笑。然序文具见《出三藏记集》卷六，本为原本所有无疑。大抵蔡愔奉使，诚为事实。然佛经在东汉初，绝无译本，盖可断言。所谓赍经四十二章驮以白马者，殆得经四十二部耳。不然，今本之《四十二章经》仅数千言，可以卷而怀之，何劳马背？晋人好造伪书，缘饰以成此本，甚可笑也。

受。又有《阿阇世王》、《宝积》等数部,译人失名,道安精寻文体,云似谶所出。《传》称其译文"审得本旨,了不加饰"。凡清所译,《祐录》(梁僧祐《出三藏记集》之省称,下同)著录三十四部,《房录》(隋费长房《历代三宝记》之省称,下同)著录百七十六部。凡谶所译,《祐录》著录十四部,《房录》著录二十一部①。所译率皆从大经中割出小品。例如清译之《四谛经》,即《中阿含》之《分别圣谛品》也。谶译之《般若道行经》,即《大般若》第四分内之三十品也。汉末三国时所译经,大抵类此。故每部少或一卷,多则二三卷。若《般若道行》之十卷,在当时最为巨帙矣。尤有一事极可注目者,则清公所译,多属小乘,出《四阿含》中者居多,所言皆偏重习禅方法,罕涉理论。谶公所译,半属大乘,《华严》、《般若》、《宝积》、《涅槃》皆有抽译,隐然开此后译家两大派焉。同时尚有竺佛朔、支曜、康巨、安玄、康孟详、严佛调,皆各有译述。

二公以后之大译家,则支谦也。谦本月支人,汉灵帝时,月支有六百余人归化中国,谦父与焉,故谦实生于中国。而通六国语。支谶有弟子曰支亮,谦从亮受业,故谦于谶为再传。汉献末,避乱入吴,孙权悦之,拜为博士(谦本未出家)。自吴黄武初至建兴中,译出《维摩》、《大般泥洹》、《法句》等经数十种(《高僧传》称四十九种,《祐录》三十七②种,《房录》百二十九种)。又注《了本生死

① 梁启超原注:初期译家,名多不传。清、谶二公所译。其可确指者,各不过数部耳。《祐录》所著录,已半由道安、僧祐所推定。《房录》安世高条下,忽由三十四种增至百七十六种,实骇听闻。房言安书流传河洛,道安,僧祐僻在江左,故多未见。此容或有之,然安能多至如是?且其所录多与他条重复,又中多大乘经,与《祐录》所载诸书全不类。魏晋间人,喜造伪书,依托古人,此风或渐渐染于佛徒耶?然《房录》芜杂,即此可见。

② 《出三藏记集》卷二载支谦译经三十六部,今作"三十七",不知何据。

经》。为经作注，自谦始也。所译虽多小乘(上列《大般泥洹》非今《涅槃》也。《安录》注云出《长阿含》)，然《维摩》、《阿弥陀》两大乘经，此为首译(《房录》，《维摩》以康孟详本为首译，此为第二译，注云：两本大同小异。《祐录》不著康本)。而江左译事，谦实启之。

同时有颇重要之一人，则朱士行也。汉灵时，竺佛朔译出《道行经》，即《般若小品》之旧本。士行谓此经大乘之要，而译理不尽。誓志捐身，远求大本。遂以魏甘露五年入西域。西行求法之人，此其首也。士行至于阗，果求得梵书正本，遣弟子弗如檀赍还洛阳，托无罗叉、竺叔兰二人共译之，名曰《放光般若经》，共九十品二十卷(卷数据《祐录》。今藏经本三十卷)，即《大般若经》之第二分也。般若研究，自此日进矣。《房录》又载甘露七年有支疆梁接者，译《法华三昧经》六卷于交州。是《法华》亦以此时输入。然《祐录》不载，真否难断。

第一期最后之健将，则竺法护也。护亦名昙摩罗刹，系出月支，世居敦煌，故亦为敦煌人。护为西行求法之第一人，通三十六国语言文字。中国人能直接自译梵文，实自护始。其所译，各部咸有：《宝积》四十九会，译得十六会；《华严》三十九品，译得五品；《般若》则译《光赞》三十卷，所谓《大品般若》者，此其首译也；而《正法华经》十卷，尤为《法华》输入之第一功。其他诸大乘经，尚三十余种，小乘将百种，大乘论、小乘论各一种(《祐录》载护公所译一五四部三〇九卷)。《传》称其："(自西域归①)，大赍梵经，……②沿路传译，写为晋文。"又云："终身写译，劳不告倦。"其志身

① "自西域归"四字，非原文所有。

② 此处原省略数语，今以省略号识之。

弘法之概，可以想见。道安云："护公所出，……①纲领必正。……②虽不辩妙婉显，而宏达欣畅。"（本传引）最能道出护公译风。有聂承远、道真父子二人，先后助护译事，时复加以润色。护没后，道真独译之书亦不少。

右第一期所出经虽不少，然多零品断简。所谓"略至略翻，全来全译"。实则略者多而全者希也。所译不成系统，翻译文体亦未确立。启蒙时代，固当如是也。

三

东晋南北朝为译经事业之第二期。就中更可分前后期。东晋、二秦，其前期也；刘宋、元魏迄隋，其后期也。

第二期之前期，罗什、佛驮耶舍、无谶接踵东来，法显、法勇（昙无竭）、智严、宝云，捐身西迈。大教弘立，实在兹辰。但吾于叙述诸贤以前，有二人当特笔先纪者，则道安及其弟子慧远也。安、远两公，皆不通梵语，未尝躬与译事，而一时风气，半实由其主持。安公弟子五百人，所至相随，后此襄译及求法者多出焉。其于已译诸经，整理品骘，最为精审。观前节所述经录，可知其概。翻译文体，最所注意，尝著"五失三不易"之论（详次节）。安公以研究批评之结果，深感旧译之不备不尽。译事开新纪元，实安公之精神及其言论有以启之。语其直接事业，则跋澄、难提、提婆之创译《阿毗昙》，

① 此处原略"若审得此公手目"一句，今以省略号识之。

② 此处原略"凡所译经"一句，今以省略号识之。

实由安指导；而苻坚之罗致罗什，实由安动议。盖此期弘教之总枢机，实在安矣。安公倡之于北，远公承业，和之于南。远为净宗初祖，人所共知。乃其于译业，关系尤巨。遣弟子法领等西行求经，赍《华严》以返者，远也；佛驮见摈，为之排解延誉，成其大业者，远也；指挥监督完成两《阿含》及《阿毗昙》者，远也；在庐山创立般若台译场，常与罗什商榷义例者，远也。故诸经录中，虽安、远两公，无一译本，然吾语译界无名之元勋必推两公。

译界有名之元勋，后有玄①奘，前则鸠摩罗什。奘师卷帙，虽富于什，而什公范围，则广于奘。其在法华部，则今行《法华》正本，实出其手。其在方等部，则《阿弥陀》、《维摩诘》、《思益梵天》、《持世》、《首楞严》诸经出焉，《宝积》诸品，亦为定本。其在华严部，则《十住经》之重译也。其在般若部，则《小品》、《放光》皆所再理。其在律藏，则大乘之《梵网》、小乘之《十诵》，皆所自出。然其功尤伟者，则在译论。论，前此未或译也，译之自什公始（同时佛念、提婆等译小乘论）。《智》（《大智度》）、《地》（《瑜伽师地》）两论，卷皆盈百，号论中王。《地》藉奘传，《智》凭什显。校其宏绩，后先同符。至其译《中》、《百》、《十二门》，因以开“三论宗”，译《成实》因以开“成实宗”，译《十住》因以开“十地宗”，此尤其章明较著者矣。计什所译经、律、论、杂传等都九十四部，四百二十五卷（据《内典录》）。而据后来梵僧所言，犹谓“什所谙诵，十未出一”。什之东来，实由道安献议于苻坚。坚至兴兵七万灭龟兹、乌耆以致之。及其既抵凉州，坚已败亡，安亦随没。越十六年而什方至。后秦主姚

① 原本作“元”，今改玄，后效此，不复说明。

兴,礼为国师。在长安逍遥园设译场,使僧睿、僧肇、法钦等八百余人咨受襄译。国立译场,自兹始也。什娴汉言,音译流便。既览旧经,义多纰缪,皆由先译失旨,不与梵本相应。乃更出《大品》(即《摩诃般若》),什持梵本,兴执旧经,以相雠校。其新文异旧者,义皆圆通,众心惬伏。什所译经,什九现存。襄译诸贤,皆成硕学。大乘确立,什功最高。

与罗什时代略相先后者,有僧伽跋澄、昙摩难提,僧伽提婆、昙摩耶舍、弗若多罗、昙摩流支、卑摩罗叉、佛陀耶舍。跋澄、难提、提婆,及前耶舍,前后合力赓续译《增》、《中》两《阿含》及《阿毗昙毗婆沙》(小乘论),小乘教义,于兹大备。多罗、流支、罗叉及后耶舍,则与罗什合译《十诵律》、《四分律》,律学昌明,实自兹始。罗叉及后耶舍,皆罗什所尝师事也。而后耶舍,亦译《长阿含》,于是四含得其三焉。诸人多罽宾人,率皆小乘大师,惟后耶舍兼治大乘,什译《十住》,多所咨决焉。

其间有一人宜特纪者,曰竺佛念。佛念,凉州人,幼治小学,覃精诂训。因居西河,故通梵语。跋澄、难提诸人,皆不通华言,故所出诸经,皆念传译。苻、姚二秦之译事,除什公亲译者外,无不与念有关系。计自译业肇兴以来,支谦、法护虽祖籍西域,而生长中土,华梵两通;罗什以绝慧之资,东来二十年。华语已娴,始事宣译。故宏畅奥旨,必推三公。自余西僧,华语已苦艰涩,属文盖非所能,故其事业半成于中国译人之手。在后汉有张莲、孟福、严佛调、支曜、康巨、康孟详,在西晋有聂承远、聂道真、陈士伦、孙伯虎、虞世雅,在二秦则佛念。而佛调、二聂、佛念最著云。

东晋末叶,罗什誉望势力,掩袭一世。其能与之对抗者,惟佛驮跋陀罗。佛驮,迦维罗卫人,实与释迦同祖。智严、宝云西行求法，从之受业，因要与归。初至长安，与罗什相见，什大欣悦，每有疑义，必共咨决。未几以细故为什高座弟子僧碧、道恒辈所擯，飘然南下。慧远为致出关中诸僧，和解擯事。驮竟不复北归。法领从于阗赍得《华严》，法显从印度赍得《僧祇律》，皆驮手译。凡驮所译一十五部。百十有七卷。以较什译，虽不及三之一。然《华严》大本肇现，则所谓"一夔已足"也。

同时有异军特起于北凉，曰昙无谶。谶，中天竺人。初习小乘，兼通五明诸论。后乃习大乘。旋度岭东游，止西域诸国将十年，渐东至姑臧。值沮渠蒙逊僭号，请其译经。谶学语三年，乃从事焉。谶本赍《涅槃》以来，适智猛东归，亦赍此本。然所赍皆仅前分，于是复遣使于阗，求得后分。谶先后译为四十卷，则今之《大般涅槃经》是也。又译《大方等大集》、《金光明》、《悲华》、《楞伽》、《地持》诸大经，《优婆塞戒》、《菩萨戒本》诸律。其译业之伟大，略与罗什、佛驮等。

在此期间有一最重大之史的事实，则西行求法之风之骤盛是也。求法诸贤名姓及经历，具详前篇，今不再述。

其于译业最有密切关系者，则在其所赍归之经本，今略举其可考者如下：

法领——《华严》

法显——《方等泥洹》（即《涅槃》）《长阿含》《杂阿含》《阿毗昙心经》《摩诃僧祇律》《萨婆多律》《弥沙塞律》

昙无竭——《观世音授记经》

道泰——《阿毗昙毗婆沙》

智严——《普曜经》《广博岩净经》《四天王经》

宝云——《新无量寿经》《佛本行赞经》

智猛——《大般涅槃》《僧祇律》

上诸人皆通梵文,法显、无竭、智严、宝云、智猛皆有自译本,译学渐独立矣。

以上为第二期之前期。此期中之事业:(一)《四阿含》全部译出。(二)《华严》全部译出。(三)《法华》第二译定本出。(四)《涅槃》初出,且有两译。(五)《大集》译出过半。(七)(底本原文无(六)——责编注)《宝积》续译不少。(八)《般若》之《小品》、《大品》,皆经再治。(九)其他重要单本大乘经十数部。(十)律藏初译。(十一)大乘论初译,"空宗"特盛。(十二)小乘论初译,"有部宗"特盛。统而观之,成绩可谓至丰。佛教之门户壁垒,于兹确立矣。

四

南北朝迄隋,为第二期之后期。在前期中,经典教义未备,故学者之精力,全费之于翻译输入,若人之营食事也。及入本期,则要籍既已略具,学者务研索而会通之,若食后消化以自营卫也。故此期之特色,在诸宗之酝酿草创而不在翻译。其翻译事业,不过继前期未竟之绪而已。其译家之显著者,及其所译要品,略举如下:

求那跋陀罗　《楞伽》《杂阿含》《众事分阿毗昙》等(此公实应归入前期,故从朝代列此)

菩提流支　《楞伽》《解深密》《思益梵天》诸经之再译,《十地论》之再译,其他释经诸论

勒那摩提　《宝性论》,其他诸论

佛陀扇多　《宝积》诸品,《摄大乘论》

真谛　《大乘起信论》《摄大乘论》《决定藏论》《中边分别论》《大乘唯识论》《大宗地玄文论》《俱舍释论》《金七十论》等

般若流支　《正法念处论》《唯识论》《顺中论》等

那连提耶舍　《大集》之日藏、月藏、须弥藏,《宝积》诸品

阇那崛多　《大集贤护》,法炬、威德之两陀罗尼,添品《法华》,《佛本行集》等

达摩笈多　《摄大乘论释论》《菩提资粮论》等

波罗颇伽罗　《般若灯论》《大乘庄严论》等

据上所列,则知此期中之译业,远不逮前期。其趋势则由经部渐移于论部。大乘经最可纪者,则《大集》之完成与《宝积》之续出而已。小乘经则《佛本行集》与《正法念处》之新译而已。论部则殊有异彩。盖前期罗什辈专弘印土之"法性宗",此期则渐输入其"法相宗"也。其最重要之人则为真谛。谛创译《起信》为大乘键。人所共知。其《决定藏论》,即《瑜伽决择分》中之一部,其《无相思尘论》,即《观所缘缘论》之毕译;其《大乘唯识论》,即《唯识二十论》之毕译;其《中边分别论》,即《辩中边论》之毕译;其《摄大乘论》与扇多同时译出者,(扇多第一译,真谛第二译,玄奘第三译)则《地论》之阶梯,而"相宗"之秘钥也。故真谛可谓一小玄奘也。同时佛陀扇多、般若流支、毗目智仙所译,亦皆倾于"法相宗"。

自唐贞观至贞元,为翻译事业之第三期。此期实全体佛教之全盛期,诸宗完全成立,卓然为"中国的佛教"之一大建设,而译事亦造峰极。(以全体佛教论,实应合隋唐为一期。专就翻译事业一部分论,则隋不过六朝之附庸,不能与唐齐观)其空前绝后之伟人,

则玄奘也。奘师孤征求法，历十七年，遍参各大师，亲受业于戒贤、智光，既而在彼土大弘宗风，所至各国，皆待以国师之礼。凡此芳躅，具详本传（慧立撰《大慈恩寺三藏法师传》，道宣撰《续高僧传》），不复具引。其所赍归经籍之富，亦前此所无。据《传》称：

大乘经三百二十四部

大乘论一百九十二部

小乘
- 上座部经律论十五部
- 三弥底部经律论十五部
- 弥沙塞部经律论二十二部
- 迦叶臂耶部经律论十七部
- 法密部经律论四十二部
- 说一切有部经律论六十七部

外道
- 因明论三十六部
- 声论十三部

共五百二十夹六百五十七部

师以贞观十九年正月归京师（长安）。其年二月六日，至龙朔三年十月，凡十九年间（六四五—六六三），继续从事翻译。所译共七十三部，一千三百三十卷。其绝笔之时，距圆寂仅一月耳。其间犹随时为弟子讲演，无一日暇逸。呜呼！武士当死于战场，学者当死于讲座。自古及今，为学献身，弘法利物，未有如吾奘师者也！今备列其所译书目及年岁如下：

《大菩萨藏经》二十卷

《地藏经》一卷

《陀罗尼经》一卷

《显扬圣[1]教论》二十卷 以上贞观十九年

《大乘阿毗达磨杂集论》十六卷 贞观二十年正月至二月

《大唐西域记》十二卷 贞观十九年至二十年

《瑜伽师地论》一百卷 贞观十九年三月至二十二年五月

《解深密经》五卷(第二译)

《因明入正理论》一卷

《大乘五蕴论》一卷 以上贞观二十一年

《能断金刚般若经》一卷(第四译)

《摄大乘论本》十卷

《无性菩萨所释摄大乘论》十卷

《世亲菩萨所释摄大乘论》十卷

《唯识三十论》一卷

《缘起圣道经》一卷

《因明正理门论本》一卷

《百法明门论》一卷 以上贞观二十二年六月至十二月

《般若波罗蜜多心经》一卷(第二译)

《甚希有经》一卷(第三译)

《天请问经》一卷

《最无比经》一卷(第二译)

《如来示教胜军王经》一卷

《缘起圣道经》一卷(第六译)

---

① 圣字原误作“云”,今改正。

《菩萨戒本》一卷　《羯磨文》一卷

《佛地经论》七卷

《王法正理论》一卷

《大乘掌珍论》二卷

《阿毗达磨识身足论》十六卷

《胜宗十句义论》一卷　以上贞观二十三年

《说无垢称经》六卷（第七译）

《诸佛心陀罗尼经》一卷

《分别缘起初胜法门经》二卷（第二译）

《药师琉璃光如来本愿功德经》一卷（第三译）

《称赞佛土佛摄受经》一卷（第三译即《阿弥陀经》）

《广百论本》一卷

《大乘广百论释论》十卷

《本事经》七卷　以上永徽元年

《大乘大集地藏十轮经》十卷

《受持七佛名号所生功德经》七卷

《大乘成业论》一卷

《阿毗达磨俱舍论》三十卷《本颂》一卷　以上永徽二年

《阿毗达磨显宗论》四十卷　永徽二年至三年

《佛临涅槃记法住经》一卷

《大乘阿毗磨集论》七卷　以上永徽三年

《阿毗达磨顺正理论》八十卷　永徽四年至五年

《难提蜜多罗所说法住记》一卷

《显无边佛土功德经》一卷

《称赞大乘功德经》一卷

《陀罗尼》三种共经三卷　以上永徽五年

《瑜伽师地论释》一卷　永徽六年

《十一面神咒心经》一卷　显庆元年

《阿毗达磨大毗婆沙论》二百卷　显庆元年至四年

《观所缘缘论》一卷(第二译)　显庆二年

《阿毗达磨发智论》二十卷　显庆二年至五年

《入阿毗达磨论》二卷　显庆三年

《成唯识论》十卷

《阿毗达磨法蕴足论》十二卷　以上显庆四年

《大般若波罗蜜多经》六百卷　显庆五年至龙朔三年

《阿毗达磨集异门足论》二十卷　显庆五年至龙朔三年

《阿毗达磨品类足论[①]》十八卷　显庆五年

《辩中边论》三卷《颂》一卷

《唯识二十论》一卷

《缘起经》一卷　以上龙朔元年

《异部宗轮论[②]》一卷　龙朔二年

《阿毗达磨身界足论》三卷

《五事毗婆沙论[③]》二卷　以上龙朔三年

附记:诸经录于译书年岁,或记或不记。右表系参合《三藏法师传》、《内典录》、《开元录》三书校定。

吾所以不避烦冗,具列书目及年岁者,凡以见奘公用力之勤,

① 原脱一"论"字,今补。

② 同上。

③ 同上。

老而弥笃。计以十九年译千三百余卷,平均每年译七十卷。而最后四年间(显庆五年至龙朔三年),平均乃至每年译百七十卷。时师年则既六十矣(师寿六十五岁),非特热诚可敬,抑其精力亦可惊也(据上表,历年中惟永徽六年所译最少,殊不类。查《三藏传》中载有师永徽五年寄印度智光一书内云"《俱舍》、《顺正理》现译未周。"知此二书必为六年功课。而《开元录》以《俱舍》为二年译成,《顺正理》为四年至五年译成,恐有误。姑仍之)。《传》称"(师自永徽改元后[①])专务翻译,无弃寸阴。每日自立程课,若昼日有事不充,必兼夜以续,遇乙之后,方乃停笔。摄经已,复礼佛行道。至[②]三更暂眠,五更复起,读诵梵本,朱点次第,拟明旦所翻。每日斋讫,黄昏二时,讲新经论,及诸州听学僧等,恒来决疑请义。……[③]日夕已去,寺内弟子百余人,咸请教诫,盈廊溢庑,皆[④]酬答处分,无遗漏者。……"呜呼!真千古学者之模范也已。奘师最大事业,在译《大般若》、《瑜伽师地》、《大毗婆沙》及《六足》、《发智》、《俱舍》。即此诸编,已逾千卷。而《成唯识论》虽名为译,实乃自著。法相一宗,虽渊源印土,然大成之者实自奘师。其提倡因明,传译之余,讲析不倦。中国人知用"逻辑"以治学,实自兹始。《续高僧传》云:"(奘奉敕)翻《老子》五千文为梵言,以遗西域。"又云:"又以《起信》一论,文出马鸣,彼土诸僧,思承其本。奘乃译唐为梵,通布五天。"是则奘师译业,匪惟东被,乃兼西护。我国名著,流布异

① "师自永徽改元后"一语,原文作,自此之后,此为梁氏概括其意。今置诸括号内。

② 原本脱"至"字,今补。

③ 原本此处省略数句,今以省略号识之。

④ 原本此处脱"皆"字,今补。

域，此其滥觞。而马鸣《起信》在彼失传，资我反哺，抑又我学界之一大荣誉矣。奘赍归经律论六百五十七部，译者七十三，仅逾十之一耳。倘假以年，其所以嘉惠我学界者更不知何若也！

与玄奘同时，为奘所掩，不克自表见者，一人焉，曰那提。《续高僧传》云："那提，中印度人。以永徽二年携大小乘经、律、论五百余夹一千五百余部至京师，有敕令于慈恩寺安置。时奘师当途翻译，声华腾蔚，无由克彰。既不蒙引，反充给使。显庆元年，敕往昆仑诸国采取异药。龙朔三年，返旧寺，所赍诸经，并为奘将北出，欲翻莫凭。……余（道宣自称）博访大夏行人，云：'那提，龙树门人也，所解无相，与奘硕返（大反）。'……西梵僧云：'大师（龙树）隐后，斯人第一，深解实相，善达方便。小乘五部毗尼、外道四吠陀论，莫不洞达源底，通明言义。'……所著《大乘集义论》可四十余卷，将事译之，被遣遂阙。"①据此，则那提当是"法性宗"大师，与玄奘宗派不合，遂尔见摈。其赍来经典，盖倍于奘，而一不流布，实我学界千古之遗憾也！奘师妨贤遏学，亦不得谓非盛德之累。昔佛驮见排于罗什，物莫两大，理或固然。此无慧远，末由匡救，惜哉！

翻译事业，至奘师已达最高潮，后此盖难乎为继。然百余年间，流风未沫。数其龙象，尚得六人：（一）实叉难陀。重译八十卷

① 此段引文与原文出入较大，原文如次："那提……中印度人。……乃搜集大小乘经律论五百余夹，合一千五百余部。以永徽六年创达京师。有敕令于慈恩安置，所司供给。时玄奘法师，当途翻译，声华腾蔚，无有克彰。……既不蒙引，返充给使。显庆元年，敕往昆仑诸国采取异药。……龙朔三年还返旧寺。所赍诸经，并为奘将北出，意欲翻度，莫有依凭。……余自博访大夏行人云：'那提三藏，乃龙树之门人也。所解无相，与奘颇返。'西梵僧云：'大师隐后，斯人第一，深解实相，善达方便。小乘五部毗尼外道四韦陀论，莫不洞达源底，通明言义。'……所著《大乘集义论》，可有四十余卷。将事译之，被遣遂阙。"

本《华严》，今为定本。重译《起信论》，与真谛本互有短长。（二）义净。将“有部宗”毗奈耶十一种全行译出，凡百余卷，律藏于是大备焉。“法相宗”诸论，亦多续译，补奘师所不及。（三）菩提流志。完成《大宝积经》。（四）不空。译密部经咒百四十余种，密宗于是成立。（五）般剌密帝。译《大佛顶首楞严》。此经真伪，虽滋疑问，然其在我国佛学界有最大势力，则众所同认矣。（六）般若。译《华严普贤行愿品》，《华严》遂以完成。

自唐贞元迄宋太平兴国约二百年间，译业完全中止。太平兴国八年，始复起译场，至景祐四年止，凡五十六年间，亦译出五百余卷。其著名译家，曰法护，曰施护，曰法贤，曰惟净。所译经多方等、显、密小品，惟论有数种特可观。惟净之《大乘中观释论》九卷，法护之《大乘宝要义论[1]》十卷，《大乘集菩萨学论》二十五卷，《施设论》七卷，施护之《集诸[2]法宝最上义论》二卷，此其选也。元至元间，亦有译经，然皆小乘小品，益不足道。故翻译事业，虽谓至唐贞元而告终可也。今将晚汉迄中唐经律论传译次第，列为一表，资省览焉。

五

前节所论列，以译人为主，读之可知各时代进步之大概。今更将各经典分类考其传译源流，俾学者知一学科之成立发达，正非易易也。

① 原脱“论”，今补。
② 原脱“诸”字，今补。

经律论传译次第表第三

年代	译人	大乘经论之部						小乘经论之部		律部
		华严	方等	方等密部	般若	法华涅槃	大乘论	小乘经	小乘论	
第一期 后汉	安世高 汉桓建和元—建宁三（一四七—一七〇）							《安般守意经》《阴持入经》等共三十四种，多《四阿含》中单品		
第一期 后汉	支娄迦谶 汉桓建和二—中平三（一四八—一八六）	《兜沙经》一卷（今本《如来名号品》）	《无量清净经》二卷 《阿閦佛国经》二卷 《佛遗日摩尼宝经》十卷（并在今《大宝积经》内） 《般舟三昧经》三卷（即今《大集贤护经》）	《阿阇世王经》二卷 《纯真三昧经》三卷	《般若道行经》十卷（今本第四会）		《杂譬喻经》二卷（此实论也，当日未立别名，仍混称经）			

（续表）

年代		译人	大乘经论之部						小乘经论之部		律部
			华严	方等	方等密部	般若	法华涅槃	大乘论	小乘经	小乘论	
第一期	后汉	安玄 严佛调 汉灵光和四（一八一）		《法镜经》二卷（今采入《大宝积经》） 《维摩诘经》一卷					《断十二因缘经》一卷		
第一期	三国	支谦 吴孙权黄武二—孙亮建兴二（二二三—二五三）	《菩萨本业经》一卷（今本《净行品》	《无量寿经》二卷 《维摩诘经》三卷 《首楞严经》三卷（非今本《佛顶首楞严》） 其他数十种	《阿罗尼咒经》一卷 《般若波罗蜜咒经》一卷 《无量门微密持经》一卷	《大明度无极经》六卷（即《道行》）	《佛以三车唤经》（今《法华·譬喻品》）（待考）	《梵志经》《梵网经》等十数种，多今《四阿含》单品 《五子母经》《八师经》等十数种			
第一期	三国	支疆梁接 吴孙亮五凤二（二五五）					《法华三昧经》六卷（待考）				

（续表）

年代	译人	大乘经论之部						小乘经论之部		律部
		华严	方等	方等密部	般若	法华涅槃	大乘论	小乘经	小乘论	
第一期 西晋	无罗叉 竺叔兰 晋惠元康元 （二九一）				《放光般若经》三十卷（今本第二会）					
第一期 西晋	竺法护 晋武泰[1]始二—愍建兴三（二六六—三一五）	《十住行道经》一卷（今《十住品》） 《渐备一切智德经》五卷（今《十地品》）。 《等目菩萨三昧经》一卷（今《十定品》） 《如来兴显经》四卷（今《如来出现品》 《度世品经》六卷（今《离世间品》）	宝积部经十五种，采入今《大宝积经》者三种大集部经三种 《贤劫经》十卷 《佛冠经》二卷 《诸佛要集经》四卷 《持心梵天所问经》四卷 《光明庄严经》五卷 《普曜经》十卷 其他属此部经二十三种		《光赞般若经》三十卷（同《放光》）	《正法华经》十卷（《法华》初译） 《阿惟越致遮经》四卷 《方等般泥洹经》二卷 《等集众德三昧经》三卷	《修行道地经》八卷	《增一阿含》中单品四种 《中阿含》中单品五种 《杂阿含》中单品一种 《生经》五卷 其他小乘经九种		

（续表）

年代		译人	大乘经论之部						小乘经论之部		律部
			华严	方等	方等密部	般若	法华涅槃	大乘论	小乘经	小乘论	
第一期	西晋	聂道真 与法护同时助译							五十余种，多《阿含》单品		
第一期	西晋	法炬 晋惠世							九十余种，多阿含单品		
第一期	西晋	昙无兰 晋孝武世							百十余种，多《阿含》单品		
第二期	东晋	僧伽跋澄 昙摩难提 佛伽提婆 苻秦建元中（三六五—三八五[2]）							《增一阿含经》五十卷《中阿含经》六十卷（《阿含》全译事业之一）（佛念同译）	《鞞婆沙论》十八卷（跋澄译）《阿毗昙心论》四卷（提婆译）《尊婆须密所集论》十卷（跋澄译）《三法度论》三卷（提婆译）	

（续表）

年代	译人	大乘经论之部						小乘经论之部		律部
		华严	方等	方等密部	般若	法华涅槃	大乘论	小乘经	小乘论	
第二期 东晋	竺佛念 时代同前		《十住断结经》十四卷 《菩萨璎珞经》二十卷		《摩诃般若钞经》五卷	《菩萨处胎经》五卷 《中阴经》二卷		《增》、《中》二《阿含》由彼笔述	《阿毗昙八犍度论》三十卷（提婆同译）	《璎珞本业经》二卷（大乘律） 《戒因缘经》十卷（小乘律）
第二期 东晋	佛陀耶舍 苻秦建元末—姚秦建初中（约三七五—三八〇[3]	《十住经》四卷（罗什同译）（今本《十地品》）	《虚空藏菩萨经》一卷					《长阿含经》二十二卷（《阿含》全译事业之二）		《四分律藏》六十卷（佛念合译）（小乘律最备本）
第二期 东晋	鸠摩罗什 姚秦弘始三—十一（四〇一—四〇九）	《十住经》四卷（耶舍同译）	宝积部三种，今采入《大宝积经》 《自在王菩萨经》二卷 《千佛因缘经》一卷 《弥勒成佛		《小品般若经》十卷（即《道行》本） 《金刚般若经》一卷 《仁王护国般若经》二卷《摩诃般	《妙法莲华经》七卷（《法华》正本） 《集一切福德三昧经》（涅槃部）	《十住毗婆沙论》十五卷 《大智度论》一百卷 《十二门论》一卷 《发菩提心论》一卷	小品四种	《成实论》二十卷	《梵网经》十卷（大乘律）《佛藏经》四卷（大乘律） 《十诵律》六十五卷（小乘律） （卑摩罗叉

（续表）

年代	译人	大乘经论之部						小乘经论之部		律部
		华严	方等	方等密部	般若	法华涅槃	大乘论	小乘经	小乘论	
第二期 东晋			经》一卷 《首楞严三昧经》三卷 《维摩诘所说经》三卷（《维摩》正本） 《思益梵天所问经》四卷《持世经》四卷 其他五种		若经》三十卷（即《放光》本再译）		《百论》二卷 《中论》四卷 《大庄严论》十五卷 《般若经论集》二十卷 马鸣、龙树、提婆、无著传各一卷（附）			共译） （其他四种）
第二期 东晋	昙摩谶 北凉玄始三—十（四一四—四二一）		《三戒经》三卷（《宝积》单品） 《大方等大集经》三十卷（《大集》正本） 《金光明经》四卷 《悲华经》十卷 《楞伽经》四卷			《大般涅槃经》四十卷（《涅槃》正本） 《大方等大云经》四卷（涅槃部）	《佛所行赞经》五卷 《菩萨地持[4]经》八卷（《瑜伽师地》中单品）			《优婆塞戒经》七卷 《菩萨戒本经》一卷（俱大乘律）

（续表）

年代		译人	大乘经论之部						小乘经论之部		律部
			华严	方等	方等密部	般若	法华涅槃	大乘论	小乘经	小乘论	
第二期	东晋	佛陀跋陀罗 东晋安隆安二—宋武永初二（三九八—四二一）	《大方广佛华严经》六十卷（所谓晋译华严也）《文殊师利发愿经》一卷	《新无量寿经》一卷 《大方等如来藏经》一卷 《观音三昧海经》一卷				《泥洹论》《修行方便论》			《僧祇律》四十卷（小乘律）
		法显 东晋隆安、义熙中（四世纪初[5]）					《方等泥洹经》六卷		《般泥洹经》二卷 此《阿含》单本，非《涅槃》也）	《杂阿毗昙心论》十三卷	
		浮陀跋摩 北凉永和五（四〇九）四〇九当北凉永安九年按								《毗婆沙论》一百卷（后玄奘重译）	

（续表）

年代		译人	大乘经论之部						小乘经论之部		律部
			华严	方等	方等密部	般若	法华涅槃	大乘论	小乘经	小乘论	
第二期	东晋	《高僧传》三，跋摩译事始承和五年（永和一作承和）丁丑即宋元嘉十四年，是再周方讫，此当作四三七									
第二期	东晋	智猛 北凉永和中					《般泥洹经》二十卷（今佚）				
第二期	南北朝	求那跋陀罗 宋文元[6]嘉十二—二十（四三五—四四三）		《楞伽阿跋多罗宝经》四卷（《楞伽》正本）《央掘摩罗经》四卷其他七种			《菩萨行方便境界神通变化经》十卷《大法教经》二卷		《杂阿含经》五十卷（《阿含》全译事业之三）	《众事分阿毗昙论》十二卷	

（续表）

年代		译人	大乘经论之部						小乘经论之部		律部
			华严	方等	方等密部	般若	法华涅槃	大乘论	小乘经	小乘论	
第二期	南北朝	智严 宝云 宋文元嘉中		《无尽意菩萨经》四卷 《普曜经》八卷			《广博严净不退转法轮经》四卷				
第二期	南北朝	求那跋摩 宋文元嘉中									《菩萨善戒经》九卷 《菩萨内戒经》一卷 《戒本经》一卷（俱大乘律）
第二期	南北朝	佛陀什 宋文元嘉中									《弥沙塞部五分律》三十卷（小乘律）

（续表）

年代	译人	大乘经论之部						小乘经论之部		律部
		华严	方等	方等密部	般若	法华涅槃	大乘论	小乘经	小乘论	
第二期 南北朝	僧伽跋摩 刘宋文元嘉中								《杂阿毗昙心论》十六卷	《萨婆多毗尼摩得勒加》十卷（小乘律）
	僧伽跋陀罗 萧齐武永明六（四八八）		《阿育王经》十卷	《孔雀王陀罗尼经》二卷 其他三种	《文殊所说般若经》一卷		《解脱道论》十三卷			《善见毗婆沙律》十八卷（小乘律）
	菩提流支 元魏宣武永平元—孝静天平二（五〇八—五三五）		《佛名经》十二卷 《入楞伽经》十卷（比宋译多三品） 《深密解脱经》五卷 《胜思惟梵天所问经》六卷 《法集经》六卷		《金刚般若经》一卷	《大萨遮尼犍子授记经》十卷	《十地经论》十二卷（释《华严·十地品》）《弥勒所问经论》七卷（释《宝积》四十一会） 《大宝积经论》四卷（释《宝积》四十三会）			

（续表）

年代	译人	大乘经论之部						小乘经论之部		律部
		华严	方等	方等密部	般若	法华涅槃	大乘论	小乘经	小乘论	
第二期 南北朝							《无量寿经论》一卷 《文殊问菩提经论》二卷 《破色心论》一卷 《胜思惟梵天问经论》四卷 其他四种			
	勒那摩提 元魏宣武正始五（五〇八[7]）						《究竟一乘宝性论》五卷 《法华经论》一卷 《十地论》十二卷 《宝积经论》四卷			

（续表）

年代		译人	大乘经论之部						小乘经论之部		律部
			华严	方等	方等密部	般若	法华涅槃	大乘论	小乘经	小乘论	
第二期	南北朝	昙摩流支 元魏宣武景明二—正始四（五〇一—五〇七[8]）	《信力入印法门经》五卷	《入一切佛境界经》二卷							
第二期	南北朝	佛陀扇多 元魏宣武孝明正光六—孝静元象二（五二五—五三九）		宝积部二种，今采入《大宝积经》 其他四种				《摄大乘论》二卷			
第二期	南北朝	真谛（即拘那罗陀） 梁武太清二—陈宣太建元（五四八—五六九）		《解节经》一卷 《无上依经》二卷		《金刚般若经》一卷		《决定藏论》三卷（《瑜伽师地》中小品） 《中边分别论》三卷 《摄大乘论》三卷 《大乘唯识论》一卷 《三无相论》二卷 《显识论》		《立世阿毗昙论》十卷 《阿毗达磨俱舍释论》二十二卷 《四谛论》四卷 《随相论》二卷 《部异执论》一卷 《金七十论》三卷	

（续表）

年代		译人	大乘经论之部						小乘经论之部		律部
			华严	方等	方等密部	般若	法华涅槃	大乘论	小乘经	小乘论	
第二期	南北朝							一卷 《转识论》一卷 《大宗地玄文本论》八卷 《十八空论》二卷 《佛性论》四卷 《如实论》一卷 《大乘起信论》二卷 其他四种			
		般若流支 元魏元象元—武定二（五三八—五四四）		《得无垢女经》一卷（采入《大宝积》）				《唯识论》一卷 《顺中论》二卷 《壹输卢迦论》一卷	《正法念处经》七十卷		

（续表）

年代		译人	大乘经论之部						小乘经论之部		律部
			华严	方等	方等密部	般若	法华涅槃	大乘论	小乘经	小乘论	
第三期	隋	那连提耶舍高齐天保七—隋开皇九（五五六—五八九）		《大方等日藏经》十卷 《大方等大集月藏经》十卷 《大集须弥藏经》二卷 《月灯三昧经》十一卷（《大集》译本大成） 《菩萨见实三昧经》十六卷（今编编入《宝积》） 其他九种	《大云轮请雨经》二卷		《大悲经》五卷 《道华面经》二卷（俱涅槃部）			《法胜阿毗昙心论经》六卷	
		阇那崛多宇文周武成元—隋开皇二十（五五九—六〇〇	《佛华严入如来德智不思议境界经》一卷	《大集贤护经》五卷 《大集譬喻王经》二卷（皆《大集》广本）	《大法炬陀罗尼经》二十卷 《大威德陀罗尼经》二十卷		《添品妙法莲华经》八卷 《观世音菩萨普门品》一卷		《佛本行集经》六十卷 《起世经》十卷		

（续表）

年代		译人	大乘经论之部						小乘经论之部		律部
			华严	方等	方等密部	般若	法华涅槃	大乘论	小乘经	小乘论	
第三期	隋			《入法界体性经》一卷 《无所有菩萨经》四卷 《观察诸法行经》四卷 《诸佛护念经》十卷 其他十一种	《如来方便善巧咒经》一卷 其他四种		（右皆与笈多合译） （法华部） 《四童子三昧经》三卷 （涅槃部）				
		达摩笈多 隋开皇十一大业十二 （五九一[9]—六一六）		《善住意天子所问经》四卷 （今采入《大宝积》） 《大集菩萨念佛三昧经》十卷 其他二种				《金刚般若论》二卷 《菩提资粮论》六卷 《摄大乘论释论》十卷			
		波罗颇迦罗 唐武德九—贞观七（六二六—六三三						《般若灯论》十五卷 《大乘庄严经论》十三卷			

（续表）

年代	译人	大乘经论之部						小乘经论之部		律部
		华严	方等	方等密部	般若	法华涅槃	大乘论	小乘经	小乘论	
第三期 唐	玄奘 唐贞观十九一龙朔三 （六四五一六六三	《显无边佛土功德经》一卷 （今本《寿量品》）	《大乘大集地藏十轮经》十卷 （大集部） 《解深密经》五卷 《分别缘起初胜法门经》二卷 《大菩萨藏经》二十卷 （采入《大宝积》）	小品八种	《大般若波罗蜜多经》六百卷 （《般若》全译） 《般若波罗蜜多心经》一卷 《能断金刚般若经》一卷		《瑜伽师地论》一百卷 《显扬圣教论》二十卷颂一卷 《大乘阿毗达磨集论》七卷 《杂集论》十六卷 《辩中边论》三卷 《摄大乘论本》三卷无性释十卷 《摄论世亲释》十卷 《唯识二十论》一卷 《三十论[10]》一卷 《成唯识论》二十卷 《大乘成业论》一卷	《本事经》七卷	《阿毗达磨集异门足论》二十卷 《法蕴足论》十二卷 《阿毗达磨发智论》二十卷 《阿毗达磨大毗婆沙论》二百卷 《阿毗达磨俱舍论》三十卷 《阿毗达磨顺正理论》八十卷 《藏显宗论》四十卷 《识身足论》十六卷 《界身足论》三卷 《品类足论》十八卷	《菩萨戒本》一卷

（续表）

年代		译人	大乘经论之部						小乘经论之部		律部
			华严	方等	方等密部	般若	法华涅槃	大乘论	小乘经	小乘论	
第三期	唐							《大乘五蕴论》一卷 《因明入正理论》一卷 《因明入正理门论本》一卷 《百法明门论》一卷 《观所缘缘论》一卷 《广百论》十卷颂一卷 《掌珍论》二卷 《胜宗十句义论》一卷 （此外道书）			
		阿地瞿多 唐永徽三一五 （六五二—六五四）			《陀罗尼集经》十二卷						

（续表）

年代	译人	大乘经论之部						小乘经论之部		律部
		华严	方等	方等密部	般若	法华涅槃	大乘论	小乘经	小乘论	
第三期 唐	智贤 会宁 唐鳞德中（六六四—六六五）					《大般涅槃经·荼毗分》二卷				
	日照（即地婆诃罗） 唐仪凤初—垂拱末（六七六—六八五）	《大方广佛华严经续入法界品》一卷	《大庄严经》十二卷 《密严经》三卷 《显识经》二卷 其他七种	陀罗尼小品四种			《大乘广五蕴论》一卷 《金刚般若经破取著不坏假名论》二卷			
	佛陀多罗 年代无考	《大方广圆觉修多罗了义经》一卷								
	提云般若 唐武后永昌元一天授二（六八九—六九一）	《华严经不思议佛境界分》一卷 《华严经修慈分》一卷		陀罗尼两种			《大乘法界差别论》一卷			

（续表）

年代	译人	大乘经论之部						小乘经论之部		律部
		华严	方等	方等密部	般若	法华涅槃	大乘论	小乘经	小乘论	
第三期 唐	实叉难陀 唐武后证圣元—久视元（六九五[11]—七〇〇）	《大方广佛华严经》八十卷（《华严》正本） 《大方广如来不思议境界经》一卷 《大方广入如来智德不思议经》一卷 《普贤所说经》一卷	《大乘入楞伽经》七卷	小品五种	《摩诃般若随心经》一卷		《大乘起信论》二卷（唐译起信）			
	义净 唐武后久视元—睿宗景云二（七〇〇—七一一）		《金光明最胜王经》十卷 其他十余种	经咒等十余种	《能断金刚般若经》一卷		《般若经论颂》一卷 《能断金刚般若经论释》三卷 《因明正理门论》一卷 《成唯识宝生论》五卷 《观所缘论释》一卷	《杂阿含》别本数种其他小乘经数种		《根本说一切有部毗奈耶》五十卷 同《苾刍尼毗奈耶》二十卷 同《毗奈耶杂事》四十卷 同《毗奈耶破僧事》二

（续表）

年代	译人	大乘经论之部						小乘经论之部		律部
		华严	方等	方等密部	般若	法华涅槃	大乘论	小乘经	小乘论	
第三期 唐							《掌中论》一卷 《取因假说论》一卷 《观总相论颂》一卷 《止观门论颂》一卷 《法华论》五卷 《集量论》四卷			十卷 同《尼陀那目得迦》各五卷 同《百一羯磨》十卷 《根本萨婆多部律摄》十四卷 《毗奈耶颂》三卷
	菩提流志 唐武后长寿二—玄宗开元十二 （六九三—七二四		《大宝积经》百二十卷 （《宝积》正本） 《文殊所说佛境界经》三卷 其他三种			《释般若六字三句论》一卷				
	金刚智 唐开元七—二十 （七一九—七三二[12]）			《瑜伽念诵法》二卷 《七俱胝陀罗尼》二卷 其他数种						

（续表）

年代		译人	大乘经论之部						小乘经论之部		律部
			华严	方等	方等密部	般若	法华涅槃	大乘论	小乘经	小乘论	
第三期	唐	不空 唐天宝五—大历六（七四六—七七一）			《密部经咒仪轨》等百四十七种（密宗大成）						
		般剌密帝 唐神龙元（七〇五）			《大佛顶首楞严经》十卷						
		般若 唐贞元十二（七九六）	《大方广佛华严经普贤行愿品》四十卷								

表注：［1］原作“大”，太字之误，同泰。

［2］原误作“三”，今改正。

［3］三八〇年尚在苻秦建元年间，称姚秦建初中，则应至三九〇年左右。

［4］原误作“特”，今改正。

［5］隆安为397—401年，义熙为405—418年，当在四世纪末五世纪初。

［6］原误作“元文”，今改正。

［7］原误作“五〇六”，今改正。

［8］原误作“五〇〇—五〇五”，今改正。

［9］原误作“五九〇”，今改正。

［10］全名为《唯识三十论颂》。

［11］原误作“六九四”，今改正。

［12］原误作“七三〇”，今改正。

（一）《华严经》 《华严》最初输入者，则《如来名号品》也，译者为支娄迦谶，名曰《兜沙经》（一卷），年代则汉桓、灵间（一四七至一八九[①]）。越四十余年续出一种，则《净行品》也，译者为支谦，名曰《菩萨本业经》（一卷），年代则吴孙权时（二二二至二五二）。又百年，至西晋竺法护，复续出五种，（二六六至三五一）曰《十住道行经》（一卷）则今《十住品》，曰《渐备一切智德经》（一卷）则今《十地品》，曰《等目菩萨三昧经》（一卷）则今《十定品》，曰《如来兴显经》（四卷）则今《如来出现品》，曰《度世品经》（六卷）则今《离世间品》。然当时仍未知为《华严》中之品分也。即诸品中，亦多首尾不具（梁僧祐《出三藏记集》卷十载无名氏《渐备经》十住梵名并书叙云："《渐备经》恨不得上一卷，不知第一住中何说。冀因缘冥中之助，忽复得之。"[②]）。同时复有聂道真之《诸菩萨求佛本业经》（一卷）则《净行品》之第二译也。又八十余年至姚秦鸠摩罗什与佛陀耶舍（四〇一至四〇九）同译《十住经》四卷（或作六卷），即护公之《渐备》也，实今《十地品》之第二译。又十余年，乞伏秦圣坚译《罗摩伽经》四卷，则今《入法界品》之后半。计自支谶至罗什，前后二百五六十年间，三十九品之《华严》输入者仅八品（内两品重译），是为《华严》译业之第一期。与罗什同时有支法领者，慧远之弟子也，奉远命求经西域，从于阗得《华严》梵本三万六千偈。以晋义熙十四年（四一八）至宋永初二年（四二一）由佛驮跋陀罗

① 原误作"一四八至一八六"，今改正。

② 此引文与原文大有出入，原文如次："《渐备经》恨不得上一卷，冀因缘冥中之助，忽复得之。《渐备》所说十住位分众行，各有阶级，目下殊异于众经，方欲根悉研寻之。如今芒芒犹涉大海，不知第一住中何说。"

口译，法业笔受，在扬州出《大方广佛华严经》六十卷，则今存之《晋译华严》是也。是为华严译业之第二期。越二百六十余年至唐武后时，以晋译本处会未备（晋译七处八会三十四品，唐译七处九会二十九品），复遣使于阗再求梵本，并请译人。于是实叉难陀挟本偕来，以证圣元年（六九五）至圣历二年（六九九）与菩提流志、义净、复礼、法藏等，重译《大方广佛华严经》八十卷。则今存之《唐译华严》是也。更阅九十余年至唐德宗贞元十二年（七九六），般若、宗密等译《大方广佛华严经入不思议解脱境界普贤行愿品》四十卷，则旧经末会《入法界品》之全译也。是为《华严》译业之第三期。然梵本《华严》本十万偈，今晋译三万六千偈，唐译增至四万五千偈，益以别行之《普贤行愿品》，尚未及三之二也。

（二）《宝积经》　今本《大宝积经》百二十卷，实唐中宗神龙二年至先天二年（七〇六至七一三）菩提流志等新、旧、重、单会译合成之书。以近世目录学者之术语言之，实一种“百衲本”也。全书四十九会，内二十六会为流志新译，二十三会采古译。盖自汉支谶以来五百五十余年间，经一十七人之手而成此书，亦可谓异观矣。今将此经同本异译可考见者具列如下：

后汉　　支娄迦谶

《无量清净平等觉经》　今本第五会异译

二卷

《阿閦佛国经》二卷　　　今本第六会异译

《佛遗日摩尼宝经》一卷　　今本第十三会异译

后汉　　安玄　　严佛调

《法镜经》二卷　　　　　今本第十九会异译

曹魏　　康僧铠

《郁伽长者所向经》二卷	采入今本第十九《郁伽长者会》
《无量寿经》二卷	采入今本第五《无量如来会》
曹魏　白延	
《须赖经》一卷	今本第二十七会异译
吴　支谦	
《阿弥陀经》二卷	今本第五会异译
西晋　白法祖	
《菩萨修行经》半卷	今本第二十八会异译
西晋　法炬	
《优填王经》一卷	今本第二十九会异译
西晋　竺法护	
《密迹金刚力士经》五卷	采入今本第三《密迹力士会》
《菩萨说梦经》二卷	采入今本第四改名《净居天子会》
《宝髻菩萨所问经》二卷	采入今本第四十七会
《宝髻菩萨会普门品经》一卷	今本第十会异译
《大乘菩萨正法经》二十卷	今本第十二会异译
《胞胎经》一卷	今本第十三会异译
《文殊师利佛土严净经》二卷	今本第十五会异译
《郁伽罗越问菩萨行经》一卷	今本第十九会异译
《须摩提经》一卷	今本第三十会异译

《阿阇世王女阿述达菩萨经》一卷	今本第三十二会异译
《离垢施女经》一卷	今本第三十三会异译
《如幻三昧经》三卷	今本第三十六会异译
《太子刷护经》一卷	今本第三十七会异译
《慧上菩萨问大善权经》二卷	今本第三十八会异译
《幻士仁贤经》一卷	今本第二十一会异译
《弥勒菩萨所问本愿经》一卷	今本第四十二会异译
西晋　聂道真	
《得无垢女经》一卷	采入今本第三十三《无垢施菩萨应辩会》
东晋　竺难提	
《大乘方便经》二卷	采入今本第三十八《大乘方便会》
姚秦　鸠摩罗什	
《菩萨藏经》三卷	采入今本第十七改名《富楼那护会》
《善臂经》二卷	采入今本第二十六《善臂菩萨会》
《须摩提菩萨经》一卷	今本第三十会异译
刘宋　求那跋陀罗	
《胜鬘师子吼经》一卷	今本第四十八会异译
北凉　昙无谶	

《三戒经》三卷	今本第一会异译
萧梁　僧伽婆罗	
《大乘十法经》一卷	今本第九会异译
萧梁　曼陀罗仙	
《法界体性经》二卷	采入今本第八《法界体性无分别会》
《文殊般若经》二卷	采入今本第四十六《文殊说般若会》
姚秦　失名	
《大宝积经》一卷	采入今本第四十三《普明菩萨会》
北凉　道龚	
《宝梁经》二卷	采入今本《宝梁聚会》
元魏　菩提流支	
《弥勒所问经》一卷	采入今本第四十一《弥勒菩萨问八法会》
元魏　佛陀扇多	
《大乘十法经》一卷	采入今本第九《大乘十法会》
《无畏德经》一卷	采入今本第三十二《无畏德菩萨会》
元魏　月婆首那	
《摩诃迦叶所问经》一卷	采入今本第二十三《摩诃迦叶会》
元魏　般若流支	
《得无垢女经》一卷	今本第三十三会异译

	《毗耶娑问经》二卷	今本第四十九会异译
元魏	毗目志仙	
	《善住意天子所问经》三卷	今本第三十六会异译
高齐	那连提耶舍	
	《菩萨见实经》十六卷	采入今本第十六《菩萨见实会》
隋	达摩笈多	
	《善住意天子所问经》四卷	采入今本第三十六《善住意天子会》
隋	阇那崛多	
	《护国经》二卷	采入今本第十八《护国菩萨会》[①]
	《移识经》二卷	采入今本第三十九改名《贤护长者会》
唐	地婆诃罗	
	《大乘显识经》二卷	今本第三十九会异译
唐	玄奘	
	《大菩萨藏经》二十卷	采入今本第十二《菩萨藏会》
唐	义净	
	《入胎藏经》二卷	采入今本第十四《说入胎藏会》

① 原误作“护国菩萨会第十八护”，今改正。

唐　　实叉难陀

《文殊师利授记经》二卷　　采入今本第十五《文殊授记会》

上所列者，皆流志以前译本。其流志新译之二十六会，目具本经，不复赘胪。又所举皆今藏中现存之本，其已亡佚者不复列。观此可知初期大乘佛典，惟《宝积》最为盛扬。法护译业之大部分，即在此经（全部四十九会，法护已译十六会）。然直至四百年后乃能完成，益见译事之艰也。玄奘译《般若》既成，诸弟子请续译《宝积》，奘翻数行讫，便摄梵本停住，曰："自量气力不复办此。"噫！此兹经所以仅以流志之百衲本终也。

（三）《大集经》　自后汉支娄迦谶始译《般舟三昧经》，实《大集》单品输入之始。其后竺法护译《大哀经》八卷，即今本之《陀罗尼自在王品》，《宝女所问经》三卷，即今之《宝女品》，《无言童子经》二卷，即今之《无言品》，其《阿差末经》七卷，及智严之《无尽意菩萨经》七卷，旧录皆云出《大集》。此初期之《大集》零译也。至北凉昙无谶译《大方等大集经》三十卷，此为《大集》得名之始。然兹经本有十六分，谶所译自第一《陀罗尼自在王菩萨品起》，至第十一《日密分》止，所阙尚多。至隋那连提耶舍译《大集日藏经》十卷，《大集月藏经》十卷，《大集须弥藏经》二卷，《日藏》即旧本之《日密分》，而《月藏》则全经之第十二分，《须弥》则其第十五分也。其后唐玄奘译《大集地藏十轮经》十卷，则其第十三分。隋阇那崛多译《虚空孕菩萨经》二卷，则其第十六分。惟第十四分梵本未至。而隋达摩笈多之《大集菩萨念佛三昧经》十卷，阇那崛多之《大集贤护经》五卷，并是《大集》支流，未详原次。要之《大集》译业，汉始萌芽，大成于东晋，隋唐则拾遗补阙而已。

（四）《般若经》 《大般若经》六百卷，在大藏中，卷帙最为浩瀚。然唐以前输入者，不过极小部分耳。考两晋间，治《般若》者，有大品、小品之目。所谓小品者，则今本之第四会也（从五百三十八卷至五百五十五卷）。前后凡九译（并今本计），五存四阙。其目则：

《道行经》一卷（后汉竺佛朔译　第一译　今佚　见《高僧传》）

《道行般若波罗蜜经》十卷（后汉支娄迦谶译　第二译　今存）

《吴品经》五卷（吴康僧会译　见《开元释教录》　第三译　今佚）

《大明度无极经》四卷（吴支谦译　第四译　今存）

《新道行经》十卷（西晋竺法护译　第五译　今佚　见《出三藏记集》）

《大智度经》四卷（东晋祇多蜜译　第六译　今佚　见《开元释教录》）

《摩诃般若波罗蜜经》五卷（苻[1]秦昙摩埤、竺佛念同译　第七译　今存）

《小品般若波罗蜜经》十卷（姚秦鸠摩罗什译　第八译　今存）

所谓大品者，则今本之第二会也（从四百一卷至四百七十八卷）。

前后凡四译（并今本计），今并存。其目则：

《光赞般若波罗蜜经》十五卷（西晋竺法护译　第一译　仅二

① 原误作“符”，今改正。

十一品）

《放光般若波罗蜜经》三十卷（西晋无罗叉、竺叔兰同译　第二译　九十品）

《摩诃般若波罗蜜经》三十卷（姚秦鸠摩罗什、僧睿同译　第三译　九十品）

此经输入之第一期则小品也，其第二期则大品也。此两品卷帙虽少，然与我国大乘宗派之关系则甚深。因小品而求大品，因大品而求全帙，阅数百年，卒乃大成。朱士行尝于洛阳讲《道行经》（即小品），觉文意隐质，诸未尽善，每叹曰："此经大乘之要，而译理不尽。"誓志捐身，远求大本。以魏甘露五年入西域，从于阗得梵书正本九十章，遣弟子弗如檀赍还洛阳。罗叉、叔兰所译《放光般若》即此本也（见《高僧传》卷四）。我国人最初西行求法之动机，即起于此。时法护之《光赞》已先出，但未通行（《出三藏记集》引《渐备经序》云"护公出《光赞》计在《放光》前九年，不九年当八年，不知何以遂逸在凉州。"据此知《光赞》之译实在前。《开元录》谓《放光》为第一译，误也）。而罗什之《摩诃》更注重直译（《出三藏记集》引僧睿《大品经序》云"什师以弘始五年出此经。师手执梵本，口宣秦言。秦王躬览旧经，验其得失，与诸宿旧五百余人详其义旨。……异名斌然，梵音殆半。斯实匠者之公谨，笔受之重慎也"）。前后五十年间，三大宗匠，注全力以翻此经，其重视之可想。次则有梁僧伽婆罗之《文殊师利所说般若经》一卷，则今本之第七会。陈月婆首那之《胜天王般若经》七卷。则今本之第六会。其第九会之《能断金刚分》则自晋迄唐。亦得六译（罗什一、菩提流支

二、真谛三、达[①]摩笈多四、玄奘五、义净六）。复有什师之《仁王护国般若》二卷，《般若大明咒经》一卷（即玄奘《般若心经》之异译），则大经中之别出者矣。然自唐以前，学者未睹此经全文，仅以意测其卷帙（僧睿《小品经序》云："斯经正文凡有四种。……多者云有十万偈，小者六百偈。此之大品，乃天竺中品。"梁武帝《注解大品经序》云："般若部党有多有少，《光赞》、《放光》、《道行》只举三名。……既不具得经名，复不得时之前后，若以臆断，易致讥嫌。"）。自玄奘西迈，挟策以归，乃于显庆五年正月一日至龙朔三年十月二十日（六六〇至六六三），凡四年间，无一日息，将梵本二十万颂四处十六会所说，译成今本《大般若经》六百卷。译业伟大至此，匪惟空前，恐当绝后矣。旧译之《小品》、《大品》等，皆在后二百卷中占一小部分，其前四百卷，则皆初译也。

（五）《法华经》　《法华》输入，较晚于他经。《长房录》载支谦所译有《佛以三车唤经》，当是今本《譬喻品》，又载支疆梁接有《法华三昧经》十卷，则当是正经。然此二书皆不见于《祐录》，（今亦久佚）疑皆赝本。僧睿于姚秦弘始八年（四〇六[②]）作《法华经后序》谓："经流兹土，垂及百年。"则兹经之来，最早不过在二世纪末晋太康七年（二八六[③]）。法护、聂承远等所译《正法华经》十卷二十七品，其第一译。而弘始八年鸠摩罗什、僧睿等所译今本之《妙法莲华经》七卷二十八品，则其第二译也（《长房录》称此为第五

① 原误作"远"，今改正。

② 原误作"四〇七"，今改正。

③ 原误作"二八八"，今改正。

译，盖将护公所译同书异名之本误指为二，又别有支道根《方等法华》五[①]卷，并接公本而四也）。至隋之崛多、笈[②]多合译《添品法华》七卷三十七品，兹经乃全（《添品序》云"《正法》护翻，《妙法》什译。检验二本，文皆有阙。护所阙者，普门品偈也。什所阙者，药草喻品之半，富楼那及法师等二品之初，提婆达多品、普门品偈也。"[③]）。然今惟什本流通，故《法华》译业，什公殆专美矣。

（六）《涅槃经》 《涅槃》输入，更晚于《法华》。法护译有《方等般泥洹经》二卷，目录家虽以入涅槃部，然全属别本，于大经无与也（支谦有《大般泥洹》乃《长阿含》中小品，与《涅槃》更悬绝）。虽以罗什之博，犹未见此经（《出三藏记集》引慧睿《喻疑篇》云："什公时虽未有《大般泥洹》文，已有《法身经》明佛法身即是泥洹，与今所出，若合符契。"）。此经之来，全由我国高僧，献身求取。其一，则法显得自摩竭提国，赍至扬州，以义熙十四年（四一八）。与佛驮跋陀罗、宝云同译出，所谓六卷之《方等泥洹》是也。其二，则智猛得自毗耶离国，赍至凉州，自译一本，是为二十卷之《般泥洹》，今佚。复由昙无谶以北凉玄始十年（四二一）重译一本，则今本之《大般涅槃经》四十卷是也。其后刘宋慧观、谢灵运据谶译再治，是为南本《涅槃》三十六卷，章安据以作疏。然此经文来未尽（《出三藏记集》引道朗《大涅槃经序》云："惟恨梵本分离，残缺未备。"又云："此经梵本正文三万五千偈，于此方言数减百万。今数[④]出者一万余偈。如来去世，后人不量悬浅，抄略此经，分作数分，随意增

---

① 原误作"六"，今改正。

② 原误作"岌"，今改正。

③ 此段引文与原文语句略有出入，义无大差。

④ 原本脱"数"字，今补。

损，杂以世语，缘使①违失本正。”），谶本虽增于显、猛，然尚非完足（《出三藏记集》又引失名氏《大涅槃经记》云：“此经初十卷五品，其梵本是智猛从天竺将来。谶因出经际，知部党不足，访募余残，有梵道人送到梵本，都二万五千偈，想近具足。”②）。越二百余年，（六六四）唐智贤、会宁合译《大般涅槃经后分》二卷，兹经亦略备矣。

（七）其他诸大乘经　其他诸大乘经，译出亦有先后。其间或重二三译，乃至八九译，然存佚真伪，殊费考证。今择其最重要者论列之。《大庄严经》共四译　二存二佚：

《普曜经》八卷　魏吴失名（第一译）　今佚　见《房录》疑伪

《普曜经》八卷　西晋竺法护（第二译）　今存

《普曜经》六卷　宋智严、宝云（第三译）　今佚　见《祐录》

《大方广大庄严经》十二卷　唐地婆诃罗（第四译）　今存　通行本

《维摩诘经》共七译　三存四佚：

《古维摩诘经》二卷　汉严佛调（第一译）　今佚　见《房录》疑伪

《维摩诘经》三卷　吴支谦（第二译）　今存

《异毗摩罗诘经》三卷　西晋竺叔兰（第三译）今佚　见《祐录》

《维摩诘所说法门经》一卷　西晋竺法护（第四译）　今佚　见

① 原脱“缘使”二字，今补。

② 此引文与原文字句略有出入，义则同。

《开元录》

《维摩诘经》四卷　东晋祇多蜜(第五译)　今佚　见《祐录》

《维摩诘所说经》三卷　姚秦罗什(第六译)　今存　通行本

《说无垢称经》六卷　唐玄奘(第七译)　今存

《悲华经》共三译　二存一佚:

《闲居经》十卷　竺法护(第一译)　今佚　见《祐录》

《大悲分陁利经》八卷　失名(第二译)　今存

《悲华经》十卷　北凉昙无谶、道龚(第三译)　今存　通行本

诸录皆谓四译,龚译第三,谶译第四,实误分也。

《金光明经》共六译　四删节　二存:

《金光明经》四卷　昙无谶(第一译)　十八品

《金光明经》七卷　陈真谛(第二译)　二十一品

《金光明经》续四卷　宇文周崛多耶舍(第三译)

《金光明经银主嘱累品》隋阇那崛多(第四译)

《金光明经》八卷　隋宝贵删节前四种(第五译)　今存

《金光明最胜王经》十卷　唐义净(第六译)　今存

《大树紧那罗经》二译　具存:

《纯真陀罗所问经》二卷　汉支谶(第一译)　今存

《大树紧那罗王所问经》罗什(第二译)　今存

《宝云经》三译　二存一佚:

《宝云经》七卷　梁曼陀罗仙(第一译)　今存

《大乘宝云经》八卷　陈须菩提(第二译)　今佚　见

《开元录》

《宝云经》十卷　唐达摩流支(第三译)　今存

《不退转经》三译　具存:

《阿惟越致遮经》三卷　竺法护（第一译）　今存

《不退转法轮经》四卷　失名（第二译）　《祐录》入凉代 今存

《广博严净不退转轮经》四卷　宋智严、宝云（第三译）　今存

《思益梵天经》三译　具存：

《持心梵天经》四卷　竺法护（第一译）　今存　《房录》作《庄严佛法经》，《祐录》作《等御诸法经》。

《思益梵天所问经》四卷　罗什（第二译）　今存　通行本

《胜思惟梵天所问经》六卷　元[①]魏菩提流支（第三译）　今存

《解深密经》共四译　二节译　二全译　具存：

《相续解脱了义经》一卷　宋求那跋陀罗（第一节译）　今存

《解节经》一卷　陈真谛（第二节译）　今存

《深密解脱经》五卷　元魏菩提流支（第一全译）　今存

《解深密经》五卷　唐玄奘（第二全译）　今存

《楞伽经》　共四译　三存一佚：

《楞伽经》四卷　昙无谶（第一译）　今佚　见《开元录》

《楞伽阿跋多罗宝经》四卷　宋求那跋陀罗（第二译）　今存 通行本

《入楞伽经》十卷　元魏菩提留支（第三译）　今存

《大乘入楞伽经》七卷　唐实叉难陀（第四译）　今存

《阿弥陀经》　二译　具存：

《阿弥陀经》　（亦作《无量寿经》）一卷　罗什（第一译）

---

① 原误作“天”，今改正。

今存

《称赞净土佛摄受经》一卷　玄奘(第二译)　今存

附注:支谦译有《阿弥陀经》,乃《宝积》中《无量寿如来会》之抄译也,与此本无涉。彼经以支谶之《无量清净平等觉经》为第一译,魏康僧铠之《无量寿经》为第二译,谦本则第三译也。又《开元》《贞元》等录皆言安世高有《无量寿经》为彼本第一译,但《祐录》不载。

《首楞严经》　共九译　一存八佚:

此非今通行之《佛顶楞严》也,但其书传译最早。据《开元录》,支谶第一译,支谦第二译,失名之《蜀首楞严》第三译,失名之后出《楞严》第四译,魏白延第五译,法护之《勇伏定经》第六译,西晋竺叔兰第七译,前凉支施仑第八译,藏中现存之鸠摩罗什《首楞严三昧经》三卷则第九译也。此经在初期大乘佛教极有力,可推见。

《十住断结经》　旧称二译　一存一佚:

藏中现存《十住断结》十卷,姚秦竺佛念译。《开元录》谓是第二译,其第一译则汉明永平十年竺法兰译也,今佚。此说起自《房录》。以吾所见,汉明时并未有译经,汉代译经,断不能有数卷以上之大乘经。凡属此类,皆当时传抄者遗失译人名氏,任意嫁名于古代一名士。费长房无识,袭以著录,以后遂沿其谬耳。吾考古经,谓当以《祐录》(实即《安录》)有无辨真伪,虽不中不远。

以上重译本

《菩萨璎珞经》十二卷(竺佛念译)

《贤劫经》十三卷(竺法护译　以上两经《开元录》皆云有重

译，但其别译本吾不信）

《大法炬陀罗尼[1]经》二十卷（隋阇那崛多译）

《大威德陀罗尼经》二十卷（同上）

《佛名经》十二卷（元魏菩提留支译）

《华手经》十三卷（鸠摩罗什译）

《大方广圆觉修多罗了义经》一卷（唐佛陀多罗译）

《观佛三昧海经》十卷（东晋佛驮跋陀罗译）

《鸯崛魔罗经》四卷（宋求那跋陀罗译）

《大乘密严经》三卷（唐地婆诃罗译）

《占察善恶业报经》二卷（隋菩提登译）

《大佛顶如来密因修证了义诸菩萨万行首楞严经》十卷（唐般剌密帝、房融译此经晚出，真伪问题未决）

以上单译本

以上所举，为六大部外最要之经若干种。读者观其译本之多少及译人之年代，亦可见大乘发达之次第及各经价值也。

（八）《四阿含》及其他小乘经　《阿含》为小乘总汇。佛教输入初期，所译诸经，率皆此中单品。以今藏中现存书目论，则《增一阿含》中单品二十八种，《中阿含》中六十五种，《长阿含》中二十一种，《杂阿含》中十七种（据明智旭《阅藏知津》）。而《长房》、《开元》诸录之佚本，数更倍此。质言之，西晋以前之译业，什之八皆小乘，而小乘中又什之八皆《阿含》也。然皆枝节割裂，未有全译。至苻秦建元二十年（三八四）昙摩难提、竺佛念在长安同译《中》、

① 原本脱“尼”字，今补。

《增》二《含》，今本《增一阿含经》五十卷，即此译也。其《中含》亦已译成，然因关中丧乱（其年苻坚败亡），传译造次多舛。越十四年至晋隆安元年（三九七），僧伽提婆、僧伽罗叉、道慈等，在扬州更为重译，则今《中阿含经》六十卷是也。姚秦弘始十二年（四一〇），佛陀耶舍、竺佛念在长安同译《长阿含经》二十二卷。刘宋元嘉二十年（四四三[①]），求那跋陀罗在扬州译《杂阿含经》五十卷，前后五十八年间，《四含》次第全译。自此小乘经译业，亦殆告终矣。其他大部之小乘经，尚有下列数种：

《撰集百缘经》十卷（吴支谦译）

《佛说生经》五卷（西晋竺法护译）

《贤愚因缘经》十三卷（元魏慧觉译）

《正法念处经》七十卷（元魏般若流支译）

《佛本行集经》六十卷（隋阇那崛多译）

（九）律藏　西晋以前，律藏盖阙。惟曹魏康僧铠，译《昙无德律部杂羯磨》一卷，他无闻焉。律之最初输入者，为《十诵律》五十八卷（北藏作六十五卷），姚秦弘始六年（四〇四）罽宾僧弗若多罗诵出，罗什译文，三分才二，多罗奄逝，明年，西域僧昙摩流支至，更与什续成之；又明年，罽宾僧卑摩罗叉至，为增改最后一诵，开为六十一卷。计译此律，前后三年，口诵者更三辈，而什师始终其事。次则佛陀耶舍、竺佛念以弘始十二年（四一〇）译《四分律藏》六十卷（《高僧传》作四十四卷）。法显西游得《僧祇律》及《弥沙塞律》，宋永初间（四二〇至四二二），佛驮跋陀罗在扬州译《僧祇》为三十

① 原误作“四四二”，今改正。

卷；景平元年（四二三）佛驮什、竺道生同译《弥沙》为三十卷，则所谓《五分律》也。刘宋僧伽跋摩复译《萨婆多毗尼摩得勒伽》十卷，萧齐僧伽跋陀罗亦译《善见毗婆沙律》十八卷，自是小乘律渐备。其大乘律则有佛念之《菩萨璎珞本业经》二卷，罗什之《梵网经》二卷，《佛藏经》四卷，昙无谶之《优婆塞戒经》七卷，求那跋摩之《菩萨戒经》九卷，皆先后宣述。是为前期之律藏译业。越三百年至唐武后时（六八四至六九〇①），义净大弘律宗，译《根本说一切有部毗奈耶》等十一律，都百六十一卷。是为后期之律藏译业。

（十）小乘论　论之有译本，自法护之《施设论》七卷始，至跋澄、佛念而寖盛。时所译皆小乘论也。今将述其译业，宜略叙其源流。印度小乘教之中坚，实惟"根本说一切有部"（省称"有部宗"）。此部教义之总汇，在其《阿毗达磨》（亦作"阿毗昙"译言"无比法"）。其《阿毗达磨》之性质，颇似我国孔门七十子后学者所撰之《礼记》及诸传，盖佛弟子及其后学诠释教义之书也。《阿毗达磨》之最重要者，曰"发智"、"六足"。今举其名及其撰人年代如下：

《阿毗达磨集异门足论》……舍利弗造 ┐
《阿毗达磨法蕴足论》………目犍连造 ├ 佛在世时
《阿毗达磨施设足论》………迦旃延造 ┘
《阿毗达磨识身足论》………提婆设摩造—佛灭后百年
《阿毗达磨品类足论》……… ┐
《阿毗达磨界身足论》……… ┘ 世友造—佛灭后三百年

① 原误作"七〇〇至七一一"，今改正。

《阿毗达磨发智论》……迦多衍尼子造—佛灭后四百年

以上七种,实小乘论之基本。至迦腻色迦王时,集五百罗汉编著《阿毗达磨毗婆沙论》,即解释此六书者也(内释《发智》篇最详)。此外有世亲之《阿毗达磨俱舍论》,众贤之《阿毗达磨顺正理论》,法胜之《阿毗昙心论》。《毗磨》要籍,大略在是。其最初译出者,即《发智论》也。实苻秦建元十五年(三七九)僧伽提婆、竺佛念同译,名曰《阿毗昙八犍度论》凡三十卷。次则迦旃延之《施设足论》,实苻秦建元十九年(三八三)僧伽跋澄口诵所出,名为《鞞婆沙论》,得十四卷(此全是吾个人臆度。因玄奘全译《发智》《六足》,独迦旃延之《施设足》不译。此论既延所造,或即其本。奘公固已有此,故不重译。其名《鞞婆沙论》者,毗婆沙本释论之总名,当时不察,故冒用耳。又宋法护译有《施设论》七卷,是否即此书节本,皆待考)。同时又译世友之《品类》、《界身》二《足》,名为《尊婆须密菩萨所集论》,得十卷(此亦吾推度耳。世友即婆须密 Nasumitra,见《西域记》。婆须密之阿毗昙最著者即此两种。疑或撮译或摘译其一也)。同时昙摩难提亦译《毗昙心》及《三法度》等。然译笔皆拙劣,殆不可读。晋太元十六年(三九一[①])僧伽提婆、慧远重理之,成《阿毗昙心论》四卷,《三法度论》三卷。次则北凉永和五年(四〇九)浮陀跋摩、道泰[②]同译《阿毗昙毗婆沙论》八十二卷,即迦腻王时所集《大毗婆沙》之前半也。次则刘宋元嘉十六年(四三九)求那跋陀罗、菩提耶舍同译《众事分阿毗昙》十三卷,即世友之

① 原误作"三九〇",今改正。

② 原误作"道秦",今改正。

《品类足》也。其姚秦弘始十六年（四一四）昙摩崛多、昙摩耶舍同译之《舍利弗阿毗昙论》三十卷，是否即《集异门足论》之异译，尚待考。其《发智》《六足》以外小乘论最著者，则有罗什译诃梨跋摩之《成实论》二十卷，刘宋僧伽跋摩译《杂阿毗昙心论》十六卷，陈真谛译《立世阿毗昙论》十卷，《阿毗达磨俱舍释论》二十二卷，《四谛论》四卷等。故罗什、慧远及其同事诸人，可谓小乘论译事之草创者；真谛辈其赓续者；而大成之则玄奘也。玄奘所译如下：

《集异门足论》二十卷　　《法蕴足论》十二卷

《识身足论》十六卷　　《品类足论》十八卷

《界身足论》三卷　　《发智论》二十卷

《大毗婆沙论》二百卷　以上《发智》《六足》及其解释

《俱舍论》三十卷本颂一卷　　《顺正理论》八十卷

《藏显宗论》四十卷　　《异部宗轮论》一卷

（十一）大乘论　大乘论之流别，第二篇已略言之，今不再赘。惟述其译业之发展。罗什以前，殆可谓未尝译论。法护之《修行道地经[1]》，虽属论体，仍冒经名。及罗什出而论学大昌，其所译龙树之《中论》四卷（弘始十一〔四〇九〕），《十二门论》一卷（弘始六〔四〇四〕），提婆之《百论》二卷（弘始十〔四〇八〕），即所谓"三论"，后世衍之以成宗者也（所译《成实论》亦开"成实宗"，彼小乘也。别见前段）。龙树之《十住毗婆沙论》十四卷，则释《华严》也；龙树之《大智度论》一百卷（弘始四至七），则释《般若》也。此为译论家之第一人。次则菩提流支，译大乘论十数种，最著者为天亲之

① 原误作"修行地道经"，今改正。

《十地经论》十二卷(北魏永平元〔五〇八〕),开“地论宗”,次则真谛,译无著之《摄大乘论》三卷(陈天嘉四〔五六三〕),开“摄论宗”;译马鸣之《大乘起信论》二卷,为佛教总钥焉。其他为法相宗先导之论尚数种。其间如佛陀扇多,达摩笈多,波罗颇迦罗皆各有译述,具如前表。而空前绝后之大译论家必推玄奘。奘公所译最著者,则《瑜伽师地论》一百卷,《显扬圣教论》二十卷,《摄大乘论》世亲释、无性释,各十卷,《唯识二十论》一卷,《三十论》一卷,《成唯识论》一卷,《百法明门论》一卷,《观所缘缘论》一卷,《因明入正理论》一卷。其他尚十数种。非惟确立法相宗而已,印度学术之全部输入,实自兹始。奘公以后,莫能为继。惟实叉难陀重译《起信》,提云般若之译《法界无差别》差足记。义净亦译论十数种①,拾遗而已。

(十二)杂藏 经、律、论三藏以外之书,学者或别立一门,谓之“杂藏”。此类之书,译出殊希。今藏中可举者仅下列数种②:(一)集释佛语者,有《出曜经》二十卷,法救著,竺佛念译。盖集如来法句千章,释之以训未来也(此经前后四卷,吴维祇难之《法句经》二卷为第一译,西晋法炬之《法句譬喻经》四卷为第二译,此本则第三译。赵宋尚有法集《要颂经》四卷为第四译。此本最备)。(二)佛之传记,有宝云译《佛本行经》七卷,昙无谶译《佛所行赞》经五卷。(三)佛学传授及名人传,有后魏昙曜译《付法藏因缘经》六卷,罗什译《马鸣传》、《龙树传》、《提婆传》各一卷,真谛译《婆薮槃豆传》一卷,西晋法钦译《阿育王传》五卷。(四)外道书,有真谛

① 原误作“十种数”,今改正。

② 原误作“种数”,今改正。

译《金七十论》三卷，玄奘译《胜宗十句义论》一卷。吾辈今日最遗憾者，则此类书译出太少也。使历史传记类书多得十数种，则吾辈于印度文化发展之迹，可以了然。使外道教义之书多得十数种，则吾辈可以为绵密的研究，以与佛教比较。今输入者仅此，吾辈关于两方面之智识，只得分别求诸各经论中，极劳而所得极少。今则惟恃稗贩之于欧人，此亚洲学者之耻也。《内典录》（卷五上）载宇文周时有攘那跋陀罗、阇那耶舍共译《五明论》，其目则一声论、二医方论、三工巧论、四咒术论、五符印论，其卷数不详。同时达摩流支亦译《婆罗门天文书》二十卷。又《续高僧传》（卷二）称："隋高祖敕阇那崛多、若那竭多与开府高恭、婆罗门毗舍达等于内史内省翻梵古书及乾文，开皇十二年翻讫，合二百余卷。"[①]所谓梵文书者不知何指，以理度之，当是"四吠陀"及六家论师之著述；所谓"乾文"者，当是天文书也。所译至二百余卷，不为不多。而隋开皇、仁寿两录及《长房录》皆不载；五明天文，亦仅存其目。修而复坠，谁之咎也。

附注：《隋书·经籍志》天文类，有《婆罗门天文经》二十一卷（注云：舍仙人所说），《婆罗门竭伽仙人天文说》三十卷，《婆罗门天文》一卷；历数类，有《婆罗门算法》三卷，《婆罗门阴阳算历》一卷，《婆罗门算经》三卷；医方类，有《龙树菩萨药方》四卷，《西域诸仙所说药方》二十三卷，《西域波罗仙人方》三卷，《西域名医所集要方》四卷，《婆罗门诸仙药方》二十卷，

① 此段为节引，原文如次："隋高祖又敕崛多，共西域沙门若那竭多、开府高恭恭息都督天奴和仁及婆罗门毗舍达等，于内史内省，翻梵古书及乾文。至开皇十二年，书度翻讫。合二百余卷。"

《婆罗门药方》五卷,《乾陀利治鬼方》十卷。此皆翻译佛典之副产物也。

六

综上所论列,则知佛典翻译事业,实积数百年不断的进化,千数百人继续的努力,始能有此成绩。迹其迁变,略得言焉。印土僧徒,夙贵呗诵,所治经典,类能暗记。最初迻译,率凭口传。故安清、支谶、安玄、康僧会诸《传》,皆言其"讽出某经"或"诵出某经",其是否挟有原本,盖不可考。实则当时所译,每经多者万言,少者数百字,全文记诵,本非甚难也。《高僧传》记《阿毗昙毗婆沙》之初译,"僧伽跋澄口诵经本,昙摩难提笔受为梵文;佛图罗刹宣译,敏智笔受为晋本"。据此则是两重口授,两重笔述。又:"昙摩难提……[1]暗诵《增一阿含》……[2]佛念传译,惠嵩笔受。"又:"昙摩耶舍善诵《毗婆沙律》,以弘始九年书为梵文,十六年译竟。"[3]是其梵文亦由所暗诵者录出,并非原本也。又:"弘始六年延请弗若多罗诵出《十诵》梵本,罗什译为晋文。"是《十诵律》亦由口诵而传(其后卑摩罗叉始赍此书来见。慧远致罗叉书,《高僧传》引)。即罗什

① 原本此处有省略,今以省略号标明。

② 原本此处有省略,今以省略号标明。

③ 此段所引因断章取义,致有张冠李戴之误。所译之书乃《舍利弗阿毗昙论》二十二卷,而非《毗婆沙律》,《高僧传》本传述之甚明,原文如下:"会有天竺沙门昙摩掘多来入关中……因共耶舍译《舍利弗阿毗昙》。以伪秦弘始九年初书梵书文,至十六年翻译方竟,凡二十二卷。"

所译诸书，恐亦皆无原本。故本传云："什既率多谙诵，无不究尽。"考什之东来，自龟兹而凉州而长安，十余年间，备受吕氏凌辱，未必能以经卷自随。《高僧传》于诸梵僧有挟经至者，无不详记其名数。惟《什传》无闻，知诸经皆在什"腹笥"中耳。《佛国记》云：法显本求戒律，而北天竺诸国皆师师口传，无本可写，是以远至中天竺。据此则经无写本，乃是北印惯例。或如罗马旧教之不许钞印经典也。我国初期佛教，皆从北方罽宾等处输入，则舍口诵外无经本，固其宜尔。及译事稍进，则专恃暗诵，自然不能满意。行求经之动机，实起于是。支谦之"收集众本，译为汉语"，法护之"大赍梵经……[①]《贤劫》、《正[②]法华》、《光赞》等一[③]百六十五部"（俱《高僧传》本传），以及朱士行、法显、法勇、法领、智猛、宝云诸人手写赍归诸经典，具如所述。南北朝以降，经本输入日众。征诸传记，则有若曼陀罗"大赍梵本，远来贡献"。（《续高僧传·僧伽婆罗传》）菩提流支"房内，婆罗门经论本可有万夹"。[④]（《内典录》引李廓《众经录》）真谛"从扶南赍来经论二百四十夹，译之可得二万卷。"[⑤]（《续高僧传》本传）其宝暹等"获梵本二百六十部。"（《续高僧传·阇那崛多传》）那连提耶舍、达摩笈多、波罗颇迦罗亦皆大携

① 此处省引数语，未标明，今补以省略号。

② 原脱"正"字，今补。

③ 原脱"一"字，今补。

④ 原误作"房内经论梵本可有千夹"，今改正。

⑤ 此段引文乃断章取义，所引误，《续高僧传》本传原文如次："始梁武之末，至陈宣即位，凡二十三载，所出经论记传，六十四部，合二百七十八卷。微附华饰，盛显隋唐。见曹毗别历及唐贞观内典录。余有未译梵本书并多罗树叶，凡有二百四十夹，若依陈纸翻之，则列二万余卷。"显然，真谛"从扶南赍来经论"除译出之外，尚余"二百四十夹"。

梵经，具详本传。故北齐文宣出三藏殿内梵本千有余夹，敕送天平寺翻经处（《续高僧传·那连提耶舍传》），隋炀帝以梵经五百六十四夹一千三百五十余部付彦琮编叙目录（《续高僧传·琮传》），则梵本流入之多，可以想见。降及唐代，玄奘、那提所赍之数，前文已述。故后期翻译，无不手执梵本，口宣汉言，再三对勘，始为定本。此译事进化之第一端也。

初期暗诵私译，为材力所限，故所出止于小本。是以十卷之《法华》，三十卷之《光赞》，必待法护；一百卷之《智论》，必待罗什；六十卷之《华严》，必待佛驮；六百卷之《般若》，一百卷之《地论》，二百卷之《婆沙》，必待玄奘。其他如《四阿含》、《大集》、《宝积》诸巨编，皆经数期发达，始获完成，具如前述。此译事进化之第二端也。

初期所译，割裂重沓，不成系统。僧就所谓："去圣将远，凡识渐昏，不能总持，随分撮写。致来梵本，部夹弗全，略至略翻，广来广译。"（《长房录》卷十二《新合大集经记》①）此实深中当时译界之病。试检前列诸大部经中各品别生异译之本，其为猥杂，可以想见。至后期则渐思整理，为学者大省精力，所谓合本者出焉。其最初治此者，则有东晋支敏度将一支两竺所译《维摩经》合为五卷，见《长房录》。其本现存者，则有隋宝贵之于《金光明经》，将昙谶、真谛、耶舍、崛多四家各自别译、互有遗阙之本，删并厘正，泐为八卷；僧就之于《大集》，将昙谶、罗什之旧三十卷与耶舍之《日藏》、《月藏》会合，编为六十卷。此其最著者。而唐菩提流志之"百衲本"

① 原误作"长房录引新合大集经序"，今改正。

《大宝积》,取无数已译之品,善者采之,不善者弃之,其未有旧译或虽有旧译而非善本者,皆自行重译,则真良工心苦,成为有系统之编译矣。此译事进化之第三端也。

重要经论,复译颇多。其间固有并时耦合各不相谋者,如法护、叔兰之于《大品般若》,扇多、真谛之于《摄论》,是其例也。然其大多数,则因前译有阙,或文义未周,故后人起而重理。如笈多《法华》,品增于罗什;难陀《华严》,品增于佛驮。诸如此类,不可枚举。然其最要精神,尤在是正误谬。《罗什传》云:"既览旧经,义多纰缪①。皆由先译失旨,不与梵本相应。"《玄奘传》云:"前代所译经教,……②中间增损,多坠全言。"大抵诸大师复译之本,皆认为有再治之必要。故诸译比较,率愈后出者愈为善本。此译事进化之第四端也。

前期所译,限于经藏;后期所译,论乃盛腾。论也者,彼土大师,贯穴群经,撷其菁英,用科学的研究方法,自建树一学术之系统者也。其在彼土,本亦渐次发达,后胜于前。在此邦则初期竟未有闻。乃研究愈深,则愈向此方面发展。此译事进化之第五端也。

旧记称汉永平中,洛阳白马寺为译事滥觞,颇难置信。大抵西晋以前之译业,皆由一二私人口传笔受。苻秦时,道整(赵正)、道安在关中,网罗学僧,创译《中》、《增》二《含》及《阿毗昙》,译场组织,起源于此。安没后,其弟子慧远在庐山设般若台继其业。姚秦既礼迎罗什,馆之于长安之西明阁及逍遥园,集名僧僧䂮、僧迁、法钦、道流、道恒、道标,僧睿、僧肇等八百余人,共襄译事,则国立译

① 原误作"谬",今改正。

② 此处原有省略,今以省略号标明。

场之始也。次则北凉有姑臧之闲豫宫译场，昙谶主焉；东晋有建业之道场寺译场，佛驮主焉；刘宋有建业之祇洹寺、荆州之辛寺两译场，求那跋陀罗主焉。及梁武盛弘大法，则建业之寿光殿、华林园、正观寺、占云馆、扶南馆皆有译事；而华林有宝云经藏，尤为宣译中心，主之者则僧伽婆罗、僧祐、宝唱诸人也。而梁、陈间广州刺史欧阳颜，亦在彼处设制旨译场，至唐犹存。真谛之《摄论》、《起信》，密帝之《楞严》皆自此出。元魏则有洛阳之永宁寺译场，菩提流支主焉；北齐则有邺之天平寺译场，那连提耶舍主焉。隋则有东、西两翻经院：西院在长安之大兴善寺，东院在洛阳之上林园。院各置译主及襄译沙门、襄译学士。译主率皆梵僧，耶舍、崛多、笈多先后相继，华僧任此者，惟彦琮一人耳。沙门则著《众经目录》之法经其最著，学士则著《三宝记》之费长房其最著也。唐为玄奘设译场于长安，初在弘福寺，次在慈恩寺，后在玉华宫。奘为译主，其下有证义、缀文、证梵、笔受诸科，皆妙选才彦，数将及百。其后则佛授记寺、荐福寺亦置翻经院，难陀、义净先后主之。兴善译场，后亦复兴，不空尝主焉（以上各译场皆从正、续《高僧传》中各传及《开元录》、《古今译经图记》诸书中拉杂考证而得，原书不具引）。自有此种大规模之译场，及产生有组织的译业，每出一书，皆多数人协力分功之结果。证义考文，至再至四，故备极精密，罕复误讹。同时亦可以多所输译，例如奘师十九年中译千三百余卷。非有宏大完密之组织，曷克致此！此译事进化之第六端也。

七

译事之难久矣！近人严复，标信、达、雅三义，可谓知言。然兼之实难。语其体要，则惟先信然后求达，先达然后求雅。佛译初兴，口笔分途，口授者已非娴汉言，笔受者更罕明梵旨。则惟影响掇拾，加以藻缋，冀悦俗流。其后研究日进，学者始深以为病。僧睿之论旧译《维摩》谓："（见什师后[1]）始悟前译之伤本，谬文之乖趣。"（《祐录》引《毗摩罗诘提经义疏序》）支敏度亦云："或其文梵越，其趣亦乖；或文义混杂，在疑似之间。"（《祐录》引《合维摩诘经自序》）罗什览《大品般若》旧译，谓："多纰缪失旨，不与梵本相应。"（《高僧传》本传）随举数例，他可推矣。故至道安、罗什时，翻译文体之讨论，成为一重要问题。

道安，极能文之人也。其文传于今者尚数十篇，华藻皆彬彬焉。乃其论译事，务主质朴。质而言之，则安殆主张直译之人也。其品骘前人，谓："支谶弃文存质，深得经意。"（《高僧传·支谶传》）谓："叉罗、支越，斫凿甚巧。巧则巧矣，惧窍成而混沌终矣。"（《祐录》卷八[2]引）其泛论文体也，曰："昔来出经者，多嫌梵言方质，改适今俗。此政[3]所不取。何者？传梵为秦，以不闲方言，求知辞趣耳，何嫌文质？……经之巧质，有自来矣。唯传事不尽，乃译

① "见什师后"四字，非原文，今置括号中。

② 原误作"九"，今改正。

③ 原脱"政"字，今补。

人之咎耳。”(《鞞婆沙序》)又曰:“将来学者审欲求先圣雅言者[1],宜详览[2]焉。诸出为秦言便约不烦者,皆蔔萄酒之被水者也。”(《比丘大戒序》)又云:“若夫以《诗》为烦重,以《尚书》为质朴,而删令合今,则马、郑所深恨也。”(《摩诃钵罗若波罗蜜经抄序》,以上俱《祐录》引)其最有名者为“五失本三不易”之论。五失本者:一谓句法倒装,二谓好用文言,三谓删去反复咏叹之语,四谓删去一段落中解释之语,五谓删后段覆牒前段之语。三不易者:一谓既须求真,又须喻俗;二谓佛智悬隔,契会实难;三谓去古久远,无从博证(原文具见《续高僧传》卷二《彦琮传》中。以其文太繁且亦伤华难读,故撮举其大意如此)。凡兹陈义,可谓博深切明。盖东晋南北朝文体,正所谓“八代之衰”,靡藻淫声,令人欲哕。以此译书何能达旨?安公瘏口匡救,良非得已。故其所监译之书,自谓:“案本而传,不令有损言游字,时改倒句,余尽实录。”(《鞞婆沙序》)究其旨趣,殆归直译矣。翻译文体之创设,安公最有功焉。

罗什持论,与安稍异。什尝与僧睿论西方辞体。谓:“天竺国俗,甚重文藻[3]。……改梵为秦,失其藻蔚。虽得大意,殊隔文体。有似嚼饭与人,非徒失味,乃令呕哕[4]也。”(《高僧传》本传)平心论之,完全直译,因彼我文体悬隔太甚,必至难于索解,善参意译,乃称良工。安公监译之《鞞婆沙》非久便劳再治,而什公诸译,传习迄今,盖此之由。然安公力主矜慎,固译界之“狷者”,遵而行之,可以寡过。什公秦梵两娴,诵写自在,信而后达,达而后雅。非有天才,

① 原脱“者”字,今补。
② 原作“揽”,今改正。
③ “藻”,今《高僧传》什本传作“制”。
④ 原作“秽”,今改正。

岂易学步耶！

隋彦琮尝著《辩正论》以垂翻译之式，先引安公“五失本三不易”之论，次乃述己意。文凡数千言，其中要语，谓：“得本关质，斫巧由文。”谓：“梵师独断，则微言罕革；笔人参制，则余辞必混。”谓：“宁贵朴而近理，不贵巧而背源。”末论译家，宜有“八备”：“一、诚心爱法，志愿益人，不惮久时；二、将践觉场，先牢戒足，不染讥恶；三、筌晓三藏，义贯两乘，不苦暗滞；四、旁涉坟史，工缀典词，不过鲁拙；五、襟抱平恕，器量虚融，不好专执；六、耽于道术，淡于名利，不欲高炫；七、要识梵言，乃闲正译，不坠彼学；八、薄阅苍雅，粗谙篆隶，不昧此文。”（全文见《续高僧传》本传）此不惟商榷译例，而兼及译才译德。可谓名论矣。

翻译之事，遣辞既不易，定名尤最难。全采原音，则几同不译；易以汉语，则内容所含之义，差之毫厘，即谬以千里。折中两者，最费苦心。什公译《摩诃般若》改正旧名最多，僧睿所谓：“梵音失者，正之以天竺；秦言谬者，定之以字义；不可变者，即而书之。是以异名斌然，梵音殆半。”（《大品经序》）而奘公亦谓：“五种不翻。一、秘密故，如陀罗尼；二、含多义故，如薄伽；三、此无故，如阎浮树；四、顺古故，如阿[1]耨菩提；五、生善故，如般若。”（周敦义《翻译名义序》引）凡此皆足见前代译家之忠实审慎。其所定程式，可供今日之参考者固不少也。

大抵初期译事所以不振，全由口笔分歧，不能通会。若笔受之人，亦谙梵语，庶有可观；否则讹谬诘屈，不胜其敝。故《传》称“宣

① 原误作“何”，今改正。

译之功,世高、支谦以后,莫逾于佛念。”①(《高僧传》本传)念通梵文也。智恺与真谛对翻《摄论》、《俱舍》,十七月中,文疏俱了。谛谓恺曰:“吾早值子,……②无恨矣!”恺通梵文也(见《续高僧传·法泰传》)。若主译之人,华梵两通,则所出诸编,自彰全美。罗什非惟能操汉语,且善属文,其《赠法和诗》 (见本传)及与慧远往复书(见《远传》),虽颜、鲍、沈、任,不是过也。故所译文质斐亹,传诵不衰。《玄奘传》云:“前代已来所译经教,初从梵语,倒写本文;次乃回之,顺同此俗。然后笔人观理文句。中间增损,多坠全言。今所翻传,都由奘旨,意思独断,出语成章,词人随写,即可披玩。”观此可知前期后期译业大不相同之处。彦琮所谓:“梵师独断,则微言罕革”也。大抵欲输入外国学术以利本国,断不能以此责任诿诸外人。自隋以前,诸经译主,什九梵僧。梵僧如罗什者,能有几人?自唐以后,玄奘、义净自揽元匠,此则译业所由造于峰极也。

吾撰本章已,忽起一大疑问。曰:“当时梵文何故不普及耶?”吾竟不能解答此问题。自晋迄唐数百年间,注意及此者,惟彦琮一人。其言曰:“彼之梵法,大圣规摹③。……研若有功,解便无滞。匹于此域,固不为难。难尚须求,况其易也。或以内执人我,外惭咨问,枉令秘术,旷隔神州。静言思之,愍然流涕。向使……才去俗衣,寻教梵字,……则应五天正语,充布阎浮;三转妙音,普流震旦。人人共解,省翻译之劳;代代咸明,除疑网之失。……”(《续高

① 此段引文与原文不符,原文如次:“二《含》之显,念宣译之功也。自世高、支谦以后,莫逾于念。”

② 此处原省数语,今以省略号识之。

③ 原误作“模”,今改正。

僧传》本传）琮之此论，其于我学界污隆，信有绝大关系。前此且勿论，隋唐以降，寺刹遍地，梵僧来仪，先后接踵，国中名宿，通梵者亦正不乏。何故不以梵语，泐为僧课？而乃始终乞灵于译本，致使今日国中，无一梵籍。欲治此业，乃籍欧师，耻莫甚焉。诘其所由，吾未能对。吾认此为研究我国民性者应注意之一事实而已。

吾草此章，本图略叙，及其脱稿，忽数万言。词太繁芜，惧致厌读。然吾所以不避者，以我国吸受外来文化，此为其第一度。在国史全体上，实占最重要之位置。而千年以来，绝无记述，国人至今，熟视无睹。非稍详赡，莫洞渊源。且今日则其第二度行至矣，我先民之精神，在在足资奋发；其长短得失，亦一一可取鉴。夫吾之言，则岂仅为望古怀旧而言也。

第十一篇　读《异部宗轮论述记》

世友菩萨造　　　　唐三藏法师玄奘译

慈恩法师窥基述记

（一）本论之价值及传译源流

《异部宗轮论》者，世友菩萨叙述佛灭后五百年间，印土教团分裂蜕变之状态也。《述记》序论云："人随理解，情见不同，别而为类，名为'异部'。所主之法互有取合，喻轮不定，故曰'宗轮'。"命名之意，略具于是。佛教二千年来，循进化之公例，常为不断的发展，其最显著之迹，则由小乘而进为大乘也。大乘派别虽肇兴于印度，而实光大于中国，故治佛教史者多能言之。小乘派别，则虽在印度，所谓两部、四部、十八部、二十部等名称，虽散见群籍，然语焉不详，学者憾焉。既不审小乘蜕变之迹，则大乘发展之途径，绝无由说明。于是生出两种偏至之论：其一，则如中国相传旧说，谓佛在世时大乘教已圆满成立；其二，则如欧洲多数学者所倡"大乘非佛论"。两说各驰极端，而皆非其真也。吾以为欲对于佛教史为系统的研究，宜破除小乘、大乘名目，观其各派相互之影响，而察其教理蜕进之所由，而惜乎此类资料，缺乏已极也。本书虽极简略，不能使吾辈满足，且又为一派私言，持论不无偏至，然既别无他书能视此更完备者，则吉光片羽，其至可宝矣！

造论者，世友菩萨，或译为天友（如世亲亦译天亲），或译音为婆须蜜，为伐苏蜜多罗，"禅宗"所谓西土第七祖者，即其人也。婆须蜜集序文称，其当继弥勒作佛，名师子如来，则其道行阶位之尊崇，可以想见。其所著书译出，今存藏中者，尚有《阿毗达磨品类足论》十二卷、《阿毗达磨界身足论》三卷（此即有名的《六足论》之二足，说详次篇）、《尊婆须蜜菩萨所集论》十卷，别有《众事分阿毗论》十二卷，则《品类足论》之异译也。《品类》、《界身》二足，为说一切有部之宝典，据此可知其为"有部"大师。但其年代，颇存异说。据《西域记》（卷三）言，迦腻色迦王结集《大毗婆沙》时，世友实为首座。兹事在西第二世纪初期，实佛灭六百年后矣！据《达磨多罗禅经》（卷上），则婆须蜜（世友）为优婆毱多之弟子，为僧伽罗叉之师。案毱多为阿育王师，罗叉为迦腻色迦王师，皆确有考证。两王相去三百余年，世友虽寿，断不容前后相及。彼若诚为毱多弟子，则当是西历纪元前百余年之人；若诚为罗叉师，则当是纪元后六七十年之人。今考《大毗婆沙》实解释迦多衍尼子之《发智论》，而《发智论》又似解释《六足》，然则著《品类》、《界身》二足之世友，决当为迦多衍尼之前辈，无缘参预《婆沙》之结集。故多罗那达氏之《印度佛教史》，疑为有先后同名之两世友（达氏[①]为十七世纪之西藏人，著《印度佛教史》一书，一八六九年译成德文，在俄京出版，欧人治印度学者甚重之）。以吾臆断，则《西域记》所言世友加入结

① 达氏，原作"塔氏"。多罗那达，即多罗那他，其《印度佛教史》（藏文）已由张建木译成汉文出版（四川民族出版社 1988 年 3 月版）。

集，不过一种神话，殆非事实（说详《读〈毗婆沙〉》条下）。但本论中述及佛灭四百年后事，则其能否逮事优婆毱多，亦成疑问（毱多为阿育王师，王以佛灭后二百十九年即位①）。要之，世友必为西历纪元前之人，而为“说一切有部”之耆宿，可断言也。

此书中国前后有三译本，今《大藏》中合为一卷，其目如下：

第一译　《十八部论》　　译者　失名

第二译　《部执异论》　　译者　陈　真谛三藏

第三译　《异部宗轮论》　译者　唐　玄奘三藏

《十八部论》旧题为失译，但其颂文中有“罗什法师集”一语，其正文之“他鞞罗”三字下，又夹注五字云：“秦言上座部”也，据此则似出鸠摩罗什矣。但其发端冠以《文殊师利问经·分别部品》一篇，殆后人所羼增耶（《文殊问经》，梁僧伽婆罗译，远在罗什后，此所录者其第十五品也）。真谛之《部执异论》与《宗轮》内容全同，慈恩《述记》言所以再译之故，谓“昔江表陈代已译兹本……详诸贝叶。校彼所翻，词或爽于梵文，理有乖于本义。彼所悟者，必增演之。有所迷者，乃剪截之。今我亲教三藏法师玄奘，以大唐龙朔三年七月十四日，于玉华宫重译斯本”。盖谓真谛本有舛误也。其舛误处，《述记》具辨，今不引。

《大藏》中只有论，而《述记》不存。唐代经录，亦未著录。惟日本有单行本，论文简略，不足餍心。慈恩躬承奘师，博极群籍，其所疏解，价值可推，翻刻流通，亦弘法者所当有事也。

① 据近人研究，阿育王即位的时间，当在佛灭后二百十八年，即公元前268年。

(二)二十部之叙述

论中首叙佛灭后百有余年无忧王(即阿育王)时,佛教徒因议大天(摩诃提婆)所倡异论五事(下详),分为"上座"、"大众"两部,后即于此第二百年中(秦译作百余年),由大众部分出三部:(一)一说部。(二)说出世部。(三)鸡胤部(秦译作窟居部,陈译作灰山住部)。寻又分出一部,曰多闻部(秦译作施设部)。寻又分出一部,曰说假部(秦译缺,陈译作分别说部)。及第二百年满时,有一出家外道,亦名大天,重辩"五事",因乖诤复分三部:(一)制多山部(秦、陈译皆作支提山部)。(二)西山住部(秦译作佛婆罗部,陈译阙)。(三)北山住部(秦译作郁多罗斯罗部,陈译作北山部)。此百余年间,为大众部分裂时期,共分八部,合本部共为九部(陈译无西山住部,又将"支提"、"北山"合为一,谓大众部所属共七部。其致误之由,盖缘旧说皆言有十八部而本论所举实二十部,真谛欲强合"十八"之数,故任意合并,不知十八部云者不计两本部,二十部云者,则并本部算入也。《述记》已详驳之矣)。上座部在佛灭后二百年中,一味和合。三百年初,有少乖诤,分为两部:(一)说一切有部,亦名说因部(秦译作萨婆多部)。(二)即上座本部,转名雪山部。未几从说一切有部分出一部,名犊子部(陈译作可住子部)。寻又由犊子部分出四部:(一)法上部(秦译作达磨郁多梨部)。(二)贤胄部(秦译作跋罗陀耶尼,陈译作贤乘)。(三)正量部(秦译作三弥底)。(四)密林山部(秦译作六城,陈译作密林住)。未几复从说一切有部分出一部,名化地部(秦译作弥沙塞,陈译作正地)。又从化地部分出一部,名法藏部(秦译作昙无德,陈译作法护)。至三百年末,从说一切有部分出一部,名饮光部,亦名善岁部(秦译作迦叶维,亦名优梨沙)。至四百年初,从一切有部复分出一部,名经量部,亦名说转部(秦译作僧迦兰多,亦名修多罗,陈译作说经部,亦名说度部)。此百余年间,为上座部分裂时期。共分十部,合本部为十一,列表如下:

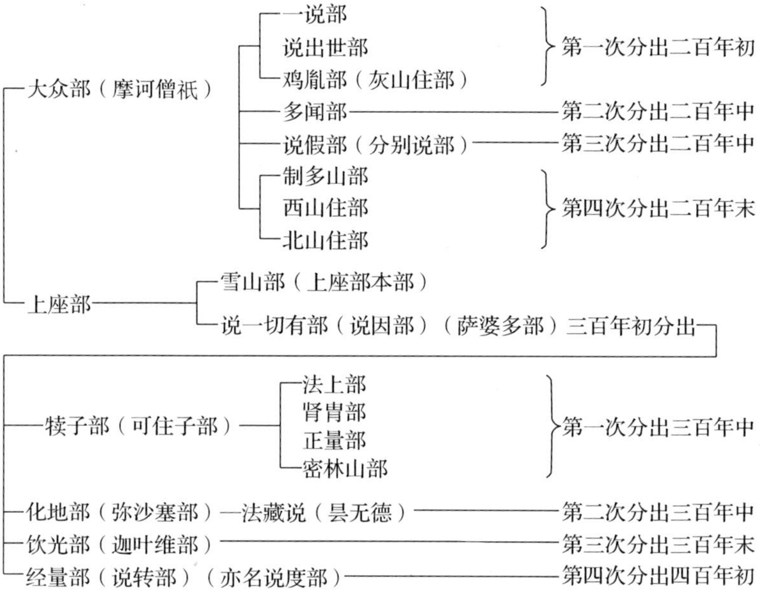

(三)考证及批评

据以上所叙述,析其条理如左:

(一)佛教分为两大派,耆宿长老为一团,曰上座部。此外多数青年信徒为一团,曰大众部。而上座部常以正统派自居。

(二)两派之分,在佛灭后二百年前后,即阿育王时,其动机在

“大天五事”。

（三）分派后一百年内，大众部先分裂，共成九派。

（四）分派后逾一百年，上座部起革命，新派别为说一切有部（省称“有部”）。旧派退居雪山，仍袭上座名，而有部遂成为正统。

（五）有部成立后，百余年间，次第分裂，共为十派。合雪山之旧上座部，则十一派。

上事实是否完全正确，试参考他书一评骘之。

第一，上座、大众之分，果起于佛灭百年后乎？嘉祥大师《三论玄义》云：“如来入涅槃，诸圣弟子于祇阇崛山中结集三藏，尔时即有二部名字。一、上座部，迦叶所领，但有五百人。二、大众部，即界外大众，乃为万数，婆师婆罗汉为主，后多人来结集三藏，迦叶并不许之。”[①]嘉祥此说，未详所出，但其绝非杜撰无疑（疑律藏中必有之，以浩博未及细查）。又《摩诃僧祇律》（卷三十二）记迦叶等五百人结集竣事时，窟外千人，群起致诘，迦叶卒乃宣言曰：“未制者莫制，已制者我等当随顺学。”据此则上座、大众之分，实起于佛灭后之数月，而动机则在经律之结集。此次结集，以迦叶、阿难、优波离等为上首，其所出之经，则《四阿含》，律则《八十诵律》，皆所谓小乘者也。惟大众部所传之《增一阿含》中多含大乘义（印土小乘各宗虽俱宗阿含，而所传之本各不同，我国之《增一阿含》乃法显与《摩诃僧祇律[②]》同时得之，《摩诃僧祇律》既为大众部之律，则《增一》应亦大众部之经也）。然则两部之分，盖由祇阇窟内结集三藏诸长老，墨守佛早年所教，以之泐为定本。而窟外多数之青年，

① 此段引文对原文多有删略。

② 原误作“阿”，今改正。

抱进步思想者,深为不满。自尔以后,佛教遂隐然分为两派。特至阿育王时,始建堂堂之旗鼓以相抗耳!本论谓纯起于佛灭百年后,似未探其本也。

第二,大天(摩诃提婆①)为分派最重要之主动人,殆无可疑。但彼果为何等人乎?为何时代之人乎?在佛教史上实成一大问题。本论言大天有二人,前者即首倡五事异说之人,在第一百年之初,论主对于其人,不置可否。后者为重提五事之人,在第二百年之末,论主称其多闻精进。相去百余年,同一人名,同一事迹,而强指为二人,实不合情理。印度人时代观念最不明确,此必本为一人一事。而传说两歧,论主兼采而误混耳。以理度之,则其人为第一百年初之人,为大众部之确立者,殆较可信。然则其人之道行果何如?《述记》叙彼小传,凡数千言,则彼乃悉母、弑父、戕友、诳徒、诬佛之大恶人也。此说录自《大毗婆沙》(卷九十九)原文,盖"有部"所传,慈恩因所疏者为"有部"之书,故引其说以为释。其别著之《瑜伽略纂》(卷一)乃褒誉大天。而《分别功德论》亦云:"唯大天一人是大士。"则其人格之高可想。《三论玄义》云:"摩诃提婆(大天)取诸大乘经纳三藏中释之,诸阿罗汉结集时,已②简除斯义。而大众部用此意,上座部不用之,因尔起诤,遂成二部。"此说似最得真相。然则大天者,实创立大众部之人,亦即大乘教之远祖,对于当时上座长老,实行宗教革命。无怪自命正统之"一切有部"衔之次骨也,而《婆沙》种种诬蔑之辞,抑徒自暴其褊心而已。

第三,派别何故盛兴于阿育王以后,又极可研究之问题也。佛

① 原误作"阿",今改正。

② 原误作"己",今改正。

灭后百五十二年（西纪前三二七），亚历山大大王大军侵入印度，印度为马基顿领土者垂十年，自此与欧洲交通日繁，大受希腊文化之影响，思想随而蜕变，此新教义发生之第一原因也。越五十余年，而阿育王统一全印，前此佛教仅行于中印摩竭陀附近一带而已，阿育灌顶后，乃派人传教于四方，彼其政权所及之地，即教权所被之地。夫宗教必须有顺应环境性乃能生存，佛教既普被于种种异言异俗之民族，则其所诠译、所理解自不能悉仍其旧，当然各带地方的色彩。观其诸部之名，如所谓"灰山住"、"制多山住"、"西山住"、"北山住"、"密林山住"等，皆以地为识别，则其含有地方党派的意味，殆无可疑。然此实自阿育传教启之，此新教义发生之第二原因也。

第十二篇 说《四阿含》

《增一阿含经》五十卷①

苻秦兜佉勒② 国沙门昙摩难提等译

《中阿含经》六十卷

东晋罽宾国沙门瞿昙僧伽提婆等译

《长阿含经》二十二卷

姚秦罽宾国沙门佛陀耶舍共竺佛念译

《杂阿含经》五十卷③

刘宋天竺三藏求那跋陀罗译

一、《阿含》与五百结集

阿含,亦作阿笈摩,亦作阿含暮,译言“法归”,谓万法所归趣也(《长阿含经》序)。亦言“无比法”,谓法之最上者也(《翻译名义集》

① 明藏本作“五十卷”,丽藏本作“五十一卷”。

② 原误作“佶”,今改正。

③ 原误作“五十五卷”,今改正。

四），亦言“教”，亦言“传”，谓展转传来以法相教授也（《一切经音义》二十四）。本为佛经总名（吉藏《法华论疏》云“阿含”名通大小。《四阿含》等为小，《涅槃》称“方等阿含”，此即大也），今但以施诸小乘焉。

吾研究佛经成立之历史，拟拈出四个观念以为前提。

一、凡佛经皆非佛在世时所有，无论何乘何部之经，皆佛灭后佛徒所追述，其最初出者在佛灭后数月间，其最晚出者在佛灭五百年以后。

二、佛经之追述，有由团体公开结集者，有由个人私著者，前者成立之历史可以确考，后者无从确考。

三、佛经有用单行本形式者，有用丛书形式者，现存之十数部大经，皆丛书也。而此种丛书，性质复分为二，有在一时代编纂完成者，有历若干年增补附益而始完成者。

四、凡佛经最初皆无写本，惟恃暗诵。写本殆起于佛灭数百年后，随教所被，各以其国土之语写焉。质言之，则凡佛经皆翻译文学也。

《四阿含》者，则佛灭后第四个月，由团体公开结集一时编纂完成之四种丛书，历若干年后，始用数种文字先后写出者也。此次结集，即历史上最有名之“五百结集”。其情节具见于《四分律藏》（卷五十四）、《弥沙塞五分律》（卷三十）、《摩诃僧祇律》（卷三十二）、《善见律》（卷一）等书。今杂采略述如下：

佛以二月十五日平旦，在俱尸那入灭。时大弟子大迦叶方在叶波国，闻变而归，既葬佛后，默自思惟，宜集法藏，使正法住世，利益众生。乃请阿阇世王为檀越，于王舍城外之毕波罗窟（亦名七叶岩）以六月二十七日开始结集，参与斯会者五百人。迦叶为上首，先命优婆离结集毗尼（亦作毗奈耶），此云律藏，所集者，则今之《八十诵律》是也。次命阿难结集修多罗（亦作素怛缆），此云经藏，亦云法藏，所集者则此诸《阿含》是也。

阿难,佛之徒弟,为佛侍者二十五年,佛尝称其多闻第一,殆记性最强之人也。故结集经藏之大任,众以属之。结集时用极庄重之仪式、极复杂之程序,以求征信。阿难登高座,手捉象牙装扇,迦叶问:“法藏中《梵网经》何处说耶?”(案:即今《长阿含》中之《梵动经》,非单行本之大乘《梵网戒经》也)阿难答:“王舍城那兰驮二国中间王庵罗絺屋中说。”“因[①]谁而起?”“因修悲夜波利婆阇迦及婆罗门陀多二人而起。”如是问答本起因缘后,阿难乃诵出佛所说,首唱言“如是我闻”。诵已,五百罗汉印可之。如是次第诵他经,一切诵已,遂泐为定本,此《阿含》之由来也。

何故将《阿含》结集为四耶?《增一》(卷一)序品云:“时阿难说经无量,谁能备具为一聚?或有一法义亦深,难持难诵不可忆,我今当集此法义,一一相从不失绪。”据此则似阿难既将诸经诵出后,虑其散漫难记忆,于是谋集为“一聚”,以丛书的格式总持之。序品又云:“契经今当分四段,先名《增一》,二名《中》,三名曰《长多璎珞》,《杂经》在后,为四分。”此论四种次序,《分别功德论》(卷上)释之云:“分四段者,文义混杂。宜当以事理相认,大小相次。以一为本,次至十,一、二、三,随事增上,故名增一。中者,不大不小,不长不短,事处中适也。长者,说久远事,历劫不绝。杂者,诸经断结,难诵难忆,事多杂碎,喜令人忘。”《弥沙塞五分律》云:“迦叶问一切修多罗已,僧中唱言:此是长经,今集为一部,名《长阿含》。此是不长不短,今集为一部,名《中阿含》。此是为优婆塞、优婆夷、天子、天女说,今集为一部,名《杂阿含》。此是从一法增至十

---

① 原误作“国”,今改正。

一法，今集为一部，名《增一阿含》。”据此则四部分类命名之意，不过因文字之长短，略为区分，无甚义例。《法华玄义》(卷十)云：“《增一》，明人天因果。《中》，明真寂深义。《杂》，明诸禅定。《长》，破外道。”此说不免杜撰。《四阿含》虽云将诸经加以组织，然此种论理的分类法，似尚非当时所有，以今译本细按之，亦不能谓某种专明某义也。

数何以限于四，或言仿《四吠陀》，此殆近之。但据《善见律》，则尚有《屈陀迦阿含》一种，是不止四矣。今锡兰岛所传巴利文《阿含》，确有五部，其第五部正名《屈陀迦》，然不过将《四含》之文摘要分类编辑(橘惠胜《印度佛教思想史》一二七页)，恐非原本。吾窃疑此《屈陀迦》与大乘经典有关系，语在次篇。

二、《阿含》在彼土之传授

《付法藏因缘传》(卷二)载有一事，甚可发噱，今节引之：

“阿难游行，至一竹林，闻有比丘诵《法句》偈：‘若人生百岁，不见水老鹤，不如生一日，而得睹见之。’阿难语比丘：此非佛语，汝今当听我演(原文)：‘若人生百岁，不解生灭法，不如生一日，而得了解之。’(案此偈即出《阿含》中，在何部何卷，顷偶忘，待检)尔时，比丘即向其师说阿难语，师告之曰：‘阿难老朽，言多错谬，不可信矣。汝今但当如前而诵。’”

佛经以专恃暗诵、不著竹帛之故，所传意义，展转变迁，固意中事。乃至阿难在世时，已有此失。且虽以耆宿硕学如阿难者，犹不能矫正，此孟子所以有“尽信书不如无书”之叹也。不惟转变而已，且最易遗失。《分别功德论》（卷上）云：

> “《增一阿含》本有百事，阿难以授优多罗，出经后十二年，阿难便般涅槃。其后诸比丘各习坐禅，遂废讽诵，由是此经失九十事。外国法师徒相传，以口授相付，不听载文，时所传者，尽十一事而已。自尔相承，正有今现文尔。优多罗弟子名善觉，从师受诵，仅得十一事，优多罗便涅槃。外国今现三藏者，尽善觉所传。”

《增一》一经如此，他经可推。然则即今《阿含》，已不能谓悉为阿难原本。然印土派别既多，所传之本，各自不同。《顺正理论》（众贤造，玄奘译）云：“虽有众经，诸部同诵，然其名句，互有差别。”（卷一）此正如汉初传经，最尊口说，故诸家篇帙文句，时相乖忤，即以《增一》言，《功德论》又云：“萨婆多家（案即一切有部）无序及后十事。”然则萨婆多所传，固与善觉本异矣。而今我国译本，共五十二品，则既非阿难原来之百篇本，亦非善觉之十一篇本，又非萨婆多之九十篇本（或是此本而未译完，亦未可定），是知印土《增一》，最少当有四异本矣。吾所以喋喋述此者，非好为琐末之考证，盖当对诸部所释教理，有种种差别，虽同属一经，其某部所传之本，自必含有该部独有之特色，不仅如“水老鹤”等文字之异同而已。试以汉译《四含》与锡兰之巴利本相较，当能发见许多异义（记日本人所著书中有两译对照之文多条，忘出何书）。他日若有能将全世界现存之各种异文异本之《阿含》，一一比勘，为综合研究，追寻其出自何部所传，而因以考各部思想之异点，则亦学界之一大业也。

我国《阿含》四种，并非同时译出，其原本亦非同在一处求得，则每种传授渊源，宜各不同。慈恩谓《四含》皆大众部诵出。法幢谓《增一》依大众部，《中》、《杂》依一切有部，《长含》依化地部（日本金子大荣《佛教概论》引，所引何书待查），未审何据。今于次节述传译源流，略考其分别传受之绪焉。

三、《阿含》传译源流

我国译经，最初所译为"法句类"，即将经中语节要抄录之书也。次即分译《阿含》小品，盖《阿含》乃丛书体裁，诸品本自独立成篇，不以割裂为病也。今举藏中现存《阿含》异译诸经为下表（佚本约两倍左［下］表，今悉不录）：

《增一阿含经》别出异译

（经名）	（今本）	（译人）
婆罗门避死经	增上品	汉安世高
阿那邠邸化七子经	非常品	同
舍利弗目犍连游四衢经	马王品	汉康孟详
七佛父母姓字经	十不善品	曹魏失名
须摩提女经	须陀品	吴支谦
三摩竭经	同	吴竺律炎
波斯匿王太后崩经	四意断品	西晋释法炬
频婆沙罗诣佛供养经	等见品	同

大爱道般涅槃经	般涅槃品	西晋帛法祖
舍卫国王梦见十事经	同	西晋失名
央崛魔经	力品	西晋竺法护
力士移山经	八难品	同
四未曾有法经	同	同
玉耶女经	非常品	西晋失名
放牛经	放牛品	姚秦鸠摩罗什
四泥犁经	礼三宝品	东晋昙无兰
玉耶经	非常品	同
不黎先尼十梦经	涅槃品	同
食施获五福报经	善聚品	东晋失名
四人出现世间经	四意断品	刘宋求那跋陀罗
十一想思念如来经	礼三宝品	同
阿遬达经	非常品	同
长者子六过出家经	邪聚品	刘宋慧简
佛母般泥洹经	涅槃品	同

《中阿含经》别出异译

（经名）	（今本）	（译人）
一切流摄守因经	漏尽经	汉安世高
四谛经	圣谛经	同
本相倚致经	本际经	同
是法非法经	真人经	同
漏分布经	达梵行经	同
命终爱念不离经	爱生经	同

阿那律八念经	八念经	汉支曜
苦阴经	苦阴经上	汉失名
魔娆乱经	降魔经	同
七知经	善法经	吴支谦
释摩男本经	苦阴经下	同
诸法本经	诸法本经	同
弊魔试目连经	降魔经	同
赖吒和罗经	赖吒和罗经	同
梵摩喻经	梵摩经	同
斋经	持斋经	同
恒水经	瞻波经	西晋释法炬
顶生王故事经	四洲经	同
求欲经	秽经	同
苦阴因事经	苦阴经下	同
瞻婆比丘经	大品瞻波经	同
数经	算数目连经	同
善生子经	善生经	西晋支法度
离睡经	上曾睡眠经	西晋竺法护
受岁经	比丘请经	同
乐想经	想经	同
尊上经	中禅室尊经	同
意经	心经	同
应法经	受法经下	同
咸水喻经	七水喻经	西晋失名
兜调经	鹦鹉经	同

铁城泥犁经	天使经	东晋昙无兰
阿耨飑经	阿奴波经	同
泥犁经	痴慧地经	同
古来世时经	说本经	东晋失名
梵志计水净经	水净梵志经	同
慈心厌离功德经	须达多经少分	同
箭喻经	箭喻经	同
文竭陀王经	四洲经	北凉昙无谶
八关斋经	持斋经（不全）	北凉沮渠京声
阎罗王五天使者经	天使经	刘宋慧简
瞿昙弥记果经	瞿昙弥经	同
鹦鹉经	鹦鹉经	刘宋求那跋陀罗
鞞摩肃经	鞞摩那修经	同

《长阿含经》别出异译

（经名）	（今本）	（译人）
长阿含十报法经	十上经	汉安世高
人本欲生经	大缘方便经	同
尸迦罗越六方礼经	善生经	同
梵志阿飑经	阿摩昼经	吴支谦
梵网六十二见经	梵动经	同
佛般泥洹经	游行经	西晋白法祖
楼炭经	世记经	西晋释法炬
大般涅槃经	游行经	东晋释法显
方等泥洹经	同	东晋失名

寂志果经	沙门果经	东晋昙无兰

《杂阿含经》别出异译

(经名)	(今本)	(译人)
七处三观经	卷二·卷三十四	汉安世高
五阴譬喻经	卷十	同
转法轮经	卷十五	同
八正道经	卷二十八	同
马有三相经	卷三十三	汉支曜
马有八态譬人经	同	同
不自守意经	卷十一	吴支谦
杂阿含经(一卷)	大部中撮要	吴失名
圣法印经	卷三	西晋竺法护
难提释经	卷三十	西晋释法炬
相应相可经	单卷本	同
水沫所漂经	卷十	东晋昙无兰
戒德香经	卷三十八	同
满愿子经	卷十三	东晋失名

读上表者,可以了然于《阿含》之实为丛书性质,实合多数之单行本小经而成,彼土亦各别诵习。而初期大译家安世高、支谦、法护、法炬之流,百余年间,皆从事于此种单行本之翻译,其曾否知为同出一丛书,盖未敢言耳。《四含》所有经总数几何,不能确考。按汉译今本,《长含》共三十经(原有目录),《中含》二百二十二经(据道慈序),《增含》四百七十二经(据道安序),《杂含》短而多,不能

举其数，大约在一千二、三百以上（卷一共二十八经，全书共五十卷），合计殆逾二千种矣，然必犹未全（《增一》体例每品皆累一至十一品，凡得十经。今本有品五十一[1]，而经仅得四百七十二，殆有阙矣。然据《分别功德论》则此书应有百品，合为千经。中土所传本又未得其半也）。今检各经录中，小乘经存佚合计，盖盈千种，窃谓其中除出十数种外（语在次篇），殆皆《阿含》遗文也。

前此之零碎单译，自然不餍人意。逮东晋之初，而《阿含》全译之要求起焉。先出者为《增》、《中》，其次则《长》，最后乃《杂》，前后垂六十年，而兹业乃完。今考其年代及译人列为下表：

	年代		译人		
	出书年	杂考证	主译者	助译者	关系者
增一阿含	苻秦建元二十年（三八四）		昙摩难提	竺佛念 昙嵩	赵文业、道安、法和、僧䂮、僧茂
中阿含	东晋隆安二十年（三九八）	道安、难提等先已与《增一》同时译出，因多未惬，至是始重译	僧伽提婆 僧伽罗叉	道慈	法和 王元琳
长阿含	姚秦弘始十五年（四一三）		佛陀耶舍	竺佛念 道含	僧肇 姚爽
杂阿含	刘宋元嘉二十年（四四三）	藏中有别译《杂阿含》十六卷，旧作二十卷，附秦录中，殆译而未成者，不审其为苻秦为姚也。	求那跋陀罗	法勇	原本乃法显从师于国携归

① 连《序品》，则为五十二品。

译业创始之功，端推道安，其译《增》、《中》二含，正值苻坚覆国之年，序所谓“此年有阿城之役，伐鼓近郊”者也（《增一经·道安序》）。盖在围城之中，仓卒杀青。逾年而安遂亡，道慈所谓“译人造次，违失本旨，良匠去世（指安公），弗获改正也。”（《中含·道慈序》）故此秦译二书，皆可谓未定稿。然《增一》遂终弗克改，今藏中所存，即建元二十年本也（此据旧经录云尔，其实尚有疑点，安公序明言四十一卷而今本有五十卷，安序有“失其录偈”一语，似是指序品，而今本实有序品。疑后此曾经一度增修矣。安序又云：“共四百七十二经。”若今本经数不止此，便益可证明其有增修，惜吾尚乏此暇晷一检校之也）。《中含》以法和、提婆之努力，又得罗叉从罽宾新来为之助，卒成第二译，而初译今不复见矣。《杂含》既旧有秦译，不知其出道安时耶，出罗什时耶？《长含》之译，则史迹最简矣。

吾述《四含》传译渊源，忽引起一别种兴味，即欲因各书之译人以推求其书为何宗派所传本也？印度小乘派二十部，皆宗《阿含》，其所诵习本各部有异同，具如前引《分别功德论》所说。汉译《四含》，或云皆出大众部①，或云《增一》依大众部②，《中》、《杂》依一切有部，《长》依化地部；未审其说所自出。今以此四书之译人及其他材料校之，吾欲立为臆说如下：

一、《增一阿含》疑依“一切有部”本，而以“大众部”本修补。《增一》译者昙摩难提，兜佉勒人。兜佉勒，似为“一切有部”势力范围。近年欧人在库车发掘，得有用月氏文字所书之波罗提木叉

① 原误作“大宗部”，今改正。

② 原误作“大宗部”，今改正。

（戒律），即罗什所译“萨婆多部”（即一切有部）之《十诵比丘尼戒本》也（日本羽溪了谛著《西域之佛教》一八八页）。结集《毗婆沙》之迦腻色迦王，即月氏种。与“有部”因缘极深，兜佉勒服属于彼，用其文字，则其学出于“有部”固宜。据《分别功德论》，他部之《增一》，皆仅存十一品。惟“有部”本存九十品。今此本有五十一品，益足为传自“有部”之据，所以不满九十品者，或是译业未竟。盖译时方在围城中。未久而苻秦遂灭也。《功德论》又云：“萨婆多家无序。”而安公《增一序》亦云：“失其录偈。”所谓[①]《序》所谓录偈，似即指序品，然则今本序品一卷，或非原译所有，而后人别采他部本以补之，其所采者或即“大众部”本，即慈恩谓出自“大众”也。序品多大乘家言，自当与“大乘部”有因缘（大众部为大乘所自出，说详第三篇）。

二、《中阿含》疑出“一切有部”。初译本《中含》，与《增一》同出昙摩难提，已足为传自“有部”之证。今所传隆安二年再治本，由僧加罗叉讲梵本，僧伽提婆转梵为晋（《道慈序》语），二人皆罽宾人（即迦湿弥罗），罽宾为“有部”之根据地，众所共知。提婆别译《阿毗昙八犍度论》（迦旃延之《发智论》）实“有部”最重要之书。罗叉续成罗什之《十诵律》，亦“有部”律也。然则创译《中含》之三人，皆“有部”大师，法幢谓《中含》传自“有部”，当为信史也。

三、《长阿含》疑出“昙无德部”。《长含》译者佛陀耶舍亦罽宾人，但“昙无德部”之《四分律》，即由彼诵出，知彼当属“德部”，则所诵《长含》，或亦用“德部”本也。

---

① “所谓”二字疑衍。

四、《杂阿含》疑出“弥沙塞部”。《杂含》译者求那跋陀罗，中天竺人，本以大乘名家，于小乘诸部当无甚关系。惟《杂阿含》原本之入中国，实由法显。法显得此于师子国（即锡兰），同时并得《弥沙塞律》，然则此本与“塞部”当有关系。“塞部”本盛于南天竺，则师子国固宜受其影响，求那东渡之前，固亦久淹师子也。

上所考证似无关宏旨，然古代西土各部之学说，传于今者极希（除有部外），若能在《四含》中觅得一二，亦治印度思想史之一助也。

四、《阿含》研究之必要及其方法

我国自隋唐以后，学佛者以谈小乘为耻，《阿含》束阁，盖千年矣。吾以为真欲治佛学者，宜有事于《阿含》，请言其故：

第一，《阿含》为最初成立之经典，以公开的形式结集，最为可信。以此之故，虽不敢谓佛说尽于《阿含》，然《阿含》必为佛说极重之一部分无疑。

第二，佛经之大部分，皆为文学的作品（补叙点染），《阿含》虽亦不免，然视他经为少，比较近于朴实说理。以此之故，虽不敢谓《阿含》一字一句悉为佛语，然所含佛语分量之多且纯，非他经所及。

第三，《阿含》实一种言行录的体裁，其性质略同《论语》，欲体验释尊之现实的人格，舍此末由。

第四，佛教之根本原理——如四圣谛、十二因缘、五蕴皆空、业感轮回、四念处、八正道等——皆在《阿含》中详细说明，若对于此等不能得明确观念，则读一切大乘经论，无从索解。

第五，《阿含》不惟与大乘经不冲突，且大乘教义，含孕不少，不容诃为偏小，率尔吐弃。

第六，《阿含》叙述当时社会事情最多，读之可以知释尊所处环境及其应机宣化之苦心，吾辈异国异时代之人，如何始能受用佛学，可以得一种自觉。

研究《阿含》之必要且有益既如此，但《阿含》研究之所以不普及者，亦有数原因：

一、卷帙浩繁。

二、篇章重复。《四含》中有彼此互相重复者，有一部之中前后重复者，大约释尊同一段话，在《四含》中平均总是三见或四见，文句皆有小小同异。

三、辞语连犿。吾辈读《阿含》，可想见当时印度人言语之繁重。盖每说一义，恒从正面、反面以同一辞句翻覆诠释，且问答之际，恒彼此互牒前言，故往往三、四千字之文，不独所诠之义仅一两点，乃至辞语亦足有十数句。读者稍粗心，几不审何者为正文，何者为衬语，故极容易生厌。

四、译文拙涩。《增》、《中》二含，杀青于戎马之中，《中》虽再治，《增》犹旧贯，文义之间，译者已自觉不惬。《长》、《杂》晚出，稍胜前作。然要皆当译业革创时代，译人之天才及素养，皆不逮后贤，且所用术语，多经后贤改订，渐成僵废，故读之益觉诘屈为病。

今日欲复兴"阿含学"，宜从下列各方法着手：

第一，宜先将重要教理列出目录——如说苦、说无常、说无我、说因缘生法、说五取蕴、说四禅等等——约不过二、三十目便足。然后将各经按目归类，以一经或二、三经为主，其他经有详略异同者，低格附录，其全同者则仅存其目。似此编纂一过，大约不过存原本十分之一，而《阿含》中究含有若干条重要教理，各教理之内容何如，彼此关系何如，都可以了解，原始佛教之根本观念，于是确立。

第二，将经中涉及印度社会风俗者，另分类编之，而观其与佛教之关系。如观四姓阶级制之记述，因以察佛教之平等精神；现种种祭祀仪法之记述，因以察佛教之破除迷信。

第三，宜注重地方及人事，将释尊所居游之地见于经中者列成一表，看其在某处说法最多，某处某处次多，在某处多说某类之法；又将释尊所接之人——若弟子，若国王长者，若一般常人，若外道等等，各列为表，而观其种种说法。如是则可以供释迦传、释迦弟子传、印度史等正确之资料。

以上不过随想所及，拈举数端。实则《四含》为东方文化一大宝藏，无论从何方面研索，皆有价值也。

第十三篇　说《六足》、《发智》

一、说名称及传译渊源

《六足》、《发智》者，“说一切有部”之宝典也。其成立在《大毗婆沙》前，《婆沙》宗之。“有部”为印度佛教正统派，故欲知教义之渊源，以察其后此蜕衍进展之迹，不可不浏览此诸书。

《六足》者，六部论之译名，末皆系一“足”字，故得名焉。

（一）《阿毗达磨集异门足论》二十卷	舍利弗造	佛在世时
（二）《阿毗达磨法蕴足论》十二卷[①]	目犍连造	
（三）《阿毗达磨施设足论》（未译）	迦旃延造	
（四）《阿毗达磨识身足论》十六卷	提婆设摩造——佛灭后三百年	
（五）《阿毗达磨品类足论》十八卷[②]	世友造—佛灭后四百年	
（六）《阿毗达磨界身足论》三卷（节本）		

① 原误作“二十卷”，今改正。

② 原误作“十六卷”，今改正。

此所谓《六足》也，据俱舍论所引，尚有邬波毱多之理目足论，但未译传，是否与《六足》同类，不敢断言。所谓《发智》者：

《阿毗达磨发智论》二十卷　　迦多衍尼子造
——佛灭后四百年

上七书译名，皆唐玄奘法师所定。阿毗达磨旧作阿毗昙，译言对法，亦云大法。佛典分三藏：（一）修多罗，即经藏。（二）毗尼，即律藏。（三）阿毗昙，即论藏也。故凡古代大论，多冠此名。此《六足论》者，除《施设足》外，余六部皆奘师译出。其《品类足》一种，则刘宋时求那跋陀罗、菩提耶舍曾共译，名曰《众事分阿毗昙论》，为十二卷，奘本则第二译也。其《发智》一种，则苻秦时瞿昙僧伽、竺佛念曾共译，名曰《阿毗昙八犍度论》，为三十卷，奘本亦第二译也。奘公译《异门》、《法蕴》、《识身》、《品类》、《发智》皆依足本，惟《界身》篇末，有窥基后序，谓："此论大本，有六千颂，后以文繁，或致删略，今此所翻有八百三十颂。"然则所依乃节本矣。此所以卷数与余书不侔也。所以用节本之故，殆因奘公老年精力不继，基序称此论以龙朔三年六月四日译讫。考奘公示寂，即在次年（麟德元年）之二月四日，上距成书时仅八月耳。其《施设足》之所以阙译，当亦为此。今藏中尚有宋法护译《施设论》七卷（大中祥符间），或谓即抄译《施设足》，未敢具信，冀他日或得梵本印审耳。

二、说《六足》

《异门》、《法蕴》、《施设》三足，旧称佛三大弟子舍利弗、目犍连、迦旃延所造，果尔，则当为论部最古之书。然佛典年代，每多带神话的性质，未敢谓为信然也。舍利弗著述，今在藏中者，尚有《舍利弗阿毗昙论》三十卷，然彼书乃“犊子部”所宗，与《集异门足论》似截然不同（说详彼篇），得非韩非子所谓“孔墨皆道尧舜，谁与定尧舜之真耶”？然《异门足》之教义，与《发智》及《婆沙》所衍最相吻合，其为“有部”根本义法所出，盖可断言。

《法蕴足》列举“心数法”（即心所有法），最为详尽。其所举不善法，自贪、瞋、痴、忿、恨、覆、恼，以至愁、叹、苦、忧凡八十种（卷九），纯为系统的分类，以校今代泰西之心理学书，精密过彼远甚，以学术进展之常蹊论之，其成书似在《发智》以后。又言：“五取蕴无常转动，劳倦羸笃，是失坏法。迅速不停，衰朽非恒，不可保信，是变坏法。有增有减，暂住速灭，本无而有，已有还无。”（卷六）此颇似“经量部”之“过、未无体说”，与“有部”之三世实有说不相容，故吾窃疑此书颇晚出，非佛在世时所宜有也。

据《三论玄义》称，《舍利弗阿毗昙》，亦名《犊子毗昙》。又《异部宗轮论》谓“法藏部”自称“我袭采菽氏”，采菽即目犍连也。然则此二大弟子者，或即为彼两部所宗，然而两部皆同出“有部”，故此二书亦不失为“有部”之大典也。

《集异门足论》目录如下：

缘起品第一（世尊游力士生处，住其所造，初成台观，命舍利子代宣法要，舍利子承命结集毗奈耶）　一法品第二（有三门）　二法品第三（有二十七门）　三法品第四（有五十门）　四法品第五（亦五十门）　五法品第六（有二十四门）　六法品第七（亦二十四门）　七法品第八（有二十三门）　八法品第九（有十门）　九法品第十（略有二种）　十法品第十一（略有二种）　赞劝品第十二（佛从卧起，赞善劝持）

《法蕴足论》目录如下：

学处品第一（明优婆塞五戒）　预流支品第二（明四种法行。一亲近善士、二听闻正法、三如理作意、四法随法行）　证净品第三（明四不坏净。一佛证净、二法证净、三僧证净、四圣所受戒）　沙门果品第四（明四圣果）　通行品第五（明四通行。一苦迟、二苦速、三乐迟、四乐速）　圣种品第六（明衣食卧具知足及乐断乐修圣种）　正胜品第七（明四正勤）　神足品第八（明四种“三摩地”。一欲、二勤、三心、四观）　念住品第九（明身、受、心、法四观）　圣谛品第十（明四圣谛）　静虑品第十一（明四禅法）　无量品第十二（明慈、悲、喜、舍定）　无色品第十三（明四空定）　修定品第十四（明四修定。一得现法乐住、二得殊胜智见、三得胜分别慧、四得诸漏永尽①）　觉支品第十五（明七觉支）

① 原误作“诸编永尽”，今改正。

杂事品第十六（明永断一一法，皆能保彼定不退还。谓贪、瞋、痴乃至苦、忧、扰、恼等）　根品第十七（明二十二根）　处品第十八（明十二处）　蕴品第十九（明五蕴）　多界品第二十（明界、处、蕴起及处、非处、善巧）　缘起品第二十一（明十二因缘）

著《识身足》之提婆设摩，年代无考。然其破“犊子部”所执，知必在“犊部”分裂后矣（犊部分裂在佛灭后第三百年中叶）。“犊子部”立“补特伽罗”即“我”体之异名，所谓“我法俱有说”，当时斥为附佛法之外道者也。本书先破“法藏部”之“过未无体说”，次即破“补特伽罗说”。其内容如下：

目乾连蕴第一（沙门目连作如是说：“过去、未来无，现在无为有”，今依诸契经种种破之）　补特伽罗蕴第二（补特伽罗论者作如是说：定有“补特迦罗”，性空论者依诸契经种种破之）因缘蕴第三（问答诸法互为因缘义）　所缘缘蕴第四（问答诸所缘缘义）　杂蕴第五（明起染、离染等义）　成就蕴第六（广明十二种心成就、不成就等差别）

世友之人物价值及年代，已见《宗轮论》条下。此人殆最忠实于“有部”教义者，故《大毗婆沙》征引其遗说最多。今略举《品类足论》之内容如下：

辨五事品第一（卷一）① 辨诸智品第二（卷一、卷二） 辨诸处品第三（卷二） 辨七事品第四（卷二、卷三） 辨随眠品第五（卷三至卷五） 辨摄等品第六（卷五至卷十） 辨千问品第七（卷十至卷十七） 辨抉择品第八（卷十八）

前五品略举名数，故其文较简。第六、第七两品，论各名相互关系，以今语译之，则专论心理历程也，故其文较繁。要而论之，则佛教之系统的心理学，可谓至世友而始确立也。其《界身足论》则分二品。一、本事品，论心所法。二、分别品，论不相应行。据窥基云是节本，恐是未完本也。

三、说《发智》

《发智论》之著者，迦多衍尼子，或译作“迦旃延”，与佛十大弟子中之迦旃延（即造《施设足论》之人）同名，实“说一切有部”开宗之宗也。据嘉祥《三论玄义》云：“佛灭度后，迦叶以修多罗（经部）付阿难，历末田地、舍那婆斯、优婆掘多、富楼那、寐者柯，至迦旃延尼子，二百年来无异部。……从迦叶至掘多，正弘经，从富楼那稍弃本弘末，故正弘毗昙（论部）。至迦旃延大兴毗昙，上座部弟子部见其弃本弘末，四过宣令，遣其改宗，遂守宗不改，上部弟子移往雪山避之，因名‘雪山住部’。其留者则名‘萨婆多部’（说一切有部）。……”②由

① 《大正藏》本《阿毗达磨品类足论》所列八品中的“辨”，均作“辩”。

② 此段引文乃大意，作者对原文多有删略。

此观之,“有部”与“上座部”之分裂,其主动实由迦旃延,而诸上座之不满于迦旃延者,即以其重论而轻经。所谓论者何?则此二十卷《发智》,即集其大成者也。玄奘法师曾亲游著论之地,《西域记》(卷四)云:“至那仆底国,有答秣苏伐那伽蓝,中有无忧王所建窣堵波(塔),高二百余尺,绕山伽蓝,周二十里,小率堵波数千百所,连隅接影。如来涅槃后第三百年中,迦多衍那论师于此制《发智论》焉。”其遗迹为后贤所敬慕如此。窃尝论之,《发智论》之地位,略如治《春秋》者之有《公羊传》,迦旃延则胡毋生(世友略可比董仲舒),而后此之《大毗婆沙》,则比何氏《解诂》也。故欲知当时所谓正统派学说,必于此书求之。

全书分八篇四十四章。篇者,秦译本作犍度(Shandha),盖聚集之义,唐译本译为“蕴”。章者,秦译本作跋渠,盖类别之义,唐译本译为“纳息”。今对照两本异名,列其目。

	(唐译)	(秦译)
杂蕴第一 杂犍度第一	世第一法纳息第一	世间第一法跋渠第一
	智纳息第二	智跋渠第二
	补特迦罗纳息第三	人跋渠第三
	爱敬纳息第四	爱恭敬跋渠第四
	无惭纳息第五	无惭愧跋渠第五
	相纳息第六	色跋渠第六
	无义纳息第七	无义跋渠第七
	思纳息第八	思跋渠第八

结蕴第二 结使犍度第二	不善纳息第一	不善跋渠第一
	一行纳息第二	一行跋渠第二
	有情纳息第三	人跋渠第三
	十门纳息第四	十门跋渠第四
智蕴第三 智犍度第三	觉支①纳息第一	八道跋渠第一
	五种纳息第二	五种跋渠第二
	他心智纳息第三	知他人心跋渠第三
	修智纳息第四	修智跋渠第四
	七圣纳息第五	相应跋渠第五
类蕴第四 行犍度第四	恶行②纳息第一	恶行跋渠第一
	邪语纳息第二	邪语跋渠第二
	害生纳息第三	害众生跋渠第三
	表无表纳息第四	有教无教跋渠第四
	自业③纳息第五	自行跋渠第五
大神蕴第五 四大犍度第五	大造纳息第一	净根跋渠第一
	缘纳息第二	缘跋渠第二
	具见纳息第三	见谛跋渠第三
	执受纳息第四	内造跋渠第四

① 原误作“学支”，今改正。
② 原误作“慈行”，今改正。
③ 原脱“自”字，今补。

根蕴第六 根犍度第六	根纳息第一	根跋渠第一
	有纳息第二	有跋渠第二
	触纳息第三	更乐跋渠第三
	等心纳息第四	始心跋渠第四
	一心纳息第五	始发心跋渠第五
	鱼纳息第六	鱼子跋渠第六
	因缘纳息第七	缘跋渠第七
定蕴第七 定犍度第七	得纳息第一	过去得跋渠第一
	缘纳息第二	缘跋渠第二
	摄纳息第三	解脱跋渠第三
	不还纳息第四	阿那含跋渠第四
	行纳息第五	一行跋渠第五
见蕴第八 见犍度第八	念住纳息第一	意止跋渠第一
	三有纳息第二	欲跋渠第二
	想纳息第三	想跋渠第三
	智纳息第四	智时跋渠第四
	见纳息第五	见跋渠第五
	伽陀纳息第六	偈跋渠第六

第十四篇　说《大毗婆沙》

《阿毗昙毗婆沙论》八十二卷（第一译，不全）

北凉浮陀跋摩、道泰同译

《阿毗达磨大毗婆沙论》二百卷（第二译）

唐玄奘译

一、《大毗婆沙》之结集

《毗婆沙》，译言广说，或言广释。藏中以《毗婆沙》名书者五种，除上列二种外，尚有尸陀槃尼之《鞞婆论》、法救之《五事毗婆沙论》、龙树之《十住毗婆沙论》。而此《阿毗昙毗婆沙》，则同本异译，凡佛学家泛言《婆沙》者，皆指此也。

《大毗婆沙》所广释者何？即释迦旃延之《发智论》也（今本每卷末皆有“说一切有部发智”七字）。然此非私家著述，乃当时佛教正统派（说一切有部），以团体之公意，受时主之保护，经正式的公开研究，用极郑重之形式，泐为大典，史家名之曰“第四结集”，与迦叶、阿难之结集三藏，视为同等之大事业，故研究斯论之成立渊源，实佛教史上一重要关目也。《婆沙》结集之史料，详见于玄奘《大唐

西域记》(卷三)迦湿弥罗国之条,其文曰:

“犍陀罗国迦腻色迦王,以如来涅槃后第四百年,应期抚运(案:此年代有误说,详下)。机务余暇,每习佛经,日请一僧入宫说法,而诸异议部执不同,王用深疑。时胁尊者曰:‘如来去世,岁月逾邈,弟子部执,师资异论,各据闻见,共为矛盾。’时王闻已,悲叹良久,谓尊者曰:‘敢忘庸鄙,绍隆法教,随其部执,具释三藏。’胁尊者曰:‘大王留情佛法,是所愿也。’王乃宣令远近,召集圣哲。于是四方辐辏,得四百九十九人。王欲于本国(案:指犍陀罗),苦其暑湿。又欲就王舍城大迦叶波结集石室,胁尊者等议曰:‘不可,彼多外道,异论纠纷,酬对不暇,何功作论?众会之心,属意此国。’(案:指迦湿弥罗)令曰:‘允谐。’其王是时,与诸罗汉,自彼而至(案:自犍陀罗至迦湿弥罗),建立伽蓝,结集三藏,欲作《毗婆沙论》。是时尊者世友,户外衲衣,诸阿罗汉谓世友曰:‘结使未除,勿居此也。’于是世友掷缕丸空中,诸天接缕丸而请,诸罗汉见是事已,谢咎推德,请为上座,凡有疑义,咸取决焉(案:世友事不可信,说详下)。是五百贤圣,先造十万颂《邬波第铄论》,释素呾缆(经)藏。次造十万颂《毗奈耶毗婆沙论》,释毗奈耶(律)藏。后造十万颂《阿毗达磨毗婆沙论》,释阿毗达磨(论)藏。凡三十万颂,六百六十万言,备释三藏。悬诸千古,莫不穷其枝叶,究其浅深。迦腻色迦王遂以赤铜为鍱,镂写论文,不函缄封,建窣堵波，藏于其中，不令异学持此论出，欲求习学，就中受业。”①

其后，多罗那达之《印度佛教史》，叙述此事亦甚详，略同奘公所说。惟言五百罗汉外，更有五百菩萨、五百班弥达（居士）云。今案迦湿弥罗即罽宾，迦腻色迦王为月氏种，《后汉书·西域传》有月氏王阎膏珍者，则其父也。此王以西历第二世纪初，统一北、西、中三部印度，大弘佛法，媲美阿育。其雕刻遗物，今尚多存，欧洲考古者宝焉。迦湿弥罗佛教，当佛灭五六十年后，阿难弟子末田底迦始往传布，其后寖盛。初，世尊说法，多在摩竭陀国之王舍城。佛灭后，即以此地为教会中心，迦叶于此结集三藏焉。然其国本耆那教之根据地，佛在世时，外道已充斥。及阿育王殁后，异教渐倡，佛教徒动见迫害（观前文所记胁尊者之言谓“王舍城多外道”可窥见此中消息），诸大德多避地西北，于是佛教中心，渐移于迦湿弥罗，而主持之者则“说一切有部”也。迦腻色迦在位，当佛灭后第六百年之末，其时不惟“大众部②”早已独立，即“有部”中亦异议蜂起，裂为十余派。一面大乘运动，亦渐已开始。于是正统派诸长老，不得不谋所以“别黑白而定一尊”，此编纂《婆沙》之动机所由起也。此举虽含有教权自尊的意味，然不能遽谓之专制。盖当时实合各地著名学者，公开讨论，其间有部以外之人，当亦不少。据多罗那达《佛教史》，则当时十八部之异议，悉分别采择，认为正说，是纯取“择善而从”的态度矣！观于《婆沙》内容之丰富，条贯之详明，可知此次结集，其成绩实极优越。“有部”所以历数百年，至唐代义净

① 本段引述乃大意，较原文略有删略。

② 原误作“大乘部”，今改正。

游印时而犹极盛者，盖有由矣！以我国之儒学史相比附，则后汉建初四年，集诸儒于白虎观，讨论五经同异，事正相类。然以《白虎通义》比《毗婆沙》，则相去不可以道里计矣！盖儒教内容，本不逮佛典。而《婆沙》诸师之学，又与汉代章句之儒殊致也。据玄奘所记，则《毗婆沙论》不过此次结集出品三分之一，尚有释经藏之《邬波第铄》，释律藏之《毗奈耶毗婆沙》，为吾辈所未及见，其事业之伟大更可想。玄奘携归之书，有"说一切有部"经律论六十七部（见《三藏法师传》卷六），不审彼两巨制亦曾预此中焉否也？

附：结集《婆沙》异说订讹四则

一、《西域记》称世友为此会首座事，殆不可信。《婆沙》中征引《品类》、《界身》二足，及"尊者世友说"云云之文，不下百数十处，其为先辈甚明。且婆须蜜（即世友）事迹，见于他书者甚多，错综参证，殆必为佛灭后第四百年之人，无缘与迦腻色迦相及。今《西域记》所传，与第一结集时阿难先被摈而后加入，情节正同，殆"有部"后辈，以阿难旧事附会世友耳！

二、《婆薮槃豆传》（真谛译）云："佛灭后五百年中，有阿罗汉名迦旃延子，后往罽宾国，与五百罗汉及五百菩萨共撰集萨婆多部（即说一切有部）阿毗达磨，制为八伽兰他（犍度），亦称此文为《发慧论》。造竟，复欲造《毗婆沙》释之。"据此文则似迦旃延亦加入此会。然迦旃延为"有部"开宗之人（说见前篇），其出世上距《婆沙》结集时当二百余年，《槃豆传》所以有此失者，盖因《婆沙》所释为《发智论》，误会二书之述作为一事耳。《发智论》之著作，在至那仆底国，不在罽宾，此明见于《西域记》卷四也。

三、《婆薮槃豆传》又云："迦旃延子遣人请马鸣至罽宾，解释八结（犍度）。语意若定，马鸣随即著文，经十二年，造《毗婆沙》方竟。"是又谓马鸣为《婆沙》属草之人，亦不可尽信。据多罗那达《佛教史》，则马鸣始终未尝至北印度，该传言迦旃延事，既绝对讹谬，则恐并此亦附会耳。要之，编纂《婆沙》，是历史上一大事业，故后世传说，凡有名之人皆引入以为重，印度人历史观念最薄，此不足为异也。

四、《西域记》称此事在佛灭第四百年，此亦大误。迦腻色迦为西历纪元后百十余年之人，近欧人掘出其所铸货币及其他彩刻物，考证甚博，信而有征，其时佛灭六百余年矣。《西域记》述佛灭年代，本广存异说，此所记者或当时一说，否则或传写之讹也。

二、《大毗婆沙》内容略说

《大毗婆沙》者，质言之，则《发智论》之注疏而已。其篇帙既极浩瀚，读者罕能卒业。且因其为小乘之书，或轻蔑不屑流览，原书既无目录，千年来复无人为之科判，故其内容如何，几无人能道。夫吾固亦未毕业之一人也，安敢妄有所论列？但与《发智》互勘，先编一目录，备检阅云尔。

		（唐译）	（凉译）
	叙论	卷一	
（一）杂　蕴《发智》卷一、二	释世第一法	卷二至九半	卷一至五
	释智	卷九半至二三半	卷六至一六
	释补特伽罗	卷二三半至二九半	卷一七至二二（释人）
	释爱敬	卷二九半至三四半	卷二二半至二六半
	释无惭	卷三四半至三八半	卷二六半至二八
	释相	卷三八半至三九半	卷二九半（释色）
	释无义	卷三九半至四二半	卷二九半至三二
	释思	卷四二半至四五	卷三三至三五半
（二）结　蕴《发智》卷四、五，六	释不善	卷四六至五五	卷三五半至四四半
	释一行	卷五六至六三半	卷四四半至四八
	释有情	卷六三半至七〇	卷四九至五三
	释十门	卷七一至九二	卷五四至七〇
（三）智　蕴《发智》卷七至十	释学支	卷九三至九七半	卷七一至七四（释八道）
	释五种	卷九七半至九九半	阙
	释他心智	卷九九半至一〇五半	卷七五至七九半
	释修智	卷一〇五半至一〇八	卷七九半至八〇
	释七圣	卷一〇九至一一一	卷八一至八二
（四）业　蕴《发智》卷十一、十二	释恶行	卷一一二至一一六半	以下并阙
	释邪语	卷一一六半至一一八半	
	释害生	卷一一八半至一二一	
	释表无表	卷一二二至一二四	
	释自业	卷一二四至一二六	
（五）大种蕴《发智》卷十三、十四	释大造	卷一二七至一三一半	
	释缘	卷一三一半至一三四半	
	释具见	卷一三四半至一三七半	
	释执受	卷一三七半至一四一	

(六)根　蕴《发智》卷十四至十六	释根	卷一四二至一四六
	释有	卷一四七至一四八
	释触	卷一四九至一五〇
	释等心	卷一五一至一五五半
	释一心	卷一五五半至一五六半
	释鱼	卷一五六
	释因缘	同
(七)定　蕴《发智》卷十七至十九	释得	卷一五七至一六二半
	释缘	卷一六二半至一六五
	释摄	卷一六六至一七三
	释不还	卷一七四至一八三半
	释一行	卷一八三半至一八六
(八)见　蕴《发智》卷十九至二十	释念住	卷一八七至一九二半
	释三有	卷一九二半至一九五半
	释想	卷一九五半至一九六半
	释智	卷一九六半至一九七
	释见	卷一九八至二〇〇半
	释伽陀	卷二〇〇半

以上不过列举总目，至其详细内容，若欲具察之，恐虽作十卷之科判，犹不能尽，今试举一节为例。

本书所释之《发智论》二十卷，凡分八蕴、四十四纳息，具如前述。内杂蕴中之智纳息，在译本中不过占一卷四分之一，其文仅八叶，其内容略如下：

（一）论一智不能知一切法　（二）论前后心展转相缘

（三）论记忆力之由来及遗失　（四）论根起识之净不净

（五）论过去之现不现　（六）论名句文

(七)论六因　　　　(八)论随眠

内论六因之一条,所论者为万有之因果律,在《发智》原文仅占一叶半,凡五百七十一字,而《大毗婆沙》释之得六卷(自卷十六至卷二十一),约费四万字以外。试为极简略之科判如下:

杂蕴(全书八蕴之一)

智纳息(本蕴十纳息之一)

论六因(本纳息所论八事之一)

(一) 引论

(1) 说六因之理由①

(2) 六因是否佛所说

(二) 论相应因

(1) 胪斥异说

(2) 各种心理现象与相应因之关系

(3) 相应因之定义及功用

(三) 论俱有因

(1) 胪斥异说

(2) 俱有因与相应因之异点

(3) 论随心转之诸业不与心为俱有因

(4) 俱有因之定义及功用

(四) 论同类因

(1) 胪斥异说

① 原本各子目与其主目序号均用同一形式表示:(一)(二)(三)……造成混乱,今将子目序号改用阿拉伯数字(1)(2)(3)……表示之。

(2) 同类因之定义及功用

(3) 同类因与遍行因之异点

(4) 个身与他身之同类因

(5) 同类因与诸蕴

（五）论遍行因

(1) 胪斥异说

(2) 论诸烦恼有遍行有不遍行

(3) 细论诸法孰为遍行

(4) 遍行因之定义及功用

（六）论异熟因

(1) 胪斥异说

(2) 异熟因之定义及功用

(3) 异熟因与异熟果之关系

(4) 异熟因与众同分业

（七）论能作因

(1) 胪斥异说

(2) 论自性不与自性为能作因

(3) 能作因之定义及功用

(4) 能作因与因缘和合说

（八）结论

(1) 六因之相杂不相杂

(2) 六因分配三世三界等

(3) 六因分配蕴处界等

(4) 六因与五果

(5) 六因与四缘

读者试略一浏览此目录，当可略知此二百卷大著述中所言何事，及其内容之若何丰实，条理之若何详尽。窃尝论之，欧洲所谓心理学者，近数十年来始渐成独立之一科学，其在印度，则千五百年以前殆已大成。印度学者之论物的现象，因为试验工具所限，诚不免幼稚的臆断。至其论心的现象，则因彼族本以禅悦为公共之嗜好，加以释尊立教，专以认识为解脱之入门，故其后学对于心理之观察分析，渊渊入微，以较今欧美人所论述，彼盖仅涉其樊而未窥其奥也。然论兹学第一大师，必推迦旃延。而《大毗婆沙》，则迦旃延学统之大成也。吾此论若不谬，则《婆沙》在世界学术上之位置，从可见矣。

《婆沙》第一要点，在说“法性恒有”（即所谓“法有我无”说）。盖当时龙树之“性空”说已盛行。婆沙诸师乃昌明“有部”所持旧说与之对抗。其实“有部”并非不说空。本论云：“萨迦那见是十种空近所对治。……十种空者，谓内空、外空、内外空、有为空、无为空、散坏空、本性空、无际空、胜义空、空空。”（卷八）然则《婆沙》不反对空义甚明。其所以不专提空义者，论又云：“空的行相不能决定，因约他性言则一切法得云空，约自性言则得云不空，非我的行性则无不决定，因约自他言皆无我也。故世友常言：我不定说一切法皆空，定说一切法皆无我。”（卷九意译）此与《起信论》①之“如实空，如实不空”两义，正若合符。然彼为施设范畴，令人得循途趋悟，则多从不空方面立论，故曰：“一切法已有自性，本来各住自体

① 原误作“起性论”，今改正。

相。”（卷七六）彼不惟认现在法为有自性，即过去、未来法亦皆有自性，力辟当时“经量部”所主张之“过未无体”说，谓其破坏因果律。曰：“彼拨无过去、未来体者，彼应无因，若无因者，果亦应无。”又云：“若过去、未来非实有者，彼现在世亦应是无，观过去、未来施设现在故。若无三世，便无‘有为’，若无‘有为’亦无‘无为’，观有为法立无为故。若无‘有为、无为’，应无一切法，若无一切法，应无解脱出离涅槃。”（俱卷七八）其意谓倘不承认吾人心理之活动及其对境为实有体性，则认识之可能性先自不成立，吾人复何所凭借以言觉悟言解脱者？就此点论，则龙树一派，实含消极的意义，而婆沙诸师，乃始终认积极的意义，后此唯识宗之言“三自性”，华严宗之言“事理无碍”，虽谓皆汲婆沙之流可也。

论云：“一切法中，慧为最上，能顺趣抉择，能正知诸法。”又云：“慧能安立诸法自相、共相，能分别诸法自相、共相，破自体愚及所缘愚。”（卷一四二）又言：“有五识相应之慧，有意识相应之慧，有闻所成慧，思所成慧，修所成慧。”（卷九五撮意）所谓慧者，对于宇宙万有之自相、共相，能安立之（规定）、能分别之（分析），然后能涤邪见而契真理焉。此即认识论之作用也。慧不惟与意识相应，且与前五识相应，此经验论之所以可废也。质言之，则《婆沙论》盖绝对的主知主义、自发主义，而与大众部诸派主情意的、重信仰的，其立脚点确然不同也。

三、《大毗婆沙》之传译

《婆沙》译本前后凡三：

（一）苻秦译十四卷本

我国当苻姚二秦时，佛教输入，盖分两支。其一，由西域输入者，属大乘空宗一派，鸠摩罗什其代表也。其二，由罽宾输入者，属小乘之"说一切有部"派，僧伽跋澄、僧伽提婆、昙摩耶舍等其代表也。《阿含》及诸《阿毗昙》译本，多由跋澄等会译，而《婆沙》亦居一焉，梁《僧传》①僧伽跋澄传云：

"苻坚秘书郎赵正，崇仰大法，尝闻外国宗习《阿毗昙毗婆沙》，而跋澄讽诵，乃四事礼供，请释梵文，遂共名德法师释道安等，集众宣译。跋澄口诵经本，外国沙门昙摩难提笔受为梵文，佛图罗刹宣译，秦沙门敏智笔受为晋本，以伪秦建元十九年译出。"

此为《婆沙》最初译本，盖并无原本。纯凭跋澄暗诵，先写为梵文，再从梵文译汉，两次口授，两次笔受，可谓劳矣。又僧伽提婆传云：

"跋澄所出《毗昙广说》（案：即《婆沙》），属慕容之难，戎敌纷扰，兼译人造次，未善详悉，义旨句味，往往不尽。俄而安公弃世，未及改正。"②

读此，知所译为未定稿，道安所不满意也。此本现存藏中，名

① 梁《僧传》，指梁代慧皎撰的《高僧传》。
② 此段文字引《高僧传》卷一《僧伽提婆传》原文的撮略，有删节。

《鞞婆沙论》，题曰迦旃延子造，以校唐译，发端一段全同，以下则多异，是否原本错置，抑节本，或别本，非全文详细对勘后，尚难断定。惟其书有道安序（藏本失载，此见《出三藏记集》卷十①），内述本书撰人云：

“有三罗汉②，一名尸陀槃尼，二名达悉，三名鞞罗尼，撰《鞞婆沙》，达悉迷而近烦，鞞罗要而近略，尸陀最折中焉。跋澄讽诵此经四十二处，是尸陀槃尼所撰。”

然则此非原本矣。尸陀等三人，不见他书，想非别撰，乃节钞耳。安序又云：

“经本甚多，其人忘失。唯四十事是释阿毗昙十门之本，而分十五事为小品回向前，以二十五事为大品而著后。”

是所诵者既不全，又次第错乱，重以展转重译，义句多失，故此本只能作为历史上一装饰品而已，其原书结集渊源，安公辈似亦未悉。

（二）北凉译百卷本（今存八十二卷）

卷首有释道埏一序，颇能道本书历史，述传译因缘亦详尽。其文曰：

① 原误作“卷十一”，今改正。

② 原误作“罗满”，今改正。

“自释迦迁晖，六百余载（案：此述年代最确，足正《西域记》之误），时北天竺有五百应真（案：此足正滥引编纂人之失），以为灵烛久潜，神炬落耀，虽前胜迦旃延（案：此足正《婆薮槃豆传》及秦译本题迦旃蜒造之失）撰《阿毗昙》以拯颓运，而后进之贤，寻其宗致，儒墨竞构，是非纷然，乃澄神玄观，搜简法相（案：八字批评确当），造《毗婆沙》，抑正众说，胜达之士，莫不资之。有沙门道泰，杖策冒险，爰至葱西，综览梵文，义承高旨，并获其梵本十万余偈。时有天竺沙门浮陀跋摩，会至凉境，遂以乙丑之岁（案：宋文帝元嘉二年也。《高僧传》作丁丑，误也。丁丑距北凉之亡仅二年，不应能更有此盛业）四月中旬，于凉城闲豫宫内，请令传译理味。沙门智嵩、道朗等三百余人，考文详义，至丁卯岁七月上旬都讫，通一百卷。会凉城覆没，所出经卷，零落殆尽。今凉王更写已出本六十卷，令送至宋台。”

此本盖道泰亲游印度携归，躬与译事，聚三百余人历三寒暑而成。其事业之艰辛、伟大若此，道泰可谓一小玄奘矣，而其誉望之传于后者相去若霄壤，则时与地为之也。据道埏序，本有百卷，乱后佚去四十，仅存六十。然今在藏中者实八十二卷，埏序无年月，不知所谓“更写六十卷”者在何时，岂此后续有写出耶？抑将六十析为八十二也。然此八十二卷实仅有三犍度，当全书八分之三耳。计所谓百卷足本者，亦当不过四犍度而止，是亦仅得半也。此本译笔甚畅达，有时比唐译更易了解，他日有治《婆沙》者，殆不失为一种良参考品。至其术语或不确当，文义或有小舛，则固意中事。例如唐本《杂蕴》中之补特伽罗纳息，《结蕴》中之有情纳息，凉本皆译为《人品》，补特伽罗与有情，梵文本为二字，皆含有生命的意味，而性质不同。译为“人”殆两失之，即此可知译事之不易，亦足证后此译学之进步也。

（三）唐译二百卷本

奘公以显庆元年七月二十七日于慈恩寺译此，至四年七月三日成。沙门嘉尚、大乘光等笔受（见《开元释教录》卷八上）。奘公译业最伟大者，为六百卷之《般若》，次即此书。不独在奘公著述中，此为巨擘，殆可谓中国往古来今翻译界中之第一流事业也（此外巨帙推罗什之《大智度论》、奘公之《瑜伽师地论》及此书之凉译本，皆百卷。再次则实叉难陀之《华严》、奘公之《顺正理论》皆八十卷）。若语于文章，则奘公价值俱在，吾何庸赞一辞。

四、《毗婆沙》研究复活之希望

《婆沙》虽有两译本，然在我国学术史中，研究之业，殆未尽量。盖东晋及南北朝初期，治毗昙者虽不乏，然凉译《婆沙》，出自西鄙，中原江左，睹者盖希。观梁、唐两僧传中述毗昙诸师所讲授，罕有道及此书者，其湮而不彰可推也。自兹以往，高唱大乘，并毗昙宗且绝迹矣。奘师盛弘法相，为导河积石之计，故《六足》、《发智》、《婆沙》俱译焉。然即唯识一宗，再传以后（玄奘、窥基、慧沼①），已就衰落，况此学之在当时，不过唯识之附属品，其不为世所重，有固

① 原误作“慧治”，今改正。

然也。然则此前后两译二百八十二卷之文，千余年来，尘封蠹饱，其曾经卒读之人，盖屈指可数，遑论以此名其家者哉。夫空谈则尽人可托，实学则贤者犹难。以《婆沙》之委曲繁重，虽当时印度笃学之士，犹且累年不能殚其业，况在我国，其于此种哲理之素养，本自缺乏，又经重译之后，术语迷离，文辞诘屈，开卷数行，则已恐卧，加以黜在小乘，动遭轻蔑，彼号称佛弟子者，一声弥陀，几条公案，便以大乘慧业自命，并世友、旃延之名且不屑道（抑且不知），遑问其学。顾吾以为今后若真有忠于佛教，欲持以自利利他者，则对于此大慧古德之著述，绝不可付诸等闲，请言其故：

第一，吾辈确信佛教能使全世界人类得大饶益，然欲使佛教普及于今代，非将其科学的精神力图发展不可。质言之，则当从认识论及心理学上发挥而已，而《毗婆沙》则其渊薮且其关键也。

第二，佛教之根本义，本以智慧为解脱之法门。《婆沙》所教，有途辙可循，最中正无弊，吾辈若欲得确实之基础，宜守此渐法。

第三，若治大乘法相宗者，则必须取途于《婆沙》，否则对于《唯识》、《显扬》、《摄论》诸书，不能得其渊源，往往无从索解。

第四，即治他宗者，若对于法数名句，无相当之智识，则所谓“杜撰般若，笼统真如”之弊，必不能免，或因此而益增邪见，此惟治《婆沙》最足以药之。

第五，治泰西哲学及心理学者，必须兼治《婆沙》，以其所发明者多为欧美人所未逮也。吾辈若能联合两者为比较的研究，必可以新有创获以贡献于人类。

第六，治宗教史或哲学史者，尤当以《婆沙》为鸿宝，盖此书不惟将当时佛教各派之学说广为征引而已，即诸外道之教义，亦多所网罗。吾辈苟能分类爬剔，则印度思想之全部，皆于此可见。

第十五篇　读《修行道地经》

天竺　众护菩萨　造　　西晋　竺法护　译

众护，即僧伽罗刹，别有僧伽罗刹所集《佛行经》，苻秦僧伽跋澄译，今并存藏中。彼经有道安序（原书不著作序者姓名，以《高僧传》证序中语，知其出安公手也）。言罗刹有《修行道地经》，此土已译，故知两书同出一人也（僧伽跋澄即众现，法护即昙摩罗刹，故知僧伽译义为“众”，罗刹译义为“护”也）。安序称，罗刹，须赖国人，佛去世后七百年生。……游教诸国，至犍陀越土，甄陀罽贰王师焉。甄陀罽贰即迦腻色迦，实结集《大毗婆沙》之人（结集在佛灭后六百年，罗刹生七百年而为色迦师，两说必有一误）。须赖国在莫醯河之东，自亚历山大入寇以来，此地即为印欧交通孔道，受希腊文化影响最深，又为耆那教最盛行之地。罗刹生长其间，实极可注意之一事也。本书特色，在言生理与心理相关，实前此佛藏所未曾有。彼言“五阴成败之变”，全用医学的见解（卷一）。其言人当受精处胎之始，色、受、想、行、识五阴，次第继起，五种生理现象，与五种心理活动俱行。谓初入胎时，身、意二根同时并得，所论极为精密。又言胎儿每经若干日，胎体之某部分若何发展，其言虽不逮今世科学之完整，但确非仅恃冥想虚构者。又言人身中有八十种虫，一一举其名，则与今所发明，尤相近矣。其言修行之法，亦多用生理的说明。中有一段，举“发”为例，云：“发从四生：一曰因缘，二曰尘劳，三曰爱欲，四曰饮食。发众缘合，我适有一发堕在地，设投于火，若捐在厕，以足蹈之，于身无患，在于头上，亦无所益。”（卷五）全书引喻大率类是。故其修行最重数息，言其法甚详（卷六）。故知罗刹之宗教观，实建设于生理学上也。此书出护公之手，译笔美妙，能助人悬解，实初学一善本也。有前、后序各一篇，不著撰人名氏。后序记传译因缘，谓罽宾文士竺侯征若赍此本至敦煌，法护口宣，法乘、法宝笔受，以太康五年二月讫，凡二十七品，分为六卷。书来自罽宾，殆“说一切有部”所传也。

第十六篇　《那先比丘经》书后

《那先比丘经》二卷，失译人名，附东晋录。此经今巴利文有之，名曰《弥兰问经》，盖全经皆记弥兰王与那先问答语。巴利本从问者得名，汉译本从答者得名也。弥兰王亦译毕邻陀王（真谛译《俱舍论》）、曼邻陀王（玄奘译《俱舍论》）、难陀王（《杂宝藏经》）。其时代盖介于阿育与迦腻色迦两王之间，为佛法有力之外护。然彼王乃希腊人，非印度人也，经首叙弥兰受生因缘，云："生于海边，为国王太子。"又篇中问答有云：

> "那先问王：'本生何国？'王言：'我本生大秦国，国名阿荔散。'那先问王：'阿荔散去是间几里？'王言，'去是二千由旬，合八万里。'"

阿荔散即阿历山大之对音，然则弥兰王生地，或即今之阿历山大利亚耶？时其地已役属罗马，故又云大秦国也。经又言弥兰为天竺舍竭国王，合竭即《大唐西域记》之奢羯罗，即磔迦国故城，东据毗播奢河，西临信度河，盖迦湿弥罗（罽宾）东南境之一大国也。近欧人因研究印度古钱币，发现此王遗币二千余枚，证其确为希腊人而来自中亚细亚者。盖其币用波斯之标准重量，阳面刻希腊文，阴面刻印度文，币文中此王名弥难陀，故《杂宝藏经》亦称为难陀王也。其时代则在迦腻色迦以前,约当西历纪元前一世纪半。《后汉书·西域传》称西汉时,“月氏北君大夏,而塞王南君罽宾”。塞即希腊种,然则弥兰之祖父(经称弥兰为舍竭太子,故知其席先业也),或即被迫于月氏,而由巴忒利亚(大夏)君迦湿弥罗(罽宾)者耶?《西域记》又言:“此国有王号摩醯逻矩罗,唐言大族,矫杀迦湿弥罗王而自立。”大族王与弥兰血统关系如何,今不可考。但大族王仇教特甚,《西域记》称其“宣令五印度,佛法并皆毁灭”。彼能宣令五印,则五印半役属于彼可知,想佛法受轹深矣。而弥兰遗币,皆刻“弘法大王弥兰”等语,殆受那先诱道后,发心皈依耶?

那先为那伽犀那之省译,此名龙军,为十六大罗汉之一,见《梵网经述记》。本经首叙其受生因缘云:“生于天竺罽宾县。”然则彼盖迦湿弥罗人矣。那先(龙军)所著有《三身论》,曾有译本,今佚。圆测《解深密经疏》(卷一)云:

> “那伽犀那,此云龙军,即是旧翻《三身论》主。彼说佛果唯有真如及真如智、无色声等粗相功德。坚慧论师及金刚军,皆同此说。”(慈恩《对法论疏》略同)

又慈恩《唯识述记》(卷一)云:

> “龙军论师无性等云,谓佛意慈悲本愿缘力,其可闻者,自意识上。文义相生,似如来说。”

圆测、慈恩为奘公门下二杰,据此知当时《三身论》尚存也。彼论今虽佚,然观其以“三身”为名,自当是诠法身、报身、化身之义,其所主张“佛果唯有真如”云云,即后此《起信论》“真如缘起说”之所自出。龙军与弥兰同时,盖马鸣前百余年,即此可证大乘弘自马鸣之说,非确论矣。本经所记问答语,大抵皆小乘理解,盖开导未解佛理之弥兰,不得不如是耳。

此经之流传,(一)可以知希腊人与佛教之关系,(二)可以知北方佛教亦应受希腊文化之影响,(三)可以知大乘学派发生甚早,且其渊源实在北方,诚佛教史上一宝典也。英译本未见,据日本学者所引,似较此本为详。

第十七篇　佛家经录在中国目录学之位置

《图书馆学季刊》经始，同人责启超属文。启超于近代图书馆学既无所知，于中国旧目录学所涉亦至浅，不敢轻易有言也。顾夙好治佛学史，辄取材于诸家经录，屡事翻检，觉其所用方法，有优胜于普通目录之书者数事：一曰历史观念甚发达。凡一书之传译渊源、译人小传、译时、译地，靡不详叙。二曰辨别真伪极严。凡可疑之书皆详审考证，别存其目。三曰比较甚审。凡一书而同时或先后异译者，辄详为序列，勘其异同得失，在一丛书中抽译一二种或在一书中抽译一二篇而别题书名者，皆一一求其出处，分别注明，使学者毋惑。四曰搜采遗逸甚勤。虽已佚之书，亦必存其目以俟采访，令学者得按照某时代之录而知其书佚于何时。五曰分类极复杂而周备，或以著译时代分，或以书之性质分。性质之中，或以书之含义内容分，如既分经律论，又分大小乘；或以书之形式分，如一译多译、一卷多卷等等。同一录中，各种分类并用，一书而依其类别之不同交错互见动至十数，予学者以种种检查之便。吾侪试一读僧祐、法经、长房、道宣诸作，不能不叹刘《略》、班《志》、荀《簿》、阮《录》之太简单、太素朴，且痛惜于后此踵作者之无进步也。郑渔仲、章实斋治校雠学，精思独辟，恨其于佛录未一涉览焉，否则其所发挥必更有进，可断言也。启超虽颇好读佛家掌故之书，然未有一焉能为深密之研究者，加以校课煎迫，勉分余晷以草斯篇，疏略舛谬之处，定不知凡几，冀借此以引起国内治目录学及图书馆学者对于此部分资料之注意，或亦不无小补也。

民国十四年十二月二日属稿，十四日成。启超，清华

欲草斯论，宜先知经录之家数，及其年代存佚等。今制一表，以作基础。

元前经录一览表

书　名	卷数	著者	年　代	存佚	省称	备　　考
古经录	一			佚		《长房录》云：似是秦始皇时，释利防等所赍经录
旧　录	一			佚		《长房录》云：似前汉刘向校书所见经录
汉时佛经目录	一			佚		《内典录》云：似是明帝时，迦叶摩腾译经因即撰录
汉　录	一	朱士行	曹魏时	佚		见《长房录》，但《高僧传》本传不录
众经录	一	竺法护	西晋武帝时	佚		见《贞元录》，疑即《聂道真录》
众经录	一	聂道真	西晋怀帝时	佚		见《长房录》。案：道真笔受法护所译经，此盖其目录
赵　录	一					《内典录》云：似是二赵时，诸录逡注，未知姓氏
综理众经目录	一	释道安	晋宁康二年	佚	安录	

（续表）

书　名	卷数	著者	年　代	存佚	省称	备　　考
二秦录	一	释僧睿	姚秦时	佚		睿为道安弟子，参鸠摩罗什译事，此书盖专记罗什新译本
众经录	四	释道流 竺道祖	东晋时	佚		分魏录、吴录、晋录、河西录，道流草创未成而卒，道祖续成之，见《长房录》
经论都别录	一一	支敏度	东晋成帝时	佚		《祐录》中屡引《别录》，当即此书
众经目录	二	王宗	南齐武帝时	佚		
释弘充录	一	释弘充	南齐时	佚		
宋齐录	一	释道慧	南齐时	佚		
释道凭录	一	释道凭	北齐时	佚		
正度录	一	释正度		佚		
王车骑录	一			佚		
始兴录	一			佚		《长房录》云：即《南录》
庐山录	一			佚		
岑号录	一			佚		
菩提流支录	一		元魏时	佚		案：此盖专[1]录流支所译书目
华林佛殿众经录	四	释僧绍	梁天监十四年（515）	佚		

（续表）

书　名	卷数	著者	年　代	存佚	省称	备　考
灵裕法师译经录	一			佚		
众经都录	八			佚		
以上二十五家，费长房时已佚，《长房录》存其目，《内曲录》因之，惟增《汉时佛经目录》一种，《贞元录》全袭《内典录》。						
众经别录	二			佚		凡十篇，《长房录》备列其目，云：未详作者，似宋时撰
出三藏集记[2]	一五	僧祐	南齐建武间（494—497）	存	祐录	现存经录，此为最古
梁众经目录	四	宝唱	梁天监十七年（518）	佚		
魏众经目录	一〇	李廓	北魏永熙间（532—533）	佚		
齐众经目录	八	法上	北齐武平间（570—576）[3]	佚		
隋众经目录	五	彦琮		存		此录今在藏中，无年份，无著者名氏，前人指为彦琮作，不知信否，故沿之
隋众经目录	六	法经等二十人	隋开皇十四年（594）	存	法经录	
历代三宝记	一五	费长房	隋开皇十七年（597）	存	长房录	《内典录》题为《隋开皇三宝录》
仁寿内典录	五	玄琬	隋仁寿间（601—604）	佚		
唐众经目录[4]	一五	静泰	唐龙朔三年（663）[5]	存		此为东京大敬爱寺藏经目
大唐内典录	十	道宣	唐麟德元年（664）[6]	存	内典录	
古今译经图记	四	靖迈	唐高宗时	存		

（续表）

书　名	卷数	著者	年　代	存佚	省称	备　　考
武周众经目录[7]	一五	明佺	天册万岁元年	存		
续大唐内典录	一	智升	唐开元十八年（730）	存		
续译经图记[8]	一	同	同	存		
开元释教录	二〇	同	同	存	开元录	
开元释教录略出[9]	四	同	同	存		
续开元释教录[10]	三	圆照	唐贞元十年（794）	存		
贞元释教录[11]	三〇	同	唐贞元间	存	贞元录	
续贞元释教录[12]	一	恒安	唐保历四年（825）	存		
祥符释教录[13]			宋大中祥符间（1008—1016）	佚		
景祐释教录[14]			宋景祐间（1034—1037）			右二录皆据《勘同》所引，不知作者姓名及卷数
圣教法宝标目[15]	一〇	王古	元大德十年（1306）	存	标目	
至元法宝勘同[16]	一〇	庆吉祥	同	存	勘目	

明清两代，虽皆有大藏目录，然大率踵元之旧，加增入藏新书，故皆从略。尚有明僧智旭《阅藏知津》一书，半笔记体，亦不录。

表注：[1] 原误作“最”，今改正。

[2] 此书通行本名《出三藏记集》，此是别称。

[3] 原误作"576-5",今改正。
[4] 通行本名《大唐东京大敬爱寺一切经论目》。
[5] 原误作"661",今改正。
[6] 原误作"662",今改正。
[7] 此书通行本名《大周刊定众经目录》。
[8] 此书通行本名《续古今译经图记》。又原本"译"误作"释"。
[9] 原误作《开元释教录略书》,今改正。
[10] 通行本名《大唐贞元续开元释教录》。
[10] 通行本名《贞元新定释教目录》。
[12] 通行本名《大唐保大乙巳岁续贞元释教录》。
[13] 通行本名《大中祥符法宝录》,二十二卷,北宋赵安仁等编。
[14] 通行本名《景祐新修法宝录》,二十一卷,北宋吕夷简等编。在《大中祥符法宝录》和《景祐新修法宝录》之间,还有北宋惟净等编的《天圣释教总录》三卷,梁氏阙载。
[15] 通行本名《大藏圣教法宝标目》。
[16] 通行本名《至元法宝勘同总录》。

经录盖起于道安,慧皎《高僧传》(卷五本传)云:"自汉魏迄晋,经来稍多,而传经之人,名字弗说,后人追寻,莫测年代。安乃总集名目,表其时人,诠品新旧,撰为经录,众经有据,实由其功。"《祐录》亦云(卷二):"爰自安公,始述名录,诠品译才,标列岁月,妙典可征,实赖伊人。"又云(卷四):"大法远流,世移六代,撰注群录,独见安公。"皎、祐两书,在佛家史传中为最古,其言如此,则安公之作前无所承可知。

《祐录》中屡引《旧录》,费长房指为《安录》以前之书,后人皆沿其说。但录之出于祐公以前者皆可称旧,不必其旧于《安录》也。谓《古录》出秦时释利防,谓《旧录》为刘向所见,谓朱士行曾作《汉录》,此皆费长房臆断之说。(一)秦时有室利防赍佛经来华，说见王子年《拾遗记》，后人附会，谓“室”音同“释”，殊不知僧徒以释为姓，始于道安，秦时安得有此？况《拾遗记》本说部，非信史，又况《记》中亦并未言有目录耶。（二）东汉始有佛典，谓刘向曾为作录，太可笑。（三）朱士行三国时人，《高僧传》有传，并未言其作经录，所谓《汉录》者，殆后人依托耳。

汉时佛经目录，《长房录》不载，始见于《内典录》耳。原注云：“似是迦叶摩腾所译《四十二章经》等。”《四十二章经》已是伪书，则此录之伪更不待辨。

《安录》今虽已亡，然其全部似已为《祐录》采入，读《祐录》可以想见《安录》，犹之读班《志》可以想见刘《略》也。今略为爬罗，则《安录》之组织及内容考见者如下：

本录第一——以译人年代为次，自汉安世高迄西晋末法立，凡著录十七家二百四十七部四百八十七卷。

《祐录·新集经论录第一》之前半，皆用《安录》原文，略有增补。祐自云：“总前出经，自安世高以下至法立以上，凡十七家，并《安公录》所载，其张骞、秦景、竺佛朔、维祇难、竺律炎①、白延、帛法祖七人，是祐校众录，新获所附。”又于法护条下云：“祐捃摭群录，遇护公所出，更得四部，《安录》先阙。”今将《祐录》中除出张骞以下七人所译（此七家殆皆伪书），又除

① 原误作“竺将炎”，今改正。

出护译之四种八卷(原注"安录阙"者),所得部数卷数如右,殆即《安录》之旧。

失译录第二——不知译人姓名者,凡百三十四种。

凉土经录第三、关中异经录第四——亦无译人姓名,但能知其译地,凉土五十九部七十九卷,关中二十四部二十四卷。

右三部《祐录》全录原文,惟失译录加入七都[①]。

古异录第五——此盖从大经中摘译单篇者,后此所谓"别生"也,凡九十二部九十二卷。

《祐录》云:"寻《安录》自《道地要语》迄《四姓长者》合九十有二经,标为古异,或无别名题,取经语以为目,或撮略《四含》,摘一事以立卷。"

疑经录第六——安公鉴别认为伪造之经,凡二十六部三十卷。

原序(《祐录》卷五引)云:"……经至晋土,其年未远,而喜事者以沙标金,斌斌如也,而无括正,何以别真伪乎?……今列谓非佛经者如左,以示将来学士共知鄙信焉。"

---

① 原误作"都",今改正。

注经及杂经志录第七——皆安公所注群经及其他关于佛学之著述,凡十八种二十七卷。

经录一卷,即在此中,内云:"此土众经,出不一时,自孝灵光和以来,迄今晋康宁二年,近二百载,值残出残,遇全出全,非是一人,难卒综理,为之录一卷。"此数语即《安录》自序也,见《祐录》卷五。

(附言)从《祐录》中寻《安录》,决可辑佚还其旧观,所需者细心抉择耳,有好事者试从事焉,亦可喜也。

《安录》虽仅区区一卷,在其体裁足称者盖数端:一曰纯以年代为次,令读者得知兹学发展之迹及诸家派别。二曰失译者别自为篇。三曰摘译者别自为篇,皆以书之性质为分别,使眉目犁然。四曰严真伪之辨,精神最为忠实。五曰注解之书,别自为部,不与本经混,主从分明(注佛经者自安公始)。凡此诸义,皋牢后此经录,殆莫之能易。

《安录》是将当时所有佛经之全部加以整理,有组织有主张的一部创作,故其书名为《综理众经目录》,但在安公前后,作部分的记述者亦不少,其体裁可大别为二:

一曰专记一人,或一派之著述者——盖起于《聂道真录》。道真为晋怀帝时人,先安公约五十年。当时有最大译家竺法护,译经二百余部,道真实司笔受之役。护公殁,真复自译数部,因将其所译受者泐成一录。安公前之经录,殆惟此一家而已。其后如《菩提流支录》、《释灵裕译经录》等皆属此类。大率六朝隋唐间大译家皆有弟子为之著录,特其书多不传耳。

《长房录》卷十五于《聂道真录》之外别有《竺法护录》一卷，窃疑此实一书耳。道真自译之书不过三、四种，不能别自成录，凡《道真录》所记者皆法护书也。《祐录》于法护诸书之注引《道真录》者不下数十条，可见《道真录》即以专记法护为目的，后人或因其专记法护而题为《法护录》者，长房无识，遂两收之耳。

当时译家多有专录。《法护录》于《起信论》条下云："勘《真谛录》无此书。"是当时有《真谛录》专记谛所译书矣。其余类此者尚多，检《长房录》及《高僧传》可见，兹未能遍查备列。

二曰专记一朝代或一地方之著述者——安公弟子僧睿受学鸠摩罗什，为什门首座，因撰次什译诸经为《二秦录》。录冠朝名，盖始于此。道流、道祖者，慧远弟子，安公再传也。流草创《经录》，分魏、吴、晋、河西四卷，《河西录》亦名《凉录》，未成而卒，祖续成之，即诸录所引之《道祖录》是也。三家皆出安门，二书即续补《安录》，后此宋、齐、梁、隋各断代著录，盖沿其例。又如《始兴录》、《庐山录》皆以地为名，盖专记一地方所译述者。

断代著录之书，据《长房录》所记，则始于朱士行《汉录》，但吾不信士行曾有此著作。《长房录》又载有《赵录》一卷，无撰人名氏，《内典录》谓似是二赵（刘曜、石勒）时诸录，然二赵并无译经，何能别自成录？殆后人影射《二秦录》，依托为之耳。

上两类皆部分的整理之著述也。其继安公之后为全部的整理者，在南则有支敏度，在北则有李廓。敏度，晋成帝时豫章沙门，所著有《经论都录》、《经论别录》而书。《长房录》云（卷七）："度总校群经，合古今目录，撰此《都录》。"则《都录》性质为属于全部的可知。其《别录》另为一书，不知义例何如？群录中引《别录》之文不少，意即为敏度书，或所录者带存疑意味耶？李廓为北魏永平间人，其书名《众经目录》，系奉敕撰，前此诸家经录皆私人著述，敕撰自《廓录》始。《长房录》（卷九）谓"廓通内外学，注述经录，甚有条贯"。其书已佚，《长房录》存其目。

前此诸录，皆仅分年代，不判教乘，至齐武帝时，王宗为《众经目录》二卷。《长房录》（卷十一）谓其"撰大小乘目录"，大小乘分类盖自宗始（所以有二卷者，益大小乘各自为卷），其书今亦不传（王宗在李廓前）。

现存最古之经录，为梁僧祐《出三藏记集》，即所谓《祐录》是也。祐虽终于梁代，其书则成于齐建武中，尚在慧皎《高僧传》前，中国佛学掌故书，莫古于是矣。祐自序云："昔安法师以鸿才渊鉴，爰撰经录，订正闻见，炳然区分。自兹以来，妙典间出，而年代人名，莫有铨贯。……"又云："敢以末学，响附前规，率其管见，接为新录，兼广访别目，括正异同。"①据此，则祐之著述，私淑安公，且以续补《安录》自任可知。又自述全书组织云："一撰缘记，二铨名录，三总经序，四述列传。缘记撰，则原始之本克昭；名录铨，则年代之

① 此是《出三藏记集》卷二之序，非卷首自序。又"访"，原误为"坊"，今改正。

目不坠；经序总，则胜集之时足征；列传述，则伊人之风可见。”今依此分别，则全书目录列表如下：

- 《祐录》
  - （一）撰缘记　（卷一）
    - 先叙印度佛经结集传授源流
    - 次序三藏八藏等名称
    - 次论胡汉译经音义同异凡五篇
  - （二）铨名录
    - （卷二）
      - 新集经论录
      - 新集异出经录
    - （卷三）
      - 新集安公古异经录
      - 新集安公失译经录
      - 新集安公凉土关中异经录
      - 新集律部录
    - （卷四）—续撰失译杂经录
    - （卷五）
      - 新集抄经录
      - 安公疑经录
      - 新集疑经录
      - 安公注经及杂经志录
  - （三）总经序
    - [卷六至卷十一]　此六卷名为序集，录《四十二章经》至《千佛名号》各书之序凡　篇①
    - （卷十二）　此卷名杂录，亦录各书序凡十篇而祐所自作者为多
  - （四）述列传
    - [卷十三至十五]　此三卷名为传，自安世高至法勇凡传　篇②

《祐录》第二部分（卷二至卷五铨名录之部）盖踵袭《安录》，有所损益，余三部分则其所自创。其在“经录学”中新贡献者有下列数点：

（一）叙述佛典来历及翻译方法——虽疏略误谬处甚多，然此方面的研究实由此书启其绪。

---

① 篇数原阙，整理者统计，当为一一〇篇。

② 篇数原阙，整理者统计，当为三十二篇。

（二）新立“异出”一部——一经而有数译本者，备举之以资比较，在佛家经录中，此种方法实为极要，其创之者《祐录》也，后此诸录以“一译”“异译”分类，盖师其意。

（三）新立“抄经”一部——节抄之本，当然不应与原书同列，《祐录》别立此部，亦如史钞、子钞等之别为类也。

（四）广搜经序——朱彝尊《经义考》全录各书之序，深便学者。最初创此例者则《祐录》也。虽似散漫无纪，然实能为学术界保存无限可宝之资料，且令学者虽未窥原书，读其序亦可知其崖略焉，此实佛藏提要之椎轮也。

（五）详述列传——《安录》虽以译人时代区分，然于译人之传记语焉不详，《祐录》别为列传一卷附全书之末，于知人论世最有裨。

法经总评诸录，安公以下，独推祐公，而不讳其短。其言曰：“道安法师创条诸经目录。……自尔达今，二百余年，制经录者十有数家，或以数求，或用名取，或凭时代，或寄译人，各纪一隅，务存所见。独有扬州律师僧祐撰《三藏记录》，最为可观，然犹小大雷同，三藏杂糅，抄集参正，传记乱经，考始括终，莫能该备。”（《隋众经目录》卷末自序）据此则《安录》以后，宜推《祐录》，盖识者所同认矣！法经所纠弹四事，虽中《祐录》之病，然亦有当分别言之者——其所云“小大雷同”，盖讥祐不以大小乘分类。然崇大抑小，实隋唐以后习气，自安迄祐，殆无此见。且大小界限本极难分，近世治佛教史者类能言其故，祐不分此，盖未可厚非。其所云“三藏杂糅”，盖讥祐不以经、律、论分类。然祐实已别律于经。其内序云：“至于律藏初启，则详书本源，审核人代，列于上录。”书中卷三之第五、六章皆专记律藏，经律分纪，祐实创之，岂容反以杂糅相责。至于附论于经，则因其时论藏输入甚少，未能独立故耳。其所云"抄集参正"，则抄经另录，亦始于祐。所诃殊乖其实。惟祐书有一例外，"安公时抄，悉附本录"（卷五《新集抄经录》序）。此则自有别裁，未可厚责。其失译录中录抄经甚多，然皆下注"抄"字，一目了然，亦非自乱其例也。所谓"传记乱经"者，祐书诚所不免，殆因为书甚少，不能别立部门，故随译人以附录耳。然则法经所抨击，吾侪宜为祐谅恕者盖什而八九也。

要之，《祐录》分类，不如后此诸家之密，此毋庸为讳者。其书中之大病，则在其中一大部分仅保存原料之原形，而未尝加以细工的组织。虽然，创事者难为功，岂容苛责古人。吾侪若以《安录》比歆《略》，则《祐录》之视班《志》固亦无愧色矣！

僧祐以后，著经录者盖注重分类，有两部已佚之录，仅有篇目，而其分类颇有参考之价值者：一曰《李廓录》，二曰《宝唱录》。今据《长房录》所记表示如下：

（一）《李廓录》
- 大乘经律目录一
- 大乘论目录二
- 大乘经子注目录三
- 大乘未译经论目录四
- 小乘经律①目录五
- 小乘论目录六
- 有目未得经目录七
- 非真经目录八
- 非真论目录九
- 全非经愚人妄称目录十

① 原误作"小乘经论"，今改正。

李廓者，费长房所称为甚有条贯者也。其书之待色，则（一）大小乘分类，此盖王宗创之而廓次效之。（二）经律与论分类，此似廓所首创。其尤特别者，则（三）未译经论别存其目，此朱氏《经义考》别存“未见”一目之例也。其伪书类分为“非真”与“全非经”两种类，亦后此“疑惑”“伪妄”分科之嚆矢。惟仅分经、律、论三藏，则传记等书应归何目，苦难配合，此当为《廓录》之一缺点也。

（二）《宝唱录》
- 大乘经
  - 有译人
    - 多卷①
    - 一卷
  - 无译人
    - 多卷
    - 一卷
- 小乘经
  - 有译人
    - 多卷
    - 一卷
  - 无译人
    - 多卷
    - 一卷
- 先译异经
  - 多卷
  - 一卷
- 禅经
  - 多卷
  - 一卷
- 戒律
- 疑经
- 注经
- 数论
- 义记
- 随事别名②
- 随事共名
- 譬喻
- 佛名
- 神咒

① 原误作“每卷”，今改正。

② 原误作“随了别名”，今改正。

《宝唱录》为梁天监十七年奉敕撰，其书分类刻意求详细，而失于琐碎，不合论理。造经以一卷、多卷区分，无所取义，一也。论不别主类，不知何属，二也。禅经以下，分析太繁，无有系统，三也。异译之经，本宜别类，乃反不别，四也。其书不传，盖宜在淘汰之列耳。

现在经录中最谨严有法度者，莫如隋之《法经录》。此书为开皇十四年敕翻经大德法经等二十人所撰，名曰《大隋众经目录》。盖其时佛学已达全盛时代，此二十人者又皆一时之选，故能斟酌条理，渐臻完善也。其书由两种分类纵剖横剖组织而成，一曰以书之内容本质分类，二曰以书之流传情状分类。今表示如下：

- 第一类
  - 大乘
    - 修多罗藏（即经）
    - 毗尼藏（即律）
    - 阿毗昙藏（即论）
  - 小乘
    - 修多罗藏
    - 毗尼藏
    - 阿毗昙藏
  - 抄集录
    - 西域圣贤
    - 此方诸德
  - 传记录
    - 西域圣贤
    - 此方诸德
  - 著述录
    - 西域圣贤
    - 此方诸德

右分类，经律论三藏厘然分明，每藏又分大小乘，在佛典分类中最为科学的。其三藏以外之书分抄集、传记、著述三类，而每类又分西域与此土，则一切典籍可以包括无遗。

第二分类	一译——只有一译本者	著录
	异译——有二次①以上译本者	
	失译——不知译人姓名者	
	别生——节本别题者	存目
	疑惑——来历不明可疑者	
	伪妄——决定为伪书者	

右分类专适用于经律论三藏，其抄集、传记、著述不与焉，本书中自下其解释如左：

一译——并是原本一译，其间非不分摘卷品，别译独行，而大本无亏，故宜定录。

异译——或全本别翻，或割品殊译，然而世变风移，质文迭举，既无梵本校雠，自宜俱入定录。

失译——虽复遗落译人时事而古录备有，且义理无违，亦为定录。

别生——并是后人随自意好，于大本内抄出别行，或持偈句，便为卷部，缘此趣末岁广，妖滥日繁，今宜摄入，以敦根本（原书于别生本某书、抄自某经一一注明，极为完密）。

疑惑——多以题注参差，众录致惑，文理复杂，真伪未分，事须更详，且附疑录。

伪妄——或首掠金言，而末申谣谶，或初论世术，而后托法

① 原误作“三次”，今改正。

词，或引阴阳吉凶，或明神鬼祸福，诸如此类，伪妄灼然，今宜秘寝，以救世患。

以此六种分类，摄尽通行一切经典，真者写定入藏以广其传，别生及疑伪者虽屏不入藏，仍著其目，使后世勿为所惑。别择精严，组织修洁，专以目录体例论，此为最合理之作矣！今揽其全书，制为两表：

《法经录》大小乘三藏书目统计表第一

第二分类／第一分类		一译		异译		失译		别生		疑惑		伪妄	
		部数	卷数	部数	卷数	部数	卷数	部数	卷数	部数	卷数	部数	卷数
大乘	经	一三三	四二一	一九五	五三二	一三四	二七五	二二一	二六四	二一	三〇	八〇	一九六
	律	一二	三二	七	七	一二	一四	一六	一六	一	二	二	二
	论	四二	二〇六	八	五二	一	二	一五	一九	一	一	一	一
小乘	经	七二	二九二	一〇〇	二七〇	二五〇	二七二	三四一	三四六	二九	三一	五三	九三
	律	一五	一九八	八	一二六	二九	三五	六	六	二	三	三	三
	论	一四	二七六	八	六六	五	二二	八六	一〇七	一	一	二	一〇
合计		二八八	一四二五	三二六	一〇五三	四三一	六二〇	六八五	七五八	五五	六八	一四一	三一四
	入藏者共一〇四五部三〇九八卷　存目者共八八一部一一四〇卷												

《法经录》杂著统计表第二

书之性质＼著者产地	西域		此土	
	部数	卷数	部数	卷数
抄集类	四八	一一九	九六	五〇八
传记类	一三	三〇	五五	一五五
著述类	一五	一九	一〇四	一一五
合计	七六	一六八	二五五	七七八

隋代经录，除《法经录》外，尚有两家宜论列者：一曰彦琮，二曰费长房。

藏中题隋《众经目录》者两部，一部六卷，即《法经录》，一部五卷，不题撰人名氏，据《贞元录》知其出彦琮手。彦琮深通梵文，为玄奘以前惟一之通博学者，本传（《续高僧传》卷二页二十）称“仁寿二年，下敕更令撰《众经目录》，乃分为五例，谓单译、重译、别生、疑伪，随卷有位，帝世盛行”。是其分类殆与《法经录》全同。今藏中五卷本分为单本、重翻、贤圣集传、别生、疑伪、阙本，凡六类，与传文不尽合。五卷本优于六卷本者一事，曰别立阙本门，使存佚得所考焉。其不及六卷本者亦一事，则贤圣集传既不分类，复不分西域、此土也。

彦琮传中有应特记者一事（页二十一）：“时新平林邑，所获佛经合五百六十四夹，一千三百五十余部，并昆仑书，多梨树叶，有敕送馆，付琮披览，并使编叙目录，以次渐翻，乃撰为五卷，分为七类，所谓经律论方字杂书七也。必用隋言以译之，则成二千二百余卷。”据此，知彦琮尚有巴利文经录五卷，可谓我国目录学界空前绝后之作，今不惟原书沦亡，并《琮录》亦佚去，深可惜也。

费长房所撰《历代三宝记》，亦名《开皇三宝录》，省称《长房录》，在现存诸经录中，号称该博。书凡十五卷，前三卷为年表，第四卷至第十二卷历记自后汉迄隋所译经典，以年代及译人先后为次，每人先列其所译著之书而末系以小传，卷十三、十四为大小乘入藏目，卷十五则仿马、班二史之例自为序传，而以历代经录附焉。道宣评其书曰："翻经学士成都费长房因俗博通，妙精玄理，……撰《三宝录》一十五卷，始于周庄之初，上编甲子，下录年编，并诸代所翻经部卷目，轴别陈叙，亟多条例，然而瓦玉杂糅，真伪难分，得在通行，阙于甄异。"（《续高僧传》卷二）又曰："《房录》后出，该赡前闻，然三宝共部，伪真淆乱。"（《内典录》卷十）今案《法经录》成于开皇十四年，《长房录》成于十七年，相去不过三年，法经著录四〇九四卷，并存目合计亦不过五二三四卷，而《长房录》乃骤增至六二三五卷，实可惊异。大抵长房为人，贪博而寡识，其书盖钞撮诸家之录而成，搜采虽勤，别裁苦鲜，其最可观者实惟前三卷之年表，虽考证事实，舛讹尚多，然体例固彼所自创也。

经录之学，至隋而殆已大成，综其流别，可分两派：其一，专注重分类及真伪，自僧祐、李廓以下皆是，至隋法经集其成，入唐则静泰、明佺衍其绪。其二，专注重年代及译人，竺道祖以下凡以朝代冠录名者皆是，至隋费长房集大成，入唐则靖迈衍其绪。

静泰《唐众经目录》、明佺《大周刊定众经目录》，大体皆沿《法经录》之旧。静泰只是续法经，更无改作。明佺则门类卷帙皆有加增，然颇芜杂。智升评《明佺录》云："当刊定此录，法匠如林，德重名高，未能亲览，但指挥末学，令辑撰成之，中间乖失，几将太半，此乃委不得人之过也。"观此则《明佺录》价值可见。

靖迈著《古今译经图记》四卷，乃大恩寺翻经堂内壁画古今传译故事，迈因撰题画后，其书不过《长房录》之节本，无所发明别择。唐代经录学大家，则前推道宣，后有智升。道宣学风，酷类僧祐（传称其为僧祐转生），同为明律大师，同谙悉佛门掌故，《续高僧传》以继慧皎，其精审殆突过之。有名之《大唐内典录》十卷——省称《内典录》，审彼七十岁时之著作（原跋云："余以从心之年，强加直笔，舒通经教"）。其书集法经、长房两派之所长而去其所短，更为有系统的且合理的组织，殆经录中之极轨矣。全书为录者十，为卷者十①，然卷并非随录而分合，今表列如下：

- 大唐内典录
  - 唐代众经传译所从录第一
    - 卷一——后汉
    - 卷二——前魏、南吴、西晋
    - 卷三——东晋、前秦、后秦、西凉、北凉
    - 卷四——宋、前齐、梁、后魏、后齐
    - 卷五——后周、陈、隋、皇朝
  - 历代翻本单重传译有无录第二
    - 卷六——大乘经律论
    - 卷七——小乘经律论
  - 历代众经分乘入藏录第三——卷八
    - 大乘经
      - 一译
      - 重翻
    - 小乘经
      - 一译
      - 重翻
    - 小乘律
    - 大乘论
    - 小乘论
    - 贤圣集传
  - 历代众经举要转读录第四——卷九
  - 卷十
    - 历代众经有目阙本录第五
    - 历代道俗述作注解录第六
    - 历代诸经支流陈化录第七
    - 历代所出疑伪经论录第八
    - 历代众经录目始终序第九
    - 历代众经应感兴敬录第十

① 原误作"六十"，今改正。

道宣对于十录义例，自有解释，照录如下：

历代众经传译所从录——谓代别出经及人述作，无非通法，并入经收，故随经出。

历代翻本单重人代存亡录——谓前后异出，人代不同，又遭离乱，道俗波迸，今总计会，故有单重，缘叙莫知，故传失译。

历代众经分乘入藏录——谓经部繁多，纲要备列，从帙入藏，以类相从，故分大小二乘，显单重两译。

历代众经举要转读录——谓转读寻玩，务在要博，繁本重义，非曰被时，故随部撮举，简取通道，自余重本，存而未暇。

历代众经有目阙本录——谓总检群录，校本则无，随方别出，未能通遍，故别显目访之。

历代道俗述作注解录——谓注述圣言，用通未悟，前已杂显，未足申明，今别题录，使寻览易晓。

历代诸经支流陈化录——谓别生诸经，曲顺时俗，未通广本，且接初心，一四句偈未可轻削故也。

历代所出疑伪经论录——谓正法深远，凡愚未达，随俗下化，有悖真宗，若不标显，玉石斯滥。

历代众经录目始终序——谓经录代出，须识其源。

历代众经感应兴敬录——谓经翻东夏，应感征祥，而有蒙祐增信，故使传持惟远。

今以《内典录》比较前录，其优点可指者略如下：

一、自卷一至卷五之“传译所从录”，将《长房录》全部摄入，但彼则务炫博而真伪杂收，此则务求真而考证綦审，又一经而有数译本者，皆注“初出”、“第二出”、“第三出”……字样，令读者一望而知传译次第。此例虽创自《长房录》，然彼或注或不注，此则略无遗漏。又某经初见于某录，一一注明，既以见著述渊源，亦使旧录虽佚而后世犹得循此以求其面目。

二、其“单重传译有无”、“分乘入藏”、“支流陈化”、“疑伪经论”四录，将《法经录》全部摄入，然法经于每类之下皆分一译、异译、失译、别生、疑惑、伪妄六门，其后三门既摈不著录，而仍与前三门同厕于一卷中，未免乱读者耳目。道宣各自为篇，不相杂厕，在组织上最为合理。又别生一项，法经绝对排斥，道宣相对保存。疑惑、伪妄，法经分而为二，道宣合而为一，皆宣优于经之点。

三、法经于阙本悉置不记，道宣主“有目阙本”一录，且明言为将来采访之资。抱残守缺，确是目录学家应有之态度。

四、道宣录中最有价值之创作，尤在“众经举要转读录”一篇。盖佛典浩如烟海，读者本已穷年莫殚，加以同本异译，摘品别行，叠屋支床，益苦繁重。宣公本篇，于异译别行诸经，各择其最善一本以为代表，例如《华严经》则举佛陀跋陀译之六十卷本，而异译异名之十部（《度世》、《渐备》、《信力》、《十住》、《兴显》、《罗伽》、《住法》、《本业》、《兜沙》、《佛藏》）皆该摄省略焉。《涅槃经》则举昙无谶译之四十卷本，《摩诃般若经》则举罗什译之三十卷本，《大集经》则举昙无谶译前三十卷本及耶舍译后三十卷本……诸如此类，其裨益于读者实不少，著书足以备学者顾问，实目录学家最重要之职务也。

智升之《开元释教录》二十卷，大体依仿《内典录》，其特点则在经、论分类之愈加精密，今示其全部组织如下：

- 开元释教录
  - 正录＝总集群经录——卷一至十
  - 别录＝别分乘藏录
    - 有译有本录——卷十一至十三
    - 有译无本录——卷十四至十五
    - 支派别行录——卷十六
    - 删略繁重录、补阙拾遗录——卷十七
    - 疑惑再详录、伪妄乱真录——卷十八
    - 大乘入藏录——卷十九
    - 小乘入藏录——卷二十

前此仅以大小乘经律论分类，至智升则大小乘经论又各分类焉，派别分类自此始也。今将原书“有译有本录”之细目列表如下（“有译无本录”及“支派别行录”细目略同）：

- 有译有本录
  - （一）菩萨三藏录（即大乘）
    - 菩萨契经藏（即大乘经）
      - 般若经新旧译
      - 宝积经新旧译
      - 大集经新旧译
      - 华严经新旧译
      - 涅槃经新旧译
      - 五大部外诸重译经
      - 大乘经单译
    - 菩萨调伏藏（即大乘律）
    - 菩萨对法藏（即大乘论）
      - 大乘释经论
      - 大乘集义论
  - （二）声闻三藏录（即小乘）
    - 声闻契经藏（即小乘经）
      - 根本四阿含经
      - 长阿含中别译经
      - 中阿含中别译经
      - 增一阿含中别译经
      - 杂阿含中别译经
      - 四含外诸重译经
      - 小乘经单译
    - 声闻调伏藏（即小乘律）
      - 正调伏藏
      - 调伏眷属藏
    - 声闻对法藏（即小乘论）
      - 有部根本身足论
      - 有部及余支派论
  - （三）圣贤传记录
    - 梵本翻译集传
    - 此方撰述集传

学术愈发达，则派别愈细分，《开元录》将大小乘经论更加解剖，此应于时势要求，自然之运也。其分类以大乘论分释经、集义两门为最合论理，盖纯依原书性质为分也。自余大乘经之分五部，而五部外单译本别自为类，小乘经分四含，而四含外单译本别自为类，此皆因部帙繁简，姑为此画分，以便省览，在学理上非有绝对正确根据，但就目录学的立场言之，则取便查检，亦正是此学中一重要条件，智升创此，其功自不可没。而后此制录者亦竟罕能出其范围也。

《开元录》更有一点可称述者，则子注之详细是也。经录之有子注，自《安录》已然，其注盖如《汉书·艺文志》，简单数字而已，此后则《祐录》、《法经录》、《长房录》、《内典录》递有加增，至《开元录》则有长至数百言，俨成提要之形者。以识鉴论，智升诚不逮道宣，故往往有宣所斥为伪书而升仍滥收者，然升既后起，宗法宣公而用力甚劬，其考证资料之饷遗吾侪者，斯为最富矣。其叙列古今诸家目录一篇（卷十）于祐、经、房、宣四录皆有颇严密之批评，惜皆属枝节的订伪，于著作体裁论列盖鲜。

要之，《开元录》一书，踵《内典录》之成规，而组织更加绵密，资料更加充实，在斯学中，兹为极轨。其后贞元间圆照为《贞元新定释教录》，袭录其文，不易一字。惟增实叉难陀、义净、不空、菩提流志等数译家而已，附数篇于续录，良惬雅裁，攘全书易新名，太灾梨枣矣。

有宋一代，作者未闻。祥符、景祐两录，仅见征引（《法宝标目》

卷首），原书似已佚[1]，无从评骘，大抵续《贞元》之旧，补入新译而已。元代则有极有价值之经录二种。一曰王古之《大藏圣教法宝标目》十卷，二曰庆吉祥等奉敕撰之《至元法宝勘同》十卷，二书皆依元《大藏经》原目为次，其组织无特别可论，所注意者则书之内容而已。

前此经录虽多，求其如《郡斋读书志》、《直斋书录解题》之例，撮举各书内容为作提要者竟无有。《祐录》录诸经序，虽颇存此意，然经不皆有序，序亦不皆为提要体，范围亦云狭矣。况《祐录》以后名著，叠出者十倍于前，有序者甚少，其序亦不见于诸家经录中，是以读佛典者欲得一向导之书，殆无从寻觅，可谓憾事。王古《标目》纯属提要体，于各经论教理之内容，传译之渊源，译本之分合同异等，一一论列，文简而意赅，非直空前创作，盖直至今日，尚未有继起之第二部也。中间惟晚明智旭作《阅藏知律》，颇师其意，然智旭书惟抄写各经论之篇目耳，不能挈全书纲领，俾学者得知其概，其去王古书远矣。

《法宝勘同录》者，以汉文、藏文两大藏对照，勘其同异，原序云：

> “皇帝……念藏典流通之久，蕃汉传译之殊，特降纶言，溥令对辩。谕释教总统合台萨里，帝师拔合思八、叶琏国师……汉土义学亢理二讲主庆吉祥及畏兀儿斋牙答思、翰林院承旨旦压孙安藏等，集于大都，自至元二十二年乙酉春至二十四年

[1] 《祥符》、《景祐》两录，全称《大中祥符法宝录》（二十二卷）、《景祐新修法宝录》（二十一卷），其书尚存，有残缺，见收于《宋藏遗珍》。

丁亥夏，各秉方言，精加辩质，顶踵三龄，铨雠乃毕。……复诏讲师科题总目，号列群函，标次藏乘，互明时代。……”

观此，可见此书之成，阅时三载，以深通藏语之人，持本对雠，证其同异。此种事业，在佛学界至为重大，在今日仍有继续进行之可能及必要，然非藉政府之力不易为功，故千年来行之者仅此一度也。

第十八篇　见于《高僧传》中之支那著述

（十一年十月四五两日钞）

通三世论　鸠摩罗什著。勗示因果

实相论二卷　鸠摩罗什著

维摩经注　鸠摩罗什著

人物始义论　晋法畅著。晋成帝时人

传译经录　晋支敏度著。同上

格义①　晋竺法雅、康法朗等著。以经中事数拟配外书，为生解之例

庄子逍遥篇注　晋支遁著

安般、四禅诸经注　支遁

即色游玄论　支遁

圣不辩知论　支遁

道行旨归　支遁

学道诫　支遁

法华义疏四卷　晋法崇著

毗昙旨归　晋竺僧度著

---

① 整理者案："格义"是一种注解、讲经的方法，不是书名。将它列为"著述"，是不对的。

胜鬘经注　晋竺慧超著

般若、道行、密迹、安般诸经注二十二卷　晋道安著

经录　道安著

僧尼轨范　道安著

放光经义疏　晋法汰著。道安学侣。传言讲《放光》，又言所著《义疏》未知是一否

与郗超与论本无义　法汰。有沙门道恒执心无义，汰遣弟子昙壹难之

神无形论　晋僧敷著。道安学侣。时异学之徒咸谓心神有形，但妙于万物。敷著此论，有形便有数，有数则有尽，神既无尽，故知无形矣。时状辩之徒纷纭交诤，既理有所归，愜然信服

放光经义疏　僧敷

道行经义疏　僧敷

十住注解　晋僧卫著。道安后辈

立本论九篇　晋昙徽著。道安弟子

六识旨归十二首　同上

法性论　晋慧远著。先是中土未有泥洹常住之说，但言寿命长远而已，远乃叹曰：佛是至极则无变，无变之理岂有穷耶？因著此论曰：至极以不变为性，得性以体极为宗。罗什见而叹曰：边国人未有经，便暗与理合

大智度论抄二十卷　同上。远以《大论》文句繁广，初学难寻，抄其要文如此

沙门大敬王者论五篇　同上。今存

集十卷　同上。论序铭赞诗书等五十余篇

维摩经注　晋昙诜著。慧远弟子

法华经义疏　晋道融著。罗什弟子

大品般若义疏　同上

金光明经义疏　同上

十地经义疏　同上

维摩经义疏　同上

法华义疏　晋昙影著。罗什弟子

中论注　同上

诸经论序　晋僧睿著。罗什弟子。今存者多，《大智论》、《十二门论》、《中论》等序，并注大小品、《法华》、《维摩》、《思益》、《自在王》、《禅经》等序

释驳论　晋道恒著。罗什弟子

百行箴　同上

舍利弗[1]毗昙序　晋道标著。罗什弟子

般若无知论　晋僧肇著。罗什弟子。今存。罗什书《大品般若》，后肇著此论，二千余言呈什，什称善

不真空论　同上。今存

物不迁论　同上。今存

维摩经注　同上

诸经论序　同上

涅槃无名论　同上。今存。什公亡后作十演九折，凡数千言，博采众经，托证成喻

二谛论　晋道生著。罗什弟子

① 原误作“舍利佛”，今改正。

佛性当有论　同上

法身无色论　同上

佛无净土论　同上

应有缘论　同上

维摩经注　同上。僧肇始注《维摩》，世咸玩味，生更深旨，显畅新典

涅槃记　晋宝林著。道生弟子

异宗论注　同上

檄魔文　同上

金刚后心论　晋法宝著。宝林弟子。祖述生公

十四音训叙　宋慧睿著。罗什弟子。条例梵汉，昭然可了，使文字有据

无生灭论　宋慧严①著。罗什弟子

老子略注　同上

辩宗论　宋慧观著。慧远弟子。论顿悟、渐悟义

十喻序赞　同上

胜鬘经注　宋僧馥

白黑论　宋慧琳著。乖于佛理。何承天著《达性论》应之，并拘滞一方，诋诃释教。颜延之及宗炳《难》、《驳》二论，各万余言

维摩经注　宋慧静著

思益经注　同上

涅槃略记　同上

① 原误作“慧岩”，今改正。

大品旨归　同上

达命论　同上

实相论　宋昙无成著。罗什弟子

明渐论　同上

神不灭论　宋僧含著。任函[①]著《无三世论》,含作论抗之

圣智圆鉴论　同上

法身论　同上

业报论　同上

法华宗论　同上

释异十论　宋道含著

集六卷　宋昙谛

成实论疏　宋僧导著。罗什弟子

三论义疏　同上

空有二谛论　同上

集十卷　宋慧静著

显验论　宋涉愍著。明因果

大道经注　同上

法性论　宋僧宗著

觉性论　同上

要义百科一卷　宋梵敏著

七宗论[②]　宋昙济著

① “任函”。丽藏本《高僧传》卷七作“任城彭丞”,金陵刻经处本作“任彭城函”,当作“彭丞”。

② 原误作《七家论》,今改正。

经目　宋昙宗著

数林　同上

玄通论　宋慧亮著

法华义疏　同上①

维摩义疏　同上

泥洹义疏　同上

毗昙玄论　同上

法华义疏　宋法瑶②著

涅槃义疏　同上

大品般若义疏　同上

胜鬘义疏　同上

胜鬘注五卷　宋道猷著。道生弟子。文烦不行，后有道慈者，删为二卷，行世

大品般若疏　宋慧通著

胜鬘义疏　同上

杂心毗昙义疏③　同上

驳夷夏论　同上

显证论　同上

法性论　同上

爻象记　同上

成实论大义疏八卷　魏昙度著。盛传北土

① 《法华义疏》以下三书，实为宋僧镜著，梁氏误记。

② “法瑶”，据《高僧传》应为“法珍”。

③ 原误作“义上”，今改正。

生死本无源论　齐道盛著

文殊问菩提经注　齐法解[1]著

首楞严经注　同上

二谛论　齐智林著。申明二谛义有三宗不同，有《致周颙书》论此

毗昙杂心记　同上

十二门论注　同上

中论注　同上

胜鬘经注　齐法瑗著

微密持经注　同上

七玄论　齐僧拔著

法华义疏三卷　齐慧基著。《制门训义序》三十三科，并略申方便旨趣，令通空有二言

遗教经注　同上

净名义疏　齐法安著

十地义疏　同上

僧传五卷　同上

法事赞　梁智顺著

受戒记　同上

弘法记　同上

涅槃义疏　梁宝亮著。天监八年奉敕撰，凡十余万言，梁武帝亲作序文，见本传

毗昙大义疏　梁慧集著。集遍历众师，融冶异说，三藏、方等并皆

① 据《高僧传》当为“弘充”。

综达，广访《大毗婆沙》及《杂心》、《犍度》等，以相雠校，故于《毗昙》一部，擅步当时，硕难坚疑，并为披释。著《大义疏》十余万言，盛行于世

十诵义疏八卷　宋慧猷著。卑摩罗叉弟子。律部第一部著作也

诫众论　宋僧璩著

胜鬘文旨　同上

僧尼要事两卷　同上

决正四部毗尼论　宋道俨著。精研四部，融会众家，又以律部东传，梵汉异音，文颇左右，恐后人咨访无所，乃会其旨归。本传①

律例七卷　齐超度著。度著十诵及四分

十诵戒本及羯磨　齐法颖著

十诵义记八卷　齐智称著

出三藏记集□卷②　梁僧祐著。今存

法苑集③　同上

世界记④　同上。今存。在《出三藏记集》中

释迦谱□卷⑤　同上

弘明集□卷⑥　同上。今存

——以上据梁慧皎《高僧传》

① 原误作“此传”，今改正。

② 卷数原缺，且“记集”作“集记”。据《大藏经》本，为十五卷。

③ 原误作“《法苑记》”，今据《出三藏记集》卷十二改正，此书十卷。

④ 据《出三藏记集》卷十三，此书五卷。

⑤ 卷数原缺，据《出三藏记集》卷十二，当为五卷。

⑥ 卷数原缺，《出三藏记集》卷十二为十卷，传世本为十四卷。盖作者后有补充。

内典博要三十卷　梁虞孝敬著。附见僧伽婆罗[1]传

集录　梁宝唱天监四年奉敕撰集。鬼神礼忏等事近百卷

众经要抄八十卷[2]　梁僧祐、宝唱等天监七年奉敕撰

众经义林八十卷　梁智藏、宝唱等奉敕撰

大般涅槃经注七十二卷　梁僧朗、宝唱等奉敕撰

法宝联璧二百余卷　梁简文帝撰。别令宝唱缀比区别其类

续法轮论七十余卷　梁宝唱奉敕撰。自大教东流，道门俗士有叙佛理、著作宏义，并通鸠聚

法集一百三十卷　梁宝唱撰

华林佛殿经目四卷　梁宝唱奉敕撰。初梁武帝于[3]十四年敕僧绍撰，未惬旨，乃敕唱重撰

经律异相五十五卷　梁宝唱奉敕撰。今存

饭僧圣法五卷　梁宝唱奉敕撰

大品般若经注五十卷　梁武帝撰

名僧传三十一卷　梁宝唱撰。天监九年至十三年，有序，见本传。

众经录　魏李廓撰。见《菩提流支传》。据传似是专叙菩提流支所译

洛阳伽蓝记五卷　魏扬衒之撰　见《菩提流支传》，今存

菩萨藏众经要　西魏昙显等奉敕撰

释律二十二大义并疏五卷　陈法泰撰。真谛弟子

真谛翻译历　陈智敫撰。始末指订，并卷部时节、人世详备

---

① 原误作“僧迦婆罗”，今改正。

② 原误作“八十八卷”，今改正。

③ “武”、“于”原缺，据《续高僧传》卷一《宝唱传》补。

那连提黎耶舍本传　隋彦琮撰。见耶舍传，记耶合四十余年所游五十余国

大隋西国传十篇　隋彦琮撰。以下十种并见达摩笈多传。本传一、方物二、时候三，居处四、国政五、学教六、礼仪七、饮食八、服章九、宝货十。盖述达摩笈多所历所说

旌异传二十卷　隋侯白奉敕撰。多叙感应即事

通命论二卷　隋徐同卿撰。引经史正文，会通运命，归于因果，意在显发儒宗，助宣佛教

内外旁通比较数法一卷　隋翻经学士刘冯撰。论筹算有序众经法式十卷　隋彦琮等开皇十五年奉敕撰

三宝录十五卷　隋费长房撰。今存。瓦玉杂糅，真伪难分。得在通行，阙于甄异

辩教论　隋彦琮撰。明道教[1]妖妄者有二十五条

众经目录□卷[2]　隋彦琮仁寿二年奉敕撰

沙门名义论别集五卷　隋彦琮撰

上林园梵文经目录五卷　隋彦琮奉敕撰。分为经、律、论、赞、方、字、杂书七例

天竺记　隋彦琮、裴矩奉敕撰

辩正论　隋彦琮撰。今存。论翻译法式，文见本传，主张教授梵文

彦琮行记　隋行矩撰。彦琮兄子

集八卷　唐慧颐撰

---

① 原误作“道条”，今改正。

② 卷数原缺，当为五卷。

杂心玄义[①]三十卷　唐慧净撰

俱舍文疏三十余卷　同上。遂使经部妙义，接纽明时

金刚般若注　同上。有褚亮序，见本传

大庄严论文疏三十卷　同上。净笔受斯论，复为作疏

法华经缵述十卷　同上

诗英华十卷　同上。有刘孝孙序，见本传

会宗论三千颂　唐玄奘著。梵文。初那烂陀寺大德师子光等立《中》、《百》论宗，破瑜伽等义，奘曰：圣人作论，终不相违，但学者有向背耳。因造此论呈戒贤诸师，咸称善

制恶见论千六百颂　同上。梵文。驳顺世外道说

三身论三百颂　同上。梵文。为戒日王造

大唐西域记十二卷　同上。今存

涅槃集注　梁法朗著

诸经论疏杂集百余卷　梁僧旻著

四声指归　同上

诗谱决疑　同上

成实义疏四十二卷　梁法云著

诸经义疏　梁智藏著《大》、《小品》、《涅槃》、《般若》、《法华》、《十地》、《金光明》、《成实》、《百论》、《阿毗昙心》等

调气论　魏昙鸾著

安乐集二卷　同上

涅槃义疏十卷　梁慧皎著

梵网经疏　同上

① 原误作“杂心玄文”，今改正。

高僧传十四卷　同上。今存

高僧传十卷　裴子野著。见皎传

维摩经注　梁道辩著

胜鬘经注　同上

金刚般若经注　同上

小乘义章六卷　同上

大乘义五十章　同上

涅槃义疏　梁僧迁著

大品般若疏　同上

成实论疏数十卷　陈洪偃著

成实玄义二十卷　陈宝琼著

成实文疏十六卷　同上

涅槃经疏十七卷　同上

大品般若疏十三卷　同上。余《法华》、《维摩》等经,并有文疏

大乘义十卷　同上

集十卷　周亡名著。有《至道论》、《淳德论》①、《遣执论》、《去是非论》、《影喻论》、《修空论》、《不杀论》等

论场三十卷　周僧琨著。搜括群籍,采摭贤圣所撰诸论,集为一部

涅槃经论　北齐僧范著。变疏引经,制成为论

大品经论　同上

地持经述　同上

华严、十地、地持、维摩、胜鬘诸经疏记　同上

① 淳,原误作"谆",今改正。

成实论删要两卷并注　北齐灵询著

楞伽文疏　北齐法上著。疏《楞伽》者始此

十地、地持、涅槃诸经文疏　同上

增一数法四十卷　同上

佛性论二卷　同上

大乘义章六卷　同上

散花论　北周慧善著。善《智度论》，每引小乘相证成义，依文次第，散释精理

大集经疏　北周宝象著。疏《大集》者始此

涅槃疏　同上

法华疏　同上

涅槃义疏十五卷　隋昙延著。时诸英达佥议，用比远公所制，而延尤过之

宝性论疏　同上

胜鬘经疏　同上

仁王经疏　同上

地持经疏五卷　隋慧远著

十地论疏十卷　同上

华严经疏七卷　同上

涅槃经疏十卷　同上

维摩经疏　同上

胜鬘经疏　同上

大乘义章十四卷　同上。今存。合二百四十九科，分为五聚。谓教法，义法、染、净、杂也。陈综义差，始近终远，佛法纲要，尽于此焉

广初章、鹿角章　隋法安著
十地疏四卷　隋灵裕著
地持疏二卷、维摩疏二卷、般若疏二卷　同上
华严疏及旨归合九卷　同上
涅槃疏六卷　同上
大集疏八卷　同上
四分律疏五卷　同上
大乘义章四卷　同上
胜鬘、央掘、寿观、仁王、毗尼母、往生论、遗教诸经疏记　同上
成实论抄、毗昙抄、大智度论抄各五卷　同上
圣迹记二卷　同上
佛法东行记、众经宗要、译经体式、受菩萨戒法并戒本、注华严等经论序　同上
大小乘同异论　同上
舍利、目连传　同上
御众法　同上
安民论十卷、陶神论十卷　同上
劝信释宗论　鷇卵成杀论　同上
字本七卷　同上
庄纪、老纲式、经兆纬相录　同上
医决、符禁法文、断水虫序　同上
齐世三宝记、灭法记、光师弟子十德记　同上
集五十余卷　同上
华严义疏　隋慧藏著
成实论疏四十卷　隋智脱著。江南《成实》并述义章，不顾论文，脱

　　愤而著此

净名疏十卷　同上

释二乘名教四卷　同上

成论玄义十七卷　梁　琰法师[1]原著，隋智脱删要

法华疏三卷　隋道庄著。直叙纲致，不存文句

集数十卷　同上

续名僧传　隋法论著。未就而卒

别集八卷　同上

十种大乘论　隋僧粲著。一通、二平、三逆、四顺、五接、六挫、七迷、八梦、九相即、十中道

十地论二卷　同上

摄大乘论疏六卷　隋靖嵩[2]著。《摄论疏》始此[3]

杂心论疏五卷　同上

九识、三藏三聚戒、二生死等玄义　同上

舍利弗[4]阿毗昙疏十卷　隋净愿著。《舍利疏》始此，但未讲，已失落

摄大乘论疏　隋智凝著

迦延杂心论疏九卷　隋志念著

杂心论广钞九卷　同上

中论疏　隋智矩著

---

① 原缺"法师"二字，据《续高僧传》卷九《智脱传》补。

② 原误作"静嵩"，今改正。

③ 此说不确。据《续高僧传》卷一《法泰传》，陈时真谛就撰有《摄论义疏》（弟子智恺记）。

④ 原误作"舍利佛"，今改正。

三论玄疏　唐吉藏著

大品玄疏①、智论玄疏、华严玄疏、维摩玄疏　同上

地论疏记　隋法棱②著

华严、十地、维摩诸经疏　唐慧觉著

义章十三卷　同上

华严、大品、涅槃、释论四部义疏　唐智琚

三论疏　唐慧因

杂著四十余卷　唐神迥著

俱舍论疏要删二十二卷　唐道岳著。要删真谛本疏，减三分之二

十八部论疏　同上。此论之疏似始此

法华疏五卷　唐神迥③著

无性摄论疏　同上

佛地疏、般若疏　同上

摄论指归等二十余篇　唐法护著

杂心玄章并抄八卷　唐道基著

大乘章抄八卷　同上

华严疏十卷　唐智正著

摄论、中边、唯识、思尘、佛性、无性诸论疏　唐僧辩著

摄论义疏八卷、玄章五卷　唐法常著

涅槃、维摩、胜鬘诸经疏记　同上

杂心玄章抄疏　唐慧休

① 原误作“大品言疏”，今改正。

② 检《续高僧传》卷十一、卷十二，吉藏之后，慧觉之前，并无“法棱”其人。

③ 据《续高僧传》卷十三当为“功迥”。

摄论疏　同上

涅槃义疏十三卷、玄章三卷　唐灵润著

摄论义疏十三卷、玄章三卷　同上。内容大略见本传

以上义解

大品义章、融心论、还源镜、详玄赋[①]　北周彗命著

四十二字门二卷　隋慧思著

无净行门二卷　同上

释论玄、随自意、安乐行、次第禅要、三智观门各一卷　同上

法华疏、止观门、修禅法各数十卷　隋智顗。今存

净名疏三十七卷　同上

亡是非论[②]　隋昙迁

摄大乘论疏十卷　同上

楞伽、起信、唯识、如实等疏，九识、四明等章，华严明难品玄解总二十余卷　同上。《起信疏》始此[③]

顿教一乘二十卷　隋本济[④]著。因时判仪，并遵流世

法华疏　隋灌顶（章安）

义记　同上

百识观门十卷　唐道哲著

智照自体论六卷　同上

---

① 《续高僧传》卷十七《慧命传》，《还源镜》下，还有《行路难》一书。

② 原误作《已是非论》，今改正。

③ 此说不确。据隋费长房《历代三宝记》卷十一，陈时真谛就撰有《起信论疏》二卷。

④ 据《续高僧传》卷十八《本济传》，本济撰的是《十种不敢斟量论》六卷。《顿教一乘》二十卷，乃是其弟子善智撰。

大乘闻思论　同上

净土论二卷　唐道绰著

以上习禅

出要律仪十四卷　梁武帝撰

律疏六卷　道覆。时代待考[①],见《慧光传》

四分律疏百二十纸　北齐惠光[②]著。后代引之,以为义节

羯磨戒本要删　同上

玄宗论、大乘义律章　同上

仁王七诫、僧制十八条　同上

胜鬘、遗教、温室、仁王般若注释　同上

律钞四卷　北齐昙隐著

律钞两卷　北齐洪理。智首开为四卷

十诵疏十卷　陈昙缓著

戒本、羯磨疏各二卷　同上

僧家书仪四卷　同上

别集八卷　同上

律义疏十二卷　隋智文著

羯磨疏四卷、菩萨戒疏二卷　同上

四分律疏十卷　隋法愿著

是非钞二卷　同上

律大本、羯磨诸经疏三十六卷　隋道成著

大纯钞五卷　隋洪遵著

---

① 道覆,北魏人。

② 《续高僧传》卷二十一作“慧光”。

律藏五部区分钞二十一卷　唐智首著

四分律疏十卷　唐法砺

羯磨疏三卷

佛教后代国王赏罚三宝法、安养苍生论、三德各一卷　唐玄琬

十诵私记十三卷、僧尼行事二卷、尼众羯磨二卷、道俗菩萨戒义疏四卷

唐惠旻①著

——以上据唐道宣《续高僧传》

大唐西域求法高僧传　唐义净

南海寄归传内法传　同上

别说罪要行法　同上

受用三法水要法　同上

护命放生仪轨　同上

摄大乘论疏　唐道因著

维摩经疏　同上

示教指归　唐满月

佛法根本　同上。专言密宗

窥基各疏②　传未举名，惟云造疏计可百本

法苑珠林一百篇　唐道世（玄恽）

善恶业报及信福论二十三卷　同上

大小乘禅门观及大乘观共十一卷　同上

① 《续高僧传》卷二十二作“慧旻”。

② 窥基注疏，今存有《成唯识论述记》等三十余种。

受戒仪式、礼佛仪式共六本　同上

四分律讨要五卷、四分律尼钞五卷　同上

金刚经集注三卷　同上

俱舍论疏□卷[①]　唐普光。圆晖略为十卷

唯识疏钞□卷[②]　唐圆测

三论疏　唐元康。按:时治三论者希矣。

三论玄枢二卷　同上

古今译经图纪四卷　唐靖迈。今存

决定相违不定量　唐新罗顺璟。璟在本国稍多著述,亦有传来中原者

慧沼　但言著诸疏义,未举书名[③]

慈恩法师传　唐慧立著　彦悰笺

成唯识论纂要　唐义忠

成唯识论钞三十卷　同上

法华经钞二十卷　同上

无垢称经钞二十卷　同上

百法论疏　同上

金刚三昧经疏五卷　唐新罗元晓

净名经疏　武周神楷

禅林要钞三十卷　唐会隐。于一切经中略出精义玄文

武丘名僧苑一卷　武周僧瑗

---

① 卷数原缺,检日本平祚《法相宗章疏》当为十五卷。

② 卷数原缺,日本平祚《法相宗章疏》有圆测《唯识疏》十卷。

③ 慧沼注疏,今存有《成唯识论了义灯》、《因明义断》等十二种。

郁子[①]二卷、文集三卷　同上

心要集　唐印宗著。起梁至唐天下诸达者语言总录

百家诸儒士三教文意　同上

唯识义例　唐宗哲。按:传但言《义例》,寻文似释《唯识》也

瑜伽义门　唐德感。按:传但言《义门》,寻文似释《瑜伽》也

华严金师子章　唐法藏。余著多未载

顺了义论二卷　唐恒景

摄正法论七卷　同上

佛性论二卷　同上

毗卢遮那佛经疏七卷　唐一行

摄调伏藏六十卷　同上

释氏系录一卷　同上

开元大衍历五十二卷　同上

大唐内典录十卷　唐道宣著

开元释教录二十卷[②]　唐智升著

续内典录一卷　同上

续译经图纪[③]一卷　同上

俱合古疏颂节略　唐怀远

俱舍金华钞十卷　唐崇廙

俱舍略疏　唐圆晖

释教广品历章三十卷　唐玄逸。按:此佛典校勘学

---

① 检《宋高僧传》卷四《僧瑗传》,当作《注郁子》。

② 原作"二卷",脱"十"字,今补。

③ 原误作《续释经图记》,今改正。

对御论衡一本　唐道氤

大乘法宝五门名教一卷　同上

信法仪一卷　同上

唯识疏六卷　同上

法华经疏六卷　同上

御注金刚经疏六卷　同上。玄宗注

仁王般若经疏三卷　唐良贲

念诵仪轨一卷　同上

承明殿讲密严经对御记一卷　同上

华严经仪记十二卷　唐法诜

文殊师利菩萨佛刹庄严经疏　唐潜真

菩提心义一卷、发菩提心戒一卷　同上

三聚净戒　十善法戒共一卷　同上

华严疏□卷[①]　唐澄观

华严后分(即普贤行愿品)疏十卷　同上

了义一卷、心要一卷　同上

随疏演义四十卷[②]　同上。当是《华严疏》

华严经纲要一卷　同上

法界玄鉴一卷、三圣圆融观一卷　同上

华严、法华、楞伽[③]、中观论等别行小疏钞共三十卷　同上

大乘理趣六波罗密经疏　唐良秀

---

① 卷数原缺，检《大藏经》所收本，当为“六十卷”。

② 此当是澄观《华严经随疏演义钞》，今存为九十卷。

③ 原误作《棱伽》，今改正。

大藏音义一百卷　唐慧琳。起贞元四年，迄元和五年方成

楞严经疏三卷　唐惟悫。疏《楞严》①者始此，真伪未定

楞严经资中疏　唐宏沇

次疑论七卷　唐怀感。善导后辈，提倡念佛

华严四种教　唐慧苑。依《宝性论》判立

新译华严音释　同上

法华释签十卷　唐湛然

法华疏记十卷　同上

止观辅行传弘决十卷　同上

法华三昧补助仪一卷　同上

方等忏补阙仪二卷　同上

维摩经略疏十卷、维摩疏记三卷　同上

重治定涅槃疏十五卷　同上

金錍论一卷　同上

止观义例、止观大意、止观文句、十妙不二门　同上

涅槃经解述　唐元浩

华严经妙义　唐智藏

法华玄笺十卷　唐神清

释氏年志三十卷　同上

新律疏要诀十卷　同上。亦名《清钞》

二众初学仪一卷　同上

有宗七十五法疏一卷　同上。亦名《法源记》

---

①　原误作《棱严》，今改正。

识心论、澄观论　同上

俱含义钞　同上

北山参玄语录　同上

华严疏钞　唐宗密

圆觉、涅槃、金刚、起信、唯识、盂兰盆、法界观、行愿经等疏钞　同上

法义、类例、礼忏、修证、图传、纂略　同上

禅藏　同上。集诸宗禅言

四分律疏五卷、钞悬谈二卷　同上

百法论疏并钞　唐乘恩。祖慈恩而宗潞府

如来藏会释疏二卷　唐知玄

大无量寿经疏二卷　同上

胜鬘经疏四卷　同上

法鉴四卷、法灯二卷、法苑十卷　唐僧彻。彻知玄弟子，此三书分释上三疏

般若疏义、心经疏义①、金刚经疏义　唐知玄

集二十卷、礼忏文六卷　同上

玄中钞数卷　唐希圆

俱舍论金华钞二十卷　唐玄约

以上义解

法门文记　唐道宣

律钞四分律钞三卷

---

①　据《宋高僧传》卷六《知玄传》，乃是"《般若心经》，《金刚经》各有疏义。"梁启超将《般若心经疏义》误作《般若》、《心经》二经疏义。

发正义记十卷

明两宗之踳驳，发五部之钤键。此文见《昙一传》。所谓《发正记》者，不审为道宣著，抑昙一著[①]

广弘明集□卷[②]　同上。今存

续高僧传□卷[③]　同上。今存

三宝录、羯磨戒疏、行事钞、义钞　同上

共二百二十余卷

付嘱仪十卷　同上

祇洹图经二卷　同上

四分律记　唐怀素。弹纠古疏十有六失，新义半，千百条

俱舍论疏十五卷　同上

遗教经疏二卷、钞三卷、新疏拾遗钞二十卷　同上

四分僧尼羯磨文二卷、四分僧尼戒本各一卷　同上

轻重诀　唐灵萼。释律

四分辅篇记十卷　唐玄俨

羯磨述章三篇　同上

金刚义疏七卷　同上

发正义记十卷[④]　唐昙一

五分律疏十卷　唐爱同

---

① 据《宋高僧传》卷十四《昙一传》，昙一"自著《发正义记》"，非道宣所著。而且本条之后的第十四条，重出此书，称昙一撰，前后重复。

② 卷数原缺，今存《广弘明集》为三十卷。

③ 卷数原缺，今存《续高僧传》为三十卷。

④ 据《宋高僧传》卷十四，《昙一传》在《爱同传》之后，故《发正义记》当排在《五分律疏》之后。

古今决十卷　唐朗然。解释道宣《四分律钞》

律钞搜玄录二十卷　唐志鸿

律宗引源二十一卷　唐灵澈

顺正记十卷、分轻重物仪　唐省躬。律部

法华经解疏记十卷　唐真乘

新佥定律疏十卷　唐圆照。进呈表文叙律宗沿革最详

利涉法师传十卷　同上

集景云、先天、开元、天宝诰制三卷　同上

肃宗、代宗制旨碑表集共二卷　同上

不空三藏碑表集七卷　同上

隋传法高僧信行禅师碑表集三卷　同上

两寺上座乘如集三卷　同上

佥定律疏、一行制表集三卷　同上

般若三藏续古今翻译图纪三卷　同上

大乘理趣六波罗蜜多经音义二卷　同上

三教法主存没年代本记三卷　同上

翻经大德光宅寺利言集二卷　同上

再修释迦佛法王本纪一卷　同上

佛成正觉记一卷　同上

辩瑞相记一卷　同上

五部律翻译年代传授人记一卷　同上

庄严寺佛牙宝塔记三卷、无忧王寺佛骨塔记三卷　同上

传法三学大德碑记集十五卷　同上

贞元释教录三卷　同上

律记二十卷　唐清彻

以上明律

十门辩惑论三卷　唐复礼。答权无二《释典稽疑》

慈恩法师行传　唐慧立[①]

因明图注[②]　吕才

甄正论一卷　唐玄嶷。诃道教

立法幢论一卷　唐利涉

显正记十卷　唐玄畅

科六帖名义图三卷、三宝五运三卷　同上

以上护法

——以上据宋赞宁《高僧传》[③]三集

离识观　颜延之著

论检[④]　同上

达性论[⑤]　何承天著。与慧琳《白黑论》相比

无三世论　宋任函[⑥]著　僧含作《神不灭》抗之

三宗论[⑦]　齐周颙

法华注　刘虬。见《续传》卷十一《法安传》

---

① 《宋高僧传》卷十七《惠立传》作《慈恩三藏行传》,“慧立”作“惠立”。

② 据《宋高僧传》卷十七《惠立传》,吕才所撰为《释因明图注》。

③ 宋赞宁《高僧传》三集,确切的书名当作《大宋高僧传》,或《宋高僧传》。

④ 颜延之的《离识观》、《论检》,见《高僧传》卷七《慧严传》。

⑤ 何承天的《达性论》,见《高僧传》卷七《道渊传》。

⑥ 据《高僧传》卷七《僧含传》“任城彭丞”,当为“彭丞”。

⑦ 周颙《三宗论》,见《高僧传》卷八《智林传》。

附录一 《大乘起信论考证》序

《大乘起信论》，旧题马鸣菩萨造，真谛三藏译。千余年来，殆相习无异议。虽然以历史上佛教教理发达之顺序言之，马鸣时代，似不应有如《起信论》一派之圆教的学说。以中国佛教思想派别言之，《起信论》学说，与专弘《摄大乘论》之真谛，亦多不相容处。故我国近年善言佛典者，对于本论已不免有几分怀疑，如欧阳竟无居士即其一人也。然怀疑论实不自今日始，隋法经等所著《众经目录》初著录此论，而以入诸疑惑部。其文曰：

> 《大乘起信论》一卷。人云真谛译，勘《真谛录》无此论，故入疑。

又唐均正著《四论玄义》①云：

> 《起信论》一卷。人云马鸣菩萨造，北地诸论师云："非马鸣造论，昔日地论师造论，借菩萨名目之。"寻觅翻经论目录中无有也。

---

① 梁启超原注：此书中土佚，日本《续藏经》第七十四套收有残本。

法经《众经目录》之成书，在真谛殁后二十五年，而云："勘《真谛录》无此论。"均正年代虽不可考，但既为唐人，与斯论出世时相去必不远，顾乃目此为"昔日地论师所造"。是则马鸣之著，真谛之译，在隋唐间本已成疑问。特后世学者不之察耳。距今十五六年前，日本学界对于此书始发生问题。初则对于马鸣著述怀疑，继则对于真谛翻译怀疑，终乃决定其为支那撰述而非印度撰述，且作者所属之派别、所生之年代亦大略推见焉。持此说者有三人：曰松本文三郎，曰望月信亨，曰村上专精，其论文及著书为吾所见者如下：

松本著：《〈起信论〉考》（明治四三年五月）
《〈起信论〉后语》（明治四三年七月）
《〈起信论〉之译者与其注疏》（明治四三年九月，并见《佛典之研究》）

望月著：《〈起信论〉之作者》（明治三五年一月《宗粹杂志》）
《疑似经与伪妄经》（大正六年八月《佛书研究杂志》）
《关于〈大乘起信论〉作者之拟议》（大正七年一月《宗教界杂志》）
《〈大乘起信论〉支那撰述考》（大正八年一月《佛书研究杂志》）
《三度论〈起信论〉为支那撰述》（大正九年八月《哲学杂志》）
《〈起信论〉学说与〈占察经〉之类同及关系》（大正九年十一月《佛教学杂志》）

《〈大乘起信论〉之研究》（大正十一年三月，单行本）

村上著：《对于〈大乘起信论〉之史的考察》（大正八年十月《哲学杂志》）

《四度论〈大乘起信论〉之著作问题》（大正九年九月《哲学杂志》）

《大乘论》（大正十年二月《哲学杂志》）

《〈起信论〉与〈华严经〉》（大正十年十一月《哲学杂志》）

此问题以望月氏为中心，而松本氏导之于前，村上氏以斯界老宿翼之于后，当大正八、九两年中（即民国八、九年），日本论坛为此问题起一激战。其持反对论者为常盘大定及羽溪了谛，亦彼都著名学者。吾侪以史家之眼忠实评骘之，则望月派所持，盖信谳也。望月所著《〈起信论〉之研究》，为五十万言以上之一巨帙。此外松本、村上二氏所论述，又不下十万言。吾既搜而遍读之，辄撷其精要，且闻附己见，助彼张目，以成斯论。吾属稿之际，有两种感想浮于我脑焉。

其一，《起信论》在思想界价值之伟大，稍治佛学者皆能知之，无待吾词费。松本氏之言曰："昔叔本华极口赞美印度《奥义书》，谓为'最高人智之所产出'①，以《起信论》校彼，有过之无不及也。"斯言虽或溢美，要亦近真。本论自出世以来，注释者百七十余家，

① 梁启超原注：叔本华为十九世纪上半叶之德国大哲，《奥义书》印度古代哲学之总汇也，华译为"优波尼煞昙"。

为书不下千卷[1]。其影响于我国民思想之深厚,可以概见。朝鲜、日本千年诵习无论矣,逮近世而英译且有三本,巍然成为世界学术界之一重镇。前此共指为二千年前印度大哲所撰述,一旦忽证明其出于我先民之手,吾之欢喜踊跃乃不可言喻。本论是否吻合佛意且勿论,是否能阐宇宙唯一的真理更勿论,要之,在各派佛学中能撷其菁英而调和之,以完成佛教教理最高的发展,在过去全人类之宗教及哲学学说中,确能自出一头地有其颠扑不破之壁垒,此万人所同认也。而此业乃吾先民之所自出,得此足以为我思想界无限增重,而隋唐之佛学,宋元明之理学,其渊源所自,皆历历可寻。质而言之,此为印度文明与中国文明结婚所产之胤嗣,而以克岐克嶷显于世界。吾辈生千年后,睹此巨大崇贵之遗产复归本宗,不能不感激涕流也。

其二,此一段公案,为佛学界空前之大发明,目无待言。然检诸家之论据,其取材不越全藏,则固吾国人所尽人能读者也,而发明之业,乃让诸彼都人士。是知治学须有方法,不然则熟视无睹。近数年来,国中谈佛者炽然矣,其纯出于迷信的动机者且勿论,即实心求法者,亦大率东听一经,西翻一论,绝少留意于别派之条贯,往往糅矛盾之说于一炉,以自招思想之混乱。吾以为今后而欲昌明佛法者,其第一步当自历史的研究始,印度有印度之佛学,中国有中国之佛学,其所宗向虽一,其所趣发各殊,谓宜分别部居,溯源竟流,观夫同一教义中,而各派因时因地应机蜕变之迹为何如,其有矫诬附益者则芟汰之。夫如是,以言修持耶,则能一其宗尚,以

① 梁启超原注:望月著《〈大乘起信论〉之研究》书中,内有一部分题曰《〈大乘起信论〉注释书解题》,千余年来中国、日本关于本论之著述,存者、佚者皆略具矣。

言诵习耶，则能驭繁赜。要之，七千卷之大藏，非大加一番整理，不能发其光明，而整理之功，非用近世科学方法不可。日本近十年来，从事于此者渐有人矣，而我国则闻乎其未之闻，吾检此《起信论》一段公案，未尝不惊叹彼都学者用力之勤，而深觉此种方法若能应用之以整理全藏，则其中可以新发现之殖民地盖不知凡几，此实全世界学术上一大业，而我国人所不容多让者也。

吾草创本文，其初不过欲辑译日本学者所说，介绍于我学界而已，既而参考各书，亦往往别有所发明。且日人著作，其繁简详略之处多不适于吾国人之检阅，乃全部重新组织如上，虽名迻译，实不异新构矣。为行文便利起见，故篇中所述，孰为望月说，孰为其他两家说，孰为我所新附，不复一一标举。

十一年九月二十六日作始，十月七日成。此十二日中尽废百事矣。

附录二　佛教心理学浅测

（从学理上解释“五蕴皆空”义）

六月三日为心理学会讲演

一

诸君！我对于心理学和佛教都没有深造研究，今日拈出这一个题目在此讲演，实在大胆。好在本会是讨论学问机关，虽然见解没有成熟，也不妨提出来作共同讨论的资料。我确信研究佛学，应该从经典中所说的心理学入手，我确信研究心理学，应该以佛教教理为重要研究品。但我先要声明，我不过正在开始研究中，我的工作百分未得一二。我虽自信我的研究途径不错，我不敢说我的研究结果是对。今天讲演，是想把个人很幼稚的意见拿来请教诸君和海内佛学大家，所以标题叫作“浅测”。

二

倘若有人问佛教经典全藏八千卷，能用一句话包括它吗？我便一点不迟疑答道：“无我、我所。”再省略也可以仅答两个字：“无我。”因为“我”既无,“我所”不消说也无了。怎样才能理会得这“无我”境界呢?我们为措辞便利起见,可以说有两条路:一是证,二是学。“证”是纯用直观,摆落言诠,炯然见出“无我”的圆相,若掺入丝毫理智作用,便不对了。“学”是从学理上说明“我”之所以无,用理智去破除不正当的理智。学佛的最后成就,自然在“证”,所以“有学”这个名词,在佛门中专指未得上乘果的人而言,但佛教并不排斥学,若果排斥学,那么,何必说法呢?我们从“证”的方面看,佛教自然是超科学的,若从“学”的方面看,用科学方法研究佛理,并无过咎。

佛家所说的叫作“法”。倘若有人问我:“法”是什么?我便一点不迟疑答道:“就是心理学。”不信,试看小乘俱舍家说的七十五法,大乘瑜伽家说的百法,除却说明心理现象外,更有何话?试看所谓五蕴,所谓十二因缘,所谓十二处、十八界,所谓八识,哪一门子不是心理学?又如四圣谛、八正道等种种法门所说修养功夫,也不外根据心理学上正当见解,把意识结习层层剥落。严格地说,现代欧美所谓心理学和佛教所讲心识之相范围广狭既不同,剖析精粗亦迥别,当然不能混为一谈。但就学问大概的分类说,说“心识之相”的学问认为心理学,并无过咎。至于最高的“证”,原是超心理学的,那是学问范围以外的事,又当别论了。

三

佛教为什么如此注重心理学呢?因为把心理状态研究得真确,便可以证明“无我”的道理。因为一般人所谓我,不过把“意识相续集起的统一状态"认为实体,跟着妄执这实体便是"我"。然而按诸事实,确非如此,状态是变迁无常的东西,如何能认为有体?《唯识颂》说:

"由假说我法,有种种相转,彼依识所变。"

意思说是"因为说话方便起见,假立'我'和'法'的名称,于是在这假名里头有种种流转状态之可言,其实在这假名和它所属的状态,不过依凭'识'那样东西变现出来"。简单说,除"识"之外,无"我"体,然而"识"也不过一种状态,几千卷佛典所发明的,不外此理。

我们为研究便利起见,先将"五蕴皆空"的道理研究清楚,其余便可迎刃而解。

五蕴或译五阴,或译五聚。"蕴"是什么意思呢?《大乘五蕴论》说:

"以积聚义说名为蕴,世相续,品类趣处差别,色等总略摄故。"

什么是"世相续"?谓时间的随生随灭,继续不断。什么是"品类趣处差别"?谓把意识的表象分类。佛家以为,从心理过程上观察,有种种观念在时间上相续继起,而且内容像很复杂,很混乱,但可以用论理的方法分为五类,每类都是状态和状态联构而成,一聚一聚的,所以叫作聚,又叫作蕴。

五蕴是色、受、想、行、识,佛家以为心理的表象,这五种包括无遗。这五种的详细解释,很要费些话,今为讲演便利起见,姑用现代普通语先略示它的概念。

色——有客观性的事物

受——感觉

想——记忆

行——作意及行为

识——心理活动之统一状态

我这种训释是很粗糙的,不见得便和五蕴内容吻合,详细剖析,当待下文。但依此观念,用西洋哲学家用语对照,可以勉强说,前一蕴是物,后四蕴是心。《大毗婆沙论》(卷十五)说:

总立二分,谓色、非色。色即色蕴,非色即是受等四蕴。……色法粗显,即说为色。非色微隐,由名显故,说之为名。

色蕴是客观性较强的现象,有实形可指或实象可拟,故属于西洋哲家所谓物的方面。受等四蕴,都是内界心理活动现象,像是离外缘而独立,专靠名词来表他性质——例如什么是"记忆",没有法子把他的形或象呈献出来,不过我们认识"记忆"这个名词所含的意义,便也认识"记忆"的性质。这类心理现象"微隐而由名显",佛家把他和色对待,叫作非色,亦叫作名,即是西洋哲家所谓心的方面。据这种分析,则是色蕴与后四蕴对峙,其类系如下:

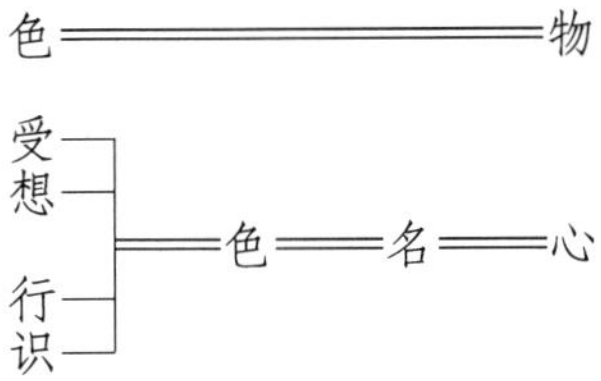

五蕴还有第二种分类法。佛家因为要破除“我”和“我所”，所以说五蕴。说五蕴何以能破除我、我所？因为常人所认为我、我所者，不出五蕴之外。《大乘阿毗达磨杂集论》（卷一）说：

> 问：何因蕴唯有五？答：为显五种我事故。谓为显身具我事（色）、受用我事（受）、言说我事（想）、造作一切法非法我事（行）、彼所依止我自体事（识），于此五中，前四是我所事，第五即我相事。……所以者何？世间有情多于识蕴计执为我，余蕴计执我所。

这段话怎么讲呢？据一般人的见地，眼、耳、鼻、舌是我的，色、声、香、味是我接触的，自然色是我所有的色，乃至我感觉故受是我所有，我记忆故想是我所有，我作意或行为故行是我所有。

这四种虽然或属物理现象或属心理现象，但都是由我观察他，认识他，所以都说是我所。然则能观察，能认识的我是什么呢？一般人以为“心理活动统一之状态”的识即是我，笛卡尔所谓“我思故我在”就是这种见解。依这样分析，则是识蕴与前四蕴对峙，其类系如下：

色
受
想
行
——所认识的——我所

识——能认识的——我

佛家以为这五种都是心理过程，一样无常不实，所以用平等观建设五蕴皆空的理论。

我们要证明五蕴皆空说是否合于真理，非先将五蕴的内容性质分析研究不可，内中受、想、行三蕴，就常识的判断，人人都共知为心理过程，没有多大问题。独有那客观存在的色蕴和主观所依的识蕴，一般人的常识都认为独立存在，何以佛家也把他和那三蕴平列，一律说是无常，说是空？明白这道理，可以知道佛法的特色了。今引据经论，顺序说明。

四

1. 色蕴

《大乘五蕴论》（以下省称《五蕴论》）说：

> 云何色蕴？谓四大种及四大种所造色。……

《大乘阿毗达磨杂集论》（以下省称《杂集论》）（卷一）说：

问:色蕴何相?答:变现相是色相。此有二种:一、触对变坏,二、方所示现。触对变坏者,谓由手、足乃至蚊、蛇所触对时即便变坏。方所示现者,谓由方所可相示现如此如此色。如此如此色或由定心,或由不定寻思相应种种构画。……如此如此色者,谓形显差别种种构画者,谓如相而想。

《五事毗婆沙论》(以下省称《五事论》)(卷上)说:

问:依何义故说之为色?答:渐次积集,渐次散坏,种种生长,会遇怨亲,能坏能成,皆是色义。佛说,变坏故名为色,变坏即是可恼坏义。

《顺正理论》(卷三)说:

诸所有色,若过去、若未来、若现在,若内若外、若粗若细、若胜若劣、若远若近,如是一切略为一聚,说名色蕴。

我们试综合这几段话,研究佛家所谓色。所谓"四大种"者,指坚、湿、暖、动四种性——世法呼为地、水、火、风之"四大"。所谓"所造色"者,指由这四种性构造出来形形色色的事物,内中大别为两样性质:一、有形可指的叫作"触对变坏",如山川草木、眼耳口鼻、笔墨桌椅等皆是。触对变坏怎么讲呢?或为手等所能触,或为眼等所能对,但用人力或他种力加到他身上,他会变样子或破坏。二、有象可寻的叫作"方所示现",如长短方圆、青黄赤白、甜酸苦辣等,以及其他许多抽象观念皆是。方所示现怎么讲呢?我们将各种印象(相)各各给他安上一个名,如何便是方,如何便是圆,……方圆等名是我勾画出来,碰着对象合于我勾画的方,便认为方,合于我勾画的圆,便认为圆。这便是“如相而想”。

这种种色依物质运动的理法,碰着有和合性的便相吸,碰着有抵逆性的便相拒。相吸便成,相拒变坏,所以说“会遇怨或亲,便能坏或能成”。既已怨亲交错,成坏回环,所以凡物质(色)都是“渐次积集,渐次散坏”。不独触对变坏的色为然,即方所示现的色亦然,所以说是变现或变坏或恼坏,恼是刺戟的意思,坏是变化的意思。

如是种种色不问为过去、现在、未来、内界、外界所变现,不问变现出来的粗细、胜劣、远近,我们用逻辑的分类,认他同一性质,统为一“聚”叫作色蕴。为什么把他们统为一聚呢?《集异门足论》(卷十一)说:

问:云何一切略为一聚?答:推度、思惟、称量、观察集为一聚,是名为如是一切略为一聚,说名色蕴。

因为我们用同样的推度、思惟、称量、观察的方式,认识所谓“色”这类东西,所以说是一聚,其余那四聚的名称,也因此而立。

佛家又将色相分为三大类,《大毗婆沙论》(卷十六)说:

色相有三种:可见有对、不可见有对、不可见无对。

这三色相怎么讲呢?例如我们环境所见的一切实物,是可见有对的色相;例如别人的性格或思想,是不可见有对的色相;例如宇宙普遍性，是不可见的无对的色相。常识上认为性格悬殊的三种现象，佛家用逻辑的方式，都把他们编归一聚，通叫作色。所以佛家所谓色，固然一切物质都包含在内，但我们不能拿物质两个字翻译色字，因为范围广狭不同。

"不可见有对"、"不可见无对"这两种色，不能离开我们心理而独自存在，这是人人易懂的。至于"可见有对"的色——即通常所谓物质，如草木桌椅等，分明是有客观的独立存在，如何能说他无实体呢？《成实论》（卷三）为辨明此义，设问道：

> 问曰：四大是实有，所以者何？《阿毗昙》中说："坚相是地种，湿相是水种，热相是火种，动相是风种。"是故四大是实有。

这话是根据佛说设难，说客观物质实有——起码总实有地、水、火、风四件东西，既有这四件，自然这四件所造色也是实有。佛家怎样反驳呢？《俱舍论》（卷一）说：

> 地谓显形，色处为体，随世间想假立此名，由世间相示地者，以显形色而相示故。水火亦然。

意思说，地、水、火、风这些名字，不过我们为整理观念起见，将坚、湿、热、动四种属性权为分类，除却坚相，我们便理会不出什么叫地，除却湿等相，我们便理会不出什么叫水等，所以说"四大是假名"。

外人又反驳道："那么最少坚等四相是实有。"佛家再反驳道："不然，因为相本来无定的。"《成实论》（卷三）说：

> 坚法尚无，况假名地？若泥团是坚，泥团即为软，故知无定坚相。又以少因缘故生坚心，若微尘疏合名为软，密合为坚，是故无定。

意思说，坚和软，不过主观的评价，若离却主观的状态，说是客观性有坚软的独立存在，是不合理的。

佛典中讨论这问题的话很多，限于时间，恕不详细征引剖析了。要之，佛家所谓色蕴，离不开心理的经验，经验集积的表象名之为色。《成实论》(卷一)说：

> 如人病愈，自知得离，如水相冷，饮者乃知。……如地坚相，坚何等相？不得语答，触乃可知，如生盲人不可语以青黄赤白。

可见离却主观的经验，那客观是什么东西，我们便不能想象，严密勘下去，也可以说色蕴是受、想、行、识种种经历现出来。比如我们说屋外那棵是柳树，怎么知道有柳树呢？那认识活动过程第一步，先感觉眼前有一棵高大青绿的东西，便是受。其次，联想起我过去所知道的如何如何便是树，如何如何便是柳树，把这些影像都再现出来，便是想。其次，将这些影像和眼前所见这样东西比较看对不对，便是行。最后了然认得他是柳树，便是识。凡我们认为外界的“色”，非经过这种种程序后不能成立，所以“色”是我们心理的表象。我解释色蕴，暂此为止。

五

2. 受想行三蕴

这三蕴是讲心理的分析，我们为时间所限，只能略述他的定义。《五蕴论》说：

> 云何受蕴？谓三领纳：一苦、二乐、三不苦不乐。
>
> 云何想蕴？谓于境界取种种相。
>
> 云何行蕴？谓除受、想，诸余心法及心不相应行。

《杂集论》（卷一）说：

> 问：受蕴何相？答：领纳是受相。谓由受故，领纳种种业所得异熟。……
>
> 问：想蕴何相？答：构了是想相。由此想故，勾画种种诸法像类，随所见闻觉知之义，起诸言说。……
>
> 问：行蕴何相？答：造作相是行相。由此行故，令心造作，谓于善恶无记品中驱役心故，又于种种苦乐等位驱役心故。

《辨中边论》（卷上）说：

> 于尘受者，谓领尘苦等，说名受阴。
>
> 分别者，谓选择尘差别，是名想阴。
>
> 引行者，能令心舍此取彼，谓欲思惟作意等，名为行阴。

"受"训领纳，即是感觉，一种现象到跟前，我感受他或觉苦或觉乐，或觉不苦不乐。

"想"于境界取种种相。《阿毗昙杂心论》说："想蕴于境界能取像貌。"《墨子·经上》篇说："知者以其知过物而行貌之。"即是此义。我们遇见一种现象，像用照相镜一般把他影照过来，形成所谓记忆，做"诸言说"的资粮，便是想。

"行"是造作，除受、想两项外，其余一切心理活动都归入这一蕴中。他的特色，在"能令心趣此舍彼"。今欲明行蕴的内容，不能不将佛家所谓五位诸法先说一说。

佛家将一切法分为五位：一色法、二心王法、三心所法、四不相应行法、五无为法。五法的分类是各家所同的，位次先后及每位的数目，各有出入。例如俱舍家只讲七十五法，唯识家讲百法。五位中除无为法靠证不靠学外，其余四位，统名有为法，都属心理学范围。色法，指有客观性的事物之相。心王法，指心意识的本相。心所法，举全文应云"心所有法"，亦名"心数法"，西洋学者所说心理现象正属此类，名目如受、想、触、欲念、作意、贪、瞋、痴、信、勤、惭、愧等类皆是。不相应法举全文应云"心不相应行法"，心不相应行怎么讲？《五蕴论》谓："依色、心、心法分位，但假建立，不可施设。"用现在话讲，可以说是，不能归入色法、心法、心所法三类的叫作不相应法。名目如得、非得、生、老等类，如名、句、文等类。今将诸法分配五蕴列一表（〔见下页〕，依小乘家《俱舍论》的法数制出，其大乘家《五蕴论》、《瑜伽师地论》等所讲百法，有些出入，但心所法及不相应法分配受、想、行三蕴大致相同）。

看这表可以见出行蕴内容如何复杂了。大抵佛家对于心理分析，异常努力，愈析愈精。释迦牟尼时代，虽仅分受、想、行三大聚。

“行”的方面，已经错杂举出许多属性，后来学者将这些话整理一番，又加以剖析增补，大类中分小类，小类中又分小类，遂把“行相”研究得如此绵密。我的学力还够不上解释他，而且时间亦不许，姑说到此处为止。但我敢说一句话，他们的分析是极科学的，若就心理构造机能那方面说，他们所研究自然比不上西洋人；若论内省的观察之深刻，论理上施设之精密，恐怕现代西洋心理学大家还要让几步哩。

六

3．识蕴。

“识”是最难了解的东西，若了解得这个，全盘佛法也都了解了，我万不敢说我已经了解，不过依据所读过的经典热心研究罢了。有说错的，盼望诸君切实指教。

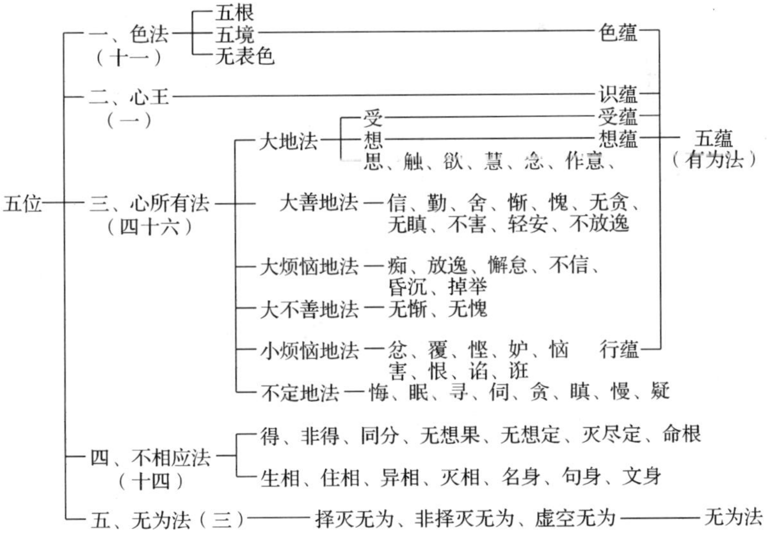

"识"是什么?《五蕴论》说:

云何识蕴?谓于所缘境了别为性,亦名心意。由采集故,意所摄故。

《杂集论》(卷一)说:

问:识蕴何相?答:了别相是识相。由此识故,了别色、声、香、味、触、法等种种境界。

我们试下个最简明的解释,"识就是能认识的自体相"。前表所列色法、心所法、不相应法,乃至无为法,都是所认识的,识即心法,亦称心王法,是能认识的。

初期佛教,但说六识,后来分析愈加精密,才说有第七的末那识和第八的阿赖耶识。今且先讲六识。

六识是眼识、耳识、鼻识、舌识、身识、意识。就中眼、耳、鼻、舌、身识亦名前五识,意识亦名第六识,合这六种,亦名前六识。前六识的通性如何呢?《顺正理论》(卷三)说:

识谓了别者,是唯总取境界取义,各各总取彼境相,各各了别。谓彼眼识虽有色等(按:此色字是色、声、香、味之色,非色蕴之色),多境现前,然唯取色,不取声等,唯取青等,……如彼眼识惟取总相,如是余识,随应当知。

读这段话,可以懂"了别"两字意义,了是了解,别是分别。许多现象在前,眼识唯认识颜色,不管声、香、味等;许多颜色在前,眼识当其认识青色时,不管黄、赤、白等。认识颜色是了解,把颜色提出来,不与声、香、味等相混是分别,认识青色是了解,把青色提出来,不与黄、赤、白等相混是分别。所以说识的功能在了别。眼识如此,耳、鼻、舌、身识同为前五识,可以类推。

第六的意识要稍加说明。前五识以可见有对的色为对象,意识以不可见有对及不可见的无对的色为对象。例如释迦牟尼是何样的人格,极乐世界何样的内容,这不是眼看得见,手摸得着的,便属于第六意识的范围。

识是怎么发生呢?佛典有一句最通行的话:

> 眼色为缘,生于眼识。

这句话几乎无论那部经典都有,真算得佛家基本的理论,意思说是"眼睛与外界的颜色相缘,才能发生所谓眼识者"。省略说,便是"根尘生识"(眼、耳、鼻、舌、身、意名六根,色、声、香、味、触、法名六尘)。这句话怎么讲呢?《顺正理论》(卷十)说:

> 眼、色、识三俱起时,眼不待二,色亦如是,识生必托所依所缘故眼识生,故眼识生要待余二。……然彼所依复有二种:一是和合所依,谓识;二是相离所依,谓眼。或识是彼亲密所依,眼根是彼系属所依,所缘即是彼所取境,故彼生时必待三法,眼及色为缘生于眼识者,谓眼与色和合为缘生于眼识。……

说眼根,我们或者可以想象他独立存在。说色尘,我们或者可以想象他独立存在。至于能了别颜色的眼识，一定要面上的眼睛和外界的颜色起了交涉时才能发生，但了别颜色的并不是面上眼睛，乃是眼睛的识。比如瞎子，或睡觉的人，或初死的人眼睛虽然如故，却不了别颜色，因为他没有了眼识，耳、鼻、舌、身识可以类推，所以说“识从三和合生”。前五识的性质大略如是。

意识是什么？用现在的话讲，可以说，意识是心理活动的统一态。一方面，“无对色”专靠意识了别他，是意识特别的任务；一方面，前五识所了别的“有对色”也靠意识来整理他、保持他，是意识总揽的任务。初期佛法，仅提纲领，所以泛言意识，后来把意识内容愈剖析愈精细。《成实论》(卷五)说：

> 心、意、识体一而异名，若法能缘，是名为心。

《顺正理论》(卷十一)说：

> 心、意、识三，体虽是一，而训词等义类有异，谓集起故名心，思量故名意，了别故名识。

《顺正》是小乘著作，虽未立六、七，八识等名目，其义实与后来大乘唯识家相通。集起的心即第八识，思量的意即第七识，了别的识即第六识。

为什么要立出这许多异名，有这许多分析呢？《大智度论》(卷三十六)说：

> 心有二种：一者念念生灭心，二者次第相续心。

又说：

> 前意已灭，云何能生后识？答曰：意有二种：一者念念灭，二者心次第相续。

当时未将识分析立名，所以或名为意，或名为心，其实所指只是一物。我们的心、意、识，有随灭和相续两种状态，是确的。试稍加内省工夫，自然察觉，这两种状态，本来是一件东西的两面。但据粗心或幼稚的哲学家看来，那“念念生灭心”，刹那不停，新陈代谢，容易看出他无常不实，所以公认他是心理上所研究的对象，会给他“意识之流”或其他名目。至于“次第相续心”，他递嬗的变化很微细，不易察见。表面上像是常住的，而且他又能贮藏过去的经验，令他再现，很像总持我身心的一个主宰，像是能有一切、能知一切的主人翁，所以一般人的常识乃至一部分哲学家，多半起“我思故我存”等妄见，认这个为“自我”。据佛法看来，其实不过五蕴中之一蕴。《显扬圣教论》（卷一）引佛说（出《解深密经》）：

> 阿陀那识甚深细，一切种子如瀑流，我于凡愚不开演，恐彼分别执为我。

阿陀那识即阿赖耶识，亦名第八识，他是次第相续心的集合体，能将刹那生灭心所积经验执持保藏。因为执藏且相续故，常人把他构成自我的观念，其实他与前六识相依相缘，并不能单独存在，所以佛家将他和诸识通为一聚，名为识蕴。

若要了达识相，非把《唯识》、《瑜伽》诸论真真读通不可。我既没有这种学力，只能粗述大概，说识蕴的话止于此。

七

佛说五蕴，不外破除我相，因为常人都妄执五蕴为我。《成实论》（卷十）说：

> 《韦陀》中说："冥初时，大丈夫神色如日光，若人知此，能度生死，更无余道。小人则小，大人则大，住身窟中。有坐禅入得光明相，见身中神如净珠中缕。"如是等人，计色为我。粗思惟者，说受是我，以木石等中无受故，不知受即是我。中思惟者，说想是我，以苦乐虽过，犹有想我心故。细思惟者，说行为我。……深思惟者，说识为我，是思虽过故，犹有识我心故。

色、受、想、行、识，本是心理活动过程由粗入细的五种记号，常人不察，往往误认他全部或一部是我。最幼稚的思想，以为躯壳中住有个灵魂，如《韦陀》所说："身中神如净珠中缕。"数论派所谓"神我"正指这种境界。中国方士讲的什么"元神出窍"，基督教讲的什么"圣灵复活"，都属此类。其实他们的"身中神"，就佛法看来，不过"法处所摄之无表色"，不过五蕴中之一种事实，认这种色相为我，可笑可怜已极。进一步的，稍为用有些内省工夫认心理过程中之"受、想、行"为我，最高的认"识"为我，所谓"我思故我存"一类见解，内中尤以认"识"为我者最多，如前所引《杂集论》所说："世间有情，多于识蕴计执为我，余蕴计执我所。"就佛法看来，他们指为观察对象之“第一我”（阿赖耶识）与他们认作能观察的主体之“第二我”（末那识），不过时间上差别之同质的精神作用，一经彻底研究，则知一切自我活动，皆“唯识所变”而已。《成实论》（卷十）说：

五阴中，我心名为“身见”，实无我故。说缘五阴，五阴名身，于中生见，名为身见。于无我中而取我相，故名为见。

“身见”两字说得最好。“于无我中而取我相”不过一种错觉，把错觉矫正，才有正觉出来。

何以见得“身见”一定是错觉呢？只要懂得“蕴聚”的意义，便可以证明。《顺正理论》（卷三）说：

言聚，离聚所依，无别实有聚体可得。如是言我，色等蕴外，不应别求实有我体，蕴相续中假说我故。如世间聚，我非实有。

“离聚所依，无别实有聚体可得”这句话怎么讲呢？《大智度论》（卷三十六）所引比喻，可以互相发明。他说：

诸法性空，但名字，因缘和合故有。如山河、草木、土地、人民、州郡、城邑名之为国，巷里、市陌、庐馆、宫殿名之为都，梁、柱、椽、栋、瓦、竹、壁、石名之为殿。……离是因缘名字则无有法，今除山河、土地因缘名字更无国名，除庐、里、道、陌因缘名字则无都名，除梁、椽、竹、瓦因缘名字更无殿名。……

这种道理很易明白。如聚了许多树，不能没有个总名，假定如此如此便名为林。聚了许多兵官兵卒，不能没有个总名，假定如此如此便名为师、为旅。树是林名所依，兵是师旅名所依，离了树和兵，哪[①]里别有林、师旅等实体？五蕴相续的统一状态假名为我，亦复如是。

蕴即是聚，前已说过。然则五聚之无常相、无实体，较然甚明。比如说某处森林，森林虽历久尚存，那组织成林的树已不知多少回新陈新谢，五蕴的相，正复如此，渐次集积，渐次散坏，无一常住。所以《成实论》（卷十）说：

是五阴空，如幻如炎，相续生故。

《杂阿毗昙心论》（卷二）亦说：

一切有为法，生住及异灭，展转更相为。

所谓人生，所谓宇宙，只是事情和事情的交互，状态和状态的衔接，随生随住，随变随灭，随灭复随生，便是五蕴皆空的道理，也便是无我的道理。

然则佛家讲无我有什么好处呢？主意不外教人脱离无常、苦恼的生活状态，归到清净轻安的生活状态。无常是不安定、不确实

① 原作“那”，今改。

的意思,自然常常惹起苦恼。清净是纯粹真理的代名,佛家以为必须超越无常,才算合理生活,合理便是清净。《随相论》(卷下)说:

> 有生有灭,故名无常。有为法有生灭故,不得是常。生即是有,灭即是无,先有后无,故是无常。生何故非常生,灭何故非常灭,而言生灭是无常耶?解言:生坏于灭,故灭非常。灭复坏生,故生亦无常。相违性故名苦,五阴是苦聚,恒违逆众生心令其受苦。……所以恒违逆众生心者,由所缘境界非真实故,违逆生苦。

我们因为不明白五蕴皆空的道理,误认五蕴相续的状态为我,于是生出我见。因我见便有我痴、我慢,我痴、我慢的结果,不惟伤害人,而且令自己生无限苦恼。其实这全不是合理的生活,因为"他所缘境界非常真实,违逆众生心"。人类沉迷于这种生活,闹到内界精神生活不能统一,长在交战混乱的状态中,所以如此者,全由不明真理,佛家叫他"无明"。我们如何才能脱离这种无明状态呢?要靠智慧去胜他,最关键的一句话是"转识成智"。怎么才转识为智呢?用佛家所设的方法,虚心努力研究这种高深精密心理学,便是最妙法门。

我很惭愧我学力浅薄,不知道所讲对不对?我热心盼望诸君和海内佛学大家指教匡正。

附录三　支那内学院精校本《玄奘传》书后

——关于玄奘年谱之研究

一

玄奘法师为中国佛学界第一人，其门人慧立，本住持幽州昭仁寺，贞观十九年，奘师初归自印度，开译场于长安之弘福寺，诏征天下晓法能文之僧襄焉，立以其年六月应征至，任缀文，自后追随奘师二十年。奘师寂，立乃综其生平，作《大慈恩寺三藏法师传》十卷，都八万余言，而彦悰为之笺，悰亦奘门弟子也。此书在古今所有名人谱传中，价值应推第一。其后关于奘师传记之作品，尚有道宣之《续高僧传》、智昇之《开元释教录》、靖迈之《译经图记》、冥详之《玄奘法师行状》、刘轲之《大遍觉法师塔铭》。宣、升、迈、详，皆奘门人，惟轲之铭，作于开成四年，距师寂一百七十五年矣。诸家所记，什九皆取材于慧立之本书，故本书实奘传之基本资料也。

本书近百余年来，英、法、德、俄文皆有译本，为之疏证者且不少。其在本国，则因《大藏》外无单行本，见者反甚希，研究更无论矣。清季，扬州刻经处始从藏中抽印，学者便焉，然讹脱尚不免。此本为民国十二年冬季，支那内学院所校印，欧阳竟无先生以硃印本见寄，读之欢喜踊跃，举其特色如下：

第一，文字的校勘。依日本弘教正藏本，对勘丽、宋、元、明四藏本，凡文字互有异同处，皆斟酌其义理较长者改正，复用可洪[①]《音义》、慧琳《音义》校勘俗字，文字上殆已精审无憾。

第二，记载的校勘。取《大唐西域记》及道宣、智升、冥详、刘轲所记述，其事迹有异同详略处，皆旁注比对，令读者得所审择，最为利便。

第三，遗像及地图之附录。卷首有奘师遗像，神采奕奕，竟无师系以一赞，能状其威德，令读者得所景仰。复有刘定权所制《玄奘五印行迹图》，盖参考西籍复制，大致甚精审。

第四，年岁之标记。本书自贞观十九年以前皆不记年月，读者茫然不能确得其时代，最为憾事。校本卷端标列年号及奘师岁数，实为年谱之雏形。内中奘师西游之年，本书及一切传记皆谓在贞观三年，吾尝考定为贞观元年(《中国历史研究法》一二五至一二九页)，竟蒙校者采用，尤觉荣幸。

二

本书得此善本，吾深为学界庆幸。惟于卷端所列年岁，有未能释然者。吾三年前尝发心造《玄奘年谱》，牵于他课，久而未成，今亦未克赓续，偶因读此本，触发旧兴，抉其要点，先制一简谱以就正于内学院诸大德云。所征引书及其略号如下：

---

① 原误作“可珙”，今改正。

（原名）	（略号）
《旧唐书·玄奘传》	史传
慧立《大慈恩寺三藏法师》(即本书)	本书
道宣《续高僧传·玄奘传》	续传
智升《开元释教录》	开元录
靖迈《古今译经图记》	图记
冥详《玄奘法师行状》	行状
刘轲《大遍觉法师塔铭》	塔铭

以奘师之如此伟大的人物，其传记资料如此其详博，而苦不能得其详确之年代，洵学界一异事也。其圆寂岁月，为麟德元年二月五日无可疑者，惟生年不详，而享寿岁数，诸家多阙不载，或载而不实，因此，撰年谱者遂无从着手。今列举异说如下：

甲、五十六岁说。《旧唐书》本传云："显庆六年卒，时年五十六。"此说纰缪特甚。师年逾六十，佐证甚多，观下文所列举自明。且师卒于麟德元年，岂尚有疑议之余地？况显庆只有五年并无六年耶。官书疏舛，一至于此，可叹。

乙、六十三岁说。《行状》述师语云："今麟德元年，吾行年六十有三。"其年即师之卒年也。本书校本即从其说，以得寿六十三推算，定为生于仁寿二年。但据吾所考证，《状》文误记也（详说下）。且《状》中又云："贞观三年，年二十九。"若以六十三岁推算，其年仅二十八耳，自相矛盾者一年。

丙、六十五岁说。《续传》云："麟德元年……告门人曰：……行年六十有五矣，必卒玉华。……"此与《行状》所记略同，惟易“三”为“五”。

丁、六十一岁说。本书未记得寿几何，惟于武德五年条下云：“满二十岁。”于贞观三年条下云：“时年二十六。”今依此推算，则麟德元年应为六十一岁。

戊、六十九岁说。《塔铭》云：“麟德元年二月五日夜……春秋六十有九矣。”《塔铭》虽晚出，而所记最得其真，在本书中可得切证。校者主六十三岁说，乃据他书以改本书，大误也。今列举其文：

一、显庆二年。本书校者标眉云：“法师年五十六岁。”然其年九月二十日师上表云：“岁月如流，六十之年，飒焉已至。”（本书卷九页二十一）以六十九岁推算，是年为六十二岁，若仅五十六岁，无缘用“已至”二字。

二、显庆五年。校者标眉云：“法师年五十九岁。”是年为初翻《大般若经》之年，本书于本年条下记其事云：“法师翻此经时，汲汲然恒虑无常，谓诸僧曰：玄奘今年六十有五，必当卒命于此伽蓝，经部甚大，每惧不终，人人努力加勤，勿辞劳苦”（本书卷十页三）。依《塔铭》六十九岁推算，是年正六十五岁，与本书合，《续传》及《行状》致误之由，皆因误记法师此语之年岁，盖以初译《般若》时所言为译成《般若》时所言也。其实依本书所记，语意甚明，盖六百卷《般若》，诚不易卒业，师以耆年任此艰巨，故当削稿伊始，作“加我数年”之思，以此自励励人耳。若如《行状》所记“今麟德元年，吾行年六十有三。……”此语成何意味？而校者乃据以破本文之“五”字，益支离矣。

总之，慧立著本书时，偶遗却“享寿若干”之一句，遂令吾侪堕五里雾中，犹幸《塔铭》有明文，而本书所录此两条能为极强之佐证，故奘师年谱之成立，尚非绝望。今试根据本书，正其矛盾，为简谱如下：

隋文帝开皇十六年（西纪五九六）法师生。

仁寿三年（六〇三）八岁。能诵《孝经》。

炀帝大业四年（六〇八）十三岁。始出家。

大业十一年（六一五）二十岁。始受具戒。

唐高祖武德五年（六二二）二十七岁。在成都坐夏学律。

案：本书云："年满二十，以武德五年于成都受具坐夏学律。"疑是误并两事为一事。

武德六至九年（六二三—六二六）二十八至三十一岁。遍游京师江汉河北诸地，从师问学。

太宗贞观元年（六二七）三十二岁。是年八月，犯禁越境，西游求法。冬间抵高昌，为其王麴文泰所礼待。

案：师之西游，本书及一切记载皆云在贞观三年，误也。所以致误之由，盖缘师在外十七年，以贞观十九年归，从十九年上推至三年，恰得十七个年头，遂相沿生误。今考"历览周游一十七载"之语，始见于师在于阗所上表，而其表文实作于十八年春夏之交，三年八月至十八年三四月，何从得十七年，其不合一也。师曾在素叶城晤突厥之叶护可汗，而叶护实以贞观二年夏秋间被杀，若三年乃行，则无从见叶护，其不合二也。师在某处留学若干年若干月，往返途中所历若干里，本书皆有详细记载，非满十七年不敷分配（看本谱贞观十六年条下案语），若出游果在三年，所记皆成虚构，其不合三也。师出游冒禁越境，其所以能然者，则由霜灾饥荒，掺在饥民队中以行，《续传》所谓“是年霜俭，下敕道俗，随丰四出，幸因斯际，西向敦煌”是也。考《唐书·太宗纪》云：“贞观元年八月，关东及河南陇右沿边诸州霜害秋稼。”正与《续传》所记情事相应。若贞观三年，则并无“霜俭”之事，其不合四也。以此诸证，故吾确信师之出游乃贞观元年而非三年。其详见旧著《中国历史研究法》中。

又案：据《本书》在凉州停月余日，在瓜州停月余日（卷一叶九、叶十），度五烽及莫贺延碛约需半月（页十二至十五），抵高昌计应在十一月。高昌王挽留说法一月余（页十六至十八），去高昌当在岁杪。

贞观二年（六二八）三十三岁。经阿耆尼等国，二三月之交，度葱岭，至素叶城，谒突厥叶护可汗。遂度铁门，经睹货罗等国至迦毕试，在彼中夏坐。复经犍陀罗等国，逾印度河至迦湿弥罗。

案：阿耆尼至素叶一段，本非通路，师所以迂道行此者，全为谒叶护可汗。盖葱西诸国，时方服属突厥，非得叶护许可不能通行也。叶护晤师后月余即被杀。

又案：本年行程，似达迦湿弥罗而止，沿路滞留之时日大略如下：

在屈支国，因凌山雪路未开，淹停六十日。

在素叶城，与叶护周，旋约十日。

在活国，因遇篡乱，淹留月余。

在梵衍那都城，巡礼圣迹，经十五日。

在迦毕试之沙落迦寺，坐夏约两月余。

在犍陀罗国，巡礼圣迹，约十日。

大约一年光阴，半数淹歇，半数征行，行程约万里而弱，其所历如下：

阿耆尼至屈支七百余里。

屈支至跋禄迦六百里。

又西北行三百里，到葱岭北隅之凌山。

又西北行五百余里，至素叶城。

素叶西行四百余里，至千泉。

西北行五百余里，至飒秣建。

又西三百余里，至屈霜你迦。

又西二百余里，至喝捍。

又西四百里，至捕喝。又百余里，至伐地。

又西五百里，至货利习弥伽。

又西三百余里，至羯霜那。

又西南二百里，入山。山行三百余里，度铁门，至睹货罗。

自此数百里，至活国及缚喝国。

自缚喝经揭职等国，入大雪山，行六百余里，至梵衍那。

由梵衍那度黑山，至迦毕试。

由迦毕试东行六百余里，至滥波。

南百余里，至那揭喝。

又东南行五百余里，至犍陀罗。

由犍陀罗北行六百余里，入乌仗那。

过信度河，至呾叉始罗。

东南山行五百余里，至乌剌尸。

又东南度铁桥，行千余里，至迦湿弥罗。

贞观三年（六二九）三十四岁。在迦湿弥罗之阇那因陀罗寺，从僧称法师学《俱舍》、《顺正理》、因明、声明诸论。

案：《传》于迦湿弥罗条下云："如是停留，首尾二年，学诸经论。"当是去年到，今年年杪行，首尾合两年也。迦湿弥罗为说一切有部根据地，故师久淹，尽受其学。

贞观四年（六三〇）三十五岁。由迦湿弥罗，经半笯蹉，至磔迦，停一月。就龙猛弟子长年学经、《百论》、《广百论》。至至那仆底，住四月（？）就调伏光学《对法论》、《显宗论》、《理门论》。至阇烂达那，住四月，就旃达罗伐摩学《众事分毗婆沙》。过屈路多等国，至禄勒那，从阇耶毱多，住一冬半春，学经部《毗婆沙》。

案：传文于至那仆底条下云："住十四月。"（卷二页二十一）如此合以磔迦之一月，阇烂达那之四月，禄勒那之一冬半春，已费去两年。然细按行程，师非以贞观五年到那烂陀不可（详次年）。窃疑此"十"字为衍文，虽无他证，且以理断耳。经部与有部势力维钧，故留禄勒那稍久。

贞观五年（六三一）三十六岁。春半由禄勒那渡河东岸，至秣底补罗。就德光论师弟子蜜多斯那学有部《辩真论》，历半春一夏。过婆罗吸摩等国，至羯若鞠阇，住三月，从毗离耶犀学各种毗婆沙。经阿逾陀、憍赏弥、舍卫等国，以岁暮（？）抵摩竭陀入那烂陀寺，参礼戒贤大师。

案：那烂陀为奘师游学之目的地，戒贤为其传法本师，故此行应以抵那烂陀为一结束。《行状》记戒贤问师："汝在路几年？"答曰："过三年，向欲四年。"（《本书》作"答云三年"，盖举成数耳。）然则抵那烂陀决当在本年秋冬间也。

又案:迦湿弥罗至摩揭陀,历程略如下:

由迦湿弥罗西南行七百里,至半笯嵯。

又东南行七百余里,至磔迦。

东行五百余里,至至那仆底。

东北行百四五十里,至阇烂达那。

又东北行七百余里,至屈露多。

又南行七百余里,至设多图庐。

又西南行八百余里,至波里夜呾罗。

东行五百余里,至秣菟罗。

又东北行五百余里,至萨他湿伐罗。

又东行四百余里,至禄勒那。渡河东岸,则为秣底补罗。

从秣底补罗北行三百余里,至婆罗吸摩捕罗。

又东南行四百余里,至醯掣怛罗。

又南行二百余里,渡殑伽河,至毗罗删拏。

又东行二百余里,至劫比他。

西北行二百里,至羯若鞠阇。

东南行六百余里,渡殑伽河,南至阿逾陀。

东行三百余里,渡殑伽河,北至阿耶穆佉。

西南五百余里,至憍赏弥。

东行五百余里,至鞞索迦。

东北行五百余里,至室罗伐悉底(即舍卫)。

东南行八百余里,至劫比罗伐窣堵。

东行经荒林五百余里,至蓝摩。又五百余里,至婆罗痆斯。

从此顺殑伽河东下减千里,至吠舍厘。

遂南渡殑伽河,至摩竭陀。

由迦湿弥罗，直造摩竭陀，路程本可减此之半，师因往磔迦、至那仆底、禄勒那等处就学。又劫比罗伐为佛生地，室罗伐悉底、憍赏弥、波罗痆斯、吠舍厘等皆佛教历史因缘最深之地，师欲先行遍历，乃定居向学，故皆迂道而往也。

贞观六年至九年（六三二一六三五）三十七至四十岁。在那烂陀寺从戒贤大师受《瑜伽师地论》，听讲三遍，每遍九月而讫。又听《顺正理论》一遍，《显扬论》、《对法论》各一遍，《因明》、《声明》、《集量》等论各二遍，《中论》、《百论》各三遍。其《俱舍》、《婆沙》、《六足》、《阿毗昙》等，已曾于迦湿弥罗诸国听讫，至此更寻绎决疑。凡留寺经五年。

案：奘师西游动机，原因对于本国摄论宗诸师所谈法相有所不慊，乃欲深探其本。换言之，即对于无著、世亲一派之大乘学欲为彻底的研究，《瑜伽师地论》即其最主要之目的品也。戒贤大师，全印耆宿，世亲嫡嗣，期颐之年（《续传》云年百有六岁），久谢讲席，至是特为师开讲至五年之久，师之宿愿可谓全达，而兹行真不虚矣。

又案：传文于那烂陀条下“凡经五岁”，只能作经五个年头解，不能作满五年解（理由详后），故烂陀留学，应截至贞观九年为止。

贞观十年（六三六）四十一岁。自本年后，南游巡礼，并访余师，本年在伊烂拏，从如来密、师子忍二师学萨婆多部（即说一切有部）之《毗婆沙》、《顺正理》诸论。

贞观十一、十二年（六三七—六三八）四十二岁至四十三岁。此两年间，遍历印度东部、南部、西部数十国，欲渡海往僧伽罗（即锡兰岛），因彼中丧乱而止。中间在南憍萨罗从一精通因明之婆罗门，读《集量论》。在驮那羯磔迦，从苏部底、苏利耶两僧，学大众部根本阿毗达磨。

此两年中所历国及其里程如下：

从伊烂拏顺殑伽河南岸东行三百余里，至瞻波。

东行四百余里，至羯朱嗢祇罗。

自此东度殑伽河，行六百余里，至奔那伐弹那。

又东南行九百余里，至羯罗拏苏伐刺①那。

从此东南出，至三摩呾吒。

由三摩呾吒折而西行九百余里，至耽摩栗底。又西南向乌茶（里数未记），隔海望僧伽罗。

自此西南大林中行一千二百余里，至恭御陀。

复西南行大荒林一千四五百里，至羯陵伽。

自此折而西北一千八百余里，至南憍萨罗。

复折而东南行九百余里，至案达罗。

从此南行千余里，至驮那羯磔迦。

更西南行千余里，至珠利耶。

从此南经大林行一千五六百里，至达罗毗荼之建志补罗城，与僧伽罗隔海相望。奘师游迹，南极此城。

自达罗毗荼折西北而归，行二千余里，至建那补罗。

从此西北经大林行二千四五百里，至摩诃刺②侘。

又西北行二千余里，渡耐秣陀河，至跋禄羯咕婆。

又西北二千余里，至摩腊婆。

---

① 原误作“刺”，今据《大慈恩寺三藏法师传》卷三改为“刺”。

② 原误作“刺”，今据传文改为“刺”。

由摩腊婆行三百余里，至契吒。

又西南行五百余里，至苏剌①佗，为西印度之极南境。

由苏剌佗北返，西北行七百余里，至阿难陀补罗。

又东北行千八百里，至瞿折罗。

又东南行二千八百余里，至邬阇衍那。

又东北行千余里，至掷枳陀。

复折而西北行九百余里，至摩醯湿伐罗补罗。

从此复经瞿折罗，至阿点婆翅罗，共行二千余里，至狼揭罗，为西印度之极西境，更西则波斯埃。

从狼揭罗东北行七百余里，至臂多势罗（此处应经阿吒厘，传文疑有错简，说详下）。

又东北行三百余里，至阿軬荼。

又东行七百余里，至信度。

又东行九百余里，渡河东岸，至茂罗三部庐。

又东北行七百余里，至钵伐多罗，此为北印度境，与迦湿弥罗接壤矣。

贞观十三至十四年（六三九—六四〇）四十四至四十五岁。此两年皆在钵伐多罗，就正量部学根本阿毗达磨及《摄正法论》、《教实论》等，十五年下半年（?）返摩揭陀，参礼本师戒贤，复从低罗择迦寺僧般若跋陀罗学因明、声明。

贞观十五年（六四一）四十六岁。在摩揭陀，入杖林山，从胜军论师学《唯识抉择论》，旁及《意义理论》、《成无畏论》、《不住涅槃

① 原误作“刺”，今据传文改为“剌”。

论》、《十二因缘论》、《庄严经论》等，兼问瑜伽、因明等疑。旋返那烂陀，戒贤命师为众讲《摄大乘论》及《唯识抉择论》。时大德师子光在寺中讲《中》、《百论》，破瑜伽义，师妙娴《中》、《百》，又善瑜伽，和会二宗，谓不相背，乃著《会宗论》三千颂，论成，呈戒贤及大众，无不称善。

案：胜军为安慧弟子，亦学于戒贤，传称其“自大小乘论、因明、声明，爰至外籍群言、四吠陀典，天文、地理、医方、术数，无不究览根源，穷尽枝叶”。盖当时一最通博之学者也。奘师瑜伽之学，受自戒贤，唯识之学，受自胜军。在师游印收获中，二者价值，未容轩轾。传称从胜军学，“首末二年”，或去年杪已入杖林山矣。

又案：会通瑜伽、般若两宗，实奘师毕生大愿。观其归后所译经论，知其尽力于般若，不在罗什下也，惜梵本《会宗论》未经自译耳。

贞观十六年（六四二）四十七岁。上半年，师盖在那烂陀寺。时师学业已圆满成就，便思东归，戒贤亦劝其行。值有顺世外道来寺论难，师破之。乌荼国有小乘般若毱多谤诽大乘，师作《制恶见论》破之，声名益起，鸠摩罗王、戒日王相继礼请，师应其聘。其年腊月，戒日开大会于曲女城，与会者有十八国王，各国大小乘僧三千余人，那烂陀寺僧千余人，婆罗门及尼乾外道二千余人。设宝床，请奘师坐为论主，称扬大乘，序作论意，即有名之《真唯识量颂》是也。仍遣那烂陀沙门明贤读示大众，别令写一本悬会场门外示一切人，若其间有一字无理、能难破者，请斩首相谢，如是经十八日，无一人能难。

案：本《传》对于奘师在印行迹，皆失记岁月，推曲女之会，记云:“法师自冬初共王逆河而进,至腊月方到会场。”(卷五、页六)最明了矣。然则此究何年之腊月耶?据师以贞观十九年正月归至长安,而途次于阗,先行上表,上表后尚留于阗八个月,其抵于阗当在十八年春夏之交。而由钵罗耶迦抵于阗,计程亦须有一年,则钵罗返旆,决当为十七年夏间事,而曲女开会,必在十六年之腊月无疑矣。故吾侪可以曲女之会作定点,认贞观十六年冬为奘师游学生涯之结束,循此逆推其在印或居或行之岁月,当可了然,虽然有难焉者。盖以传中所记经历年月之数,殊不足以敷分配,试专就其安居就学时言之,计:

在迦湿弥罗,学一切有部经论首末二年。

在磔迦,从长年学经、《百论》等一月。

在至那仆底,从调伏光学《对法》等论十四月。

在阇烂达那,从月胄学《众事分毗姿沙》四月。

在禄勒那,从阇耶毱多学经部毗婆沙一冬半春。

在秣底补罗,从密多斯那学有部《辩真论》半春一夏。

在羯若鞠阇,从毗离耶犀学毗婆沙三月。

以上留学那烂陀以前事。

在那烂陀,从本师戒贤受学凡经五岁。

在伊烂拏,从如来蜜等学毗婆沙停一年。

在南憍萨罗,学《集量论》月余。

在驮那羯磔迦,学大众部根本毗昙停数月。

在钵伐多罗,学正量部根本毗昙停二年。

在摩竭陀,从般若跋陀罗学因明两月。

在杖林山,从胜军学《唯识抉择论》等首末二年。

传中所记年月之原文如上,或一一扣足计算,则总额为十五年有奇。奘师游学印十七年,虽全部分消磨在学舍中,一步不旅行,尚且不敷分配,然而师东西往返两次,共费去四年之日月,传文已历历可稽,在印境内巡礼游历,凡行三万里,为时亦需两年,然则宴居学舍之时间,何从得十五年之久?试更缩小范围,切实研究师初到那烂陀谒戒贤时,贤问:“在路几年?”答:“过三年,向欲四年。”则师到那烂陀在贞观五年末无疑(此据吾所考定贞观元年出游说耳,若如旧说出游在三年,则时间之不敷分配更远矣)。曲女城之会在十六年冬,又既如前述,然则自五年冬之入那烂陀,至十六年冬之会曲女城,恰满十一年。其间留学及巡礼时间,只能尽此十一年为分配。内中巡礼南东西印之时日,最少应除去两年,所余留学时间,实只九年。因此吾侪对于传文中所谓“首末二年”者,只能作“头尾两个年头”解,所谓“凡经五岁”者,只能作“经过五个年头”解,如此或勉强分配得过去(至那仆底之“十四月”,疑当作“四月”说,已详贞观四年条下)。吾之此谱,即以此义为标准,酌量分配年月,虽不能绝对正确(实不可能),或不甚相远。内学院校本所标年岁,殆稍拘文句而生龃龉也。

贞观十七年(六四三)四十八岁。曲女城会毕,戒日王复为师在钵罗耶迦开七十五日无遮大会,以饯其行。会毕,复留连十余日。春末夏初,师遂东归,在葱岭西度岁。

贞观十八年(六四四年)四十九岁。度葱岭而东,约春夏之交至于阗,上表告归。仍在于阗补钞途中所失经典,阅八月乃行。

归途历程以下:

发钵罗耶伽,七日至憍赏弥。

西北行一月余,至毗罗删拏,停两月。

西北行一月余，至阇烂达，停一月。西行二十余日，至僧诃补罗。

复行山涧中二十余日，至咀叉尸罗，因船覆失经，补钞，停五十余日。

西北行一月余，至兰波。

正南行十五日，至伐刺[①]拏。

又西北往阿薄健，又西北往漕矩吒，又北行五百余里，至佛栗氏[②]萨傥那。

复经七日行雪山中，至安怛罗缚婆，即睹货罗故地，停五日。

西北下山行四百余里，至阔悉多。

西北复山行三百余里，至活国，在叶护衙停一月。

东行七百余里，经瞢健、呬摩怛罗等国，至钵创那，自此入葱岭。

东南山行五百余里，经淫薄健，至屈浪拏。又东北山行五百余里，至达摩悉铁帝。

复东山行七百余里，至波谜罗川（即帕米尔）。

由川东出，登危覆雪，行五百余里，至竭盘陀，停二十余日。

北东行八百余里，出葱岭至乌铩。

北行五百余里，至佉沙。

东南行五百余里，至斫句迦。

东行八百余里，至瞿萨旦那，即于阗。

① 原误作“剌”，今据传文改为“刺”。

② 原脱“氏”字，今据传文补上。

贞观十九年（六四五）五十岁。正月二十四日，师归至长安。二月谒太宗于洛阳。三月师还长安，住弘福寺，从事翻译。五月至九月译《菩萨藏经》计二卷成。七月译《佛地经》、《六门陀罗尼经》各一卷成。十月至十二月，译《显扬圣教论》二十卷成。

贞观二十年（六四六）五十一岁。是年，师在弘福寺。正月至二月，译《大乘阿毗达磨杂集论》十六卷成。三月创译《瑜伽师地论》。去年，师见帝于洛阳时，奉敕作游记，本年成《大唐西域记》十二卷。

贞观二十一年（六四七）五十二岁。是年，师在弘福寺。是年译成《解深密经》五卷（第二译）、《因明入正理论》一卷、《大乘五蕴论》一卷。是年（？）奉敕译《老子》为梵言。

贞观二十二年（六四八）五十三岁。是年，师在弘福寺。五月，《瑜伽师地论》一百卷成（二十年三月创译，至是成）。六月至十二月，译《能断金刚般若经》一卷（第四译）、《摄大乘论》十卷（第二译）、《无性菩萨所释摄大乘论》十卷、《世亲菩萨所释摄大乘论》十卷、《唯识三十论》一卷、《缘起圣道经》一卷、《因明正理门论》一卷、《百法明门论》一卷。是年，太宗制《大唐三藏圣教序》，以冠新译诸经论之首。是年十月，大慈恩寺成，敕师住持，师不愿以寺务妨译业，上表力辞，不许，寺中别置弘法院，专为翻译之用。

贞观二十三年（六四九）五十四岁。是年，师在慈恩寺。五月，太宗崩，高宗即位。先是当太宗时，常召师入宫，或陪游幸，淹旬洽月，译事不免作辍。至是“师返慈恩，专务翻译，无弃寸阴。每日自立程课，若昼日有事不充，必兼夜以续之，遇乙之后，方乃停笔。摄经已，复礼佛行道，至三更暂眠，五更复起，读诵梵本，朱点次第，拟明旦所翻。每日斋讫，黄昏二时，讲新经论，及诸州听学僧等恒来决疑请义。既知上座之任（案：谓充慈恩住持也），僧事复来咨禀，复有内使遣营功德，……亦令取师进止。日夕已去，寺内弟子百余人咸请教诫，盈廊溢庑，皆酬答处分，无遗漏者。虽众务辐辏，而神气绰然，无所拥滞。……”（本书卷七页十一原文）是年译《般若波罗蜜多心经》一卷（第二译）、《甚希有经》一卷（第三译）、《天请问经》一卷、《最无比经》一卷（第二译）、《如来示教胜军王经》一卷、《缘起圣道经》一卷（第六译）、《菩萨戒本》一卷、《羯磨文》一卷、《佛地经论》七卷、《王法正理论》一卷、《大乘掌珍论》一卷、《阿毗达磨识身足论》十六卷、《胜宗十句义论》一卷。

高宗永徽元年（六五〇）五十五岁。是年，师在慈恩寺，译《说无垢称经》六卷（第七译）、《诸佛心陀罗尼经》一卷、《分别缘起初胜法门经》二卷（第二译）、《药师琉璃光如来本愿功德经》一卷（第三译）、《称赞佛土佛摄受经》一卷（第三译《阿弥陀经》）、《广百论本》一卷、《大乘广百论释论》十卷、《本事经》七卷。

永徽二年（六五一）五十六岁。是年，师在慈恩寺，译《大乘大集地藏十轮经》十卷、《受持七佛名号所生功德经》七卷、《大乘成业论》一卷、《阿毗达磨俱舍论》三十卷、《本颂》一卷。

永徽三年（六五二）五十七岁。是年，师在慈恩寺，译《阿毗达磨显宗论》四十卷（是书去年创译，本年成）、《佛临涅槃记法住经》一卷、《大乘阿毗达磨集论》七卷。

永徽四年（六五三）五十八岁。是年，师在慈恩寺，译《阿毗达磨顺正理论》八十卷（明年春乃成）。是年，那烂陀寺大德慧天智光寄书问讯，师报之，时戒贤已寂矣。

永徽五年（六五四）五十九岁。是年，师在慈恩寺，续译《顺正理论》、译《难提蜜多罗所说法经住记》一卷、《显无边佛土功德经》一卷、《称赞大乘功德经》一卷、《陀罗尼》三种共经三卷。

永徽六年（六五五）六十岁。是年，师在慈恩寺，译《瑜伽师地论释》一卷。先是因明学已弘布，门下及儒门学士各为疏解，道俗之间，发生争论，师裁决焉。

显庆元年（六五六）六十一岁。是年，师在慈恩寺。初师西游度雪山时，曾得寒疾，频年屡发，至本年五月，复发倾剧，十月乃痊愈。是年，译《十一面神咒心经》一卷。自是年起，创译《大毗婆沙》。

显庆二年（六五七）六十二岁。是年二月，驾幸洛阳，敕师陪从，带翻经僧五人，弟子各一人，住积翠宫，赓续译业。洛中为师原籍，至是归省，亲属唯余一老姊。又其父母没于四十余年前，值当隋乱，匆匆藁葬，至是请假改葬，官为资给，道俗赴者万人。师厌居京洛，于本年九月二十日，表请入少室山①之少林寺静习禅业，且专译功，表中有"六十之年飒焉已至"语。又自言："少来颇专精教义，唯于三禅九定，未暇安心，若不敛迹山中，不可成就。"又言："仍冀禅观之余，时间翻译"云云，优诏不许。是年，续译《大毗婆沙》，又译《观所缘缘论》一卷（第二译）成，又创译《阿毗达磨发智论》。

显庆三年（六五八）六十三岁。是年上半年，师在慈恩寺。七月，敕

① 原误作"少宝山"，今改正。

徙居西明寺。寺为元年所造，至是成，壮丽为诸寺冠。是年续译《大毗婆沙》及《发智论》，又译《入阿毗达磨论》二卷成。

显庆四年（六五九）六十四岁。是年，师在西明寺。冬间，移玉华宫。是年，续译《阿毗达磨大毗婆沙论》二百卷成，续译《发智论》，又译《成唯识论》十卷成，又译《阿毗达磨法蕴足论》十二卷成。

显庆五年（六六〇）六十五岁。是年，师在玉华宫。师欲译《大般若经》，以卷帙浩繁，京师多务，又人命无常，恐难完了，乃请就玉华宫翻译，诏许焉。去年十月由京往，到彼，住宫中肃诚院。本年正月一日着手翻译《般若》。谓僧曰："玄奘今年六十有五，必当卒命于此伽蓝，经部甚大，每惧不终，人人努力加勤，勿辞劳苦。"是年续译《阿毗达磨发智论》二十卷成，又译《阿毗达磨品类足论》十八卷成，又带译《集异门足论》。

龙朔元年（六六一）六十六岁。是年，师在玉华宫，续译《大般若经》，续译《集异门足论》，又释《辨中边论》三卷、《颂》一卷成，又译《唯识二十论》一卷成，又译《缘起经》一卷成。

龙朔二年（六六二）六十七岁。是年，师在玉华宫，续译《大般若经》，续译《集异门足论》，又译《异部宗轮论》一卷成。

龙朔三年（六六三）六十八岁。是年，师在玉华宫，续译《大般若波罗蜜多经》六百卷，是年冬十月二十三日成。续译《阿毗达磨异门足论》二十卷成，又译《阿毗达磨身界足论》三卷成，又译《五事毗婆沙论》二卷成。

麟德元年（六六四）六十九岁。春正月朔，师在玉华宫，翻经大德及寺众殷勤启请翻《大宝积经》，师见众情专至，俯仰翻数行讫，便收梵本停住，告众曰："此经部轴，与《大般若》同，玄奘自量气力不复办此，死期已至，势非赊远，今欲往兰芝等谷礼辞佛像。”于是与门人同出。僧众相顾，莫不潸然。礼讫还寺，专精行道，遂绝翻译。二月五日夜半，师圆寂。寂前命门人嘉尚具录所翻经论，合七十四部总一千三百三十五卷。

案：诸经论翻译年月，各书或阙载，或参差，今参合本书及《古今译经图记》、《开元释教录》、《大唐内典录》，考定如左。右谱稿简陋已甚，不足为著述，因读校本偶感辄书，为将来改作之蓝本耳。希内学院诸大德有以教之。

三

此校本精慎已极，吾殆无间然，惟本书为学界瑰宝，实宜努加整理，俾人人易读且乐读。整理之法，宜全部详校、详注、详补，窃思非内学院诸大德，无足似负荷斯业者，敢贡所怀，以备采择。

一、书中地理，宜悉注今地。英文、梵文并列。此方面，欧美、日本人著作甚多，取材至便。近人丁益甫（谦）之《大唐西域考证记》亦足供参考。

二、书中记印度各论师之小传及诸名论之著作因缘，实为佛教最可宝之资料，宜详加笺注。此等取材，虽非易易，然向各经疏及欧美日本人所编辞典或其他著述中悉心搜讨，亦尚可什得八九。

三、玄奘师少年问业之先辈——如宝暹、道基等，归后襄译传法之门人——如窥基、慧立等，其名见于本书者不下数十，宜一一为作略传，注于本文之下，庶可明渊源所衍。此等取材于《高僧传》及其他撰述，亦尚非难。

四、训诂文句，有难解者注之，愈简愈妙。

以上说注

五、本书有记载讹舛者，宜细为校正，或据本书他处，或据他书，或按核情理。例如据《塔铭》及本书显庆五年条下“年六十五岁”之语，校正武德五年条下“年二十”、贞观三年条下“年二十六”诸文之误，据于阗表文“十七年”语，及《续传》“是年霜俭……”等语，校正贞观三年出游之误。

六、本书亦有传写讹舛者，例如卷四十页一二摩腊婆条之后云：“自此西北行二千四五百里，至阿吒厘。”次条云：“自此西北行三日，至契吒。”按诸地图摩腊婆与契吒比壤，而契吒远在阿吒厘东南，本书所记极不合情实，当是错简。《西域记》则云，从“摩腊婆西北行三百余里，至契吒”，可据以校正。

此外东西南北等字之讹写者似尚不少，皆可据地图校正。

以上说校

七、本书于奘师归国后，记其与宫廷关系事特详，而于所译经典反多漏略，此是慧立无识处。今宜参照靖迈《译经图记》、智昇《释教录》补一“慈恩三藏所译经典表”，将各书之翻译年月，初译抑再译，各书所属宗派，原著者姓名年代，卷数品数等，一一详明标列，庶可以见师所贡献于学界之总成绩。

八、奘师著述仅存者，如《宗镜录》所收之《真唯识量》，《翻译名义集》所收之“五不可翻论”等，宜悉心搜罗，全数附补。

九、宜补“奘门弟子籍”一篇，将当时襄译诸贤及窥基、圆测诸大弟子各为一小传，以记渊源。

十、宜补“法相宗传授表”一篇，印度自无著至戒贤，中国自奘师至窥基、圆测、慧沼以下，并及日本此宗人物，凡关于本宗之著述，全数录入，并简单说明其特点。

十一、宜补“汉、梵、英地名对照表”一篇，将本书及《西域记》所记悉行列入，并注相距里数。

十二、宜将道宣《续高僧传·玄奘传》、冥祥《玄奘法师行状》、刘轲《大遍觉法师塔铭》全部附录，俾读者得对照参检。

以上说补

附录四 《大宝积经·迦叶品》梵藏汉文六种合刻序

藏中诸经传译的形式,惟《大宝积》最为新奇。凡大部经典,本是用丛书的体例逐渐编集而成,这是我们所确信的,所以此类大经,都先有许多零译单本,或每种先后经几次重译,到后来得着足本的梵文,遇着一位大译师,才把他全部首尾完具重新译成,《华严》、《般若》诸译本成立次第都是如此。《宝积》初期的迻译,也不违斯例。自汉、晋至魏、齐,零译单本不下数十种,到唐中宗神龙二年至先天二年(七〇六至七一三),菩提流志三藏才泐成现在的百二十卷本。但它有一点极为别致,全书共分四十九会,内中只有二十六会为流志新译,余下二十三会则采用旧译,所以这部百二十卷《大宝积经》,我们可以借用版本学家的术语,名之为"唐百衲本"。

这种"百衲本"的办法,想来是先把旧有许多零译单本拿来和梵文对照,倘若认为都要不得,便重新译;倘若认为其中有一种要得的,便采用了它。本刻的经文,就是全部四十九会里头第四十三会所说,流志以前,曾经三译:第一次为汉支娄迦谶译,名为《佛说遗日摩尼宝经》;第二次为晋时译,名为《佛说摩诃衍宝严经》,失却译者姓名;第三次为姚秦时译,也失却译者姓名,原名何经,亦无可考。流志对勘的结果,认为秦译是要得的,所以不另译,便把秦译编作全书之第一百一十二卷,名为《普明菩萨会第四十三》。那汉、晋两译,认为要不得,便把它们淘汰了。

《宝积》在翻译史中,还有一段掌故。当玄奘三藏在玉华宫译成六百卷的《大般若经》之后,他的门生便请他译《宝积》,那时他已经六十九岁了。他拿起《宝积》梵本,译上几行,即便搁起,说道:"此经部轴与《大般若》同,玄奘自量气力,不复办此。"其后不过一个多月,他便圆寂了。这部经不能得玄奘这位法匠译它,真算憾事。玄奘说它的部轴与《大般若》同,《大般若》六百卷,现行百衲本《宝积》百二十卷,不过得《般若》五分之一而强,所以我们很疑心流志所译,还不是足本。后来北宋法护、施护诸人所译,也许有许多是《宝积》"遗珠",本刻所录之第四译《佛说大迦叶问大宝积正法经》,便是其一了。

我们六朝、唐、宋时代赍来成千累万的梵本,现在一轴也无存了。印度方面梵经也日加稀少,大乘经典尤甚。钢和泰先生得着这部经的梵文和藏文,又追寻中国旧译,除"百衲本"所收外,还有三本,合成六种。据钢先生说:"这部梵本久已失传了。"我们别要看轻这点小册子,这也算人间孤本哩。

钢先生将全经逐段分开,把六种文字比较对照,他所资的劳力真不小。我们有了这部合刻本,第一,可以令将来研究梵文、藏文的人得许多利便,增长青年志士学梵文的趣味,为佛学开一新路。第二,用四部译本并着读,可以看出翻译进化之迹及其得失,给将来译家很好的参考。就这两点论,我们学界拜钢先生之赐实在多多了。

钢先生是俄国一位大学者,专研究印度及亚细亚中部的语言和历史。两年前,我在北京高等师范学校讲演历史,有涉及大月氏迦腻色迦王事,钢先生听见,便找我的朋友丁文江先生介绍见我,说他自己之到东方，专为“捉拿迦腻色迦”来的。——因为迦腻色迦历史聚讼纷纭，所以钢先生作此趣语。——后来我们还会面好几次。有一次，我在钢先生家里晚饭，他拿出一部北齐时所译的经，用梵本对照，译得一塌糊涂，几乎令我们笑倒了。我因此感觉，专凭译本去研究学问，真是危险。我又觉得，钢先生这种研究精神真可佩服。我初见他时，他到中国不过两年，他对于全部藏经的研究，比我们精深多了。我很盼望他的精神能间接从这部书影响到我们学界。

我最后还要向商务印书馆致谢。这部书是钢先生托我介绍向该馆印行的，像这类专门书本不为社会一般人所需，该馆因为这区区小册子，特制梵文、藏文字模，还经许多麻烦才印成，纯然是对于学术界尽义务，我们不能不感谢的。

十三年三月九日，梁启超

梁启超先生学术年表*

1873年(同治十二年)

2月23日(清同治十二年正月二十六日)出生于广东省新会县(今属江门市)茶坑村。

1877年(光绪三年)

始读《四书》与《诗经》。

1878年(光绪四年)

修完中国略史与《五经》。始就外傅。

1880年(光绪六年)

始学为文。

1881年(光绪七年)

能作千字文。

1882年(光绪八年)

初就童子试。

1883年(光绪九年)

得张之洞《輶轩语》、《书目答问》,始知天地间有学问一事。

1884年(光绪十年)

取为生员。治帖括之外,嗜唐诗。读完《史记》、《汉书》、《纲

---

* 本年表由夏晓虹编撰。

鉴易知录》与《古文辞类纂》。

1885 年(光绪十一年)

始习乾嘉训诂考据之学。

1887 年(光绪十三年)

肄业于广州学海堂,弃帖括之学。

1888 年(光绪十四年)

为学海堂正班生。

1889 年(光绪十五年)

中举,主考为李端棻,以从妹许婚。

1890 年(光绪十六年)

春,入京会试,下第过上海,购《瀛环志略》,始知五大洲各国,又见上海制造局所译西书。9 月,初谒康有为,决舍去旧学,退出学海堂,间日请业康门。

1891 年(光绪十七年)

始受业于广州万木草堂,从康有为习《春秋公羊传》、《宋元学案》、《明儒学案》、《朱子语类》、《文献通考》、《资治通鉴》、《二十四史》及诸子书、佛经、清儒经注、西书译本。康有为著《新学伪经考》成,任校勘;《孔子改制考》,分任纂述;受《大同书》。11 月,入京与李端蕙(蕙仙)女士结婚。

1892 年(光绪十八年)

3 月,入京会试,识夏曾佑。学于万木草堂。

1893 年(光绪十九年)

为万木草堂学长。冬,讲学于东莞。

1894 年(光绪二十年)

3 月入京,广交名士,治算学、地理、历史等。11 月归。冬,作

《读书分月课程》。

1895 年(光绪二十一年)

3 月,入京会试,出万木草堂。4、5 月,参与“公车上书”。8 月,协助康有为创办《中外纪闻》(初名《万国公报》)。强学会成立,任书记员。识谭嗣同。

1896 年(光绪二十二年)

4 月,离京至上海,识黄遵宪。交游益广。与夏曾佑、谭嗣同创作“新学之诗”。8 月,《时务报》创刊,任主笔,发表《变法通议》。10 月,著成《西学书目表》(附《读西学书法》)。从马建忠习拉丁文。当月下旬返粤,留三月,协助筹办《知新报》。

1897 年(光绪二十三年)

见谭嗣同《仁学》一书,与治佛学。5 月,辑《西政丛书》。10 月,创办大同译书局。其间,又为不缠足会与上海女学堂发起人之一。11 月,离沪抵长沙,任时务学堂中文总教习。

1898 年(光绪二十四年)

春,因病就医上海,随即入京。4 月,助康有为创立保国会。5 月,公车上书请变科举。6 月,“百日维新”开始,参与新政。7 月,光绪帝命办理译书局事务。9 月 21 日,政变发生,入日本使馆,随即乘大岛舰赴日。12 月,于横滨创办《清议报》,发表《戊戌政变记》初稿及所译日本政治小说《佳人奇遇》。

1899 年(光绪二十五年)

春,读书箱根,学日文,著《和文汉读法》。译德国伯伦知理《国家论》。始刊《饮冰室自由书》。8 月,创办东京高等大同学校。9 月,创办神户同文学校。12 月,赴檀香山,著《夏威夷游记》,倡“诗界革命”、“文界革命”。

1900 年(光绪二十六年)

联络勤王之役。8 月,因自立军起义急归国,居沪十日,转道新加坡。10 月,抵澳洲。

1901 年(光绪二十七年)

著《中国积弱溯源论》。5 月,复返日本。欲撰《中国通史》,先成《中国史叙论》。始刊诸多西方思想家学案。12 月,著《南海康先生传》与《李鸿章》。《清议报》停刊。开办广智书局于上海。

1902 年(光绪二十八年)

2 月,于横滨创办《新民丛报》。发表《新民说》、《新史学》、《保教非所以尊孔论》、《论中国学术思想变迁之大势》、《中国地理大势论》、《论佛教与群治之关系》等文,始刊《饮冰室诗话》及西方政治家传记数种。11 月,于横滨创办《新小说》,发表《论小说与群治之关系》,倡“小说界革命”;创作政治小说《新中国未来记》。12 月,作《三十自述》。与黄遵宪恢复联系。

1903 年(光绪二十九年)

《饮冰室文集》出版。2 月,出游美洲,开办各地保皇分会。著《新大陆游记》。12 月,返日本。

1904 年(光绪三十年)

3 月,经香港潜返上海,筹办《时报》。4 月,复归日本。发表《子墨子学说》及《墨子之论理学》。著《国史稿》二十余万言。

1905 年(光绪三十一年)

《(分类精校)饮冰室文集》出版。辑成《德育鉴》与《(节本)明儒学案》。

1906 年(光绪三十二年)

与《民报》就立宪与革命问题论战,发表《开明专制论》等文。

为研究宪政问题，著《中国法理学发达史论》诸文。6、7 月间，代端方与戴鸿慈草拟考察宪政、奏请立宪等五份奏折。

1907 年（光绪三十三年）

3 月，著成《国文语原解》。10 月，于东京创办政闻社与《政论》杂志。11 月，《新民丛报》停刊。

1908 年（光绪三十四年）

8 月，本部迁上海的政闻社被查禁。著《王荆公》。

1909 年（宣统元年）

专心读书著述，学书作诗。4、5 月，著《管子传》。

1910 年（宣统二年）

2 月，《国风报》于上海发刊，撰文甚多。《财政原论》积稿百万言。

1911 年（宣统三年）

3 月，游台湾一月。辛亥革命发生。11 月，匆促归国，由大连至奉天，旋返日本。

1912 年

10 月，归国，定居天津。在京出席各界欢迎会，发表演讲。12 月，《庸言》杂志于天津出版，任主编。

1913 年

2 月，入共和党。5 月，当选进步党理事。9 月，出任司法总长。

1914 年

2 月，改任币制局总裁。12 月，准辞职。冬，假馆清华学校，著《欧洲战役史论》。

1915 年

1 月，《大中华》杂志出版，任主任撰述，撰文多篇。8 月，筹安会成立,发表《异哉所谓国体问题者》攻之。12 月,南下,参加倒袁运动。

1916 年

3 月,辗转入桂,参加护国军。5 月,军务院成立,任政务委员长兼抚军。随即赴上海。9 月,《盾鼻集》出版。

1917 年

1 月,入京。7 月,通电反对张勋拥清帝复辟,参加段祺瑞所组“讨逆军”。段氏内阁成立,任财政总长。11 月,辞职,退出政界。

1918 年

撰书籍跋、碑帖跋数十篇。春夏间,专力著《中国通史》,成十余万字。夏秋间,为家人讲国学源流。11 月起,在《国民公报》、《大公报》与《时事新报》发表多篇主要谈人生修养的“讲坛”文字。12 月底,出游欧洲。

1919 年

2 月,抵巴黎。先后游历法国、英国、比利时、荷兰、意大利、德国。反对政府在“巴黎和约”签字,所发电报促发了“五四运动”。著《欧游心影录》。

1920 年

1 月,离法国。3 月,经沪至津。识胡适。4 月,成立共学社。5 月,承办上海中国公学。9 月,《解放与改造》杂志改刊,易名《改造》。组织讲学社。春夏间,撰《中国佛教史》数万言。10 月,著《清代学术概论》。12 月起,于清华学校讲“国学小史”,积稿盈尺。

1921 年

2 月,作《墨经校释》。春,整理“国学小史”讲稿,成《老子哲学》与《墨子学案》。秋,于南开大学讲“中国文化史”,撰成《中国历史研究法》。10 月后，应京、津各校、团体之邀讲演多次。

1922 年

春，于清华学校讲国史，课外为文学社讲“中国韵文里头所表现的情感”。4 月起，应南北各校、团体之请作学术讲演二十余次，先后至济南、南京、上海、南通、长沙、武汉、天津、苏州各处。7 月于南开、8 月于东南大学讲“中学以上作文教学法”。10 月，著《大乘起信论考证》成。下旬，赴南京，于东南大学讲“中国政治思想史”（即《先秦政治思想史》）。

1923 年

1 月，返津。3 月，驻英代办公使朱兆莘荐为万国著作家俱乐部名誉会员。《陶渊明》成书。4 月，撰《国学入门书要目及其读法》。辑《清儒学案》。5 月，参加“人生观与科学”论战。7 月，于南开大学暑期学校讲学。8、9 月，为商务印书馆撰写函授教材《读书法讲义》。9 月起，于清华学校讲“群书概要”（《要籍解题及其读法》）与“中国近三百年学术史”。10 月，发起戴东原生日二百年纪念会。11、12 月，抽取《中国近三百年学术史》中颜元、李塨部分，成《颜李学派与现代教育思潮》。

1924 年

1 月，作戴东原研究论文三篇。2 月，作《近代学风之地理的分布》。春，撰《中国近三百年学术史》中《清代学者整理旧学之总成绩》。4、5 月，为泰戈尔来华作演讲。5 月起，恢复在清华学校讲“中国近三百年学术史”。9 月，夫人李蕙仙去世。读词自遣。

1925 年

1—3 月，撰碑帖、书籍、画跋一百余篇。6、7 月，作白话词多首。7 月下旬，赴北戴河月余，注《桃花扇》。9 月，任清华学校研究院国学门导师，讲“中国文化史”。12 月，兼任国立京师图书馆馆长。

1926 年

1 月，作《先秦学术年表》。2 月，同时兼任北京图书馆馆长。春，著《中国之美文及其历史》。病剧，3 月，入协和医院，割右肾。9 月始，于清华大学讲“历史研究法”（《中国历史研究法补编》）与“儒家哲学”。任司法储才馆馆长。12 月，作《王阳明知行合一之教》。

1927 年

2 月始，于清华大学续讲“历史研究法”。于燕京大学讲“古书真伪及其年代”。7 月起，主持编纂《中国图书大辞典》。

1928 年

9 月，著《辛稼轩先生年谱》，至 10 月 12 日，病重搁笔。

1929 年

1 月 19 日，于北平协和医院逝世。

《佛学研究十八篇》序说

陈士强

清末民初，在社会改革思潮的冲击下，积弱已久的中国佛教出现了全面复兴的景象。杨文会作为中国近代佛教复兴运动的创始者，先后创办了金陵刻经处和祇洹精舍，前者广搜佛经，刻印流通，后者办学授课，培育佛教人才，一代佛教义学之风，由此而得以开启。

自此以后，佛教团体和组织，如中华佛教总会、上海佛教居士林（后改名为“世界佛教居士林”）、中国佛教会等相继诞生；佛学院和佛学研究会，如华严大学、观宗学社、支那内学院、武昌佛学会、闽南佛学院、三时学会、汉藏教理院等陆续成立；佛教出版机构，如上海佛学书局、北京刻经处、天津刻经处、重庆刻经处等纷纷涌现；佛教刊物，如《佛学丛报》、《佛教月报》、《佛学半月刊》、《海潮音》、《内学》等不断问世；《大藏经》、佛教辞典、佛教经律论，以及佛教注疏、论著、史传，如《频伽精舍校刊大藏经》（铅印本）、《续藏经》（影印本）、《佛学大辞典》、《法相辞典》等源源刊行；佛教各宗，如华严、天台、法相、净土、律、禅、密宗均受到弘扬；中外佛教，如中国与日本、印度、斯里兰卡、缅甸、泰国等国的佛教文化交流日益频繁；不同语种，如日文、梵文、巴利文、藏文佛典的汉译工作积极开展；作为佛教传统的重要组成部分的慈善事业和公益事业，如施医、施食、施衣、救济贫困、造桥、修路、种树等广泛进行。凡此种种,都给古老的中国佛教带来了新的生机和活力。梁启超对这一现象作了概括,曾说道:"晚有杨文会者,得力于《华严》,而教人以'净土',流通佛典,孜孜不倦,今代治佛学者,什九皆闻文会之风而兴也。"(《中国佛法兴衰沿革说略》)

虽说其间也曾屡次发生社会上的一些激进分子,以"庙产兴学"为名,企图侵夺寺产的事件,佛教内部围绕太虚法师提出的僧制改革,形成过对立的两派,但这毕竟是佛教复兴运动过程中出现的小插曲,由社会转型带来的佛教复兴,在多种力量的混合作用下,稳步地得到推升。此间,不仅涌现了一批有名望德行的佛教僧人、居士,也出现了一批造诣很深的专治或兼治佛学的佛教学者,梁启超就是兼治佛学类型中的代表人物之一。

(一)

梁启超是在其师康有为的影响下,开始接触佛教的。康有为在《大同书》中,盛赞"佛学之博大精深",认为"大同(大同世界)之后,始为仙学,后为佛学,下智为仙学,上智为佛学"(癸部《去苦界至极乐》)。梁启超评论说:"先生于佛教尤为受用者也。先生由阳明学以入佛学,故最得力于禅宗,而以华严宗为归宿焉。"(《南海康先生传》)又说:"先生又常为语佛学之精奥博大,余夙根浅薄,不能多所受。"(《三十自述》)这表明,他的佛教因缘始于老师康有为。

梁启超又是在与同道好友谭嗣同的交往中,切磋佛学,加深研究的。谭嗣同初学今文经学，甲午战争后，为救国图存，转向新兴（即“西学”）。1896年，谭嗣同北游访学，在北京与梁启超结识，全面接受了维新变法思想。同年夏天，谭嗣同到达南京，从杨文会研习佛学，历时近一年。他的代表作《仁学》，就是住在杨文会的寓所里写的。在《仁学》中，谭嗣同提出：“佛教大矣，孔（指儒教）次大，耶（指耶稣教）为小”；“凡为仁学者，于佛书当通《华严》及心宗、相宗之书。”如同梁启超所说的，谭嗣同“自交梁启超后，其学一变。自从杨文会闻佛法，其学又一变”（《清代学术概论》）。谭嗣同在南京时，梁启超正在上海办《时务报》，谭嗣同经常往返于两地之间，就《仁学》中涉及的理论问题《包括佛学问题》，与梁启超“迭相商榷”（见梁启超《三十自述》）。

梁启超早年推尊佛教的“三界唯心”说，认为“豪杰之士”之所以没有“大惊”、“大喜”、“大苦”、“大乐”、“大忧”、“大惧”，就是因为他们明白了“三界唯心之真理”而已（见《自由书》）。晚年，他笃信佛教的“无我”说和善恶报应说。他说，“无我”就是他的“信仰”，他之所以“常常快乐”，悲愁不足以扰乱他的意志，“此即信仰之光明所照”（《东南大学课毕告别辞》）。又说，善恶报应是“宇宙间唯一真理”，“我笃信佛教，就在此点，七千卷《大藏经》也只说明这点道理”（《给孩子们书》）。1921年，他到南京东南大学讲学，曾到金陵刻经处，从欧阳渐（字竟无）学习唯识学，前后二十天，虽病不辍。他赞叹说：“听欧阳竟无讲唯识，方知有真佛学。”（《致蹇季常书》）1922年，欧阳渐在南京创办支那内学院，梁启超与之保持了密切的联系。支那内学院校勘出版的《玄奘传》，在玄奘西行求法的具体年代上，采用的就是梁启超的“贞观元年”说，支那内学院有关《大乘起信论》、《四十二章经》、《牟子理惑论》以及其他一些经论的辨伪,也受之于梁启超的影响和日本学者研究的启发。与居士系统创办的佛学院保持密切交往的同时,梁启超与僧人系统创办的佛学院也交谊深厚。1922 年,太虚法师在武昌创办武昌佛学院,梁启超曾被推举为第一届董事会董事长。

梁启超坦直地说过:“我喜欢研究佛教”(《佛陀时代及原始佛教理纲要》),“愿夙好治佛学史”(《佛家经录在中国目录学之位置》)。为此,他经常将自己的研究心得,以著文或演讲的方式,传播于世。由于梁启超是当时有名的政治活动家和思想家,学问和文章名满天下,故他的佛学文章如同其他文章一样,一经问世,便备受注目,在社会上产生了重大的影响。

(二)

梁启超一生发表了三十多篇佛学文章,它们分别刊载在《地学研究》、《改造》、《哲学》、《东方》、《清华周刊》、《图书馆学季刊》等刊物上。另外,还有若干篇手稿,如《说〈华严经〉》、《〈阿毗达磨俱舍论〉今读》等,未曾刊行(见李国俊《梁启超著述系年》,复旦大学出版社 1986 年 1 月版)。所发表的佛学文章,经历了两次编集。

第一次是上海商务印书馆于 1923 年编集出版的《梁任公近著》第一辑。此辑分为上、中、下卷,其中,中卷收录了梁启超于 1922 年 10 月亲自选定的佛学文章十二篇(附录一篇)。梁启超在为该辑所作的“叙”中说:“中卷,专为研究佛典之著作,内有《中国佛教史》之一部分,都凡十二篇。”所辑的十二篇是:

(1)《佛教之初输入》(附:《〈牟子理惑论〉辨伪》,作于 1920

年）

（2）《千五百年前之中国留学生》（作于1920年）

（3）《翻译文学与佛典》（作于1920年）

（4）《佛教与西域》（作于1920年）

（5）《佛典之翻译》（初撰于1920年，改定于1922年）

（6）《读〈异部宗轮论述记〉》（作于1920年）

（7）《说〈四阿含〉》（作于1920年）

（8）《说〈六足〉、〈发智〉》（作于1920年）

（9）《说〈大毗婆沙〉》（作于1920年）

（10）《读〈修行道地经〉》（作于1920年）

（11）《〈那先比丘经〉书后》（据此辑目录，正文的标题缺“后”字，疑是脱漏所致。作于1920年）

（12）《〈大乘起信论考证〉序》（作于1922年）

上述文章均作于1920年至作于1922年之间。此为商务印书馆版的梁启超佛学专集。以此集收录的佛学十二篇为底本刊行的单行本，后取名为《中国佛教研究史》（上海三联书店1988年版）。

第二次，是上海中华书局于1932年编集出版的《饮冰室合集》，《合集》分为《文集》和《专集》两类，其中，《专集》第十四、十五册，收录了梁启超的佛学文章十八篇（附录十篇）。1936年，中华书局又将这些文章从《专集》中抽出，编为单行本刊行，这便是《佛学研究十八篇》。此为中华书局版的梁启超佛学专集。

中华书局版的《佛学研究十八篇》，与商务印书馆的《梁任公近著》第一辑（中卷）相比，正文新增了七篇：

（1）《中国佛法兴衰沿革说略》（作于1920年）

（2）《印度佛教概观》（作于1920年）

（3）《佛陀时代及原始佛教教理纲要》（作于1925年）

（4）《又佛教与西域》（作于1920年）

（5）《佛教教理在中国之发展》（作于1920年）

（6）《佛家经录在中国目录学之位置》（作于1925年）

（7）《见于〈高僧传〉中之支那著述》（作于1922年）

附录新增了八篇：

（1）《佛教大事表》（作于1920年）

（2）《汉明求法说辨伪》（作于1920年）

（3）《〈四十二章经〉辨伪》（作于1920年）

（4）《说无我》（作于1925年）

（5）《佛教典籍谱录考》（作于1920年）

（6）《佛教心理学浅测》（作于1922年）

（7）《支那内学院精校本〈玄奘传〉书后》（作于1924年）

（8）《〈大宝积经·迦叶品〉梵藏汉文六种合刻序》（作于1924年）

在两版同收的一些文章中，其编次与篇名也略有改动。如《〈大乘起信论考证〉序》，在商务印书馆版中为正篇，而在中华书局版中则改为附录；商务印书馆版中的《千五百年前之中国留学生》，在1921年9月15日《改造》第4卷第1号刊出时，已易名为《中国印度之交通》，故中华书局版也采用后名。这样，中华书局版的《佛学研究十八篇》，就将所收文章的截止年代，从1922年延长至1925年，使之成为梁启超晚年佛学代表作的汇编。

（三）

《佛学研究十八篇》，粗看起来，是一部论文集，但如果深入研究的话，就会发现：它的主体仍是梁启超撰写的《中国佛教史》的未定稿，以及为撰书而作的相关研究（如经论、史传的研究）的心得。

笔者的这一说法有何证据？请看梁启超的自述：

《佛典之翻译》前言说：

“本篇是民国九年春夏间所作《中国佛教史》之第五章。近两年来继续研究之结果，对于原作大不满意，正思得数月余力，全部改作，本篇为当时用力最勤者，不忍抛弃，故采以入此。其中见解与现时所见悬殊者仍甚多，材料亦多缺漏，组织亦未完备，存之以备与他日新著相较云尔。”

《中国佛法兴衰沿革说略》说：

“佛法确立，实自东晋。吾于叙述以前，先提出两问题：第一，佛法何故能行于中国，且至东晋而始盛耶？第二，中国何故独尊大乘，且能创立中国的佛教耶？此第二题，当于第六章别解答之。”

“输入事业之主要者，曰西行求法，曰传译经论，具详第四、第五章两章。建设事业，则诸宗之成立也，具详第六章以下。”

《印度佛教概观》说：

“吾故先为此章，刺取印度政治上大事与佛教有关密切关系者，述其概要，俾学者得一简明概念，为研究佛教宗派史之预备焉。”

《佛教与西域》说：

“中印交通，以西域为媒介。故必先明此三地相互之关系，然后佛教输入之本末可得言也。……读《印度史迹与佛教之关系》（笔者注：指《印度佛教概观》第一节），当已知迦腻色迦王与印度佛教之关系。”

《佛教教理在中国之发展》说：

“本章为原定计划所无，嗣因第□（六）章以下分论诸宗，于其彼此相互关系及宗派外之预备的发展，叙述不便，故增设一章，以补其阙……（按：分论诸宗稿未成）。”

“如本篇第一章（笔者注：指《中国佛法兴衰沿革说略》）所言：楚王英、襄楷时代，盖以佛教与道教同视，或径认为道教之附属品，彼时盖绝无教理之可言也。”

《翻译文学与佛典》说：

"现在藏中佛经,号称最初译出者,为《四十二章经》,然此经纯为晋人伪作,滋不足信(拙作《中国佛教史》别有考证)。"

"《大乘起信论》,旧题真谛译。近来学界发生疑问,拙著《中国佛教史》别有考证。"

"吾并不主张'大乘非佛说',不过承认大乘经典晚出耳。其详见拙著《中国佛教史》。"

根据梁启超以上的自述,并参校《佛学研究十八篇》的其他内容,不难推出以下的结论:梁启超曾于1920年春夏撰《中国佛教史》。初稿分为二篇六章。

第一篇是叙述印度佛教和西域佛教的。因为印度佛教是中国佛教的本源,西域是印度佛教传入中国内地的媒介和途径。下分二章:一、《印度佛教概观》。其扩展性研究,构成《说〈四阿含〉》、《说〈六足〉、〈发智〉》、《说〈大毗婆沙〉》、《读〈异部宗轮论述记〉》、《佛陀时代及原始佛教教理纲要》等文。二、《佛教与西域》。其扩展性研究,构成《又佛教与西域》。

第二篇是叙述中国佛教的,内容包括佛教的传入及其在中国的发展。下分四章:一、《佛教之初输入》。此章的初稿,发表在1921年8月15日《改造》第3卷第12号上,梁启超自注:"此为拙著《中国佛教史》第二篇第一章"。其扩展性研究,构成《中国佛法兴衰沿革说略》一文,后来,梁启超以此取代《佛教之初输入》,作为第二篇第一章。二、《中国印度之交通》。三、《佛典之翻译》。其扩展性研究,构成《翻译文学与佛典》、《佛家经录在中国目录学之位置》。四、《诸宗之成立》。此章未写成,后改为《佛教教理在中国之发展》,其扩展性研究,构成《见于〈高僧传〉中之支那著述》。

梁启超在《中国佛法兴衰沿革说略》等文中说的第四、五、六章，都是按第一篇第二章的顺序排下来说的，实际上是第二篇的二、三、四章。

由于佛教史的写作，牵涉的知识面极广，绝非是短时间内所能急就的。故随着研究的深入，梁启超对原作大不满意，曾想全部改写，又苦于事务缠身，没有时间，最后便决定以论文集，而不是以专著的方式刊行。这就造成了《佛学研究十八篇》形式上是论文集，其实质是《中国佛教史》的未定稿及其衍生产品的情由。

（四）

《佛学研究十八篇》的特点是，从史学的角度出发，对中国佛教的兴衰流变，以及相关的事项作了扼要的阐述。内容叙及：佛教的产生；原始佛教的基本教理（五蕴、十二因缘、业、轮回、无常、无我、涅槃等）；阿育王、迦腻色迦王的护法事迹；印度境内佛教宗派的分布情况；中印之间的交通；佛教东渐的路线；西域来华的译僧；西行求法的古德；佛教输入中国的年代和地点；汉明求法说、《四十二章经》、《牟子理惑论》、《大乘起信论》等传说和经典的辨伪；中国佛教的兴衰沿革；佛经翻译的演进（包括译场的组织、翻译理论的提出、翻译文体的改进，以及佛经翻译对中国文学的影响等）；佛教经录（佛经目录）的地位；汉唐高僧的著述；玄奘的行历年谱；《阿含经》、《大毗婆沙论》、《异部宗轮论述记》等经典的梗概，等等。其中，有不少见解与论述，至今仍不失精深之论，具有长久的参考价值。

甲、关于佛经的成立

梁启超提出“四个观念”。一、佛经并不是佛在世时就有的，无论是哪一乘（大乘或小乘）哪一派所传的佛经，都是佛入灭以后佛弟子追述而成的。其中，最初编成的，在佛灭数月之间，最晚编成的，在佛灭五百年以后。二、佛经的追述，有团体公开结集和个人私著两种方式，前者有确切的时间可考，后者则无从确考。三、佛经的流通，分为单行本和丛书两种形式，现存的十多部大经（指《阿含经》、《般若经》、《宝积经》、《大集经》、《华严经》、《法华经》、《涅槃经》等），均是丛书。而这种丛书，有的是在确定的时间内编纂而成的，有的是经历若干年的增补附益才告完成的。四、佛经最初皆无写本，全靠记诵而得以流传。写本大约产生于佛灭数百年以后，随着佛教的传播，逐渐写录成各国文字。简略地说，佛经都是翻译文学（见《说〈四阿含〉》）。

乙、关于研究《阿含经》的重要性

梁启超认为，我国自隋唐以后，学佛者以谈小乘为耻，《阿含经》被束之高阁，无人问津，已有一千年了。但是，“真欲治佛学者，宜有事于《阿含》”，也就是说，真正想研究佛学的，应当从《阿含经》入手。其原因有六：第一，《阿含经》是最早形成的经典，采用公开结集的形式产生，最为可信。虽然不能说佛陀的教说（“佛说”）已经全部收集于《阿含经》之中，但《阿含经》作为佛陀教说的极其重要的一部分，则是毋庸置疑的。第二，佛经的大部分，都是文学作品,《阿含经》中虽然也不免有文学的成分,但与其他晚出的佛经相比,是较少的,比较接近于朴实说理的性质。因此,虽然不能说《阿含经》的每一字每一句都是佛语,但它所含的佛语,分量多而且纯,则是其他佛经所不能及的。第三,《阿含经》的体裁实际上是言行录,与《论语》的性质大致相同,要想体验佛的现实的人格,舍此没有别的途径可寻。第四,佛教的根本教理,如四谛、十二因缘、五蕴皆空、业感轮回、四念处、八正道等,在《阿含经》中均有详细的说明,假如连这些概念也弄不明白,那么,读大乘的经论,更无从索解。第五,《阿含经》非但与大乘经不相冲突,而且它本身就蕴涵了不少大乘教义,不能因为它偏于小乘,而轻率地加以唾弃。第六,《阿含经》叙及当时社会的事情最多,读后可以了知佛所处的环境,以及应机施化的良苦用心。异国异时代的人,怎样才能受用佛学,于中可以受启自觉(见《说〈四阿含〉》)。

丙、关于西行求法的路线

梁启超综合佛教史传上的记载,归纳为六条:一、“海路”。从广州、安南、青岛等地出发,乘船渡海,经诃陵(今印度尼西亚的爪哇)、师子(今斯里三卡)等国,抵达印度。二、“西域渴槃陀路”。经西域的疏勒,或子合,或莎车,在渴槃陀(今塔什库尔干)翻越葱岭,进入迦湿弥罗(又称“罽宾”,今克什米尔一带)。三、“西域于阗、罽宾路”。从于阗西南行二千里,登葱岭而入罽宾。四、“西域天山北路”。由拜城,出特穆尔图泊,经撒马罕而入阿富汗。五、“吐蕃、尼波罗路”。从青海入西藏,经尼波罗(今廓尔喀)而入印度。六、“滇缅路”。从云南出发,经缅甸而到达印度(见《中国印度之交通》)。

丁、关于东汉至北宋译经事业的进化

梁启超勾勒了以下的轨迹:一“以译本论”。起初多凭西域僧人的暗诵传译,后来发展到必求梵文原本。同是原本,起初仅译小品(篇幅小的经典或章节),后来才广译大经(卷帙多的经典)。同是大经,起初只是将其中的某些篇章,各自译出抄行,到后来才通译全书,首尾完备。二、“以译人论”。起初仅局限于西域来华的一些僧人,和不出名的个别居士,后来则基本上都是本国西行求法归来的鸿哲,和印度来华的大师。三、“以译法论”。起初大多是一个传语,一人笔受。后来则发展到主译者必是梵汉两通之人,而且辅以专门的口译、笔受、证义、勘文,每句译文,须经四五人之手,才能最终确定下来,勒为定本。四、“以译事规模论”。起初为私人性质,仅一二人,相约对译。后来则为国家性质,由朝廷出面组建译场,广罗俊才,进行翻译。五、“以宗派论”。起初译出的是小乘经典,后来译出的是大乘经典。六、“以书籍种类论”。起初只译出经,后来才广译律、论、传记,乃至外道的经典(见《佛典之翻译》)。

戍、关于佛教经录的特质

梁启超认为,佛教经录比古代一般图书目录优胜的地方有五处。一、“历史观念其发达”。每一部经典的传译渊源、译人小传、译时、译地,靡不详叙。二、“辨别真伪极严”。凡是可疑的经典,均详审考证,别存其目。三、“比较甚审”。凡是同一部经典,有同时或先后翻译的不同本子的，均详细地予以罗列，校勘它们之间的异同得失。如果属于从一部丛书中抽出一二种，或从一部经典中抽出一二篇加以翻译，然后别题书名抄行的，都一一注明出处，使读者免生困惑。四、“搜采遗逸甚勤”。即使是已经散逸的经典，也必存其目，以利日后的搜寻。使读者能根据经录的记载，知道它的亡佚年代。五、“分类极复杂而周备”。或以著译时代分，或以经典性质分。在按经典的性质区分的目录中，有的按经典的内容分，如既分经律论，又分大小乘；有的按经典的形式分，如分一译多译、一卷多卷等。在同一经录中，各种分类法并用，一部经典依照不同的类别交错互见，乃至十多处，给读者带来了种种查检的便利（见《佛家经录在中国目录学之位置》）。

此外，梁启超为《佛学研究十八篇》制作的各种图表，如《第七世纪（佛灭后千二百年）印度诸国教势分布表》（见《印度佛教概观》）、《西行求法古德表》（见《中国印度之交通》）等，也为学者进行专题研究提供了有价值的线索。

（五）

在《佛学研究十八篇》的诸多论述中，于佛教界和学术界分歧最大、争论最多的是有关汉明求法说（指东汉明帝于永平年中，因梦见金人而遣使前往西域求法，为佛教入华之始的传说）、《四十二章经》（相传为东汉迦叶摩腾、竺法兰翻译的汉地最早的佛经）、《牟子理惑论》（相传为东汉牟子所撰的汉地最早的佛学著作）、《大乘起信论》（旧题印度马鸣造，梁代真谛译）的辨伪。

梁启超对这些争议大事的看法是:(1)"汉明求法事,全属虚构","最初见者为西晋王浮之《老子化胡经》"。(2)"《四十二章经》,察其文体,案诸经录,皆可断为两晋间人作,绝非汉时所有",此经"并非根据梵文原本比照翻译,实撮取群经精要,摹仿此土《孝经》、《老子》,别撰成篇。质之,则乃撰本而非译本也"。(3)《牟子理惑论》"旧题汉牟融撰,实则东晋刘宋间人伪作","后汉末并无牟融其人者,则可断言也",而且据《后汉书·西域传》记载,桓帝时,于阗"自此与中国绝","灵、献之交,中国人安得游于阗"(以上见《佛教之初输入》)。(4)《大乘起信论》"其为支那撰述而非印度撰述","出于我先民之手"(见《(大乘起信论考证)序》)。

对梁启超的说法,持赞同或类似观点的,有吕澂等人;持反对或相异观点的,有汤用彤、周叔迦等人。

吕澂认为,"说明帝永平七年,由于夜梦金人而派人去西域求法","纯属后人的附会";"《四十二章经》不是最初传来的经,更不是直接的译本,而是一种经抄","就内容看,是抄自《法句经》","是东晋初抄出的";"《牟子》的真伪至今尚无定论。据我们看来,应该属于伪书"(以上见《中国佛学源流略讲》,中华书局1979年8月版);"《起信》所据皆魏译《楞伽》之错解,其思想学说,亦皆魏译时代所流行,于印度未尝见",因此,可以论定"《起信》之为此方人士受魏译学说而成之撰述"(见《吕澂佛学论著选集·起信与楞伽》,齐鲁书社1991年7月版)。

汤用彤除了对《大乘起信论》也持怀疑态度以外,对汉明求法说、《四十二章经》、《牟子理惑记》则均持肯定态度。

关于汉明求法说,汤用彤认为,"依今日所知永平求法,最早见于《牟子理惑论》(载于《弘明集》)、《四十二章经》(《祐录》卷六)

及《老子化胡经》(《广弘明集·笑道论第十四》)”,“其余六朝人言及者,尚不乏人”。《后汉书·西域传》所说王莽时“西域怨叛,与中国遂绝”,是指西域断绝与中国的“役属”关系而言的,“按其全文均不能指为汉人不能西游”。永平求法事也不是西晋道士王浮伪造的,“《化胡经》实采取佛书”,“若道士造求法之事,而释子乃因袭其说,愚谬至此,殊不可解”。因此,“汉明求法,吾人现虽不能明当事实之真相,但其传说应有相当根据,非向壁虚造”(以上见《汉魏两晋南北朝佛教史》,中华书局 1983 年 3 月版)。

关于《四十二章经》,汤用彤认为,“东汉时,本经之已出世,盖无可疑”,“而最早引用本经者,则为后汉之襄楷”,“且《四十二章经》乃撮取群经而居。其中各章,颇有见于巴利文各经及中国佛典者,但常较为简略耳”,“凡此数端,均可确证原译《四十二章》,实根据印度原文”(同上)。

关于《牟子理惑论》,汤用彤认为,“《牟子理惑论》作于汉末”,但汉章帝时的太尉牟融,与汉灵帝时撰《理惑论》的牟子“自非一人”,刘宋陆澄《法论》目录中说的“一云苍梧太守牟子博传”中的“牟子博”,指的是“牟融字子博”,但“牟子决无为太守之事”。“《牟子》之真伪为东西学者所聚讼”,“细绎之,疑为伪书者,所持理由多不确实”,“而其序文所载史事,不但与史书符合,且可补正史之阙”,“牟子作《理惑论》,公然黜百家经传,斥神仙方术。佛教自立,而不托庇他人,其精神始见于《理惑论》。不仅因其为现存支那撰述之最早者,而可重视也”(同上)。

周叔迦则对《大乘起信论》也加以肯定。他认为,“马鸣依《楞伽经》造《起信论》”,“真谛于梁承圣二年在衡州始兴郡所译,于时智恺笔受”。智恺在《起信论序》中所说的当时的翻译情况是可靠的，"如是证信，时主处众，无不分明，何可不信"（以上见《周叔迦佛学论著集·佛典从录》，中华书局1991年1月版）。

由于汉明求法说、《四十二章经》、《牟子理惑论》的真伪，涉及佛教入华的年代、最初译出的佛经和最初出现的佛教撰著，而这是任何一部中国佛教史都要叙及的，因此，有关这些传说和经典的真伪的争论，在新的史料没有发现之前，可能还会持续下去。

（六）

梁启超在《清代学术概论》中，曾对自己的治学风格作过以下的剖析：

"启超务广而荒，每一学稍涉其樊，便加论列，故其所述著，多模糊影响、笼统之谈，甚者纯然错误，及其自发现而自谋矫正，同已前后矛盾矣！"

"启超学问欲极炽，其所嗜之种类亦繁杂，每治一业，则沈溺焉，集中精力，尽抛其他；历若干时日，移于他业，则又抛其前所治者。以集中精力故，故常有所得；以移时而抛故，故入焉而不深。"

这是道道地地的实话。对照《佛学研究十八篇》，人们不难发现梁启超的佛学研究也是这样。

第一，梁启超的佛学研究集中于1920年至1925年的六年间，自1925年以后，他又转向文学及其他，很少再涉及这一领域。

第二，由于研究时间的不足，梁启超对小乘的经典和教理研究较多，对大乘的经典和教理研究较少；对中国佛教的史传研究较多，对中国佛教的章疏论著研究较少，因而对印度佛教和中国佛教发展轨迹的描述，从总体上来说是比较粗糙的。

第三，梁启超涉猎学域，好下断语。有些断语是精辟的，也有一些断语是失当的，经不起其他史料验证的。如梁启超认为："佛教之来，非由陆而由海，其最初根据地，不在京洛而在江淮"（《佛教之初输入》）。但是，无论是从历史记载，还是从近世的考古发现来看，梁启超的这一论断是不确切的。佛教最初是从陆路传入中国的，而不是海路，最初的传入地是北方，而不是南方。

第四，梁启超写文章，才思敏捷，落笔成章。写政论性文章需要激情，这出手快的风格就容易取得成功；而写学术性文章需要冷静，出手快，不加仔细推敲和核对，就容易出错。反观《佛学研究十八篇》，人名、地名、书名、卷数、年代、史实等方面的差错是不少的，其中，大多是由于作者的粗疏所致，也有一些是排印时的误植。特别是引文，梁启超为使上下文连贯，动辄对原著的文字加以删改，致使引文与原文时有出入（有些引文只能看作是"意引"，即原文大意的摘引，而不是原著文句的摘引）。因此，对《佛学研究十八篇》的整理，不仅需要标点、分段，而且需要校勘。

本书是《佛学研究十八篇》的第一个校点本。初版于 2001 年 9 月，由上海古籍出版社出版。校点工作由我和浙江工商大学哲学系教授宋道发共同完成。其中，第二篇《佛教之初输入》至第十篇《佛典之翻译》九篇，由宋道发校勘；其余皆由我校勘，并负责全书的统稿。校点所用的底本是中华书局 1936 年版《饮冰室专集》本，校本为《佛学研究十八篇》中提到的各种著作，亦即资料来源，如《高僧传》、《续高僧传》、《大唐西域记》、《大唐大慈恩寺三藏法师传》、

《大唐西域求法高僧传》、《出三藏记集》、《历代三宝纪》、《开元释教录》、《魏书 · 释老志》等。

《佛学研究十八篇》涉及的史料众多,由于时间关系,难以一一查遍、校正,不到之处,祈请读者批评指正。相信梁启超的这部才华横溢的佛学著作,定会给大家带来许多佛学知识与研究思路。

2012 年 11 月 27 日　于复旦大学